安徽古籍叢書

晚清稀見史料三種之一

程恩培集

清 程恩培 撰
李興武 點校

黄山書社

圖書在版編目(CIP)數據

程恩培集/(清)程恩培撰;李興武點校. －合肥:
黄山書社,2010.4
(安徽古籍叢書第二十九輯/安徽古籍叢書編審委員會編纂)
ISBN 978－7－5461－1124－7
Ⅰ.①程… Ⅱ.①程…②李… Ⅲ.①程恩培(1854～?)
－集 Ⅳ.①Z425.2

中國版本圖書館 CIP 數據核字(2010)第 052228 號

本書出版得到 國家古籍出版專項經費 安徽省古籍整理出版辦公室 資助

程恩培集

(清)程恩培　撰

李興武　校點

*

責任編輯　李霜琴 張紅一
責任校對　張紅一　封面設計　國　亮
黄山書社出版發行　　　安徽省同濟印刷廠
開本 850×1168　1/32　印張 25.625　插頁 2　字數 467 千字　印數 2500
2010 年 4 月第 1 版　2010 年 4 月第 1 次印刷

ISBN 978－7－5461－1124－7
定價　(平)77.00 圓　(精)82.00 圓

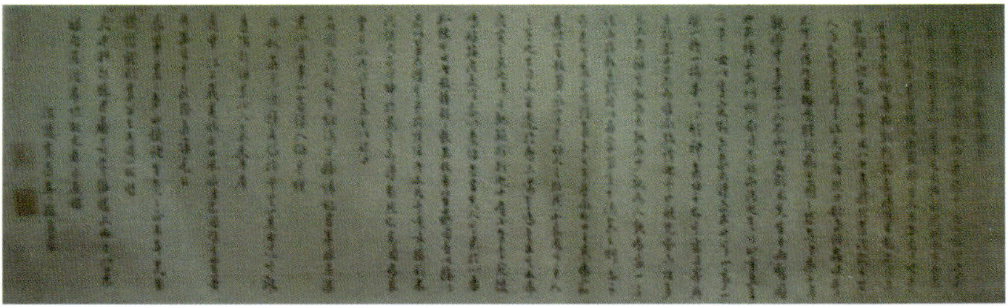

愚園雅集圖

○第六類　刑法

第一章　普通刑法

●刑法　按、刑法爲究治官民等犯罪而設、分爲四編：第一編總則、專制定法例之名目；第二編公益所關重罪輕罪；第三編身體財產所關重罪輕罪；第四編違警罪。明治十三年七月

跋●刑法附則　按、附則以補刑法所未及。明治十四年十二月

●新舊法比照例　按、新舊法比照例以新舊二法互相比照、示其處斷罪犯之例。明治十四年十二月

●諸罰例處斷方法　按、諸罰例處斷方法以現在所施行刑法諸法律規則中其關係罰例者、皆照此處斷之。明治十四年十二月

《日本變法次第類稿》刻本

安徽古籍叢書編印緣起

我國歷史悠久，典籍豐富。我省地處南北之交，學術尤擅其盛。數千年來，哲學、史學、文學、藝術、語言、科技，作者輩出，著述如林，或自名一家，或蔚然成派，多爲中華民族文化之菁華，有裨於社會主義文化之建設。允宜及時整理，以廣流傳。

粤自明清，以至近世，南北郡邑已有《涇川叢書》、《龍眠叢書》、《貴池先哲遺書》、《南陵先哲遺書》諸刻。一九三一年，復有《安徽叢書》之編刊，所收皆皖人著作，分期影印。出至第六期，以抗戰軍興而中止。盛業未竟，論者惜之。

今者，中央倡導整理古籍，我省領導對此尤爲關心。省古籍整理出版規劃委員會幾經商討，決定編纂《安徽古籍叢書》。編纂宗旨是在歷史唯物主義指導下，批判繼承，古爲今用，弘揚民族優秀傳統文化，爲建設中國特色社會主義服務。最其體例，約有數端：一、所收皆爲歷代皖人著作，時間一般以辛亥革命之前爲限，根據内容，分類成輯。注意稿本、稀見本之搜輯與傳布。二、整理方式包括輯、校、標點和注釋、今譯。校勘，力求採用善本爲底本，校以他書，或加補輯、編次。標點，採用新式標點。注釋，務求精確，但不作煩瑣考證。整理中，盡量吸收國内外研究的新成果。三、鑒於古籍之特點，所出各書多用繁體字；且版皆竪排，以期一律。四、凡熱心於本叢書編印及捐貲助刊者，得於書内題名。

安徽古籍叢書編審委員會

二〇〇四年十一月修訂

程恩培集目次

東瀛觀兵紀事

附録

前言

李興武

一

程恩培(一八五四—?),字紹周,又字少周、筱周,安徽阜陽人。其父程文炳,爲淮軍名將,官至湖北提督、福建陸路提督、長江水師提督。

程恩培青少年時期是在社會動蕩、戰亂頻仍的歲月中度過的。他十六七歲時,受父命游歷京師。同治十二年(一八七三),二十歲的程恩培以『任子』觀政農部,踏上仕途。在此期間,他以農部郎中身份,入京師同文舘爲旁聽生。其間,他『鋭志研綜,益精理化之奥』。光緒十一年(一八八五),清廷在京設立總理海軍事務衙門,程恩培於次年入該衙門辦電燈處當差。光緒十五年,三十六歲的程恩培任户部主事,成爲朝廷的七品官吏。

光緒二十年七月,中日甲午戰争爆發,程文炳改授福建陸路提督。十一月,欽差上諭:『淮水操學堂委員、户部主事程恩培,投效福建陸路提督程文炳軍營,差遣委用。』(《清實録》卷三百五十四，光緒二十年十一月）自此，程恩培結束了十餘年的京城衙門當差生涯，投效到自己父親營下，『尤究心泰西海陸軍戰術』的學習和研究，旨在協助其父在軍事上有一番大的作爲。也正是在這種思想指導下，程恩培滿懷報國之志，受父命赴日，考察日本國情。臨行，其父命之曰：『不得確耗，勿遽歸。』此行歷時達四個月。歸國後，程恩培即協助其父寫出『抗日持久論』之密疏。

七年之後即光緒二十七年（一九〇一）九月初一日至十月二十五日，程恩培以浙江觀兵官全省營務處候補道身份，再次率團赴日考察軍事并參觀學校和工廠，悉心研究該國政治、軍事、經濟、法律、財政、金融、市場、教育、留學等情狀，撰述《東瀛觀兵紀事》和《日本變法次第類考》兩部著作。

隨着國門洞開，在外國資本的刺激和帶動之下，洋務運動興起，民族工業開始蓬勃發展。已過不惑之年的程恩培，敢領風氣之先，主張實業救國，毅然把注意力轉向興辦實業和創辦公司上來。光緒二十三年（一八九七）年底，他與劉鶚、吴式釗（滇人，翰林院檢討），在河南開辦豫豐公司，向英國福公司借銀一千萬兩，敦請河南巡撫衙門承辦焦作礦務。光緒二十四年五月初三日，清政府正式批准了奏折，使河南焦作煤礦步入近代化進程。『自清光緒二十八年，英商福公司開採煤礦，建設鐵路後，地利開發，交通便利，工商發達，與時俱進，儼然爲豫省西北之重鎮。』

嗣後，程恩培又與張性存發起并聯絡阜陽、徽州、蕪湖、合肥、六安等地的一些紳士商賈，於光緒三十二年正式創立蕪湖明遠電燈股份有限公司，光緒三十四年十月投産發電。同年四月，該公司奉准清政府農工商部注册立案，以『黑白月亮』爲商標。民國十八年，易名爲明遠電氣股份有限公司，裝機容量居全省之最。程恩培等因此被稱爲近代皖省電力工業的奠基人。

本年，由程恩培出資興建的阜陽裕興榨油公司於十一月在袁寨投産，日産豆油一萬公斤左右。其規模名列當時全國第十七位。光緒三十三年十二月二十三日，由於創辦公司暨興辦實業之業績顯著，朝廷予程恩培、劉世珩、許鼎霜正二品封典。

光緒三十一年（一九〇五）九月初，程恩培繼童兆蓉（寧鄉）病逝後，以二品頂戴銜署理浙江温處（處州，今麗水市）海防兵備道，成爲温州、處州地方最高行政長官，開始了爲期三個多月短暫而富有成效的治理工作。

他上任後第一件事即召開學務會議，商辦温、處教育大業，以實際行動支持當地教育事業的發展。其間，還成立了温州近代史上第一個商會。此舉標志了『新政』時期温州近代民族經濟的真正起步。他還建立了温州近代史上第一個警察局，而警政正是清末『新政」主要内容之一。程恩培認爲：郡城廛市殷闐，户口蕃至，非舉警察不足稽盜詰奸。

一九〇五年和一九一五年，程恩培兩度出任海關監督。一九〇五年九月七日，清政府任命程恩培以二品官銜署理浙江温處海防兵備道監督甌海關。十年後的一九一五年，他以六十一歲高齡，再次擔任浙江杭州海關監督一職。在此期間，程恩培曾兩度赴京，至財政部「修改關税則例，在京協議」，頗有政績，曾有《申報》稱「杭嘉兩關八月份實收較之七月份多三千餘元」等報道。

程恩培一生雅好結交。無論是就讀於京師同文館，還是供職於農部、户部、海軍衙門，他都以自己的學養和身份往來於政商各界，廣泛結交社會名流賢達，劉鶚便是其中的一位。

光緒二十三年（一八九七），程恩培與劉鶚、吴式釗在河南開辦豫豐公司，引入英國福公司開採焦作煤礦，又合作購買上海浦口九濮洲荒地。光緒三十三年（一九〇七），程子百年娶劉鶚之女爲妻，兩人結爲兒女親家。另外，兩人的經濟活動，已從實業、地産延伸到股票交易方面，經濟往來甚是密切。正是因與劉鶚接觸頻繁，有研究者疑《老殘游記外編》爲程恩培所作。馬幼恒在《中國小説史集稿》中説：日本學者樽本照雄以爲《老殘游記外編》爲劉鶚僞作，「程恩培也是太谷學派中人，和劉鶚亦爲姻親，鶚以女妻程子百年」（見蔣逸雲

《劉鐵雲年譜》）。有此種種關係和有利條件，程恩培或因一時興之所至，撰寫《老殘游記外編》的可能性還是存在的（馬幼垣《中國小説史集稿》）。

翁同龢也是程恩培交往的著名賢達之一。程恩培結交翁同龢乃是其父程文炳引見的，此在翁的日記中有多處記述。如，光緒二十九年（一九〇三）五月十九日日記云：乘『夜風蕭蕭，集漢碑。爲程紹周：克纘家聲，決勝千里；廣籌民利，不閉四門。上切乃翁程從周，下切現督銷浙鹽。』這是翁同龢從《張遷碑》中緝録的四句話，上兩句送給程文炳，下兩句贈予程恩培。翁老所贈堪爲程氏父子二人一生寫照，亦足以表明他們兩家相交相知甚深。

程恩培在學術認知上，比較傾心太谷學派。據史料記載，光緒二年（一八七六），程恩培與劉鶚結伴，赴揚州謁見太谷學派領袖李光炘。光緒六年，他再次與劉鶚、毛慶蕃往揚州，正式拜李光炘爲師，成爲太谷學派的一員。光緒二十八年三月，由程恩培、劉鶚等人出資，并與毛慶蕃、楊士晟等人商議，在蘇州葑門内十全街建學舍，請原在山東作縣官的黄葆年和在江北講學的蔣文田爲主講。此時，由於星散各地的太谷弟子已漸回蘇州，太谷學派頗顯中興之勢。四月，程恩培與劉鶚等太谷學派門弟十九人在上海愚園集會。這是一次希冀太谷學派中興的集會，決定『南北合并，牧馬歸群』，在蘇州『學舍』的基礎上設立『歸群草堂』。共推黄葆年、蔣文田爲會長，由程恩培、劉鶚、毛實君承擔經費，當年開課，『共襄教養』。衆人所議，即由諸四鄉（字乃方）當場作畫，使十九人躍然紙上，取名《愚園雅集圖》，圖後各人作序、跋共十一段。此圖現藏南京博物院。

需要説明的是，關於程恩培的卒年、卒地，至今尚且未有詳實史料能够確定，有待繼續研究。

二

《程恩培集》主要包括程恩培的《東瀛觀兵紀事》和《日本變法次第類考》兩部著作。

日本是後來崛起的軍事强國。日本軍隊『有着機器人般的紀律』，『他們的士兵極爲守紀，却不屈强力』（美・魯恩本尼迪克特《菊花與刀》第一章《日本》）。日本成爲軍事强國的奥秘何在？這個問題是當時包括中國在内世界上許多國家思考的問題。因此，每逢秋季日本國内舉行『特别大演習』之期，前往參觀考察者絡繹不絶。正是在這種大的背景之下，便有了程恩培的兩次東瀛之行。

一九〇一年秋，程恩培以浙江奏派觀兵官全省營務處候補道的身份，率營務處隨員都司鄧馴保、千總趙廷杰及書記官一行『奉檄往觀』，對日本秋演開始了爲期五十五天的參觀與考察。其中『追隨其戎行者，凡十日；親歷其學校、廠院者，凡二十一處』。程恩培不辭勞苦，逐日記録了參觀軍演和考察學校、工廠過程中的所見所聞、所感所悟、所思所想，回國後以日記體專著《東瀛觀兵紀事》（以下簡稱《紀事》）公之於世，爲人們探索日本軍事崛起之謎，提供了一把登堂入室的鑰匙。

先説《東瀛觀兵紀事》。

一九〇一年九月初九日，程恩培與福建省派遣之孫靜山觀察一行二十餘人，乘火車赴千葉町觀看日本第一師團舉行的野外演習。對陣雙方分爲南、北兩軍，以一方軍帽蒙白布區別，『其用意殆虚擬一北方强國之軍容，使其君民習見，更使其君民無忘所仇也』。雙方以砲戰開始，『砲雨槍林，勢甚猛摯』；繼之以攻堅奪隘之戰，『以排槍猛進猛擊』，退而復進，反復争奪，山林陣地互易其手。從十日至十四日，雙方投入兵力數千人，消耗彈藥數百噸，『連日苦戰，視如敵國』。直至綏親王傳令停戰，雙方將校方得相見爲禮，握手言和。然後兩軍列隊合陣，接受親王及各國觀兵官檢閲。親王親自宣讀閲兵宣言，謂近日演習進兵，某隊合法所以勝，某隊失宜所以敗；勝者全軍識之以爲訓，敗者亦識之以爲戒。可見其演兵爲實驗參謀之學，欲使其將校增長才識也。

九月二十六日，日軍第二次更大規模軍演拉開序幕。此次對陣，雙方以獨立騎兵開戰，在一之關和仙臺之間的高清水村之南形成激烈衝突，互有輸贏。二十七日、二十八日，雙方又相繼投入步兵、野戰砲兵、工兵、輜重兵等數萬人參加戰鬥。『東方耿耿，弦月將沉，班馬嘶風，晨雞破夢』，參戰雙方擺兵布陣，調兵遣將，緊鑼密鼓，馬不停蹄，兵鋒所到之處，砲聲隆隆，硝煙彌漫。

二十八日的軍演，由日皇親自擔任統監，始終觀戰，『親爲裁判戰事』。二十九日，南、北兩軍又戰於築舘之野，雙方各據要衝、建築堡壘，通宵達旦，防守甚嚴；其間電報往來，軍令如梭。戰斗最激烈時，砲聲『殷殷轟轟，如萬雷墮地』，『遂成一場有一無二之大戰』。演習結束以後，日皇大元帥親立於帳前，命三軍飽饗午餐，參謀部長大山嚴大將將四天以來之戰陣得失逐一評判。三十日，日皇舉行盛大閱兵典禮，并把閱兵場變成激勵將士的課堂。

據《紀事》記載：閱兵式開始後，日本天皇緩步走到隊伍面前，召選兩名士卒前來作答。侍從武官先傳旨問入營年次，有無父母兄弟，可厭營中之困難否？每於朝暮，不無思念父母兄弟而有還鄉里之心否？每思鄉里之逸樂，而動退營之志否？連日疲於演，而惱兵役之苦否？二卒對曰：『男子而不能就兵役，是極可耻者也，何必生於天地之間？幸得以父母所遺清白健全之身，入營禦侮，則世間之光榮，豈有過於是者哉！以區區之身而當國家有事之日，上得爲皇室盡忠勇，男兒分内所當爲之事也。若能建毫末之功而後還，亦足以大慰父母兄弟之心，則演習之艱難，是此生所最樂者矣。願益勉困苦，以期奉公無誤而已，他豈所望哉！』日皇又命武官解其背囊，開視其食具所盛半熟之飯、鹽鮭之菜。日皇問以如斯粗糲，而連日苦戰，爾其有不平否？又對曰：『奉一命以爲軍人，不耐艱苦，何能爲國家以保太平？我等即此給養，已覺於身有裕矣。』程氏於天皇與日兵之對話載之甚詳，其良苦用心盡在不言之中。

觀兵之餘，程恩培重點考察了日本各類軍事院校如陸軍士官學校、陸軍砲工學校、陸軍地方及中央幼年學校，并參觀考察了砲兵工廠、製呢廠，訪問了近衛兵第四聯隊等。日本各類軍校校風校紀之嚴明、學生素質之高、課程安排之科學嚴密、教學手段之先進完善、校園管理之文明有序等等，在程恩培筆下都有翔實的記録。反映了他在考察軍事的同時，對教育的關心以及對教育重要性的認識等，都達到了一個相當的高度。

再説《日本變法次第類考》。

《日本變法次第類考》（以下簡稱《類考》）是繼《東瀛觀兵紀事》之後，於一九〇二年（光緒二十八年）仲夏，由程恩培集案，其弟程堯章譯述的國内第一部系統介紹日本明治維新法律法規、典章制度的專著。全書十二册，分一集、二集、三集，内容涉及日本自明治元年

（一八六八）至明治三十四年（一九〇一）期間制定的憲法及各種專門法律法規共二十五個門類九千餘條款。該書當爲國内研究日本明治維新、變法圖强等重要的不可或缺的第一手資料。俞樾指出：『程少周觀察長於吏治，又諳習中外之故。其介弟游歷東瀛，數易寒暑，於日本變法始末，覼縷言之，如示之掌。乃參互考訂成《日本變法次第類考》一書，每條皆注明年月，使人得考見其施行之次第，求治者循是而取焉！』誠如斯言，該書價值有四點最爲突出：

一、從《一集》中的二十五類五十六項法律法規來看，内容包括帝國憲法、皇室典範、帝國議會、法令及公文式、官報、裁判所、行政訴訟及訴願、民法、商法、民事訴訟法、刑法、刑事訴訟法、官制、官規、統計、報告、文書、官印、外交、旌表、位階、華族、賑恤、地方制度、土地、水利、河川、砂防、道路、橋梁、渡津、警察、新聞、出版、著作權、監獄、衛生、社寺、宗教、葬儀、忌服、財政、軍事、教育、氣象、曆時、勸業、度量衡、礦業、森林、特許、意匠、商標、運輸、通信等各個領域和行業。百年之前，日本就有了著作權法、商標法、傳染病防治法、保税倉庫法和遺失物法等，説明明治維新爲日本法治社會的建立起到了巨大的推動作用。如《著作權法》，此法爲明治三十二年（一九〇〇）三月制定，專門保護著作者之權利及僞作者之處罰。爲了確保該法實施，同年六月又制定了《著作權法施行所關之件》，就是該法的實施細則。再如《傳染病預防法》，明治三十年（一八九八）三月制定，此法規定，一旦發現有虎列剌、赤痢、腸窒、扶私痘疱、發疹窒、扶私、猩紅熱、實布垤利亞及黑死病等疫的流行之兆，則據此法以預防之。爲了更好地實施這一法律，當局還相繼制定了《傳染病預防法施行規則》、《傳染病預防法之清潔方法消毒方法》、《傳染病預防法所關補助之件》、《傳染病預防委員會及檢疫委員會設置規程》及《陸軍部内傳染病預防規則》等多部配套法規，以備病疫流行而有法可循，有效防控，以確保人民的生命安全。

二、在紛繁復雜的明治立法中，涉及當時中日經濟社會現象可供比較的案例很多，如當時日本北海道與中國東三省經濟社會發展狀況之比較；中日教育文化發展觀念及現狀之比較；中日税務征收如煙葉專買、酒税之比較；中日教育、中日官吏現象之比較；中日經濟如生絲發展歷史與現狀之比較；中日地方自治歷史與現狀之比較；中日圖書館事業發展歷史與現狀利弊之比較；中日貨幣制度建設之比較等。通過比較，既反映出當時中日經濟社會發展的某些不平衡，也可以看出作者對日本所抱有的學習態度和對中國發展技不如人的切膚之痛。如在本書第六册第十九類介紹日本《北海道官設鐵道會計之例》中，作者寫道：『北海道本蝦夷之地，土人習於漁獵，舊俗雖有土地，終古荒凉。自明治元年下詔開辟，移内地之民以實之，浚河渠，通道路，獎勵農桑。凡有興築，政府籌特别之資金，議特別之法令，教守奬勵，不遺餘力。至今游其地者，見街道之壯麗，農畔之整齊，規模宏遠，過於内地。蓋日本舊俗儉陋，遠不如我禹域，去舊更新，難於齊一。而北海道則曠土新辟，維新以後，直以文明之法制施之其地。氣候寒冷，與我東三省相若。至水土之深厚，礦產之富饒，區區島嶼，不及我黑龍江大陸平原之什一。漢土久患人滿，而東三省膏腴之地，廛封荒廢，無異昔時。有地不治，地球萬國，誰不視爲殖民善地？鯨吞蠶食，豈獨俄已哉！』果不其然，此論之後僅僅二十多年，東三省這片美麗富饒的土地，就被日本侵略者所霸占。程恩培警示國人：『謀國者，視此規當知所興也。』此種遠見卓識，即使今日讀來，仍具振聾發聵之力量。

三、明治維新立法中涉及臺灣之法律，竟多達二百四十多項，全面涉及臺灣軍事、政治、通訊、海關、鹽務、測量、路標、土地調查、地圖調制、日語傳習等諸多方面。其中尤其是軍政、教育，包括日語傳習等法規條例的制定，爲其長期奴化、控制、壓迫臺灣人民提供了法律依據。對此，程恩培在第十九類《臺灣總督府特別會計所屬返納及納入告知書記載方法》中告誡國人：『臺灣自歸日本後，設置總督，與以特別大權。視彼内國，凡地方民政，必本諸法律，提諸議會者，其會計則別設拓殖務大臣司之，謂此邦之民，不與同化；與歐洲各國之視殖民地，殊途同歸。夫臺灣之民，本漢族也，非蝦夷蠻族榛榛狉狉比也。彼日本者，内困於財政，外逼於歐族，與我國危難無甚懸殊。幸能政治修明，教育改良。一旦據此土地，得此人民，正宜廣施政教，一視同仁，用其材力，以競爭於異族。胡爲自分畛域，必殖其固有之民，然後爲快意哉？吾嘗反復考之，知日本政府有不得不然者在也。臺灣之歸日本七年於兹矣。强勇者，徒襲揭竿斬木之風；柔弱者，不改委靡因循之習。間有人學於東京者，未見有高尚學問，得入世界社會之資格。至其内地之鴉片、纏足種種舊習，因循不革，是民智、民德、民力實不足與日人比肩。彼日人亦無可如何也。日本於明治三十年定治臺法令，期以五年，今日付諸議會，又展五年。輾轉因仍，壓制之苦無窮期矣。我國内地人民，自審其學問程度，高出於臺人者幾何？而環視眈眈思殖民於我地者，更非日人可比。且反客爲主，吾人寧有幸耶！彼臺人者，非無富貴之資，而今安在？凡我士夫，宜早自奮勵，各矢忠愛，慎勿坐待異邦殖民，而自爲臺人之續矣！』作者斯言，令人深思！

四、通過考察明治立法，可以進一步了解日本之歷史。

其一，關於日本靖國神社的現狀與歷史淵源。日本靖國神社，原稱『東京招魂社』，建於一八六九年八月六日（明治二年六月二十九日），一八七九年（明治十二年）六月，日本通過第十八類《社寺宗教》立法第一章《神社寺院》第二款《社格》之第二條《東京招魂社改稱靖國神社列於官幣社及管理祭典并其他管理方法》規定：『東京招魂社改稱靖國神社，列入別格之官幣社中，其祭典及其餘常務，由內務、陸軍、海軍三省管。」這種特殊的地位，致使他們可以爲所欲爲，導致在一九七八年秘密將十四個被盟國遠東軍事法庭判罪和處決的甲級戰犯諸如東條英機等也放入他們供奉的名單中。因此，每當日本政要前往靖國神社參拜時，都會引起二戰期間遭受日本侵略的國家和人民的激烈反對。而靖國神社的法律地位，正是在日本明治維新時期確立的。

其二，甲午戰爭中，中國先敗於海戰，再敗於陸戰。一個直接原因，就是爲了給慈禧籌辦六十大壽，朝廷擅自挪用海軍經費，致使北洋水師舊艦不能更新，彈藥缺少補給，武備陳舊落後，最後導致被動挨打。而反觀日本，爲了打敗清軍，征服清朝，全國上下，萬衆一心，集資募捐，籌辦軍費，增添武備，更新艦隊。甚至立法募集公債，得款一萬萬元之巨！這不僅保證了戰時的經費需求，還爲日後向東亞擴張奠定了法律保障。兩相對比，此中興亡成敗的原由，當不言自明矣！

兩書中類此值得借鑒、發人深省、啓人心智的事例，可謂比比皆是，不勝枚舉；相信讀者諸君展卷一覽，自有感悟之處。

三

程恩培一生勤奮有爲，經歷豐富，交游甚廣，著作亦豐。收集整理他的遺作，是一件很不容易的事。

筆者在整理《程文炳文集》一書的過程中，隨着資料的收集，對程恩培一生的輪廓逐漸清晰起來。尤其是發現了他與劉鶚、翁同龢的交往，從《劉鶚集》、《翁同龢日記》及二人的年表傳記中，不但理出程恩培中年以後的主要經歷，也覓得他所撰寫的兩部重要著作《紀事》和《類考》，并在金文正先生的幫助下，完成了對兩部著作的校點工作。在校點《程恩培集》的過程中，筆者曾遇到文獻真僞的問題：筆者從網絡資料得悉，清末程恩培有三部著作，除《紀事》、《類考》外，還有一部詩集《拙庵詩草》，爲河南省圖書館收藏。於是，我在河南省圖書館古籍部查閲并拍照了該書的全部内容。該書共收録作者自同治九年（一八七〇）至光緒三十四年（一九〇八）所作的詩文共三百五十六首，刊刻於宣統元年（一九〇九）二月。落款爲『光山程恩培伯湛』。於是疑問産生了，『光山程恩培』，是不是『潁州程恩培』或『阜陽程恩培』呢？帶着這個疑問，筆者求訪了幾位專家學者，均得不到准確答案。二〇〇九年五一長假期間，筆者在北京國家圖書館查閲資料時，在《清代官員履歷檔案全編》一書中，無意間查到了河南光山縣人程恩培的個人履歷檔案。彼程恩培非此程恩培的疑點進一步擴大，筆者遂親往河南省光山縣，在縣志辦的幫助下，查閱三個版本的《光山縣志》，終於在《光山縣志・約稿》卷二《出身表・舉人》條目下（該書第二百九十二頁），發現有『程恩培，字少門，順天中試，官鄖陽知府』十五個字，與國家圖書館河南光山縣人程恩培個人履歷檔案完全吻合。至此，『光山程恩培』并非『潁州程恩培』或『阜陽程恩培』已成定論。得到這個結論，既有幾分遺憾，亦有幾分欣慰。遺憾的是，承認這個結論，光山程恩培的《拙庵詩草》將不能收入潁州《程恩培集》中，一年的辛勞付諸東流；欣慰的是，這一年多的努力探訪和考證廓清了史實，使得同一時代、同一姓名，甚至經歷大致相同的兩個人的籍貫之疑終於水落石出，涇渭分明，避免了一場可能發生的學術謬誤。依此審視《日本變法次第類考》一書的署名『富波程恩培』五字落款，『富波』正是潁州、阜陽的古稱，故可確定此書乃程恩培所作無譌。

此外，《程恩培集》附録中還收入了程恩培致榮禄的信劄、程恩培傳略、程恩培年表等相關資料，對了解、研究程恩培和他所處的那個時代都具有一定的參考價值。

因水平有限，書中定有不少疏漏和舛誤之處，敬請各位方家和讀者不吝賜教。

日本變法次第類考

日本變法次第類考叙

俞樾

余讀《周官》太宰之職，曰：乃施典於邦國，乃施則於都鄙，乃施法於官府。又讀小司徒之職，曰：乃均土地以稽其人民，乃經土地而井牧其田野，乃分地域而辨其守，施其職。諸條皆以『乃』字發端。竊謂『乃』者，繼事之詞，明其欲爲彼，必先爲此。治一事已，然後又治一事，凡事皆有先後，而不可紊也。《大學》首章羅陳條目，曰先曰而後，反復申明。《管子》雖霸者之書，而其言曰：『有身不治，奚待於人？有人不治，奚待於家？有家不治，奚待於鄉？有鄉不治，奚待於國？有國不治，奚待於天下？』亦隱然與《大學》相合。是知古之治國平天下者，必知所先後，而後可以從事。《學記》曰：『不陵節而施之謂遜。』又曰：『雜施而不遜，則壞亂而不修。』豈惟爲學，爲治亦然。自泰西諸邦交乎中國，而中國之學者乃爭言西法。及見日本自明治以來講求新政，日致富强，儼然爲東方一大國，於是言變法者又不求之西而求之東。嗚呼！是誠然矣。抑思日本之變法，亦非一朝夕事乎？自維新以至今日，歷三十餘年，有始終不易者矣，有稍稍變易者矣，亦有全廢不用者矣。計其頒行新政，無慮九千餘條，各有年月，歷歷可考。是其先後之間必自有道矣。若不審其何者宜先，何者宜後，而但曰變法，吾懼其倒行而逆施，不特爲西人笑，且爲東人笑也。程少周觀察長於吏治，又諳習中外之故，其介弟游歷東瀛，數易寒暑。於日本變法始末，覶縷言之，如示之掌。乃參互考訂，成《日本變法次第類考》一書，每條皆注明年月，使人得考見其施行之次第。求治者循是而取焉。如問塗者，由郊而牧而野而林，以達於坰。如導水者，由遂而溝而洫而澮，以達於川。庶幾事半而功倍乎！抑余觀其首卷，第一條曰憲法，大旨在歸重君權。嗟乎！自西學入中國，人人皆曰均權，曰自由，推其弊之所極，不至於無父無君不止。此書乃首重君權，不特知先後，且知本末矣。今國家鋭意自强，創設政務處，冀與天下更始，而海内才智之士亦爭獻其説，以自奮於功名。雖然，治絲而棼之無當也。振裘者挈其領，舉綱者提其綱，其在此書乎！僭書其端，敬爲當世言新法者告也。光緒壬寅年孟夏月，曲園老人俞樾序於春在堂。

凡例

一、是書宗旨，耑重尊王，故以憲法冠於首章。

一、是書篇帙浩繁，既分數目，又繫年月。如欲考何條，不難展卷而得。

一、是書係集法學、政學各書，擇其切要者譯之。又採取法學政治家之議論，考據而成。每條加以按語，或長或短，皆記實也。

一、日本變法之初，全效西洋。後以民風國體不無異同，多生窒礙，至今凡三十五年，時有改革。書中凡昔定而今仍者，用●爲記；昔定而今改者，用〔改〕爲記；昔定而今删者，用〔删〕爲記；昔定而今廢者，用〔廢〕爲記，以清眉目。庶閲者知其政之得失，且知我東方之所宜云。

一、是書凡二十五類，共九千餘條。其頒行年月，各有先後。故每條皆注明年月，觀此可以知緩急之次第，不至蹈越等之弊。

一、初集共分二十五類，是皆其明治三十二年以前之事。以後者則條目尤繁，改革尤多，如合之初集，未免雜亂，故另編爲二集、三集，以便檢察。

一集

第一類 憲法 皇室典範 議會 法例及公文式 官報

第一章 憲法

●憲法 按：日本憲法係君主立憲政體，故其大旨在尊重君權，以維持國家獨立自主之宗旨，而增進人民之利益。并可垂示後禩，俾世世子孫知尊王之義，視其天皇皆敬之如神明，親之如父母，而國運亦於以鞏固。故設定憲法，爲近日立國者最要之事務，一切治内治外，規模皆以憲法爲主腦。君主統治國家之大權，因此益尊矣。明治二十二年二月。

第二章 皇室典範

●皇室典範 按：日本皇室典範，大抵皆關於君主家内一切事務，但其中所定君位繼承及踐祚即位等事，又與國家全體有關。故皇室典範與憲法實相輔而行，不可偏缺。此爲君主立憲國政體之特質。明治二十二年二月。

第三章　議會

第一款　議院法

●議院法　按日本議院法：凡關於議院内一切事務，均詳細條列。其議院則分爲貴族院及衆議院兩院。明治二十二年二月。

第二款　貴族院

●貴族院令　按此令：貴族院以保守主義爲要，在維持國家及人民之康樂和親而瞻顧大局，不事急躁，故其中議員必以國家有大勳位及有大名望之人充之。日本貴族院議員計分五項：一皇族，二公侯爵，三伯子男爵，四有勳勞於國家及有學識者，五有大財産者。此五項人等皆得有充當議員之資格。明治二十二年二月。

●貴族院伯子男爵議員選舉規則　按此規則：日本貴族院定例：皇族及有公侯爵者，成年以後，即得終身爲議員，不必由於選舉。伯子男爵人等成年以後，則各爵中互相選舉，以各爵人數五分之一爲議員，任期七年。明治二十二年六月。

●貴族院多額納税者議員互選規則　按此規則：日本貴族院定例：凡有功勞及有學識之人，則君主敕任爲終身議員，不必由於選舉。其納税多額之富家，則各富家三十歲以上男子互相選舉，每十五人中選一人爲議員，任期七年。明治二十二年六月。

●貴族院多額納税者議員補闕選舉所關之件　按此條件：凡納税多額者之議員中，若有出缺，即施行補缺選舉。明治二十七年五月。

●貴族院多額納税者議員互選規則施行方法　明治二十三年三月。

●貴族院議員資格及選舉事訟判決規則　按此規則：凡因議員之資格不合或選舉不公之故而涉訟者，則議長派調查委員調查之，既得確情，由議長分交各議員合議，判決後，議長即削除其名而後上奏。明治二十三年十月。

●貴族院議員選舉之詔　明治二十三年二月。

●貴族院伯子男爵議員選舉規程　按：此規程係制定伯子男爵選舉議員各種方法。明治二十三年五月。

●應貴族院議員選舉者，不得兼任宫内省中侍從職及其餘職務之件　明治二十三年七月。

●貴族院規則　按此規則：凡貴族院所有各種委員及議事章程并辭職、請假、懲罰等事件，皆詳著定例，以便議員遵守。明治二十三年十二月。

第三款　衆議院

●衆議院議員選舉法　按此選舉法：日本衆議院定例：凡男子滿三十歲而納國税至十五元以上者，即有爲人選舉之資格。每府縣分爲數個選舉區域，以郡長或市長爲選舉長，府縣知事監督之。男子年齡滿二十五歲，納國税至十五元以上者，即有可以選舉他人之資格。若因選舉之事而涉訟者，則控訴院裁判之。明治二十二年二月。

●衆議院議員選舉法罰則補則　按：此補則專處罰選舉人及被選人之違犯選舉法者。明治二十三年五月。

●衆議院議員選舉法施行規則　按：此規則係實在施行其選舉法之一切章程。明治二十三年正月。

●衆議院議員選舉事務及書式等准據辦理方法　按：此方法詳記選舉一切事務及投票所用紙式。明治二十三年正月。

●東京府神奈川縣境域變更所關之件　按：此事件專關係議員選舉之事。明治二十六年三月。

●衆議院議員選舉法及貴族院令所稱直接國税種目　按：日本所稱直接國税者，一地租，二所得税，三營業税是也。明治二十二年三月。

●衆議院規則　按此規則：凡衆議院所有各種委員及議事章程并辭職、請假、懲罰等事件，皆詳著定例，以便議員遵守。明治二十三年十二月。

第四款　歲費旅費

●議會議長、副議長、議員歲費及旅費支給規則。明治二十三年十月。

第四章　法例及公文式 官報

第一款　法例

●法例　按：此法例專布告民法之一切大綱。明治三十一年六月。

●法例施行於臺灣　明治三十一年七月。

●省令、廳令、府縣令、察警令所關罰則之件　按：此罰則條件於司法省法令以外，各部大臣及府縣官、警察總監所得施行處罰之命令，然不得過二十五元以上之罰金及二十五日以外之禁錮。明治二十三年九月。

●違犯命令條項所關罰則之件　按：此種罰則不得過二百元以上之罰金及一年以外之禁錮。明治二十三年九月。

●施行臺灣法令所關之件　按：此條件專辦理臺灣之事。明治二十九年三月。

●外國人署名捺印及無資力證明所關之件　按：此條件專關係外國人在日本訴訟之事。明治三十二年三月。

第二款　公文式

●公文式　按：此公文式專制定法律命令之格式。明治十九年二月。

●官報到達日數　按：此係官報到達各府縣之日數，凡定一法律或施一命令，及官職之陞降黜陟，皆揭載於官報中，限定日期，分遞各府縣，俾衆周知。明治十六年五月。

●地方官廳所發命令之公布式　按：此公布式專制定地方官廳命令公布之格式。明治二十六年十月。

●布告布達登載於官報者爲公式　明治十八年十二月。

●達及告示登載於官報者爲公式　明治十六年五月。

第三款　官報

●官報發行所關之件　按：此條件專制定官報發行之一切事項。明治十六年五月。

●官報記載事項斟酌之件　按：此係制定官報之節目格式。明治十六年六月。

●銀行會社等之報告類皆許揭載於官報　明治十八年八月。

●官報告白登載之價目　按：此係各種告白欲登載於官報中者，則依其字之大小，每行定價目三角至四角五分。明治三十二年三月。

●官報報告主任官　按：官報之報告，以敏速確實爲主，故精選報告主任官，專司報告之事，使其責無旁貸。明治十八年十二月。

●官報販賣所設立事件　按：此事件專制定官報販賣所一切章程。明治三十二年三月。

〔删〕●法會全書及職員録之郵便税繳納方法　明治三十一年六月。

第二類　裁判　行政訴訟及訴願

第一章　司法裁判

第一款　裁判所構成法

●裁判所構成法　按此構成法：日本裁判所裁判刑事及民事，分爲四等：曰區裁判所，曰地方裁判所，曰控訴院，曰大審院。區裁判所判事官二人，其一人兼監督判事官。地方裁判所判事官三人，以其中一人兼爲裁判長。控訴院長官一人，判事官五人或七人，以其中一人兼爲裁判長。大審院長官一人，判事官七人，以其中一人兼爲裁判長。明治二十三年二月。

●裁判所構成法施行條例　按：此條例定其實在施行裁判所構成法各事。明治二十三年三月。

●治安裁判所出張所設置　按：治安裁判所有本廳及支廳，其支廳則爲出張所。每支廳所應設之處，由司法大臣定之。明治二十一年九月。

●治安裁判所出張所裁判暫立規程　按：此規程爲出張所應行之各種事務。明治二十二年五月。

●地方裁判所支部之判事、檢事及區裁判所監督判事補職之件　按：此條件爲以上各官所應當補缺之資格。明治二十四年八月。

第二款　裁判所位置管轄

〔改〕●裁判所位置及管轄區域　按：此係議定裁判所應設立之地方及其管轄之四界。明治二十三年八月。

●裁判所位置及管轄區域之變更　按：日本大阪及廣島裁判所管轄區域之變更，爲法律第二十一號。明治二十八年三月。

按：橫濱、東京各地方裁判所管轄區域之變更，爲法律第六十一號。明治二十九年三月。

按：東京區内各區裁判所之廢止，爲法律第八十八號。明治二十九年四月。

按：東京、那覇等地方裁判所管轄區域之變更，爲法律第二十號。明治三十二年二月。

●那覇地方裁判所及區裁判所之設置　明治二十四年十二月。

〔改〕●地方裁判所支部及管轄表　按：此表分爲甲號及乙號。甲號辨理地方裁判所所屬之事務，乙號辦理刑事第二審事務。明治二十三年八月。

●地方裁判所支部管轄表之變更　司法省令第七號乙號表中之變更。明治二十四年七月。

司法省令第八號，秋田裁判所内能代支部之廢止。明治二十四年八月。

司法省令第十二號，木更、津外各處支部之變更。明治二十四年十月。

司法省令第四號，八幡濱等區裁判所各支部之變更。明治二十五年四月。

司法省令第八號，木更、津外支部甲乙號之變更。明治二十五年八月。

司法省令第五號，四日市支部之變更。明治二十八年四月。

●區裁判所支部開設之件

司法省令第十二號，靜岡等地方裁判所管内各區裁判所設立支部之事。明治二十五年十二月。

司法省令第十三號，山形地方裁判所管内區裁判所設立支部之事。明治二十五年十二月。

司法省令第一號，新瀉地方裁判所管内區裁判所設立支部之事。明治二十六年正月。

司法省令第二號，安濃津等地方裁判所管内區裁判所設立支部之事。明治二十六年正月。

司法省令第十一號，德島地方裁判所管内區裁判所設立支部之事。明治二十六年六月。

司法省令第十二號，甲府等地方裁判所管内區裁判所設立支部之事。明治二十六年六月。

司法省令第十三號，靜岡等地方裁判所各支部辦理民事第一審事務。明治二十六年六月。

司法省令第十七號，仙臺地方裁判所設立支部之事。明治二十六年十二月。

司法省令第十九號，奈良等地方裁判所設立支部之事。明治二十六年十二月。

司法省令第六號，神户等地方裁判所管内區裁判所設立支部之事。明治二十八年四月。

司法省令第七號，岐阜地方裁判所管内區裁判所設立支部之事。明治二十八年四月。

司法省令第九號，秋田地方裁判所管内區裁判所設立支部之事。明治二十八年十一月。

司法省令第十四號，靜岡等地方裁判所各支部辦理豫審事務。明治三十年六月。

●區裁判所出張所並登記所管轄區域。明治二十六年六月。

第三款　辯護士

〔改〕●辯護士法　按：此法詳記辯護士之資格及義務、職權、處分等事。日本法律，凡人民有訴訟者兩造，必請辯護士到堂，故其職務最關重要，與中國狀師不同。明治二十六年三月。

●定辯護士職服　按：辯護士有一定職服，與平常官員服裝不同。明治二十六年四月。

●辯護士會設立章程　明治二十六年四月。

●辯護士名簿登録規則　按此規則：凡充當辯護士者，皆當詳記履歷於辯護士名簿内，由地方裁判所檢事局報告司法大臣，而揭載於公報中。明治二十六年四月。

●辯護士試驗細則　按此細則：凡欲充當辯護士者，由司法大臣派試驗高等官之試驗委員舉行試驗。及第者則授以及第證書。明治二十六年五月。

●辯護士筆記試驗施行之地方　按：辯護士筆記試驗係於檢事局行之。明治二十六年七月。

●代言試驗志願者呈遞照像方法　按：代言即代書之類，願受試驗者則呈遞照像一枚，親寫姓名於後面，交檢事官轉呈。明治二十三年七月。

第四款　執達吏

●執達吏規則　按：此規則爲執達吏所應辦之事務及處分。明治二十三年七月。

●執達吏薪給規則　按此規則：執達吏之薪給，依時刻之長短及訴訟者金額或債務之多寡而定，其旅費則依里計算。明治二十三年七月。

●執達吏代理鑑札調製方法　按：此即製定執達吏之文憑，以爲信據。明治二十三年九月。

第二章　行政訴訟

●行政裁判法　按此裁判法：日本裁判所分爲司法裁判所及行政裁判所。司法裁判所即以上所列四種，并特别裁判所，歸司法大臣管轄。行政裁判所專辦理行政各官違法爲人控告等事，歸内閣總理大臣管轄。設敕任長官一人，評定官若干人，敕任或奏任。明治二十三年六月。

●行政廳違法處分所關行政裁判之件　明治二十三年十月。

〔改〕●行政訴訟豫納金章程　按此章程：凡行政訴訟一切費用，皆當先納若干金於行政裁判所。案給以後有餘，則付還本人；不及則可追繳。明治三十二年四月。

●行政訴答書書式　按：此書式即原告人告狀及被告行政官辯狀之書式。明治二十四年七月。

第三章　訴願

●訴願法　按：此法即訴訟者及受理者之一切章程。明治二十三年十月。

第三類　民法

第一章　民法

〔改〕●民法五則　按：第一爲民法之總則，析爲人法、人物法律行爲、期間時效等。凡人生應有之權利、應敦之品行，與夫社會公衆之事業皆屬之。第二言物權之事，析爲總則、占有權、所有權、地上權、佃户權、地役權、留置權、先取特權、質權、抵當權等。凡一切動産、不動産之經營俱屬之。第三言債權之事，析爲總則、契約、事務、管理、法不當之利得權與不法之行爲等。凡借貸、買賣、傭雇、承攬、囑託、委任、立約、贈與、合辦之事，俱屬之。統查全法，於民間之一舉一動，無不有應遵之法則。此以見文明國之有條不紊有由來矣。明治二十九年四月。

●民法又二則　按此民法：一爲親族法，析總則、户主與家族之制、婚姻之制、統嗣之制、親權後見人、親族會及扶養之義務等。凡家族之權利、義務以及父子、兄弟、戚族、夫婦之制度，無不詳備，户籍法寓焉矣。第二言相繼之事，析家主之嗣續、遺産之嗣續、承認嗣續及拋棄事續與分析家産、相續無人立遺命、交分遺留等制。凡一家之嗣續，屬之。我五服之制也。明治三十一年六月。

〔改〕●定民法施行法　按法：分爲通則及施行總則、編之規則、施行物權編之規則、施行債權編之規則、施行親族編之規則、施行相續編之規則等。所以補民法之不足，言行政之法則也。明治三十一年六月。

●定施行民法法例、户籍法、競賣法之件　按：明治二十九年所定之民法三則，三十一年所定之民法二則，與法例、户籍法、競賣法等，均自三十一年七月十六日實施。明治三十一年六月。

●定失火者之責任　按制：凡遇有失火者，不得照民法例，然其失火果屬實因重大過失所改，則亦得酌量准予援例辦理。明治三十二年三月。

●定徵收私訂契據、申請登記者之費用制　按制：凡有私訂契據、申請登記所或公證役場登記者，每件應納費銀一角。明治三十一年七月。

●定確定日記簿中所用印章式樣　按制：凡公證役場、登記所等，所用日記圖章，俱用圓式，外圓徑一寸，内圓徑六分，不得歧異。明治三十一年七月。

●定社團法人、財團法人之申請許可認可制　按制：凡社團、財團申請，内務省許可，當先由地方長官具文内務省，方准認可。明治三十二年四月。

●農商務發布社團法人、財團法人許可令　按令：凡社團、財團有須請農商務省許可者，亦必先由地方長官備文申請。明治三十二年一月。

●定利息制限法　按法：凡貸借時所訂利息，分法定利息與契約利息兩種，然民間私立契約，其有貸借不滿百圓，週年利息在二分以上；不滿千圓，週年利息在一分五厘以上；至千元以上之款，週年利息在一分二厘以上者，官不准理。明治十年九月。

●定抵質地契約規則　按制：凡有將地契質與外國人及賣與外國人者，其所書地價及質券之收條等，裁判所中概不代爲理交，至將地面賣買，則更不足論矣。彼國之防，微也如是。明治六年正月。

第二章　競賣法

●定競賣法　按：此爲通定競賣動産、競賣不動産與夫競賣船舶及增價競賣之制，分別詳析。明治三十一年六月。

●定外國人以質入之物申請增價競賣之件　按制：凡外國人有將質入之不動産，申請增價競賣，而競賣時公估價值不能加至原質十分之一者，則該申請之外國人，應將原質十分之一與不及原質價之差額若干，併爲該外國人所担承填補者，方准競賣之。明治三十二年三月。

第三章　辦理非訟事件法

●定辦理非訟事件法　按制：區分三項，第一爲非訟事件之總則。第二爲民事非訟事件，析關於法人，關於管理財産，關於裁判，關於保存、交保、保管及公估，關於隱居、廢家、戒子、嗣續及親族會，關於承認嗣續及拋棄嗣續，關於確認遺命及執行遺命，關於登記法人及夫婦財産、契約等事。第三爲商務非訟事件，析關於會社及競賣，關於選任清算人及能任清算人，關於一切商業之登記事件。明治三十一年六月。

第四章　登記

●定登記不動産法　按制：區分五項：其第一爲登記不動産之總則，第二定登記所及登記之官吏，第三定一切登記之帳簿，第四定登記之規例，第五定登記之抗告法，附以雜則。而於不動産之買賣、抵質，無不經登記所記載矣。明治三十二年二月。

●定割賣土地及合併户册之登記法　查照明治二十年大藏省所頒訓令，凡有將户下土地割裂出賣及買主將土地歸併一户者，均照行政廳之處分法申請登記。明治二十二年十一月。

●定登記割賣土地及合併户册前之申請法　按制：凡遇有申請登記此等事件者，應照明治二十年大藏省第二十五號所布訓令，申請行政廳處置後，再行申請登記。明治二十二年十一月。

●定登記大林區署之不動産事件　按制：凡登記大林區署之不動産，俱立大林區署册名可也。明治二十二年十二月。

●定徵收請發給土地登記册、家屋登記册以及商業登記册之副本費　按制：除政府飭令謄繕副本不給費用外，凡閲册一次，納費一角。登記一件，亦納費一角。申請給予業經登記之執照者，加費五分。明治三十二年五月。

●定辦理登記事務之一切費用由國庫支應制　按制：凡司法省所定之登記所，其費用俱由國庫支應。明治二十年六月。

●定辦理登記事務　查照土地情狀，每年宜至十二月三十一日截止制。明治二十一年十二月。

●定登記外國人及外國法人之物權制　按制：凡自實行改正條約之前，外國人與外國法人所有之不動産及船舶等，應行登記者，一切登記規則，俟敕令定奪。明治三十二年三月。

●定經理登記法人及夫婦財産契約書等制　按制：除法人以謀利爲宗旨者，應由商事登記所登記外，其一切登記之册籍、副本、執照、印鑑、登記事由，俱有定式，無得歧異。明治三十二年五月。

●定各區裁判所與裁判分所所轄之登記法人及夫婦財産契約書等分屬於東京、大阪兩地方裁判所之區域制　按制：凡屬於東京地方裁判所之區裁判所一，分所四；屬於大阪地方裁判所之區裁判所一，分所之(一)。明治三十一年七月。

●定徵收一切申請繕給法人登記册與夫婦財産契約册等件之副本、抄本費用制　按制：凡抄給副本一頁，收費壹角。給與業經登記之夫婦財産契約執照一枚，收費五分。明治三十二年六月。

●定調製登記法人及夫婦財産契約册之副本、抄本式　按制：凡各册之副本、抄本，俱照明治二十六年司法省所布民刑第三百九十號訓令式樣，不得歧異。明治三十一年七月。

●定登記船舶規則　按：規則區分四章：首章爲登記船舶之總則，次章制定登記所，三章制定登記册，四章制定登記方法。而其大旨，要與登記不動産法不甚相遠。明治三十二年六月。

●定經理登記船舶法　按法：凡一切册籍，俱由地方裁判所調制，至船主印鑑，應由船主之市町村長保證後，方准作信云。明治三十二年六月。

●定業經公證人保證之船舶契據，照估質人後所有一切權利申請登記法　按法：除有特別之規則外，一切俱照登記船舶法辦理。惟申請登記時，須附加公證人之保證據一紙而已。明治三十二年六月。

●定徵收申請給與船舶登記册之副本、抄本費用法　按制：凡請給副本一頁者，納費一角。查閱册籍一次者，納費一角。請給發業經登記之執照者，納費五角。請給發並未登記之證據者，納費壹角五分。明治三十二年六月。

〔改〕●定經理登記商業法　按法：凡一切册籍，俱由地方裁判所調製。至其商業，由妻登記者，妻亡後方准易夫之姓名。由未成年者，未成年者亡後，方准有親權及後見人改登。爲被後見人而登記者，必其後見人亡後，方准後見監督人改登。可以見登記之重矣。明治三十二年五月。

●司法省制定經理登記商業事務之裁判區域所令　按令：相模國鎗倉郡深澤村大字山崎，及高座郡松林村大字香川所屬之商業登記事件，俱由藤澤裁判分所管轄。明治三十二年六月。

●司法省制定經理登記商業事務之裁判區域所令　按令：常陸國筑波郡作岡村大字安食之商業登記事件，由北條裁判分所管轄。又筑波郡吉沼村大字牛縊、大沙等之商業登記事件，由下妻區裁判所管轄。明治三十二年六月。

●司法省制定經理登記商業事務之裁判區域所令　按令：下野國那須郡那須村大字高久、湯本等處之商業登記，由蘆野裁判分所管轄。明治三十二年六月。

●司法省制定經理登記商業事務之裁判區域所令　按：大和國吉野郡白銀村等處之商業登記，由下市裁判分所管理。大和國吉野郡大淀村等處商業登記，由上市裁判分所管理。大和國吉野郡天川村等處商業登記，由下市分所管理。明治三十二年六月。

●司法省制定經理登記商業事務之裁判區域所令　按：此凡備中國川上郡落合村等處商業登記事件，由高梁區裁判所管理。又，松原村等處商業登記事件，由東成羽裁判分所管理。又，美作國東北條郡神庭村等處商業登記事件，由津山區裁判所管理。明治三十二年六月。

●司法省制定經理登記商業事務之裁判區域所令　按令：凡加賀國能美郡尾口村等處商業登記事件，由峰裁判分所管理。又，能登國鳳至郡西保村等處商業登記事件，由櫛比裁判分所管理。明治三十二年六月。

●司法省制定經理登記商業事務之裁判區域所令　按令：凡紀伊國西牟婁郡大都河村大字、小河内等處之商業登記事件，俱由江住裁判分所管理。明治三十二年六月。

●司法省制定經理登記商業事務之裁判區域所令　按令：凡土佐國長岡郡岡豐村大字、笠川等處商業登記事件，屬後免裁判分所。天坪村大字户、手野角、茂谷之商業登記事件，屬川口裁判分所。香美郡佐古村大字户、板島之商業登記事件，屬赤岡區裁判所。高岡郡浦内村大字、浦内之商業登記事件，屬須崎區裁判所。幡多郡伊豆田村大字、立石之商業登記事件，屬清水裁判分所。小筑紫村大字、都賀川等處之商業登記事件，屬宏見裁判分所管理。明治三十二年六月。

●司法省制定經理登記商業事務之裁判所區域令　按令：凡肥前國東松浦郡久里村等處商業登記事件，屬相知裁判分所。肥前國西松浦郡黑川等處之商業登記事件，由伊萬里裁判所管理。明治三十二年六月。

●司法省制定經理登記商業事務之裁判區域所令　按令：凡周防國玖珂郡、河波郡大字、四馬神等處之商業登記事件，屬本鄉裁判分所管理。明治三十二年六月。

●司法省制定經理登記商業事務之裁判區域所令　按令：凡伊豫國伊豫郡、下灘郡大字、石疊之商業登記事件，屬郡中裁判分所。東宇和郡、魚成郡大字、下相男、河內之商業登記事件，屬野村裁判分所管理。明治三十二年六月。

●司法省制定經理登記商業事務之裁判區域所令　按令：凡陸前國志田郡敷玉村大字、青生之商業登記事件，屬古川區裁判所管理。明治三十二年六月。

●司法省制定經理登記商業事務之裁判區域所令　按令：凡羽前國南村山郡堀田村大字、半鄉等處之商業登記事務，屬山形區裁判所管理。明治三十二年六月。

●司法省制定經理登記商業事務之裁判區域所令　按令：凡陸中國和賀郡飯豐村等處之商業登記事件，屬黑澤尻裁判分所。上閉伊郡鵜住居村等處之商業登記事件，屬黑石裁判分所。二户郡淨法寺村等處商業登記事件，屬福岡區裁判所。九户郡山形村等處商業登記事件，屬葛卷裁判分所。江刺郡羽田村大字、向森等處之商業登記事件，屬水澤區裁判所。江刺郡至里村大字、次凡之商業登記事件，屬米里裁判分所管理。明治三十二年六月。

●司法省制定經理登記商業事務之裁判區域所令　按令：凡陸奥國南津輕郡石川村大字、石川等處之商業登記事件，屬於藏舘之裁判分所。南津輕郡光田寺村大字、川邊和泉之商業登記事件，屬黑石裁判分所。西津輕郡之大户瀨村大字、風合瀨轟木等處之商業登記事件，屬穇區裁判所管理。明治三十二年六月。

●定銀行家呈請登記會社制　按制：凡經營銀行事業而欲登記會社者，應先將創辦之年月日呈請登記。明治二十七年六月。

第五章　户籍法

●定户籍法　按：此法爲定户籍吏及經理户籍之公署登記身份及登記時規則。一切有關身分之事，呈請登記。凡户籍檔册者，有記載户籍之方法，有抗告之例，有懲罰之則。足見文明國之户口，按圖可索，而宵小亦無從匿跡矣。明治三十一年六月。

●定辦理户籍法之規例　按規例：户籍吏每年於十月杪止，將所有登記之身分清册，送交該管裁判所備查。至民間有欲查閱身分册及户籍册者，亦得隨時面向户籍吏呈請檢視。明治三十一年七月。

●照户籍法定應行徵收之費用　按制：凡欲查閱册籍者，納費一角。請給發身分册及户籍之謄本、副本者，每一頁納費一角。請頒給業經登記之執照者，納費五分云。明治三十一年七月。

●定東京、大阪、京都三市之户籍吏　按制：三市之户籍吏，均以區長充之。明治三十一年七月。

●定既經審決之罪犯事件户籍上報告法　按制：所有一切罪犯情事業經審定以後，應由裁判所將所犯案情及犯人姓名等，報告於犯人之原籍户籍吏，俟户籍吏查係確是此人，具有覆信後，方能處決。明治三十一年八月。

●定現行之寄留規則　按則：凡呈報寄留事情，其寄留者係屬官紳、華族、士族、神官等類，則由本人具報。係屬軍隊，則由兵官具報。係屬平民或傭工等，則由户主、傭主具報。此太政官所定之規例也。明治五年正月。

●内務省頒布呈報生死、去留及寄留等事之呈報法　按制：凡移居他處者，其他處之房屋係爲己置之産，則由本人或户主呈報。係租借者，則由房主具報。歸里時同遠游外國者，由本人先行具報於本籍官吏。明治十九年九月。

●内務省頒行辦理户籍法之規則　按此規則：凡遇有寄留者，呈報寄留之後，該町村長當移咨其原籍官吏。其原籍官吏當呈報出游之後，核日已當移咨，而該出游地之官吏，仍未將寄留事件移咨者，應向出游地查詢。明治二十九年六月。

第六章　國籍法

●定國籍法　按國籍法：凡其父母屬日本人者，則爲日本人。或不知其父指私生子言。而其母屬日本人者，爲日本人。或不知其母而其父爲日本人者，亦爲日本人。爲日本人之後者、爲日本人之入夫者、謂贅姻於其妻也。爲日本人妻者、歸化於日本者，皆爲日本人。惟女之嫁他國人者，日本國之內務大臣並未承認爲歸化者，則不得有日本之國籍。明治三十二年三月。

●定外國人出嗣於日本人及爲日本人之入夫之件　按制：凡有過繼外國人爲子、招贅外國人爲夫者，必得內務省之許可。然非品行端正、有確實住所在一年以上者，內務省即不能認可。明治三十一年七月。

●定喪失國籍者之權利制限　按制：凡喪失日本國籍者，不將其非日本人所不能享有之權利於一年之內讓之於日本人，則其所有之權利應歸國庫。明治三十二年三月。

第七章　公證

●定公證人規則　按：此規則區分五章：首章爲公證人之總則，次章定選舉公證人及考試公證人之制，三章定證書之格式，四章定應納之費用，五章定懲罰之規例。明治十九年八月。

〔改〕●定施行公證人之規則之條例　按此條例：凡公證人必其試驗及第，又得確實保人二，並照額納付保證金後，方准涖事。至其居處應呈由所轄裁判所轉請內務省認可。每區不得過十五名。遇有考取不獲合格人員，寧曠毋濫，以見慎重官司之至意。明治十九年八月。

●定抗告之方法　按制：凡民間有不服登記官吏及公證人所處置者，准其呈遞抗告狀於該登記官吏或公證人，仍由登記官吏或公證人於三日内加具意見書送交裁判所理處，理處後仍不心服，准其送交控訴院判斷。明治十九年十一月。

第四類　商法

第一章　商法

●商法五編　按：此商法專制定商事所關之一切規程，本法中所不載者，則用商事習慣法。無商事習慣法者，則用民法。計分五編：第一總則，第二會社，第三商業行爲，第四證票，第五海商。明治三十二年三月。

●商法施行法　按：此施行法專制定商法施行，以前所有商事之佈置，均依舊商法施行。明治三十二年三月。

●商法施行期日。明治三十二年四月。

●私設鐵道株式會社所關之件　按：此事件專制定私設鐵道公司股分所關之事。明治二十八年二月。

第二章　破産

●商法第三編破産　按此破産法：凡商人若有虧累不能支付債務時，則裁判所因本人或債主之申訴決定以後，即宣告破産。所有該商人之財産均充公，發賣抵債，或由官指定財産管理人管理其財産。明治二十三年四月。

●商法施行條例　按：此條例專制定商法施行所關之一切章程。明治二十三年八月。

第三章　商事非訟事件

●商事非訟事件印紙法　按此印紙法：凡於非訟事件而求裁判所之命令及其他處分者，則特設定章，其所呈之書狀必貼用民事訴訟所用之印紙一枚。明治二十三年八月。

第四章　銀行

第一款　銀行通則

〔改〕●銀行條例　按：此條例專制定銀行開設所關事件。明治二十三年八月。

〔廢〕●銀行條例施行細則　按：此細則專制定銀行開設所關詳細章程。明治二十六年五月。

〔删〕●銀行合併法　按：此法專制定各銀行合併爲一銀行者之辦理章程。明治二十九年四月。

〔删〕●銀行合併法施行細則　按：此細則專制定銀行合併方法所施行之一切詳細章程。

明治二十九年四月。

●銀行條例貯蓄銀行條例銀行合併法施行於臺灣之件　明治三十一年九月。

●設定銀行所關法律上費用之件　明治三十二年三月。

●銀行並貯蓄銀行分店及代理店所關辦理章程　明治二十六年十一月。

●營銀行事業者之會社具狀申請之例　明治二十七年六月。

第二款　日本銀行

●日本銀行條例　按：此條例專制定日本銀行所施行一切事項，其資本金一千萬元，分爲五萬股，每股二百元。明治十五年六月。

●日本銀行納稅之例　按：每年以千分之十二半繳納政府，每年分爲兩次。明治三十二年三月。

●日本銀行兑换券票發行稅購課額算出方法　按：日本銀行兑换券票之發行稅，每年以千分之十繳納政府。明治三十二年三月。

第三款　橫濱正金銀行

●橫濱正金銀行條例　按：此條例專制定橫濱正金銀行所施行一切事項，其資本金六百萬元，分爲六萬股，每股百元。明治二十年七月。

第四款　日本勸業銀行

〔改〕●日本勸業銀行法　按此法：其宗旨專因農、工、商業改良發達之故，貸付資本，計有資本金一千萬元，分爲五萬股，每股二百元。明治二十九年四月。

第五款　農工銀行

〔改〕●農工銀行法　按此法：其宗旨專因農業、工業改良發達之故，貸付資本，計有資本金二十萬元以上，每股二十元。明治二十九年四月。

〔改〕●農工銀行補助法　按此法：凡營業農工銀行者，政府於豫算之所定，得補助其金若干元，五年以内政府不受息利。明治二十九年四月。

第六款　臺灣銀行

●臺灣銀行法　按：此法專制定臺灣銀行之一切施行事項，其資本金五百萬元以上。明治三十年三月。

●臺灣銀行補助法　按此補助法：政府得助，以百萬元爲限。明治三十二年三月。

第七款　北海道拓殖銀行

●北海道拓殖銀行法　按此法：其宗旨專在借給從事北海道拓殖事業者之資本，計有資本金三百萬元。明治三十二年三月。

第八款　國立銀行

●國立銀行條例　按：此條例專制定國立銀行之一切事項。明治九年。

●定鎖店國立銀行之貸金及債主之權利　明治十七年十二月。

●營業滿期國立銀行處分法　按此法：凡營業未滿期三個月以前，不先行禀請大藏大臣許可，則滿期後即失其國立銀行之資格，而爲私立銀行。明治二十九年三月。

●營業滿期國立銀行處分法施行細則　按：此細則專制定國立銀行處分施行之方法。明治二十九年四月。

●國立銀行營業滿期前特別處分法　按：此處分法專制定國立銀行於營業滿期以前，得禀請大藏大臣許可，改爲私立銀行。明治二十九年三月。

第九款　貯蓄銀行

●貯蓄銀行條例　按：此條例專備人民寄存銀元之故而設，凡營貯蓄銀行事業者，總須有資本金三萬元以上方可。明治二十三年八月。

●貯蓄銀行條例施行細則　按：此細則專制定貯蓄銀行條例施行之一切定章。明治二十八年三月。

第五章　取引所 猶言貿易行業

●取引所法　按：此法專制定日本人民開設各種行業章程，如米行、豆行之類。明治二十六年三月。

〔廢〕●取引所法施行規則　按：此規則專制定取引所法施行之一切定章。明治二十六年七月。

●米及有價證券設立交易市場所關之件　明治二十九年三月。

●取引所申請設立開張之認可者所關條件　明治二十七年二月。

●取引所資本金、營業保證金、股分費用存留金及賣買貿易之方法所關一切規程，并中人認許費等條例　按此條例：其資本金總須三萬元以上，保證金則照資本金三分之一，存於大藏省或地方廳署以爲證據。倘日後有虧欠、倒閉之事，即以此金作抵。又該行每年收入總金額二十分之一，宜存留不動，以爲准備。但准備款項若有資本金四分之一以上或欲支出其准備款項時，須禀請農商務大臣認可，其中人之認許費，以十元爲定額。明治二十六年七月。

●取引所税法　按此法：凡賣買商區及有價證券，税以萬分之六；賣買國債及地方債證券者，税以萬分之三。明治二十六年三月。

第六章　商業會議所

●商業會議所條例　按：此條例專定商業會議所設立之一切章程。明治二十三年九月。

●商業會議所條例施行規則　按：此規則專制定商業會議所條例施行之一切章程。明治二十八年八月。

●商業會議所會員選舉、被選舉權所關之例　按：農商務省令第十七號，專改正東京商業會議所條例中所得税之等級。明治二十三年十月。

農商業務省令第二號，此令專制定大阪商業會議所條例中所得税之等級。明治二十八年二月。

農商務省令第十號，此令專制定橫濱商業會議所條例中所得税之等級。明治二十八年八月。

農商務省令第五號，此令專制定會議所議員選舉權、被選舉權所關財産上資格，凡東京、横濱、大阪商業會議所設立地，必有資本金一萬元以上，其餘地方商業會議所必有資本三千元以上。明治二十八年四月。

農商務省令第七號，此令專制定北海道所設商業會議所議員選舉權、被選舉權所關財産上資格，凡每年直納國税五元以上者，得有選舉權或被選舉權。明治二十八年七月。

●聯合商業會議所設置之例　按：此係制定各市町村互相聯合設立商業會議所章程。明治二十六年七月。

●商業會議所條例　按：議定方法并意見書等報告之例。明治二十四年十一月。

第五類　民事訴訟法

第一章　民事訴訟法

●民事訴訟法　按：民事訴訟法專關於人民所有土地、財産上訴訟之事，凡外國人寄居在日本者，若與日本人民爭訟，亦依此訴訟法，由日本裁判所裁判之。外國官吏不得用外國法律干預裁判權限，此稱爲治外法權。國家有此治外法權，方得爲自主獨立之國家。明治三十三年三月。

●民事訴訟法施行條例　按此條例：一切案件以施行之日爲始，按照訴訟法裁判。其未施行以前之案件，或仍依舊法律判斷，或應從新法律完結，必須先行規定。故特設此條例，俾新舊法律交替之間，不至轇轕不清。明治二十三年七月。

●依民事訴訟法爲國家代表之規定　按：此規定專係各部大臣及府縣廳官於所屬，特別各地方中掌理民事訴訟事務而在司法大臣權限以外者。明治二十四年正月。

敕令第百八十一號，按：此敕令專定臺灣總督府各官廳所關之民事訴訟。明治三十一年七月。

内務省令第四號，按：此令專定鐵道廳土木監督署、衛生試驗所及集治監等職掌所關之民事訴訟。明治二十五年四月。

内務省第六號，按：此令專定臨時横濱築港局職掌所關之民事訴訟。明治二十五年十月。

大藏省令第二號，按：此令專定造幣局及税關職掌所關之民事訴訟。明治二十五年二月。

大藏省令第十七號，按：此令專定廣島礦山及税務管理局職掌所關之民事訴訟。明治二十九年十一月。

陸軍省令第十八號，按：此令專定各師團監督部及臺灣陸軍監督部職掌所關之民事訴訟。明治三十二年六月。

海軍省令第四號，按：此令專定鎮守府及鎮守府監督部職掌所關之民事訴訟。明治二十六年七月。

司法省令第五號，按：此令專定裁判所之檢事局所受民事訴訟之事。明治二十六年七月。

文部省令二十八號，按：此令專定文部省直轄各學校及圖書舘職掌所關之民事訴訟。明治三十年十二月。

農商務省令第一號，按：此令專定鑛山監督署、農事試驗生絲檢查所等職掌所關之民事訴訟。明治三十一年正月。

農商務省令第九號，按：此令專定林野整理支局職掌所關之民事訴訟。明治三十二年四月。

遞信省令第三號，按：此令專定各一等郵便電信局、一等郵便局及各分局等職掌所關之民事訴訟。明治二十五年正月。

〔改〕●民事訴訟費用法　按此費用法：日本定例，凡人民訴訟者，皆定有一定之費用，以資辦公并濟國帑，不得於費用法婪索分文。明治二十三年八月。

●民事訴訟用印紙法　按此印紙法：日本於一切財産、土地買賣、借債等事，皆須於契約或合同上，貼用印紙一枚，其印紙之金額按照物價而定。訴訟之書狀，亦須貼用印紙。若關於財産、土地之訴訟，則照其訴訟物之價額貼用。無印紙者，不能呈遞。其印紙每張皆有定價，到處可買。吏胥等無從婪索，亦無從上下其手，而自能涓滴歸公。明治二十三年八月。

●訴訟書類郵便送達費　按：日本人民訴訟，若由郵便呈遞其狀者，則每封納税五分，即貼用郵便印紙。明治二十四年六月。

●依民事訴訟法送達之囑託施行准據方法　按：此方法係專定駐紮外國之日本公使館一切人等，於本國民事訴訟上有關係者，可囑託外務大臣送達其書狀。明治二十四年九月。

●民事上告豫納金方法　按日本定例：凡人民因裁判不服而上控者，則宜納金十元於上控裁判所，否則不收其狀。若上控裁判所於此上告之事判斷後以爲理曲者，則此十元之金即作充公。明治十年二月。

●家資分散法　按：此法即抄没家産之謂。明治二十三年八月。

●陸海軍軍法會議私訴裁判强制執行法　按：此法係按照軍法處分以外之事由，軍法會議處送交通常裁判所裁判者。明治二十三年八月。

第二章　人事訴訟手續 猶言章程

●人事訴訟手續法　按此手續法：凡關於婚姻家族内一切訴訟之事。明治三十一年六月。

●依人事訴訟手續法之公告方法　按日本定例：凡裁判所於已經判定之事件，須揭載於新聞紙上，俾衆周知。明治三十一年七月。

第六類　刑法

第一章　普通刑法

●刑法　按：刑法爲究治官民等犯罪而設，分爲四編：第一編總則，專制定法例之名目。第二編公益所關重罪輕罪。第三編身體、財産所關重罪輕罪。第四編違警罪。明治十三年七月。

〔改〕●刑法附則　按：附則以補刑法所未及。明治十四年十二月。

●新舊法比照例　按：新舊法比照例，以新、舊二法互相比照，示其處斷罪犯之例。明治十四年十二月。

●諸罰例處斷方法　按：諸罰例處斷方法，以現在所施行刑法諸法律規則中其關係罰例者，皆照此處斷之。明治十四年十二月。

●告訴違犯罰則者給與賞金方法　凡有報告某人違犯罰則而有確證者，則賞報告者若干金以奬之。明治十三年二月。

●地方違警罪名發布上申之例　凡各地方於定違警罪名而頒布之時，則當具狀上申其本管大臣。明治十四年八月。

●軍人着制服乘馬者不在刑法第三項之例　按日本定例：凡人民於夜間不點燈火而疾驅車馬者，則處罰。軍人着制服乘馬者，不在此例。明治十五年四月。

●陸軍上等卒所犯之罪，若與特別爲官吏所設之刑法相等者，則准照官吏治罪。明治十五年十二月。

●憲兵卒職務所關之犯罪處斷方法　按：憲兵卒犯其職務所關之罪者，照官吏犯罪之例處斷之。明治十五年十二月。

●禁舉行富籤　按：富籤者，係會衆醵金拈鬮。有中其鬮者，則舉金以付之，貧者可以遽富。因有是名，事類賭博，故禁之也。明治元年十二月。

●富籤賣買者處分方法　按富籤賣買處分方法：凡舉行富籤者，必先頒籤以醵金，故賣籤與買籤及爲牙保或幫助者，皆有罪。明治十五年五月。

●爆發物監督罰則　按爆發物監督罰則：凡意欲妨害治安，傷毀人身體、財産者，則本人及從犯皆處以死刑。此外則製造者、輸入者、貯藏者，罪各有差。明治十七年十二月。

●議會及議員保護所關之罰則　按議會及議員保護所關罰則：凡人民公然誹毀、侮辱議會及妨害議員言論行爲者，皆處罪並加以罰金。明治二十二年十一月。

●決鬥罪處分法　按決鬥處分法：凡人民因互懷私恨之故，定期會鬥以決其生死者，則處以罪名，並加以罰金以警之。明治二十二年十二月。

●公署公吏及公署印信文書免狀鑑札所關之件　按：市町村署及其吏等，因人民公議所設者，謂之公署公吏。上所舉諸項並准用官署官吏之例。明治二十三年十月。

●屋外竊盜罪處分法　按：此處分法專指在家屋外竊物之犯，如田野、山林、川澤、牧場等處竊物者是也。明治二十三年十月。

●商法所關之有罪破産者處斷方法　按此處斷方法：其有罪破産分爲兩項，即詐欺破産及過怠破産是也。明治二十三年十月。

●刑法附則中監視票旅券書式　明治十五年三月。

內務省達第三十一號，按：此令專制定監視票並旅券所關事件。明治十五年五月。

●受監視者旅行中處理方法　按：受監視者當旅行時，必使其携帶監視票，若在途中滯留數日者，則須詣其地警察署受檢印。明治十七年三月。

第二章　陸軍刑法

●陸軍刑法　按陸軍刑法：專究治陸軍軍人、軍屬犯罪之事。明治十四年十二月，但第十章係二十三年增加。

●陸海軍刑法第二項新舊比照規則　按：陸海軍刑法新舊比照規則，所死在新法頒布以前者，則比較新、舊二法從輕處斷。明治十五年正月。

●陸海軍法衙處罰金科料等犯換刑處分之件　按：此係於陸海軍法衙處罰金科料者，得改換爲輕禁錮拘留之刑。明治十六年十一月。

●臨時陸軍軍法會議及其管轄地內陸軍刑法適用之件　按：本款當戰時及有事變時，其所特設或分駐之陸軍軍衙并陸軍團隊等，得於便宜上設臨時陸軍軍法會議，以究治犯罪者。明治二十八年六月。

●陸海軍刑法適用所關之件　按：陸海軍刑法適用所關之件，凡陸軍軍人服海軍之務、海軍軍人服陸軍之務者，其刑法各從其現在服務之軍銜。明治二十八年三月。

●施行陸海軍刑法於臺灣之件　明治三十年四月。

第三章　海軍刑法

●海軍刑法　按海軍刑法：專究治海軍軍人、軍屬之犯罪者。明治十四年十二月。

第七類　刑事訴訟法

第一章　刑事訴訟法

●定刑事訴訟法　案：此法分爲八編：第一編總則。第二編爲裁判所之管轄，及裁判所職員之除斥并忌避、回避。第三編犯罪之搜查、起訴及豫審，搜查告訴及告發爲一節，現行犯罪爲又一節，起訴豫審内又分爲十節，曰：○令狀、○密室監禁、○證據、○訊質被告、○抄查證件、○訊問證人、○鑑定、○現犯豫審、○保釋、○豫審終結。第四編爲公判，曰通則，曰區裁判所公判，曰地方裁判所公判。第五編爲上訴，曰通則，曰控訴，曰上告、抗告。第六編爲再審。第七編爲大審院特別權限所屬之訴訟辦法。第八編裁判執行復權及特赦，曰裁判執行，曰復權，曰特赦。明治二十三年十月。

第一款　上訴豫納金

〔删〕●控訴重罪豫納保證金規則　案此規則：應豫納金二十元，備裁判費用。其無力者得請豁免，惟誣告者不准。明治二十三年二月。

〔删〕●控訴輕罪豫納保證金規則　案此規則：應豫納金十元，備裁判費用。如恐有不敷之處，得先使格外多納。明治十八年正月。

〔删〕●因罰款或追徵而上控之豫納金　案：照所罰及所追金額十分之一存置原裁判所書記局。如上控不當，則没入大審院。明治十九年六月。

第二款　集治監囚人特別裁判

●樺户集治監囚人輕罪以下治罪法　案：此係歸司獄官吏裁判，如犯有重罪，則由函館重罪裁判所主之。明治十五年三月。

●空知地方集治監囚人輕罪以下治罪法　案：此條與樺户同。明治十五年八月。

●釧路集治監囚人輕罪以下治罪法　案此條：凡犯有重罪者，由根室重罪裁判所主之，餘與樺户同。明治十八年二月。

第三款　違警罪處分

●違警罪即決例　案此例：凡犯有違警罪者，可由警察署長及分署長等立即判斷。惟涉私訴，不在此限。明治十八年九月。

● 陸軍軍人、軍屬違警罪處分例　案此例：凡犯有違警罪者，可依違警罪即決例，由憲兵部處分之。如在未設憲兵地方犯罪者，則仍歸警察署判斷。明治十九年五月。

● 海軍軍人、軍屬違警罪處分例　案：此例與陸軍同。明治二十二年十月。

● 海軍軍人、軍屬違警罪處分通知其所屬長官艦團或他部長方法　明治三十年五月。

第四款　陸海軍治罪法交涉處分

● 普通治罪法、陸海軍治罪法之交涉處分　案此處分：凡常人犯罪，歸普通裁判所審判，軍人則歸軍法會議審判，各不相雜。惟在敵前軍中臨戰合圍之地，及供給海軍之船舶犯罪者，雖常人亦得付軍法會議。明治十八年五月。

第五款　雜則

● 司法官吏需用巡查兵員章程　案此章程：遇事機緊急，得逕行差遣。餘時須照會警察署或憲兵屯營。明治十四年九月。

司法省達第十五號，按：此令專制定豫審判事檢證及物件差押事件。明治十四年十二月。

● 警察官護送證驗囚人，其費用在警察費中開支之例　明治十五年六月。

● 憲兵將校以下執行司法警察事務，其將校、下士視如司法警察官，其卒視如巡查之例明治十五年五月。

●巡查代理警部爲司法警察事務之例　案：代理者姓名，應先照會該地方輕罪及違警罪裁判所。明治十四年十月。

●提傳被告人到案夜間留置之法　案：此以距訊問期日在四十八時以内爲限。明治十四年十月。

●犯人、證人以拇指代印之例　案：此以無印者爲限。明治十四年十二月。

●保釋責放中被告人處理方法　案此法：遇有要事，暫離裁判所管轄地面或他宿一夕以上，均須報告，且不得預於公衆議會。明治十六年十一月。

●裁判時不論官民均得傍聽之例　案：外國人則非經照會，不在此限。明治十五年三月、又十七年十二月，司法省定敕奏任官及外國官吏傍聽位，均與尋常無異。

●使用巡查丁役備公廷差遣及看護被告人之例　明治十四年六月。

●因官吏職務爲刑事裁判證人請給日用旅費之例　明治十七年六月。

●屬警察官刑事處分費用與裁判費用無涉之例　案：凡受豫審判事囑託爲豫審處分者，不在此限。明治十六年十一月。

●裁判批斷語謄鈔摘録費用之例　案：每用一紙，納費三錢。明治十四年十二月。

●護交犯人與司獄官時由檢察官將宣告書録送之例　明治十五年三月。

●已決囚之犯罪宣告書録送司獄官之例　明治十七年六月。

●皇室犯罪速向司法省控告之例　明治十六年正月。

●華族犯罪照會宫内省之例　明治十六年十一月。

●帶勳者犯罪照會司法省之例　案：凡遇當剥奪公權者，所有追繳之勳記、勳章及年金票，均應送交該省。明治十五年三月。

●没收褒章照會司法省之例　明治十五年四月。

●帶勳者犯罪通知本籍之例　明治十九年四月。

●醫師犯罪通知内務省之例　明治十五年八月。

●獸醫犯罪通知農商務省之例　明治二十年二月。

●招領贜物處分方法　案：自定案日起，在裁判所所在地及犯罪地招告失主領取贜物，以一年爲限。遇有不可保存或保存需費物件，則由檢察官變價代收。明治十五年五月。

●贜物在未定案前暫還失主之例　案：凡遇有證據要件，不在此限。明治十五年六月。

●没收物件交地方廳變價之例　明治十八年十一月。

●没收物件辦法　案此辦法：由裁判所將没收物件，發交地方廳或所在地户長後，限在三個月内變價。如無受主，則展限三月，如得不償失，則不復變價亦可。明治十九年四月。

●敕任官犯罪當禁錮及奏任官與華族帶勳有位者犯禁錮以上罪，由司法卿奏聞之例　案：帶勳有位者，係指勳六等、從六位以上。明治十五年三月、又十六年三月，司法省達第二號，凡罰金不完納者改爲輕禁錮，亦須奏聞。

●賜有内國勳章之外國人及佩有外國勳章之内國人處理方法　案：外國人賜有内國勳章者，與内國人一體處理。至内國人有外國勳章者，則但准其佩帶與否而止，餘非所及。明治十五年十一月。

第六款　司法警察

●司法警察官職守規則　案：此規則分爲三編，第一編總則。第二編搜查，曰搜查着手，曰搜查處分，曰搜查憑證及犯人，曰送致被告事件。第三編暫豫審，曰檢證搜索及押取物件，曰訊問證人，曰鑑定，曰逮捕被告人，曰訊問被告人。明治二十六年九月。

●司法警察涉及外國公使舘辦法　案：此辦法爲處分内國人之爲屬員者，處分舘内事故并處分外國公使屬員犯罪，及犯罪之内國人住居於公使舘者。明治七年九月。

第二章　陸軍治罪法

●陸軍治罪法　案：此法分爲九章：第一章曰總則。第二章曰軍法會議之設立。第三章曰軍法會議之權限。第四章曰陸軍檢察。第五章曰審問。第六章曰判決。第七章曰再審。第八章曰復權。第九章曰特赦。其高等軍法會議設於東京，餘則設於各師、管，皆設判士長一名，判士四名。如在臨戰合圍之地，得減去判士二名。又視被告人官位分別判士長、判士之爲奏任或判任。明治二十一年十一月。

●陸軍治罪法執行規則　案此規則：當事變或在戰時，則可由長官變更省略。明治二十一年十月。

●於屯田兵司令部設軍法會議之例　案此例：其軍法會議之成之權限、檢察、復權、特赦及治罪等，均比照陸軍治罪法，以屯田兵司令官爲長官，司令部副官爲檢察官。明治二十二年十月。

●臺灣陸軍軍法會議法　案此法：其成立權限及治罪等，均比照陸軍治罪法，師管軍法會議之例，以臺灣總督爲長官，而以總督府陸軍幕僚副官爲檢察官。明治三十二年二月。

第三章　海軍治罪法

●海軍治罪法　案：此法分爲九章：第一章曰總則。第二章曰軍法會議之設立。第三章曰軍法會議之權限。第四章曰海軍檢察。第五章曰審問。第六章曰判決。第七章曰再審。第八章曰復權。第九章曰特赦。其軍法會議常設者有二：曰東京軍法會議，曰鎮守府軍法會議。臨時設立者有三：以在各艦隊者爲艦隊軍法會議，在東京者爲高等軍法會議，在合圍地者，爲合圍地軍法會議。皆設判士長一名，判士四名。如在臨戰合圍之地，得減去判士二名，又視被告人官位分别判士長、判士之爲奏任或判任。明治二十二年二月。

●海軍治罪法執行規則　案：此規則分爲五則：一曰檢察，二曰審問及判決，三曰再議再審及特赦，四曰宣告執行，五曰罰金科料、没收物、贓物、證據物處分。明治二十四年九月。

●臨時海軍軍法會議法　案此法：當事變或戰時，則置軍法會議於司令長官及司令官之下，或比照合圍地軍法會議亦可。明治二十八年二月。

校記

〔一〕之　疑係『二』或『三』字之譌。

第八類　官制

第一章　内閣所管

第一款　官制改正詔敕 附太政大臣奏議

●官制改正詔敕　按：此詔敕在制定内閣總理大臣官職，使轄理各省事務，爲諸大臣之冠，以統一事權，而免上申下行、沈滯條複之弊；并可節省冗費，整肅官紀。盖國家當維新之際，必須釐定官制，而後一切政務始能漸漸舉行，不致彼此觀望，有誤國家大事。明治十八年十二月。

●請改内閣組織之奏議　考日本明治初年，仍倣唐之尚書省制度，以太政官統轄各省，官吏事皆仰太政官批允施行，徒滋曠滯之弊。故太政官三條實美，特奏請更張官制，以内閣爲宰臣會議及御前奏事之所，各大臣入參大政，出就各部職務，使事無沈滯。更選一人爲總理大臣，以統一各部，保持全局，實爲良策。明治十八年十二月。

第二款　内閣

●内閣規畫　考内閣以内閣總理大臣及外務、内務、大藏、陸軍、海軍、司法、文部、農商務、遞信諸大臣入閣辦事。明治十八年十二月。

●内閣官制　考内閣官制，以内閣總理大臣爲各大臣之首班，奏宣機務，上承綸旨，以統一行政各部。凡有詔敕，皆須總理大臣及主任大臣副署，國家重要事件，時時可開閣議，又稱爲國務大臣。明治二十二年十二月。

第三款　内閣所屬職員

●内閣所屬職員官制　按此官制：其所屬職員，敕任官凡三人，奏任官凡九人，判任官凡九十三人。明治三十一年十月。

●於内閣恩給局置顧問醫官　按此事件：設顧問醫三名，專審查恩給及扶助料所關醫術上諸事。明治二十七年五月。

第四款　賞勳局

●賞勳局官制　按此官制：設敕任官一人，奏任官二人，判任官六人，專掌勳位、年金及外國勳章受領等事。明治二十六年十月。

●賞勳會議規則　按此規則：專議定勳位、勳章及年金敘賜、褫奪所關諸事，設敕任官一人，奏任官二人，判任官六人。明治二十六年十月。

第五款　法制局

●法制局官制　按法制局官制：設敕任官三人，奏任官十二人，判任官十一人。分爲二部，專掌法律、命令案、起稿所關諸事。隸内閣總理大臣管轄。明治二十六年十月。

第六款　印刷局

〔改〕●印刷局官制　按印刷局官制：設敕任官一人，奏任官四人，判任官八十一人。專掌官報，並法令全書及職員録之編輯，並發賣所關等事。明治三十一年十月。

第七款　文官試驗委員

●文官試驗委員官制　按此官制：試驗委員專制定文官高等試驗各委員，使掌文官高等試驗及奏任文官任用之銓衡，並文官普通試驗科目等所關諸事。明治二十七年五月。

第八款　法典調查會

●定法典調查會規則　按：此規則專調查法典及附屬法令之改正與制定，並條約實施等所關重要事項。明治二十七年三月。

第九款　鐵道國調查會

〔删〕●鐵道國調查會規則　按此規則：即調查政府所買收私設鐵道事項，隸總理大臣監督。明治三十二年二月。

第十款　議院建築調查會

●議院建築調查會規則　按：此規則專調查議院建築所關各事。明治三十二年四月。

第二章　樞密院

●定樞密院官制及事務章程　按官制事務章程：設樞密院議長一人，副議長一人，顧問官十五人，書記官長一人，書記官三人，爲君主親臨諮詢重要國務之處。凡關於行政、立法及與列國締結條約等事，經君主諮詢後，即開會議述陳意見，以待親裁。明治二十一年四月。

●置樞密院屬　按：此專制定樞密院所屬判任各官。明治二十一年五月。

●樞密院屬定員　按：樞密院屬定員凡十人。明治二十六年十月。

第三章　宫内省所管

第一款　宫内省

〔改〕●定宫内省官制　按此官制：設宫内大臣一人，次官一人，秘書官二人，宫内屬判任官若干人。又於宫内省設内事、外事、調查三課，每課置長官一人，次長一人。此外又分爲各部局等。宫内省專辦理帝室所關事務，兼監督華族。明治二十二年七月。

第二款　御料局支廳

●御料局支廳職制　按此職制：隸宮内大臣，專管理帝室所有財産上事項。明治二十二年九月。

第三款　東宫職

〔改〕●定東宫職官制　按：東宫職各官專管理東宫事務，並掌東宫衣服、用度、營繕及會計等事。設東宫大夫一人，東宫亮一人，侍從長一人，侍從五人，侍講五人，判任及准判任官若干人。明治二十二年十一月。

第四款　東宫之營造局

〔改〕●定東宫營造局官制　按此官制：設營造局長官一人，事務官二人，判任官等二十六人。專掌東宫營造所關一切事務。明治三十一年八月。

第五款　歌所

●定歌所官制　按此官制：設長官一人，主事一人，各參職員等二十二人，判任官若干人。專掌君主及皇后歌詠所關諸事，兼管理臣民進呈之詠歌等。明治三十年十月。

第六款　内大臣並宫中顧問官及内大臣秘書官

●定内大臣並宫中顧問官及内大臣秘書官官制　按：内大臣一人，係親任掌璽章及常侍輔弼。宫中顧問官十五人以内，以有功勞者任之，掌帝室典範儀式所關諸事。内大臣秘書官一人或二人爲奏任，隸内大臣管轄。判任官若干人。明治十八年十二月。

第七款　文事秘書局

●定文事秘書局官制　按此官制：設秘書官長一人，秘書官二人，判任官若干人。專掌管内廷之文書等類。明治二十三年十二月。

第八款　皇族職員

●皇族職員職制　按此職制：設立皇族内部各官，以任輔翼之責，並管理皇族家務、會計等事。明治二十三年正月。

第九款　帝國博物館

〔删〕●帝國三博物館官制　按此專制：定東京博物館、京都博物館、奈良博物館三館之官制，以示國家重視工商而爲廣行招徠之計，庶足上裕國帑，下濟民困，并可杜外貨輸入之弊。明治二十二年五月。

〔删〕●於帝國三博物舘設評議員、學藝委員，並定其待遇人員　按：此係於東京、京都、奈良三博物舘官吏之外，另設評議員、學藝委員及待遇人員等，以互相研究，俾工藝得以大興。明治二十二年五月。

第十款　學習院

●學習院官制　按此官制：設敕任官一人，奏任官四人，判任官若干人。其教授等官，或敕任，或奏任，臨時制定，專辦學習院學生教育之事。凡貴族子弟皆當入學。明治三十一年八月。

第十一款　華族女學校

●華族女學校職員及官等俸給　按此章程：設敕任官一人，奏任官若干人，判任官若干人。專掌華族女學生教育之事。凡華族女子皆當入學，并制定各官俸給。明治十九年二月。

第十二款　侍從武官

●侍從武官官制　按此官制：以官高資深者一人爲侍從武官長，以陸軍將官及佐尉官五人、海軍將官及佐尉官三人爲侍從武官，專奏對、傳達軍事所關敕旨及命令等，以及君主出外時陪侍扈從。明治二十九年四月。

第十三款　東宮武官

●東宮武官官制　按此官制：以官長資深者一人爲東宮武官長，以陸軍將官及佐尉官五人、海軍將官及佐尉官三人爲東宮武官，專扈從太子。明治三十年十月。

第十四款　皇族附武官

〔改〕●皇族附陸軍武官官制　按此官制：以各兵科大尉充之，專扈從皇族。明治二十九年八月。

〔改〕●定皇族附海軍武官官制　按此官制：以海軍大尉充之，爲專扈從皇族。明治三十年十月。

第四章　各省官制通則

〔改〕●各省官制通則　按：此通則專制定外務、内務、大藏、陸軍、海軍、司法、文部、農商務、遞信各省所適用之通則。明治二十六年十月。

●各省事物整理綱領標准　按：此專制定各省應整理之事務，以定收來標准，一明官守，二精選叙，三省繁文，四節冗費，五嚴規律。明治十八年十二月。

第五章　外務省所管

第一款　外務省

〔改〕●外務省官制　按外務省官制：置外務大臣一人，參事官二人，秘書官二人，書記官五人，繙譯官四人，候補繙譯官六人，外務省屬六十人，電信技手二人。分外務省爲二局，曰政務局，曰通商局。政務局專掌外交事務。通商局專掌通商、航海及移民等事。明治三十一年十月。

第二款　外交官及領事官試驗委員

●外交官及領事官試驗委員官制　按此官制：專設試驗委員、試驗外交官及領事官等，隸外務大臣。明治二十六年十月。

第三款　外交官及領事官

〔改〕●定外交官及領事官官制　按：此官制專制定各種公使及書記官、領事官等官職。明治三十二年六月。

〔改〕●在外公使舘職員定員令　按：此令係制定在外公使、領事、貿易事務官及其他通譯官等定員之數。明治三十二年六月。

●於戰時或有事變之際待命外交官及待命領事官所關之件　按：此係制定戰時或有事變

之際，使待命外交官及待命領事官從事職務之件。所謂待命者，即外交官及領事官，一時罷任或外務省官吏轉任爲外交官及領事官尚未補任之謂，大約如中國候補官之類。明治二十七年十一月。

●於戰時從事特設職務之待命外交官及領事官爲定員外之件　按：此係制定待命外交官及待命領事官於戰時從事特設之職務者，作爲定員外之件　明治二十七年十一月。

●外交官、領事官及貿易事務官更代之際臨時增員方法　按：此係制定外交官、領事官及貿易事務官更代之際，於定員以外得臨時增員。明治二十八年十月。

●外交官、領事官赴任及賜假規則　按：此規則專制定外交官及領事官赴任及歸國時，給與休沐之例。明治二十六年十月。

●通譯官及通譯生准用外交官、領事官赴任及賜假規則　明治二十八年六月。

〔廢〕●日本領事規則　按：此規則專制定領事在外國所應盡爲議定領事官當保護獎勵本國之職務，大約統以保護國家利益，增進人民幸福并聯結兩國友好爲主，并管理一切通商貿易事務。明治二十三年五月。

〔廢〕●領事雜款及出入用費得以外國貨幣納入之件　按：此係制定領事雜款及一切出入費用，依大藏省所定之金額得以外國貨幣納入。明治二十三年十月。

第六章　内務省所管

第一款　内務省

〔改〕●定内務省官制　按此官制：設内務大臣一人，參事官三人，書記官九人及他各官若干人。内務大臣管理地方行政議員選舉、警察監獄、土木、衛生、社寺、版權、賑恤及救濟等事，並監督臺灣總督、警視總監、北海道廳長官及各府縣知事等。内務省分六局：曰地方局，曰警保局，曰土木局，曰衛生局，曰監獄局，以分掌各種事務。明治三十一年十月。

●置臨時建築職員　按：此因管理臨時建築事務之故所設。明治二十六年十月。

第二款　土木監督署

〔改〕●土木監督署官制　按：此官制專監督地方土木事業，分畫府縣爲七土木監督區，每區各設置長及技師、技手、書記等官。明治二十七年七月。

〔改〕●河川、道路、港灣臨時調查職員之件　按：此係制定臨時調查河川、道路及港灣等所關事務，而於内務省及土木監督署臨時置技師及技手等官。明治二十七年八月。

〔改〕●内務省直轄土木工事施行所關職員之件　按：此係制定内務省直轄之土木工事施行所關官員，以技師、技手及書記等充之。明治二十七年七月。

第三款　土木會

〔改〕●土木會規則　按：此規則專議治水、修路、築港等重要事項，隸内務大臣管轄。設會長一人，委員二十人以内，并加入内務省、陸軍省參謀本部、遞信省、海軍省、農商務省，各高等官若干人及工科大學教授一人爲委員，以互相酌議。明治二十七年八月。

第四款　集治監暫留監

●集治監、暫留監官制　按：此官制專制定集治監職員掌理監獄之事。奏任官四人，判任官若干人。暫留監附於集治監，即以集治監之職員充之。明治二十八年七月。

●集治監、暫留監設置場所名稱　考日本惟東京府、宫城縣、福岡縣及北海道四處置有集治監，而於東京、宫城、福岡三處之集治監中，附設暫留監，兹特定其名稱。明治二十六年十一月。

第五款　警察監獄學校

〔改〕●警察監獄學校官制　按此官制：設敕任官一人，奏任官六人，判任官四人，掌校中一切事務。明治三十二年四月。

第六款　古社寺保存會

●古社寺保存會規則　按：此規則專制定古社寺保存所關一切事務，隸内務大臣監督，設會長一人，委員二十人以内。明治三十年十月。

第七款　神宫司廳附造神宫使廳

〔改〕●神宫司廳官制　按神宫司廳官制：祭主以皇族或公爵任之，爲親任官，又敕任官一人，奏任官十一人，判任官六十人，專管理宗廟祭祀等事。明治二十九年十一月。

〔改〕●造神宫使廳官制　按造神宫使廳官制：以皇族或公爵爲造神宫使，係親任副使一人，奏任官若干人，判任官若干人，專掌神宫營造及神寶裝束等事。明治三十一年六月。

〔改〕●神宫衛士長、衛士副長及衛士所屬之件　按此事件：設衛士長一人，衛士副長二人，衛士三十人，掌神宫警衛之事。明治三十一年八月。

第八款　中央衛生會

●中央衛生會官制　按中央衛生會官制：設會長一人，委員二十八人，專掌公衆衛生、獸畜衛生等事。明治二十八年四月。

第九款　衛生試驗所

〔改〕●衛生試驗所官制　按衛生試驗所官制：東京、大阪、横濱三處，隸内務大臣管轄。置所長一人，奏任官六人，判任官二十人，專掌衛生試驗所關事項。明治二十三年八月。

第十款　傳染病研究所

●傳染病研究所官制　按傳染病研究所官制：置所長一人，奏任官三人，判任官十二人，專研究傳染病及其餘病原、檢索、豫防、治療之方法，并檢查、豫防、消毒、治療、藥材等事，隸内務大臣管轄。明治三十二年三月。

第十一款　血清藥院

〔改〕●血清藥院官制　按血清藥院官制：設院長一人，技師一人，技手五人，書記二人，專掌血清製造等事，隸内務大臣管轄。明治二十九年三月。

●置血清藥院顧問之件　按：此係制定於血清藥院置顧問一人，給以資俸之事。明治二十九年五月。

第十二款　痘苗製造所

●痘苗製造所官制　按痘苗製造所官制：置所長一人，技師二人，技手二十人，書記四人，專掌痘苗製造等事，隸内務大臣管轄。明治二十九年三月。

●痘苗製造所置顧問之件　按：此係制定於痘苗製造所置顧問一人，以高等官充之，不給俸。明治三十二年四月。

第十三款　醫術藥劑師試驗委員

〔改〕●醫術開業試驗委員官制　按此官制：隸内務大臣管轄，設委員長一人，主事二人，委員若干人，專掌醫術開業、試驗所關事務，不經試驗者不得行醫。明治二十九年四月。

●藥劑師試驗委員官制　按此官制：隸内務大臣管轄，設委員長一人，主事二人，委員若干人，專掌藥劑師試驗所關事務。明治二十九年四月。

第十四款　海港檢疫所

〔改〕●海港檢疫所官制　按此官制：設於橫濱、神户、長崎三處，各置所長一人，奏任官二人，判任官八人。其支局則設支局長一人，判任官五人。專掌海港檢疫事務，隸内務大臣管轄。明治三十二年四月。

〔改〕●臨時檢疫職員設置之件　按：此係制定檢疫、豫防事務。所有各官臨時得置奏任官五人，判任官二人。明治三十一年十月。

第七章　大藏省所管

第一款　大藏省

〔改〕●大藏省官制　按此官制：設大藏大臣一人，參事官二人，書記官十人及此外各官若干人。大藏大臣總理政府之財務及掌會計、出納、租税、國債、貨幣預金、保管物及銀行等事，並監督府縣、郡市、町村及公司、會社之財務等。分大藏省爲三局：曰主計局，曰主税局，曰理財局，以分理庶務。明治三十一年十月。

●造幣局官制　按此官制：設敕任官一人，技師四人，判任官四十八人。專掌貨幣、賞牌、鑄造及消毁舊幣等事務，并檢查金銀以及試驗諸鑛物之性質等，隸大藏大臣管轄。明治二十六年十月。

第三款　税關

〔改〕●税關官制　按此官制：設於横濱、神户、大阪、長崎、函館、新瀉六港，共置奏任官二十四人，判任官一千一百八十六人。專掌税關諸收入，並船舶、貨物、調查等一切事件，隸大藏大臣管轄。明治三十二年四月。

〔改〕●税關支署之名稱、位置及管轄區域　明治三十二年四月。

〔改〕●税關監視署設置之件　按：設置税關監視署之地，共四十所。明治三十二年四月。

●臨時税關工事部官制　按此官制：設敕任官一人，奏任官七人，判任官二十四人，專掌税關一切事務。明治三十二年五月。

●關税訴願審查委員會規則　按此規則：設會長一人，委員九人，專審查關税所關申訴事務。明治三十二年六月。

第四款　税務管理局

●税務管理局官制　按此官制：共設奏任官百一人，判任官六千百九十四人，專掌内國税所關事務。明治二十九年十月。

〔改〕●税務管理局税務署及其管轄區域所關之件　明治二十九年十月。

●税務管理局見習員所關之件　按此事件：共設見習官員百五十人，使練習局内一切事務。明治三十二年三月。

第五款　專賣局

〔改〕●專賣局官制　按此官制：設敕任官一人，奏任官三十八人，判任官一千六百四十人。專掌煙草之檢查、收納、輸入、保管、賣出、營業免許及專賣所關事務。明治三十二年四月。

〔廢〕●定專賣局廢賣所名稱、位置　明治三十二年四月。

〔廢〕●專賣支局管轄區域　明治三十二年四月。

●專賣局見習員所關之件　按：此事件專制定於專賣局設置見習人員，使練習煙草之考察、保存等事，但見習人員之數不得過百人以上。明治三十年六月。

第六款　臨時沖繩縣土地整理事務局

●臨時沖繩縣土地整理事務局官制　按此官制：設敕任官一人，奏任官二人，判任官八十六人，專掌沖繩縣土地整理臨時所關事務。明治三十一年七月。

第七款　臨時秩禄處分調查會

●定臨時秩禄處分調查會規則　按此規則：設委員長一人，委員九人，專調查各種秩禄所關一切事務。明治三十一年四月。

第八章　元帥府 附軍事參議官

第一款　元帥府

●元帥府設置之詔敕　按：日本君主爲海軍大元帥，總理兵權，故特設元帥府，簡選大將中之功勞卓拔者爲軍務顧問。所以總一事權，而舉國之兵皆爲天子之兵，臣下不得專擅跋扈，且兵政皆能一律而無涣漫之弊。明治三十一年正月。

●定元帥府條例　按此條例：凡陸海軍大將，列於元帥府，特賜元帥之稱號，以備顧問，并隨時奉敕檢閲各處陸海軍。又設副官以佐、尉官各一人充之。明治三十一年正月。

第二款　軍事參議官

〔改〕●軍事參議官條例　按此條例：以陸軍大臣、海軍大臣、參謀總長、監軍海軍軍令部長等官任之。置之帷幄之中，使參議軍事所關之機務。明治二十六年五月。

第九章　陸軍省所管

第一款　陸軍省

〔廢〕●陸軍省官制　按此官制：置陸軍大臣一人，副官五人，秘書官二人，參事官二人及他屬官若干人。陸軍大臣管理陸軍軍政，統督陸軍軍人、軍屬及監督所轄諸部分。陸軍爲四部局，曰軍務局，曰經理局，曰醫務局，曰法官局。各局中又分爲各課，以分掌庶務。明治二十九年五月。

●置陸軍通譯生　按：此章程係制定於陸軍官衙及各部局，判任官定員内設置陸軍通譯生，以便繙譯外國兵書。明治二十九年九月。

●置陸軍及海軍諸學校教官　按：此章程係制定於陸軍及海軍諸學校武官教官之外，置文官教官等事。明治十九年十月。

●陸軍編修官官制　按此官制：專使其編修兵要、戰史、地誌、政表等書，置陸軍編修官四人，編修書記十四人。明治二十三年六月。

●陸地測量官官制　按此官制：專使其從事陸地測量事務，設奏任官若干人，判任官若干人。明治二十二年三月。

〔廢〕●陸軍兵器廠條例　按：此條例專爲掌管兵器、彈藥、器具、材料之購買、貯藏、保存、修理、支給、交换及要塞砲工事務之所，設廠長一人，以砲兵大中佐官充之。廠員若干人，以砲工輜重兵少佐、大中尉充之。軍吏若干人，分爲本廠、支廠、分廠三項。明治三十年九月。

〔廢〕●砲兵工廠條例　按：此條例專制定砲兵工廠設置地名、職員、人數及各職員所掌事務。明治三十年五月。

●築城部條例　按此條例：設部長一人，以陸軍少將或工兵大佐充之。部員若干人，掌理國防防禦所關營造物之建築、修理及檢查砲兵、工兵事務。明治三十年九月。

●千住製絨所官制　按此官制：置所長一人，技師二人，屬官八人，技手十二人，專製造陸軍所用絨布等物。明治二十六年十月。

●陸軍中央糧秣廠條例　按此條例：置主管一人，糧餉官及技師若干人。專掌陸軍出師准備所用糧秣之製造、調辨、度支、貯藏并新陳交换等事，分爲本廠及支廠。明治三十年三月。

〔廢〕●陸軍衛生材料廠條例　按此條例：置廠長一人，廠員及軍吏若干人。專掌平時或戰時衛生材料、獸醫材料之購買、製造、貯藏、修理、支給、交換等事，分爲本廠及支廠。明治三十一年三月。

〔改〕●軍馬補充部條例　按此條例：設部長一人、部員、軍吏、技師若干人。專掌軍馬之供給、養育、購買及調查軍馬資源等事，分爲本部及支部。明治二十九年五月。

〔改〕●臨時陸軍建築部官制　按此官制：置部長一人，副部長一人，專務官七人，技師、技手及書記等若干人。專掌兵營建造及其餘新設之臨時工事等，分爲本部及支部。明治二十九年三月。

〔改〕●師團監督部條例　按此條例：設部長一人，課長、部員若干人。專掌陸軍糧餉部及陸軍經營部，監督軍隊之會計事務，并監視陸軍官衙之會計事務，且檢查官金之收支、官物之出納、計算及軍用物件等，凡師團同會部所在之處，即設師團監督部員。明治二十九年六月。

●陸軍糧餉部條例　按此條例：設於師團監督部所在之地，有時於師團監督部所在地以外，亦得設置支部，爲掌理陸軍出師准備、用糧秣之調辦、貯藏、新陳交換，並平時所需糧米、芻秣之調辦、支度等事，各糧餉部置有主管及糧餉官若干人。明治二十五年十一月。

●陸軍經營部條例　按此條例：設於東京及各師團並屯田兵監督部所在之地，專管理陸軍所屬之陣營、廨舍、倉庫，并管理陸軍一切建造物，置主管及計算官等若干人。明治二十九年四月。

●陸軍砲兵會議條例　按：此條例專爲審查砲兵技術及兵器材料事項之故，而設立議長、議員、臨時議員及審查官等，以互相諮詢、考究，而期其日有進步。明治三十二年正月。

●陸軍工兵會議條例　按：此條例專爲審查工兵技術並兵器材料事項之故，而設立議長、議員、臨時議員及審查官等，以互相諮詢、研究，而期其日有進步。明治三十年七月。

●陸軍衛生會議條例　按：此條例專爲會議、衛生所關事項，設議長一人，事務官二人，議員若干人。其議事分爲二種：一、衛生部所關醫學事項；二、軍部所關衛生事項。明治二十一年十二月。

〔廢〕●軍馬衛生會議條例　按：此條例專研究軍馬之衛生及關於陸軍獸醫學術等事項。置議長、議員、臨時議員及事務官等若干人。明治二十九年五月。

〔改〕●陸軍經理學校條例　按：此條例專養成陸軍監督，補陸軍軍吏及陸軍縫工下長、靴工下長之處。置校官一人，副官一人，軍醫一人，教官若干人。明治二十九年五月。

〔改〕●陸軍軍醫學校條例　按：此條例專養成軍醫學生、生徒及試驗各學生、生徒、兵衣、兵食、兵營、兵器等之軍陣衛生所關事項。置校長、副官、教官若干人。明治二十九年五月。

〔廢〕●陸軍獸醫學校條例　按：此條例專教生徒以獸醫部初級士官必要之教育，及使士官學生、下士學生練習各專門之學術，并授兵卒學生以蹄鐵工下長必要學術之所，置校長、副官、教官、軍醫、軍吏等若干人。明治二十九年五月。

〔廢〕●陸軍砲兵工科學校條例　按：此條例專教授砲兵諸工專門之工術，以養成學生、生徒使將來得充爲火工下士及鞍工、銃工、木工、鍛工諸長等學術之所。置校長及學校附軍醫、軍吏諸官若干人。明治二十九年四月。

第二款　參謀本部

●參謀本部條例　按參謀本部條例：爲專掌國防及用兵事務之處，設參謀總長，以陸軍大將或中將任之，直隸日本君主，參畫帷幄之軍務。又設參謀須長，以陸軍中將或少將任之，輔佐參謀總長。凡陸軍參謀將校及陸軍大學校、陸地測量部、陸軍文庫，并在外國公使館所隨帶之陸軍武官，均歸參謀總長管轄。明治三十二年正月。

●陸軍參謀條例　按：此條例專制定參謀將校所應盡之職務，以各兵科大尉，由陸軍大學校卒業、學識才能卓絶者充之，參畫國防及用兵機務，并掌軍隊練成及其他特別任務等。明治三十一年二月。

〔改〕●陸軍大學校條例　按：此條例專教授高等兵學，養成學生、生徒將來足充參謀及其他樞要職務者之所。置校長、副官、教頭、兵學教官、教官、廐長、軍醫、獸醫、軍吏等，各官若干人。明治三十一年六月。

●陸地測量部條例　按此條例：置部長事務官、材料主管軍吏、科長、科僚、班長、班員、幹事、教官、助教等官若干人，爲施行陸地測量，并掌製造、修正兵要地圖及内國圖量地等所關一切事項。明治二十四年八月。

第三款　教育總監部

〔改〕●教育總監部條例　按此條例：分爲本部及騎、砲、工、輜重兵等。監部置教育總監，以陸軍中將或少將任之，統督各兵監總理部事，并增改教育所關諸條規、典範及管轄陸軍砲工學校、陸軍士官學校、陸軍中央幼年學校、陸軍地方幼年學校、陸軍户山學校、陸軍教導團，並陸軍將校生徒試驗委員等。各兵監則各設兵監官及部員若干人。明治三十一年正月。

〔改〕●陸軍將校生徒試驗委員條例　按：此條例專任將校生徒之召募試驗所關一切事務，分爲常置委員及臨時委員。常置委員則置常置委員長、委員及委員主事等官，臨時委員則得於佐官中選用各官以資派遣。明治三十一年十月。

〔改〕●陸軍砲工學校條例　按此條例：以砲工兵科之少尉或中尉、大尉爲學生，教以砲工兵各科勤務必要之學術。置校長、副官、教官、軍醫、軍吏、下士、判任、文官等，使各盡職務。明治三十一年十月。

〔改〕●陸軍士官學校條例　按此條例：以陸軍各兵科士官候補生爲學生，授以初級士官必要之教育。置校長、副官、教官、生徒隊長、生徒隊中隊長、生徒隊附軍醫、獸醫、軍吏、准士官、下士、判任、文官等員，使各盡職務。明治三十一年十月。

〔改〕●陸軍户山學校條例　按此條例：專教生徒以戰術、射擊、體操，並劍術之訓練，以期各隊教育之進步。置校長、副官、教官、教導大隊長、教導大隊副官、教導大隊中隊長、教導大隊附軍醫、軍吏、准士官、下士、判任、文官等，使各盡職務。明治三十一年十月。

〔改〕●陸軍中央幼年學校條例　按此條例：以陸軍地方幼年學校卒業生爲生徒，教以將來充士官候補生必要之普通學科，及軍人之豫備教育等。置校長、副官、教官、生徒隊中隊長、生徒隊中隊附軍醫、獸醫、軍吏、准士官、下士、判任、文官等，使各盡其職務。明治三十一年十月。

〔改〕●陸軍地方幼年學校條例　按此條例：以願爲陸軍將校之人中選拔爲生徒，授以軍事上必要之普通學科，並涵養軍人精神及養成其將來足爲陸軍中央幼年學校生徒之材力。置校長、副官、教官、生徒、監軍醫、軍吏、下士、判任、文官等，使各盡職務，全國共六所。明治三十一年十月。

〔改〕●陸軍騎兵實施學校條例　按此條例：專教生徒以戰術及馬術訓練，以期各隊教育之進步。置校長、副官、教官、教導中隊長、教導中隊附廄長、調馬手長、軍醫、獸醫、軍吏、准士官、下士、判任、文官等，使各盡職務。明治三十一年十月。

〔改〕●陸軍野戰砲兵射擊學校條例　按此條例：專授生徒以野戰砲兵射擊及戰術訓練，以期各隊教育之進步。置校長、副官、教官、教導大隊長、教導大隊副官、教導大隊中隊長、教導大隊附軍醫、獸醫、軍吏、准士官、下士、判任、文官等，使各盡職務。明治三十一年十月。

〔改〕●陸軍要塞砲兵射擊學校條例　按此條例：專教生徒以要塞砲兵射擊及戰術訓練，以圖各隊教育之進步。置校長、副官、教官、生徒隊長、生徒隊附教導中隊長、教導中隊附軍醫、軍吏、准士官、下士、判任、文武等，使各盡職務。明治三十一年十月。

〔删〕●教導團條例　按此條例：專授生徒以將來足充步、騎、砲、工、輜重等兵科下士必要之教育。置團長、副官、生徒隊長、生徒隊副官、生徒隊中隊長、生徒隊附病院長、軍醫藥劑官、獸醫、軍吏、准士官、下士及陸軍屬等，使各盡職務。明治二十九年五月。

〔改〕●陸軍軍樂學校條例　按：此條例專養成軍樂隊樂生，以便補充各軍樂隊。又養成譜調學生，使訓練鼓譜、喇叭譜，以期軍樂學術之進步。置校長、生徒隊長、准士官、下士等，使各盡職務。明治三十一年三月。

第四款　防務　附防禦總督部

〔廢〕●定防務條例　按：此條例專規定陸海軍協同作戰之指揮及其任務，分防禦地爲四種：其一、東京防禦。二、吴及佐世保防禦。三、紀淡、鳴門、藝豫、下關各海峽防禦。四、對馬防禦。明治二十八年正月。

〔删〕●東京防禦總督部條例　按此條例：以陸軍大將任之，直隸日本君主，掌東京防禦，統轄東京之衛戍勤務，而命師團長實行之。明治二十八年正月。

第五款　都督部

〔廢〕●都督部條例　按此條例：以陸軍大將或中將任都督，直隸日本君主，掌理所管内之防禦計畫，並任所管内各師團共同作戰之計畫等事。明治二十九年八月。

第六款　師團司令部

●師團司令部條例　按此條例：師團長以陸軍中將任之，直隸日本君主，統率部下軍隊及管轄師管内之聯隊、區司令部，總理軍事所關各件。明治二十九年五月。

〔改〕●旅團司令部條例　按此條例：旅團長以少將任之，統率部下之步兵二聯隊，監督聯隊長，整理聯隊内之訓練、風紀、軍紀及將校之教育内務經理，并出差人員計畫等事。明治二十九年三月。

〔改〕●警備隊司令部條例　按此條例：警備隊司令官隷師團長統率，所部諸隊任警備隊區内之警備保護等事，并統監各隊長。明治三十年七月。

〔改〕●沖繩縣警備隊區司令部條例　按此條例：司令置司令官、副官、軍醫、書記等，隷第六師團長，掌沖繩警備隊區内徵兵事務及召集事務等。明治三十一年三月。

〔改〕●聯隊區司令部條例　按此條例：置司令官、副官、軍醫、軍吏、書記等，隷師團長，掌聯隊區内徵兵事務及召集事務等。明治二十九年三月。

〔改〕●要塞司令部條例　按此條例：各要塞置一司令部，設司令官及委員，任要塞防禦之計畫，並防禦需用諸材料、建築物及兵器、軍需諸品貯藏、保存、補給方法。又各要塞司令部，皆置一秘密文庫，司令官自保管之收藏重要圖書等，以便調查。明治二十八年三月。

〔改〕●衛戍條例　按此條例：凡陸軍軍隊永久屯駐之地謂之衛戍。衛戍司令官任衛戍地警備之責，指揮該地駐屯之軍隊，使各從事衛戍勤務，并指定衛兵之部署及其人數。明治二十八年三月。

〔改〕●衛戍病院條例　按此條例：置於衛戍地，以收療該處陸軍部隊之患病者，且掌看護學修業兵及看病人、教育事項。置病院長、軍醫、藥劑官、軍吏、下士等，使各盡職務。明治三十一年二月。

●陸軍監獄官官制　按：此官制專司陸軍監獄事務，設陸軍監獄長、監獄書記、監獄看守長及監獄看守等若干人。明治二十六年十月。

第十章　海軍省所管

第一款　海軍省

〔廢〕●海軍省官制　按此官制：設海軍大臣一人，副官三人，秘書官二人，參事官一人，編修官一人，其餘各官若干人。海軍大臣管理海軍軍政，統督海軍軍人、軍屬，并監督所轄諸部，於海軍大臣官房設人事課。又分海軍省爲軍務局、醫務局、經理局、司法部等，使各分擔職務。明治三十年三月。

●於常設海軍軍法會議中置海軍警察　按海軍警察章程：其警察以判任官待之，專任軍法會議及法廷之警衛、令狀之執行、書類之送達、被告人之護送及看守等事，并搜索犯罪人等。明治三十二年四月。

●海軍將官會議條例　按：此條例專審議海軍重要事項，以海軍大臣爲議長，置議員若干人，以海軍將官補之。明治二十二年五月。

〔改〕●海軍技術會議條例　按：此條例專審議軍艦之構造及諸機關，並砲銃、水雷、彈藥之設計等事，以海軍將官爲議長，幹事一人，議員無定數，書記二人，技手二人。明治二十六年五月。

〔改〕●水路部條例　按：此條例專掌水路之測量、水路圖誌之調製，及航海保安所關事項。設水路部長及其他若干職員，分水路部爲測量科、圖誌科及會計課等，使各掌職務。明治三十年三月。

〔廢〕●新原採炭所官制　按：此官制專管轄海軍豫備炭山採掘、海軍所需用之石炭。立所長及技師、書記、技手等員。明治二十六年五月。

〔改〕●海軍下瀨火藥製造所條例　按：此條例專製造下瀨火藥之處，置所長、主幹等員。明治三十二年四月。

〔改〕●海軍大學校條例　按：此條例專教授海軍將校及機關官高等學術之處。分甲種學生及乙種學生，甲種學生係養成其樞要職員或高等指揮官之素養成，故授以高等兵學及其他學術。乙種學生專授以砲術、水雷術、航海術之學理。又有機關科長期學生、短期學生、選科學生三種，共五種。置校長、副官、教頭、教官、主計長等官。明治三十年九月。

〔改〕●海軍兵學校條例　按：此條例專養成海軍將校之所，置校長、副官、教頭、並砲術、水雷術、運用術、航海術、機關術、普通學等教官及監事長、監事、軍醫長、主計長等。明治三十年九月。

〔改〕●海軍機關學校條例　按：此條例專教育生徒，將來足充海軍機關官之所。置校長、副官、教頭、教官、監事長、監事、軍醫長、主計長等官員。明治三十年九月。

〔廢〕●海軍軍醫學校條例　按：此條例專教練軍醫及少軍醫、候補生、講習，並被服、糧食等衛生試驗之所。置校長、副官、教官、主計長等官。明治三十年十月。

〔改〕●海軍主計官練習所條例　按：此條例專使少主計、候補生練習海軍、主計官必要之職務，兼使筆記及厨宰等練習實務之所。置所長、監事、教官等員。明治三十二年五月。

第二款　海軍軍令部

〔改〕●海軍軍令部條例　按：此條例專掌國防及用兵所關等事。部内置部長，直隸日本君主，參帷幄之機務，統理海軍軍令部部務，此外則置次長、副官及其他官員若干人。分軍令部爲三局，各局皆置局長、局員等，分擔各種責任。明治三十年十一月。

第三款　鎮守府

〔廢〕●鎮守府條例　按：此條例專掌出師之准備及海軍區警備、軍港、要港、防禦港所關防禦等事。置司令長官，直隸日本君主，統率艦隊，總理防禦計畫等事。此外則置司令官、參謀長、參謀副官等員，使分擔職務。鎮守府内設軍港部、兵器部、機關部、醫務部、經理部、司法部及測器庫等，皆設部長。明治三十年九月。

〔改〕●要港部條例　按：此條例專掌要港守備之事，兼配給軍需品及修理艦船、兵器。置司令官、副官、知港事機關長、軍醫等長、主計長官。明治二十九年正月。

〔改〕●海軍病院條例　按：此條例專治療海軍患病人等。置院長、副長及軍醫官、藥劑官等員。明治三十年九月。

●海軍監獄官制　按：此官制專司海軍監獄事務。置奏任官三人、判任官十六人。明治三十二年七月。

〔改〕●海兵團條例　按：此條例專掌海軍下士卒之教育、訓練及徵募守街兵員等事。置團長、副長、徵募官、機關長、分隊長、軍醫長、主計長等若干員。明治二十九年三月。

●水雷團條例　按此條例：於各軍港皆置水雷團，掌水雷防禦等事。設團長及副官、機關長、軍醫長、主計長等若干員。明治二十九年正月。

〔改〕●海軍艦船條例　按此條例：分艦船爲一種軍艦、第二種軍艦、水雷艇、雜役船四種。置艦長、副長、航海長、砲術長、水雷長、機關長、分隊長、軍醫長、主計長等若干人。明治二十九年三月。

〔改〕●艦隊條例　按此條例：以軍艦二艘以上編制爲一隊。置司令長官統率麾下之船艦，直隸日本君主。又置司令官，使分擔職務。每艦隊設參謀長、參謀副官、航海長、機關長、軍醫長、主計長等員，稱爲幕僚。明治三十年十月。

〔改〕●鎮守府艦隊條例　按此條例：各鎮守府皆置艦隊，任管區之警備，并練習役務。置司令官，承鎮守府司令長官之命，指揮麾下之船艦。此外則置幕僚若干人。明治三十二年六月。

〔改〕●海軍造兵廠條例　按：此條例專掌兵器之製造、修理、購買及其他造兵事業所關等事之處。置廠長總理廠務。又分造兵廠爲製造科、檢查科、會計課，各設長官及主幹或課員若干人。明治三十年五月。

〔改〕●海軍造船廠條例　按：此條例專掌艦船之製造、修理，並造船事業所關等事之處。置廠長總理廠務。又分造船廠爲造船科、造機科、會計課、材料庫等，各設科長、課長及主管等若干人。明治三十年九月。

〔改〕●造船造兵監督官條例　按此條例：凡委託外國工場製造艦船、兵器及造船、造兵之材料物品并一切工場所用器具、機械，由外國購入之際，必須詳慎檢查，故設造船監督官、造兵監督官、造船造兵監督會計官、造船監督助手、造兵監督助手、造船造兵監督書記等員，以監督製造事業，檢查購入品物及整理會計事務。明治三十一年三月。

〔改〕●海軍機關術練習所條例　按此條例：設於横須賀軍港，置所長、教官、分隊長、軍醫長、主計長等官，使專掌機關術之教授，且期機關術進步、改良等事。明治三十年九月。

〔改〕●海軍造船工練習所條例　按此條例：置所長、教官等員，掌教育海軍造船職工之事。明治三十年九月。

〔改〕●海軍砲術練習所條例　按此條例：置所長、教官、分隊長、軍醫長、主計長等員，掌砲術之教授，且期砲術改良、進步等事。明治三十年九月。

〔改〕●海軍水雷術練習所條例　按此條例：置所長、教官、分隊長、軍醫長、主計長等員，掌水雷術之教授，且期水雷術改良、進步等事。明治三十年九月。

第十一章　司法省所管

〔改〕●司法省官制　按此官制：設司法大臣一人，參事官二人，書記官二人，屬官七十八人，技師一人，技手四人。司法大臣監督各裁判所及檢事局，指揮檢察事務，管理恩赦復權及關於户籍等事項，并一切司法行政事務。於司法省中置民刑局分理民理、刑事。明治二十六年十二月。

●定大審院東京控訴院、東京地方裁判所及區裁判所之書記司法屬兼任之例　明治二十九年十二月。

第十二章　文部省所管

第一款　文部省

〔改〕●文部省官制　按此官制：設文部大臣一人，參事官三人，書記官三人，視學官五人，圖書審查官三人，技師四人，技手十人，學術衛生主事一人，屬官六十人。文部大臣專掌教育學藝所關一切事務。於文部省中置二局，曰專門學務〔二〕，曰普通學務局。明治三十一年十月。

●於文部省置學校衛生顧問及學校衛生顧問會議幹事之例　按：此例係制定於文部省，置學校衛生顧問九人，審議學校衛生事項。置學校衛生顧問會議幹事一人，以整理學校衛生顧問會議庶務。明治二十九年五月。

第二款　帝國大學

〔改〕●東京帝國大學官制　按此官制：置總長一人，書記一人，舍監二人，書記五十三人。又每大學爲六科：曰法科、工科、醫科、理科、文科、農科。各分科大學置分科大學官長六人，教授助九十一人，教授四十二人，助手四百人，書記若干人。明治三十年六月。

〔改〕●京都帝國大學官制　按此官制：置總長一人，書記官一人，舍監一人，書記二十七人。六分六科，各分科大學置分科大學長六人，教授五十七人，助教授十七人，助手二十八人，書記若干人。明治三十年六月。

第三款　文部省直轄諸學校

〔改〕●文部省直轄諸學校官制　按此官制：於各學校中設校長、教授、助教授、書記等員，使管理各學校事物。明治二十六年八月。

敕令第百十六號　按：此敕令專制定音樂學校及外國語學校名稱。明治三十二年四月。

〔改〕●文部省直轄諸學校職員定員　按：此章程專制定文部省直轄諸學校職員人數。明治二十六年八月。

第四款　尋常師範學校

●尋常師範學校官制　按：此官制專養成生徒足爲小學校教員之資格。置學校長一人，教諭、助教諭、舍監、訓導、書記等員若干人。又附屬小學校，由訓導教援〔二〕。明治二十四年十一月。

第五款　帝國圖書館

〔改〕●帝國圖書館官制　按此官制：圖書館爲搜集、貯藏内外古今圖書記録，以供衆庶閲覽參考所用之處。置奏任官一人，判任官九人。明治三十年四月。

第六款　中央氣象臺

〔改〕●中央氣象臺官制　按此官制：中央氣象臺爲研究天文氣象所關諸事項，調查報告全國氣象，并風雨電氣、地磁氣、地震等觀測，置臺長一人，技師、技手、書記各官若干人。明治三十一年七月。

第七款　高等教育會

●高等教育會規則　按：此規則專審議教育所關一切事項。議員以各高等教育官、學校總長、校長或主事等充之。其開議時日由文部大臣指定。明治三十一年六月。

●高等教育會議議員互選規則　按此規則：凡師範學校長公立之法，用投票之法。公立尋常中學校長、公立高等女學校長，均須依此規則，互相推選之法，以爲議員。明治三十一年六月。

第八款　震災豫防調查會

●震災豫防調查會規則　按：此規則專攻究震災豫防所關事項，并審議其施行法。置會長一人，幹事一人，委員二十五人，書記三人。明治二十五年六月。

第九款　測地學委員會

〔改〕●測地學委員會官制　按：此官制專掌萬國測地學協會所關事務，及研究測地學所關事項。置委員長一人，幹事一人，委員十人，書記二人。明治三十一年四月。

第十款　東京學士會院〔三〕

●東京學士會院規程　按：此規程專因增高學藝品位，以期教化之裨益而設，其會員由耆法碩學之中選出。分爲二種：一爲帝室特選，一爲會員推選，共四十人。明治二十三年十月。

●東京學士會院規程補則　按：此係制定外國人之有耆德碩學、於日本國有功勞者，依會員之推選，經文部大臣許可後，即作爲客員。明治二十八年三月。

第十一款　博士會

●博士會規則　按此規則：博士會分爲法學、醫學、藥學、工學、文學、理學、農學、林學及獸醫學九種，各以其博士充之。明治三十一年十二月。

第十二款　學校職員恩給審查

●學校職員恩給審查規程　按此規程：置委員長一人，委員數人，審查諸公立學校校長及教員等有可受退隱料及遺族扶助料之資格及權利等事，又設恩給顧問醫三人，審查退隱料及遺族扶助料所關醫術上之事項。明治二十九年七月。

第十三章　農商務省所管

第一款　農商務省

〔改〕●農商務省官制　按此官制：置農商務大臣一人，參事官三人，書記官三人，技師二十七人，技手四十一人，屬官百二十四人。農商務大臣掌農商工水産、林野、鑛山、發明、意匠、商標及地質等所關事務。於農商務省中置農務局、商工局、山林局、鑛山局、特許局、水産局、地質調查局等，使分理各務。明治三十一年十月。

〔删〕●臨時鑛區調查職員之件　按：此係制定臨時鑛山調查之事，置技師三人，技手四十二人，屬官七人。明治三十一年七月。

〔改〕●臨時林野要務處分調查所關職員之件　按：此事件專司山林所關事項。置奏任官若干人，判任官若干人。分爲山林局事務官及山林局鑑定官。明治三十二年四月。

第二款　林區署

〔改〕●林區署官制　按此官制：置各大區林務官三十二人，林務官補八十人，營林主事二百五十人，書記百五十人，營林主事補七百三十人，森林監守四百八十人。掌國有林野之保管、經營及利用所關事項，并監督森林庶務。明治三十年六月。

〔改〕●林區署長職務章程　按：此章程專制定林區署長所查執行之職務。明治三十年十月。

●大林區署長森林監督事務辦理心得　按：此心得專制定大林區署長監督森林事務所當辦理之一切章程。明治三十一年六月。

●小林區監督規程　按：此規程專制定大林區署長監督管内小林區事務之規程。明治三十一年六月。

第三款　林野整理局 附審查會

〔改〕●林野整理局官制　按此官制：置局長一人，書記官二人，監督官四人，支局長若干人，監督官補十六人，技師十六人，屬官及技手共二百十八人。專掌國有林野之處分，及實測并編製施業案、經理種林及收買森林所關特別事務。明治三十二年四月。

〔改〕●林野整理支局長職務章程　按：此章程專制定林野整理支局長所應當執行之職務。明治三十二年四月。

●林野整理審查會規則　按此規則：置會長一人，委員十一人。審議國有林野特別經營所關重要事項。明治三十二年四月。

第四款　鑛山監督署

〔改〕●定鑛山監督署官制　按此官制：置鑛山監督官共十二人，鑛山監督官補六十八人，書記十人，專掌鑛山監督所關一切事務。明治二十九年八月。

●鑛山監督署長權限　按：此章程專制定鑛山監督署長所應當執行職務。明治二十五年四月。

第五款　廣島鑛山

●廣島鑛山官制　按此官制：置管理長、理事、技師及技手若干人，專掌廣島鑛山事業經營所關之事務。明治二十六年十月。

第六款　製鐵所

〔改〕●製鐵所官制　按此官制：置長官一人，事務官二人，技師十四人，書記三十八人，技手五十三人。專掌鋼鐵製造所關一切事物。明治三十二年六月。

第七款　農事試驗場

●農事試驗場官制　按此官制：置場長一人，技師三十八人，技手二十五人，書記十三人。專掌農産增殖改良之試驗及土壤、肥料并農業上所關諸事。明治二十六年四月。

●農事試驗場處務規程　按：此規程專制定農事試驗場一切辦理方法，所以期農産增殖改良之事。明治二十六年四月。

第八款　種馬牧場及種馬所

〔改〕●種馬牧場及種馬所官制　按此官制：置場長一人，技師八人，技手二十四人，書記十二人。專掌馬匹改良、蕃殖、養育及試驗等事。明治二十九年四月。

第九款　生絲檢查所

〔改〕●生絲檢查所官制　按此官制：置所長一人，技師七人，技手十一人，書記六人。專掌生絲檢查一切事務。明治二十八年七月。

〔改〕●生絲檢查所處務規程　按：此規程專制定各生絲檢查所應當施行之任務。明治二十九年二月。

●生絲檢查所臨時商議員規程　按此規程：置臨時商議員十名，使審議生絲之檢查及施行上所必要之事項。明治二十九年正月。

第十款　蠶業講習所

●蠶業講習所官制　按此官制：置所長一人，技師七人，舍監二人，技手十二人，書記六人。專掌蠶業之講習及試驗、調查、配布等事。明治三十二年三月。

●蠶業講習所處務規程　按：此規程專制定蠶業講習所長所應當執行之事務，以期蠶業之改良、進步及增殖。明治三十二年四月。

第十一款　水産講習所

〔改〕●水産講習所官制　按此官制：置所長一人，監事一人，技師四人，教授二人，技手三人，助教三人，書記四人。專掌水産之傳習及試驗所關事項。明治三十年三月。

●水産講習所處務規程　按：此規程專制定水産講習所長所應當執行之任務。明治三十一年十一月。

●水産講習所商議委員規程　按：此規程專制定商議委員十人，以各省高等官充之。專掌會議講習科目及講習所關重要規則。明治三十年四月。

第十二款　鹽業調查所

●鹽業調查所官制　按此官制：置所長一人，技師四人，技手八人，書記二人。專掌鹽業改良所關之調查及試驗等事務。明治三十二年三月。

●於鹽業調查所置顧問　按此章程：於鹽業調查所置顧問一人，使開陳調查所事務之意見。明治三十二年六月。

〔改〕●鹽業調查所處務規程　按：此規程專制定鹽業調查所長所應當執行之任務。明治三十二年六月。

第十三款　臨時博覽會事務局

●臨時博覽會事務局官制　按此官制：置總裁一人，副總裁二人，事務官長一人，事務官十人，評議員鑑查官、書記等各若干人。專管理他日法國巴黎府萬國博覽會參同時，所應當預先佈置之一切事務。明治二十九年五月。

第十四款　農商工高等會議

●農工商高等會議規則　按此規則：置議長一人，副議長一人，議員三十人，臨時議員若干人。專任農商工業重要事件，應農商務大臣之諮詢，開陳意見。明治三十年六月。

第十四章　遞信省所管

第一款　遞信省

〔改〕●遞信省官制　按此官制：置遞信大臣一人，參事官三人，書記官九人，技師二十三人，屬官二百五十人，技手五十七人。遞信大臣管理官設鐵道郵便、小包郵便、郵便匯票、郵便貯金、電信、電話及航路標識等事，并監督私設鐵道電氣、造船及水陸運輸所關事業，及航路、船舶、海員等務。又於遞信省中置鐵道局、通信局、管船局、電氣燈台用品製造所，使各司任務。明治三十一年十月。

第二款　鐵道作業局

〔改〕●鐵道作業局官制　按此官制：置長官一人，部長五人，鐵道事務官十八人，鐵道技師五十九人，鐵道書記八百五十三人，鐵道技手三百五十人，鐵道書記補五百七十人。專掌官有鐵道之建設、保存及運輸等事。於鐵道作業局置五部：曰建設部、工務部、瀛車部、運輸部、計理部，使分掌職務。明治三十年八月。

〔改〕●鐵道書記補、通信書記補缺員之時雇員使用之件　按：此係制定於鐵道書記補、通信書記補缺員之時，得於判任官給豫算定額内使用雇員。明治三十一年六月。

第三款　郵便及電信局

●郵便及電信局官制　按此官制：日本郵便及電信局分爲三等，其置職員亦異。大抵一等郵便電信局，置有局長及通信事務官、通信書記、通信書記補員等。二等郵便電信局及二等郵便，置有局長及通信書記、通信書記補員等。三等郵便電信局及三等郵便局，則僅置局長，各掌郵便電信執行之事務。明治三十年八月。

●在外郵便電信局、郵便局官制　按：此官制專制定在外各地之郵便電信局及郵便局職員。每局置局長及通信書記、通信書記補等員，使掌郵便電信執行之事。明治三十年八月。

●郵便及電信局在外郵便電信局、郵便局、郵便匯票金管理所及電話交換局職員制定之例按此例：各局共置通信事務官二十四人，通信事務官補二十七人，通信技師二十三人，通信書記三千七十七人，通信技手三百四十人，通信書記補四千七百八人。使分理職務。明治三十年八月。

第四款　郵便匯票貯金管理所

〔改〕●郵便匯票貯金管理所官制　按此官制：置所長及通信事務官、通信事務官補、通信書記、通信書記補等員，掌理郵便匯票資金、郵便貯金及關於郵便匯票、郵便貯金之檢查、計算等事。明治三十年八月。

第五款　電話交換局

●定電話交換局官制　按此官制：置局長及通信技師、通信書記、通信技手等員，使執行電話交換等事。明治三十年八月。

第六款　航路標識管理所

〔改〕●航路標識管理所官制　按此官制：置所長一人，技師六人，書記二十四人，技手二十四人，使掌航路標識之工事及其保守事務。明治二十六年十月。

●於航路標識管理所置兼任技師、書記、技手之例　按：此係制定於緊要時候，得於技師、書記、技手定員之外，置兼任技師、書記、技手等員。明治二十八年十月。

第七款　港務局

〔改〕●港務局官制　按此官制：置局長三人，港務官三人，醫官三人，書記十二人，技手三人，港吏六人，港吏補三十人。使掌開港港則所關一切事務。明治三十一年七月。

〔改〕●港務局之名稱、位置　按：日本港務局置在横濱、神户、長崎三港，其名稱則各因其地命名。明治三十一年七月。

第八款　海事局

〔改〕●海事局官制　按此官制：置局長四人，海事官四十六人，書記三十二人，技手二十七人，各若干人使掌船舶職員及水手之試驗、船船之測度、檢查并掌管海官廳事務。明治三十二年六月。

〔改〕●海務署名稱、位置並管轄區域　按：海務署置在海事局管轄區域内最要之地，共有十五所，其名稱各因其地命名。明治三十二年六月。

第九款　海員審判所

〔改〕●海員審判所職員定員及任用令　按：此令分爲高等海員審判所及地方海員審判所二種。高等海員審判所置所長一人，審判官八人，理事官二人，書記四人。地方海員審判所則共置所長四人，審判官二十八人，理事官四人，書記十六人。明治三十年四月。

●命船舶司檢所職員爲清國日本領事舘附之件　按：此係制定於事務緊要之時，得使船舶司檢所職員爲駐清之日本領事官附。明治三十一年九月。

●海員審判所事務章程　按：此章程專制定海員審判所長應當執行之一切事務。明治三十年六月。

●地方海員審判所管轄區域　按：地方海員審判所管轄區域與海事局管轄區域相同。明治三十二年六月。

第十款　商船學校

●商船學校官制　按此官制：專教授以航海運用機關等學術及技藝。置校長一人，幹事一人，教授十一人，學生監一人，教諭十人，分校長若干人，助教八人，書記七人。明治二十九年三月。

第十一款　東京郵便電信學校

〔改〕●東京郵便電信學校官制　按此官制：專教授以郵便電信事業上必要之學術及技藝等，置校長一人，幹事一人，教授八人，助教十人，書記六人。明治二十四年七月。

第十二款　鐵道會議

●鐵道會議規則　按此規則：置議長一人，議員二十一人，審議關於鐵道設所關一切事務，並使其時常就鐵道事項，應遞信大臣之諮詢各呈意見。明治二十七年八月。

第十五章　會計檢查院

〔改〕●定會計檢查院法　按：此法專制定會計檢查院所應當執行任務，直隸日本君主。置院長一人，部長三人，檢查官十二人，書記官二人，檢查官三十二人及其屬判任官若干人〔四〕。專司會計檢查院一切規法。明治二十二年五月。

〔廢〕●會計檢查院事務章程　按：此章程專制定檢查院長及以下各官所應當執行之職權。明治二十二年九月。

〔廢〕●會計檢查院屬定員所關之件　按：會計檢查院屬以百九十人爲定員。明治三十一年正月。

〔删〕●會計檢查院屬臨時增置之件　按：會計檢查院臨時得增置屬二十人。明治三十年三月。

●會計檢查院置速記技手之件　按：會計檢查院於屬定員内得置速記技手二人。明治三十年十月。

〔删〕●會計檢查院臺灣支廳設置之件　按：此事件專制定於臺灣地方置會計檢查院支廳，以計算、檢查臺灣地方官廳之歲入、歲出及官有物所關款項。設部長一人，檢查官二人，檢查官補二人，屬官若干人。明治二十九年五月。

〔删〕●會計檢查院臺灣支廳事務章程　按：此章程專制定會計檢查院臺灣支廳所應行之一切事務。明治二十九年五月。

第十六章　行政裁判所

〔改〕●行政裁判所處務規程　按：此規程專制定行政裁判所處理一切事務章程。明治二十三年八月。

〔改〕●行政裁判所評定官員數及書記員數並職務之件　按：此事件置行政裁判所評定官十一人，書記十五人。專檢查行政裁判法及其他法律、敕令所特定之事務。明治二十三年六月。

第十七章　貴族院事務局

●貴族院事務局官制　按此官制：置書記官長一人，書記官五人，屬十二人，速記技手二十五人，守衛長一人，守衛番長三人。使各掌其職務。明治二十三年七月。

●於貴族院事務局置技手之件　按：此係制定於貴族院事務局屬員内置技手二人。明治三十年十一月。

第十八章　衆議院事務局

●衆議院事務局官制　按此官制：置書記官長一人，書記官五人，屬十二人，速記技手二十五人，守衛長一人，守衛番長三人。使各掌其職務。明治二十三年七月。

●衆議院事務局置技手之件　按：此係制定於衆議院事務局屬員内置技手二人。明治三十年十一月。

第十九章　臺灣總督府所管

●臺灣總督府官制　按此官制：臺灣總督以陸海軍大將或中將任之，管轄臺灣及澎湖列島，統率陸海軍，兼承内務大臣之監督，統理各種政務。又於總督府置民政長官一人，參事官長一人，事務官十五人，技師十五人，屬員、技手、通事共二百人。使分理職任。明治三十年十月。

〔改〕●臺灣總督府評議會章程　按此章程：其評議會職員，以總督及民政長官、陸軍幕僚、參謀長、海軍參謀長、參事官長、事務官、參事官等充之，評議政務及海陸軍事務。明治二十九年三月。

●臺灣總督府陸軍幕僚條例　按：此條例專掌臺灣總督所轄陸軍一切軍事務，置參謀長及其他幕僚若干人。明治三十年十月。

●臺灣總督府海軍幕僚條例　按：此條例專掌臺灣總督所管海軍一切事務。置參謀長、參謀副官、機關長、軍醫長、主計長、海軍造船技士、主理及通事若干人。明治三十年十月。

●臺灣陸軍糧餉部條例　按：此條例專掌臺灣陸軍各部隊平時糧秣之調辦、豫備及戰時糧秣供給之事。置主管糧餉官等若干人，掌一切庶務。明治三十年二月。

●臺灣陸軍補給廠條例　按：此條例專掌臺灣陸軍需用品之供給及臺灣海陸之輸運並輕便鐵道等事，兼豫備戰時或有事變時，一切軍隊輸送所必需之補助物件。惟兵器、彈藥、馬匹、衛生材料則不在内。置廠長、廠員若干人。又分支廠三處，各掌分廠事務。明治三十一年十月。

●臺灣陸軍監督部條例　按：此條例專監督軍隊之會計及檢查官金之收支、官物之出納，並掌軍吏部士官、下士黜陟之處置。設部長、部員、下士、判任、文官若干人。明治三十一年十月。

●臺灣陸軍經營部條例　按此條例：置主管及計算官、判任、文官等若干員，掌臺灣陸軍所屬之陣營、廨舍、倉庫及其他建築物，並經理建築修繕等事。明治三十一年十月。

●臺灣陸軍軍醫部條例　按此條例：置部長、部員、下士、判任、文官等若干人，統轄軍隊軍衙衛生事務。明治三十一年十月。

●臺灣陸軍獸醫部條例　按此條例：置部長、部員、下士、判任、文官等若干人，統轄獸醫所掌一切事務。明治三十一年十月。

●臺灣守備混成旅團司令部條例　按此條例：設混成旅團長統率部下軍隊，并任所管區内之警備，鎮壓匪徒及管理陸軍所關一切事務。於旅團長外，又置參謀及副官，司令部附書記、下士等若干員。明治二十九年四月。

●臺灣陸軍法官部條例　按此條例：置部長、部員、録事等若干員，專掌軍事司法上所關事項。明治三十二年正月。

●於臺北所設陸軍監獄之管理及該監獄長所屬之例　按：臺北所設之陸軍監獄，歸臺灣總督管理，其監獄長隸於臺灣總督。明治三十二年二月。

〔改〕●臺灣總督府地方官官制　按此官制：分臺灣爲臺北、臺中、臺南三縣及宜蘭、臺東、澎湖三廳，各縣廳置知事一人或廳長一人，書記官一人，警部長一人，税務官一人，技師若干人，屬員、技手、警部看守長、監獄書記、通事共七百二十人。明治三十一年六月。

〔改〕●臺灣總督府縣及廳看守定員之件　按：此事件係制定臺灣總督府縣廳看守人之定數。凡拘禁男子五百人，則用看守八十五人。拘禁男子五百人以上，每加百人即加看守十二人。五百人未滿，每減百人，亦減看守十二人。明治三十二年三月。

●於臺灣總督府管内置街莊社長之例　按：此例係制定於臺灣總督府管内，各街、莊、社或數街、莊、社中，均置一長，承辦務署長之指揮命令，補助執行部内之行政事務。明治三十年五月。

〔廢〕●臺灣總督府税關官制　按此條例：分臺灣税關爲四處，各税關共置鑑定官二人，鑑定官補十一人，屬員四十八人，監吏二十四人，監吏補百三十四人。明治二十九年三月。

〔廢〕●臺灣總督府税關管轄區域之件　按：此係議定淡水、基隆、安平、打狗四税關管轄之區域。明治二十九年九月。

〔改〕●臺灣總督府師範學校官制　按此官制：各師範學校置學校長一人，教授二人，助教授四人，教諭二人，舍監若干人，書記二人。專養成學生他日足爲日本語傳習所公學校及書房義塾之教員。明治三十二年三月。

〔改〕●臺灣總督府日本語學校官制　按此官制：置學校長一人，教授八人，助教授六人，教諭二十四人，舍監若干人，書記七人。明治三十年七月。

●臺灣總督府日本語傳習所官制　按此官制：每傳習所置所長一人，教諭五十二人，助教諭二十人，書記二十八人。明治三十年七月。

●臺灣公學校官制　按此官制：置學校長一人，教諭、訓導各若干人。明治三十一年七月。

●臺灣總督府小學校官制　按此官制：每小學校置學校長一人，訓導若干人。校長掌理校務，監督所屬職員。訓導擔任兒童之教育等事。明治三十一年七月。

●臺灣總督府醫學校官制　按此官制：置校長一人，教授五人，助教授五人，舍監一人，書記五人。明治三十二年三月。

●臺灣總督府郵便及電信局官制　按此官制：其郵便及電信局，亦分爲三等。一等與二等郵便電信局及二等郵便局或電信局，均置有局長、通信、書記、技師、技手等員。三等郵便電信局及三等郵便局或電信局，則不置通信、書記。明治三十一年六月。

〔改〕●臺灣總督府燈臺所官制　按：此官制專掌航路標識事務，每所置所長一人，看守四人。明治二十九年三月。

〔改〕●臺灣總督府測候所官制　按：此官制專掌測候所關事務，置所長一人，技師一人，技手五人，屬員十五人，通事四人。明治二十九年三月。

●臺灣總督府製藥所官制　按：此官制專掌製藥所關事務，置所長一人，技師二人，技手五人，屬員十五人，通譯四人。明治三十一年六月。

●臺灣總督府醫院官制　按此官制：各醫院置院長一人，醫長、醫員、藥局長、調劑師、書記等若干人。專掌診療疾病等事。明治三十一年六月。

〔改〕●臺灣總督府警察官及司獄官練習所官制　按：此官制專教授生徒他日足充警部巡查、監獄書記、看守長、看守等所必需之學術及實務。置所長一人，教官二人，舍監一人，書記三人。明治三十一年六月。

●臺灣鹽務局官制　按此官制：各鹽務局置局長一人，事務官二人，屬員等則各局通共八十四人。專掌食鹽之收納、出賣、檢查等事。明治三十二年三月。

〔廢〕●臺灣樟腦局官制　按此官制：各樟腦局共置局長一人，事務官一人，書記七十七人，技師、技手若干人。專掌樟腦及樟腦油收納、出賣、檢查等事。明治三十二年六月。

〔廢〕●臨時臺灣土地調查局官制　按此官制：置局長一人，事務官三人，技師二人，屬員及技手通共三百人。專掌地籍調查及地圖調製等事。明治三十一年八月。

〔删〕●臨時臺灣鐵道敷設部官制　按此官制：置部長一人，技師長一人，事務官三人，技師十人，書記四十人，技手五十人，通譯十人。專掌臺灣鐵道敷設一切事務。明治三十二年三月。

第二十章　警視廳

〔改〕●警視廳官制　按此官制：置警視總監一人，警視二十五人，警視醫長一人，典獄三人，警部警視屬技手、消防士、警視醫、監獄書記、看守長、消防機關士、技師、技士等若干人。專掌警視所關一切事務。明治二十六年十月。

第二十一章　道廳府縣

第一款　北海道廳

〔改〕●北海道廳官制　此官制置長官一人，事務官二人，警部長一人，支廳長各一人，參事官二人，視學官一人，警視一人，典獄一人，技師十人，屬員、視學技手、警部繙譯生、監獄書記、看守長、監獄醫共四百九十人，及其他判任官若干人。使各掌其職任。明治三十年十月。

〔改〕●北海道廳支廳之名稱、位置及管轄區域　按：北海道廳支廳共十九所，茲特定其名稱、位置及各管轄之區域。明治三十年十月。

〔改〕●北海道鐵道部官制　按此官制：置部長一人，事務官一人，鐵道技師九人，鐵道書記八十一人，鐵道技手六十人。掌理鐵道建設、保存及輸運等事務。明治三十二年六月。

〔改〕●北海道廳森林監守規程　按此規程：置森林監守官百六人，承上官之指揮，保護官林一切事項。明治三十年四月。

●北海道衛生會規則　按此規則：設會長一人，委員十二人。專審議公衆衛生、獸畜衛生所關事項。明治二十九年九月。

●於北海道廳置事業手之件　按：此係制定於北海道廳置事業手若干人。使從事土木、水産、農事等事業，待以判任官之禮。明治三十年四月。

●廳府縣巡查定員之件　按此事件：每市中人口自三百人至八百止，置巡查一人。每村中人口自一千至二千人止，置巡查一人。明治二十九年四月。

●集治監、暫留監並廳府縣看守定員之例　按此例：每拘禁男子五百人，置看守七十五人。五百人以上，每加五十人，即加看守五人。五百人以下，每減五十人，亦減看守五人。明治二十九年十一月。

〔廢〕●於廳府縣置臨時檢疫部之件　按此事件：置部長、次長各一人，檢疫官若干人。專掌傳染病流行時所關一切檢疫、豫防事務。明治二十八年四月。

●地方視學設置之件　按此事件：統計北海道廳及各府縣設地方視學百人，承地方長官之指揮，視察小學教育所關事項。明治三十年五月。

●地方視學定員　按：此係制定各府縣置地方視學或二人或三人之定額。明治三十年五月。

●地方視學職務規程　按：此規程專視察一切小學校之教育課程、試驗成績及學校衛生等事。明治三十年五月。

●禁止地方視學兼務他官及定員常置之件　按：此係制定地方視學不得兼任他官及缺員

時宜即補充等事。明治三十年六月。

●地方視學任用開呈方法　按：此係制定地方視學任用時，須具呈姓名、官級、俸給及履歷等。明治三十年六月。

〔改〕●地方官官制　按此官制：各府縣置知事一人，書記官、警部長、收税長、參事官、視學官、典獄各一人，及其他判任官共七千人。使各掌部内之行政事務。明治二十六年十月。

●地方衛生會規則　按此規則：置會長一人，委員約十五人。專審議公衆衛生、獸畜衛生所關事務。明治二十九年七月。

●維持横濱港灣所關職員之件　按：此係制定横濱港灣維持之事務，置技師一人，屬員五人，技手六人。明治三十年二月。

〔改〕●地方森林會規則　按此規則：以府縣高等官、土木監督署高等官、鑛山監督署高等官、大林區署高等官、名譽職府縣參事會員及常置委員，於森林事業有經驗者，於水木土並鑛山事業有經驗者，共選若干人爲議員，審議森林所關編入及收買價額并補償價額等事。明治三十年十二月。

校記

〔一〕『務』後疑缺一『局』字。
〔二〕援　當作『授』。
〔三〕士　原作『土』，誤，徑改。
〔四〕『官』後疑缺一『補』字。

第九類　官規

第一章　官等俸給

〔改〕●高等官官等俸給令　按此令：日本除親任官外，高等官分爲九等。一等二等爲敕任官，三等至九等爲奏任官。明治二十五年十一月。

●諸奏任官所關之件　按：内閣統計局長、印刷局長、各省局長、傳染病研究所長、造幣局長、專賣局長、知事等，皆得爲奏任官，而職居高等官之第三等。明治三十二年四月。

●秘書官等初叙及陞叙所關之件　按：内閣總理大臣秘書官、各省大臣秘書官及臺灣總智府秘書官等之初叙及陞叙，不必照高等官官俸法令之，但由他官兼秘書官者，則不在此例。明治三十年六月。

〔改〕●秘書官轉任他官及再任秘書官時官等所關之件　明治三十年六月。

●判任官俸給令　按此令：判任文官之月俸，分爲十級，均於每月下旬支給。至陸海士官、下士之月俸，不在此例。明治二十四年七月。

〔改〕●文武判任官等級表　明治二十七年四月。

●技術官俸給令　按此令：敕任官分爲三級，奏任官分爲十二級。明治三十一年十一月。

●樞密院議長、副議長、顧問官及書記官長書記官年俸。明治二十四年七月。

●在外公舘職員等官令　按此令：官制分七等，特命全權公使爲一等，特命全權公使及辦理公使爲二等。公使舘一等書記官、總領事爲三等。公使舘一等書記官、總領事公使舘二等書記官、領事貿易事務官爲四等。公使舘二等書記官、領事貿易事務官爲五等。公使舘三等書記官、領事貿易事務官、公使舘一等通譯官爲六等。公使舘三等書記官、領事貿易事務官副、領事公使舘二等通譯官、候補外交官、候補領事官爲七等。明治三十二年六月。

●通譯官及通譯生俸給及旅費支給法　明治二十八年六月。

●傳染病研究所職員官等俸給　明治三十二年三月。

●海港檢疫官官等俸給之件　按：海港檢疫官爲高等官四等以下、七等以上。明治三十二年四月。

〔改〕●警察監獄學校職員俸給令　按：警察監獄學校教授及幹事之俸給，照高等各官俸給例中高等各官年俸第二號表，然幹事俸則係第五級以下。明治三十二年四月。

●集治監高等官俸給之件　明治二十四年七月。

●集治監假留監看守俸給　明治二十三年十月。

●税關監吏俸給之件　按：俸給共分八級，自三十元至十元。明治三十二年四月。

●税務屬、專賣屬及專賣局監視俸給之件　明治三十一年十月。

〔改〕●陸軍武官官等表　明治二十四年三月。

〔改〕●陸軍給與令　按此令：其軍隊分步兵、騎兵、砲兵、工兵、重輜兵及警備各隊，俸給分三種：曰俸給，曰給科，曰贍用金。明治三十二年六月。

〔改〕●屯田兵給與令　按此令：凡屯田步兵、屯田騎兵、屯田砲兵、屯田工兵之在現役及豫備役，皆謂之屯田兵隊，其給與法與陸軍給與令大旨相同。明治三十二年六月。

●外國駐在陸軍武官給與令　按此令：凡陸軍武官，由本國動身時給與相當路費，歸國時給與歸國路費。駐外國時給與用費，駐外國若有事回國，亦給與路費。其馬匹則給與馬飼料。在外國遇閲操及派往他處時，均給與相當用費。明治三十年六月。

〔廢〕●陸軍所屬特別文官俸給令　明治二十六年七月。

●在外國公使舘附陸、海軍武官俸給令　按此令：其俸給則分爲本俸及在勤俸二種。附陸軍之本俸，則依陸軍給與令所定之現役俸及職務俸行之。附海軍之本俸，則依海軍軍人俸給令中第一表行之。其在勤俸，則因將官、佐官、尉官之官級及所駐在國之遠近情形而異。明治二十六年十一月。

●陸軍軍人乘軍艦或水雷艇航海加俸給與之件　明治二十八年。

●在豫備、後備軍藉文官召集中俸給支給法　按：文官而在豫備、後備軍及補充兵役者，照陸軍給與令支俸。其文官俸則停止不發。然陸軍所給與之俸若較文官俸少時，則准以文官俸補其所不足。明治二十四年七月。

●陸軍歸休兵曾任文官者其召集時俸給支給之件　明治二十七年八月。

●從事陸軍通譯者待遇之例　按：每月滿六十圓以上俸給者，可待以奏任官。未滿六十圓者，待以判任官。明治二十八年十月。

●陸軍各兵曹長而在監視區長職中其身分所關之件　按：此准以士官之職相待。明治二十七年七月。

●海軍武官官階　按：海軍武官官階分爲大將、中將、少將，大佐、中佐、少佐，大尉、中尉、少尉，機關總監、軍醫總監、主計總監、造船總監、造兵總監，機關大監、軍醫大監、主計大監、造船大監、造兵大監，機關中監、軍醫中監、藥劑監、主計中監、造船中監、造兵中監、水路監，機關少監、軍醫少監、藥劑正、主計少監、造船少監、造兵少監，水路正大、機關士大、軍醫大、藥劑士大、主計造船大、技士造兵大、技士水路大，技士中、機關士中、軍醫中、藥劑士中、主計造船中、技士造兵中、技士水路中，技士兵曹長、軍樂長、船匠長、少機關士、機關兵曹長、少軍醫、少藥劑士、看護長、少主計筆記長〔一〕、造船少技士、造兵少技士、水路少技士，上等兵曹、上等信號兵、軍樂師、船匠師、上等機關兵曹、看護師，上等筆記，此爲准士官。一等、二等、三等兵曹，一等、二等、三等信號兵曹，一等、二等、三等軍樂手，一等、二等、三等船匠手，一等、二等、三等機關兵曹，一等、二等、三等鍛冶手，一等、二等、三等看護手，一等、二等、三等筆記，一等、二等、三等厨宰，皆爲下士。明治三十年九月。

〔改〕●海軍軍人俸給令　按此令：大將六千圓，中將及相當官四千圓，少將及相當官三千三百圓。大佐及相當官一級二千四百九十六圓六十錢，二級二千二百六十三圓，中佐及相當官一級千八百九十八圓，二級千六百六圓，少佐及相當官一級千二百七十七圓五十錢，二級千九十五圓。大尉及相當官一級八百七十七圓五十錢，二級七百六十六圓五十錢，三級六百九十三圓五十錢，四級六百二十圓五十錢。中尉及相當官一級五百十一圓，二級四百七十四圓五十錢。少尉、少機關士、少軍醫、少藥劑士、少主計、造船少技士、造兵少技士、水路少技士，各四百一圓五十錢。兵曹長、軍樂長、船匠長、機關兵曹長、看護長、筆記長，一級六百九十三圓五十錢，二級六百二十圓五十錢。准士官一級五百四十圓二十錢，二級四百七十四圓五十錢，三級四百十六圓十錢，四級三百五十七圓七十錢，五級二百九十九圓三十錢。下士及卒，則計日給與。下士分三等，一等下士分四級，而同級又分甲、乙兩額計，一等下士四級之甲額，由七十錢至三十七錢，乙額由四十八錢至二十六錢。二等、三等下士分二級，每級亦分甲、乙兩額。二等下士甲額由三十一錢至二十七錢，乙額由二十三錢至二十二錢。三等下士甲額由二十七錢至二十五錢，乙額由十九錢至十八錢。卒分四等，每等分甲、乙額，甲額由二十一錢至七錢，乙額由十五錢至五錢。至於航海，則計日加俸，但因其路之遠近及官之大小而有差等。明治三十年十月。

●主理録事俸給，主理分爲敕任及奏任，自二千四百圓至六百圓。敕任每年俸給三千圓，奏任又分十二級。鑄車則爲判任，依判任官俸給支俸。明治二十四年七月。

●海軍軍法會議構成員之主理試補年俸　按：每年五百圓。明治二十六年十一月。

●海軍編修年俸　按：編修分九級，一級千八百圓，自一級至五級，每級差二百圓。自五級至九級，每級差百圓。明治三十年四月。

●海軍教授年俸　按：此依技術官俸給令支俸。明治三十年四月。

●軍通譯官年俸　按：此依海軍編修年俸額支俸。明治三十年十月。

●海軍文官航海加俸　按：文官航海三等，高等官視大佐，四等視中佐，五等視少佐，六等視大尉，七等視中尉，八等、九等視少尉，判任官視士官，各按其所視之官加俸。明治二十八年四月。

●望樓長及望樓手俸給　按：望樓長分五級，一級每月四十五圓，以下每級差五圓。望樓手亦分五級，一級每月二十五圓，自一級至三級，每級差五圓，四級十二圓，五級十圓。明治二十七年六月。

●在海軍豫備、後備軍藉之文官召集時俸給支給法　按：此等文官受海軍俸給時，則其文官之俸停給。然海軍所受此俸若較文官少，則可依文官俸以補其所不足。明治二十七年七月。

〔改〕●判事、檢事官等俸給令　按此令：判事、檢事之官階爲高等官，自一等至八等，其俸給則敕任分爲五級，一級五千圓，二級四千圓，三級三千五百圓，四級三千圓，五級二千五百圓。奏任分爲十一級，一級二千二百圓，由一級至七級，每級差二百圓。由七級至十一級，每級差百圓。明治三十二年四月。

●裁判所書記長官等之件　按：大審院書記長官階爲高等官第五等以下，控訴院書記長官階爲高等官第六等以下。明治二十七年二月。

●裁判所書記長書記定數及俸給令　按此令：大審院書記長一人，年俸千二百圓或千圓。裁判書記十三人，大審院檢事局書記三人，由一級俸至八級俸。控訴院書記長七人，年俸視所在地方區別。裁判所書記七十六人，由一級俸至九級俸。控訴院檢事局書記十八人，由一級俸至九級俸。地方裁判所書記五百二十五人，由二級俸至十級俸。地方裁判所檢事局書記百五十八人，由二級俸至十級俸。區裁判所及區裁判所檢事局書記五千百七十二人，由三級至十級俸或月俸十二圓。明治二十六年十月。

●帝國大學高等官官等俸給令　按此令：大學校校長爲一等或二等高等官，其教授爲六等以上高等官，助教授爲五等以下高等官，大學校書記官爲三等以下、七等以上之高等官，舍監爲四等以下高等官，俸給分七級。校長每年四千圓或三千五百圓，教授一級千六百圓，順次至三級，每級差二百圓，順次至七級，每級差百圓。助教授一級八百圓，順次至六級，每級差百圓。書記官一級二千圓，順次至六級，每級差二百圓，七級九百圓。舍監一級千六百圓，順次至四級，每級差二百圓，順次至七級，每級差百圓。明治三十年六月。

〔改〕●文部省直轄諸學校高等官官等俸給令　按此令：校長俸給視其官階異及所在學校而異，教授俸給分十二給〔二〕，由二千五百圓至六百圓。教諭分八級，舍監分八級。明治三十二年四月。

●府縣所立師範學校長任命及俸給令　按此令：校長爲奏任官俸，分七級。明治二十四年八月。

●師範學校教諭、助教諭、訓導及書記之俸額。明治三十一年八月。

●公立中學校、高等女學校、專門學校職員名稱、待遇及任免之件　按此件：職員之名稱，則爲校長、教諭、助教諭、舍監、書記等，其待遇則因學校之程度而異，有時判任文官可受奏任文官之待遇。至於此等官之任免，胥由文部省管轄之。明治二十四年十二月。

●公立學校職員等級分配之件　明治二十五年四月。

●市村町所立小學校長及教員之名稱與待遇　按此約：職員之名稱，則爲小學校長、訓導、准訓導等。其校長及正教員受判任文官待遇。明治二十四年十一月。

●市村町所立小學校教員俸給令　按此令：其俸給則分正教員、准教員及男女而有等差。明治三十年正月。

〔删〕●市町村所立小學校教員年功加俸國庫補助法　明治二十九年三月。

●市町村所立小學校教員年功加俸支給之件　明治二十九年七月。

●凡兼任會計不同之學校教員者俸給支給法　按：此准於本官俸給外，支兼官俸三分之一。明治二十三年九月。

〔删〕●地方測候所職員之名稱、待遇、任免及等級分配之件　明治二十八年十月。

●農商務省特許局兼任審判官官等之件　按：其官階爲二等至八等之高等官。明治三十二年六月。

●大小林區署及鑛山監督署判任官給俸之件　明治二十九年八月。

●府縣郡農事試驗場、水産試驗場、農事講習所、水産講習所之職員及農事巡迴教師、林業巡迴教師、水産巡迴教師之名稱、待遇、任免及官階俸給分配之件　按此件：其職名，則爲場長、所長技師、技手書記技師，皆奏任官。又有技手書記，則判任官、奏任官，年俸自千四百圓至六百圓以上。判任官月俸由六十圓以上至二十五圓以下。明治三十一年十二月。

●商船學校職員俸給法　按：其官分爲教授、學生監、教諭等，俸則分十二級。明治三十二年六月。

●通信書記補、鐵道書記補、航路標識看定俸給及三等郵便電信局長、三等郵便局長、三等電信局長贍用費之件　按：此書記補月俸皆十七圓以下、七圓以上。標識看守之月俸分九級，由四十五圓至十圓。凡三等局長之贍用費，一年四百圓。明治三十一年十月。

●港吏補俸給之件　按：月俸二十五圓以下、十圓以上。明治三十一年十月。

●在親補之職者及會計檢查院長待遇之件　明治二十九年五月。

〔改〕●會計檢查高等官年俸之件　按：院長五千圓，部長三千圓。檢查官分七級，由二千五百圓至千二百圓。書記官分六級，由二千圓至千圓。檢查官補分六級，由千二百圓至六百圓。明治二十九年五月。

●行政裁判所長官之待遇　按：此受親任官待遇。明治三十一年七月。

●行政裁判所長官及評定官年俸之件　按：其給俸法，長官每年五千圓，評議官分敕任、奏任給俸。明治二十四年七月。

●貴族院及衆議院守衛待遇之件　按：此受判任官待遇。明治二十四年十一月。

●貴族院、衆議院守衛定數及俸給令　按：守衛定數，各院凡三十五人，月俸分七級，第一級十五圓，以下每級差一圓。新補守衛者，月俸在六級以下，如守衛每月受五級以上月俸者，滿守衛一年，即准升級。明治三十年十月。

〔改〕●臺灣總督府職官俸給令　按：總督爲敕任之親任官，自總督以下分八等。民政官爲一等或二等，係敕任官。參事官長、事務官爲二等，係敕任官。自三等以下爲奏任官。

俸給則總督年俸六千圓，民政長官年俸四千圓或四千五百圓。參事官長及敕任事務官之年俸三千圓或三千五百圓。明治三十一年六月。

〔改〕●臺灣總督府地方高等地方官官等俸給令　按此令：官分八等，知事爲一等或二等，係敕任官，餘皆爲奏任官。俸以知事爲最大，每年三千五百圓或三千圓。廳長、縣書記官次之，俸分五級，一級二千圓，以下每級差二百圓。縣警部長次之，俸分五級，一級千八百圓，以下每級差二百圓。廳書記長、税務長、廳警部長、典獄又次之，俸分五級，一級千二百圓，二級千圓。自二級以下，每級差一百圓。明治三十一年六月。

●臺灣鹽務局職員官等及俸給令　按此令：其官階則爲五等以下、八等以上之高等文官。俸分七級，一級千六百圓。自一級至四級，每級差二百圓。自四級以下，每級差二百圓。

●臺灣總督府師範學校職員官等俸給令　按此令：校長官階爲四等以下、八等以上之高等官，教授爲五等以下、八等以上之高等官。年俸分七級，每級數目與鹽務局職員俸給各級同。明治三十二年三月。

明治三十二年三月。

〔改〕●辦務署長俸給之件　按此事件：其官分奏任、判任。奏任俸分七級，爲年俸；判任俸分三級，爲月俸。明治三十二年六月。

〔改〕●臺灣樟腦局職員官等俸給令 按此令：事務官及技師官等，爲五等以下、八等以上之高等官，俸分八級。明治三十二年六月。

●臨時臺灣鐵道敷設部職員官等俸給令 按此令：技師長爲二等高等官，年俸三千圓或三千五百圓。事務官爲四等以下、八等以上之高等官。明治三十二年三月。

●臨時臺灣土地調查局職員官等俸給令 按：此爲三等以下、八等以上之高等官。明治三十一年八月。

●待命外交官兼任臺灣總督府高等文官時俸給之件 明治三十年九月。

●臺灣總督府職員加俸支給規則 按此規則：凡加俸之額，較原俸額約十分之三。若在職滿二年以後，則可更加原俸額二十分之一。自滿二年以上，每年可增原俸額二十分之一。大約最多增至原俸額之半爲止。惟此條所關，凡臺灣人之在職者不得援例。明治二十九年三月。

〔廢〕●臺灣總督府稅關監吏補俸給 明治二十九年十二月。

●巡查看守俸給法通用於臺灣總督府巡查看守所關之件 明治三十一年六月。

●臺灣總督府奏任文官轉任他官廳或再任時總督府奏任文官之件 按此件：凡初任臺灣總督府之奏任文官，係六等以下之高等官。但應其在職中陞等之級數或陞一等或數等均可。若係再任之奏任文官，則在他官廳原官職之下，其陞等則對原官之官階可陞一等或數等。凡轉任他官廳之奏任文官或再任時，其陞等則准以原官在職之年數及轉任之年數，又在臺灣總督府奏任文官之年數，通共核算。明治三十年九月。

●臺灣總督府判任官轉任他官廳或再任時總督府判任官之俸給　按：退官後再任判任文官者，俸在原官下。明治二十九年五月。

〔廢〕●臺灣總督府法院職員官等俸給及定額令　按此令：其官爲一等至八等之高等官，分敕任、奏任。俸則敕任官分三級，奏任官分十六級。明治三十一年七月。

●臺灣總督府法院奏任通譯官俸給　按：俸分五級，一級千圓，以下每級減百圓。明治三十一年七月。

●臺灣總督府法院判任通譯俸給支給之件　明治三十一年七月。

●臺灣總督囑託員及傭請員費用並技師手俸給支領法　按此法：凡囑託員、傭請員之費，可於俸給豫算額內支用。臨時所任技師、技手之俸給，由臺灣事業費支給。明治二十九年三月。

〔廢〕●警視廳高等官俸給法　按此法：警察總監年俸四千圓，補警視之主事第一部長及第二部長及警察醫監，俸分五級，一級二千圓，以下每級減二百圓。補警視之警察署長者，俸分五級，一級千圓，以下每級減百圓。典獄俸分三級，一級八百圓，以下每級減百元。警視之警察醫長及典獄，已受最高俸。在職五年而有功績者，以及主事第一部長、第二部長、第三部長，准加俸五百圓以內。此外准加俸三百圓以内。明治三十一年十月。

●警視廳警部消防士及機關士、監獄書記、看守長俸給之件　明治二十六年三月。

●警視廳北海道廳府縣及集治監判任官低額俸給支給法　按：月俸少至六圓爲止。明治二十六年十月。

●巡查看守待遇之件　按：受判任官待遇。明治二十四年八月。

〔改〕●巡查看守俸給令　按此令：查月俸，分七級，一級十五圓，以下每級減一圓。初任巡查、看守者，俸爲六級，以下凡受五級以上月俸者，不經一年不得陞級。若特別陞巡部長、看守部長者，不在此例。又因病不能任職踰六十日及乞假過二十日者，減給月給之半。若病係因公務而瘡痍者，仍給全額。明治三十年五月。

〔改〕●女監管理及押丁俸給之件　按此件：凡女犯二十五人設一女監管理，男犯五百人設押丁十人。女監管理人之俸給由四圓至十五圓。押丁之俸給由四圓至九圓。明治二十七年正月。

●北海道廳高等官俸給令　按此令：北海道廳長官年俸四千圓，敕任事務官年俸一級三千圓，二級二千五百圓，其他爲奏任文官、奏任事務官，年俸一級二千圓，二級一千八百圓。警部長年俸一千八百圓，支廳長、參事官、鐵道事務官年俸一級千六百圓，二級千四百圓，三級千二百圓，以下順次至七級，每級減百圓。警視典獄年俸分五級，一級千圓，以下每級減百圓。明治三十一年十月。

●北海道廳府縣視學官俸給之件　按：俸分七級，一級千八百圓，順次至五級，每級減二百圓，五級以下每級減百圓。明治三十二年六月。

●地方視學官俸給之件　明治三十年六月。

●視學俸給之件　按：道廳視學、府縣視學、郡視學皆受判任官俸八級以上。明治三十二年六月。

〔廢〕●地方高等官俸給令　按此令：東京府知事四千圓，此外衝要處府縣知事三千五百圓，非衝要處縣知事三千圓，府縣書記官、警部長、典獄，亦視地方之衝要與否以定俸額。參事官年俸以千圓爲率，郡長年俸六百圓，島司年俸千二百圓。明治二十四年七月。

●沖繩縣宫古島及八重山島司之俸給額　按：各七百圓。明治二十九年三月。

●未施行村町制之島嶼户長以下給料旅費並浦役場費之件　明治二十二年正月。

●户長禮待及俸給支給法　按：照判任官三等以下禮待，俸由道廳長官、府縣知事酌定。

明治十九年十月。

●伊豆七島地役人及名主之待遇　按：受判任官待遇。明治二十八年五月。

〔廢〕●神宮司廳職員官等俸給之件　明治二十九年十一月。

●內大臣及所屬之秘書官宮中顧問官俸給　按：內大臣賜高等官第一級俸，宮中顧問官依其等位給與第三級至第七級俸不等，秘書官則給與第一級至第四級俸不等。明治二十二年七月。

●帝國博物館、帝國京都及奈良博物館書記官等俸給　明治二十三年六月。

●帝國各博物館技手官等俸給　明治二十三年七月。

●侍從職幹事俸給　按：賜以高等官第三級至第六級俸不等。明治二十三年十月。

〔改〕●皇族職員官等俸給之件　按：親王家設別當一員，家令一員，諸王家設家令、家扶、家從各一員，俸則別當給以高等官第四級至第七級俸不等。明治二十三年十月。

●侍醫俸給　明治三十一年三月。

●官制及俸給令改正時俸給支給法　明治二十四年八月。

●文官俸給支給細則　按此細則：凡給俸有定期退職休官死亡者，准給該月分之俸。轉任者，以轉任之日爲止受原官俸，翌日受轉任官俸，遇不得已事情而特旨賜假者，則該月分之俸核算減給，若僅數日則不減。明治二十五年十二月。

●傭員之俸給及雜費支給法　明治二十六年二月。

第二章　試驗

●文官試驗規則　按此規則：分爲文官高等試驗及普通試驗二項。凡曾犯輕重罪及破債而未復權限者，不得與試。賁緣舞弊者，亦不准與試。舞弊而試驗後覺察者，則注銷所給之證書。又受文官高等試驗時，須先受預備試驗。合格者，始准與試。若有本國大學校之卒業證書及司法省法學正則部證書者，免其預備試驗。文官普通試驗，則以尋常中學校之科程爲標準，而各官廳斟酌所掌事務，命試驗委員行之。明治二十六年十月。

〔改〕●文官高等試驗細則　按此細則：凡試驗時不准私帶書籍或互相質問，及退出場外等事。試驗合格者，則揭載官報，俾以通知本人。明治二十七年五月。

●外交官及領事官試驗規則　按此規則：此等試驗分爲二次，先受第一次試驗，合格者方得受第二次試驗，其不准與試之條件與高等文官試驗規則同。明治二十七年六月。

●外交官及領事官試驗規則施行細則　明治二十七年六月。

●外交官試驗及領事官試驗外國語指定之件　明治二十八年六月。

●公使館書記生及領事館書記生試驗規則　按此規則：此等試驗分爲二次，第一次試驗合格者，准受第二次試驗。明治二十七年二月。

●理事試補登用試驗規則　按此規則：此等試驗，必年齡合格者，方准與試。其身體亦須受醫員檢定。試驗分二次，受筆記試驗合格者，方准受口述試驗。明治三十年七月。

●欲爲理事試補並實務修習及實務修習試驗規則　明治二十九年九月。

●主理試補登用試驗規則　按此規則：其試驗格式與理事試驗同。明治三十年十月。

●欲爲主理試補並實務修習及實務修習試驗規則　按此規則：主理試補試驗必有司法官試補之資格者，方准與試。若在主理職不稱任及修習無進步或學力不能受實務修習試驗者，則免其主理試補之職。實務修習試驗者，所以驗主理試補練習實務之良否，其試驗分筆記、口述二項。筆記試驗給以訴訟書而使之判斷，構成答案，答案限七日以内呈繳。口述試驗，則海軍上所關諸種法則，最少必試驗三種。明治三十年十月。

〔改〕●海軍少主計候補生採用時試驗規則　按此規則：凡試驗時，須先檢身體。身體合格者，方准受筆記試驗。筆記試驗合格者，始得受口述試驗。明治三十二年四月。

〔廢〕●海軍少軍醫、少藥劑士、少軍醫候補生、少藥劑士候補生採用試驗規則　按此規則：凡試驗以前，先須檢查身體。合格者方准與試。明治二十九年三月。

〔廢〕●望樓長、望樓手任用試驗規則　按此規則：試驗時，先行檢查身體，然後舉行學力試驗。明治二十九年三月。

〔改〕●海軍筆記任用試驗規則　按此規則：試驗時，先檢查身體，然後舉行學力試驗。明治二十九年四月。

●判事、檢事登用試驗規則　按此規則：分爲二次試驗，凡受試之人須有本國及外國卒業證書。第一次試驗分筆記及口述二種，以驗其學識。取録之人則分屬諸地方裁判所、區裁判及檢事局，使之學習。第二次試驗，亦分筆記及口述二種。以驗其學習之良否。筆記試驗時，給以訴訟書二紙，使其判斷而成答案，限二十日繳。口述試驗時，則隨口應答所問各種法律。明治二十四年五月。

司法省告示第九十一號　按此告示：於指定各種私立學校之卒業生，限其與試。明治二十六年十二月。

●裁判所書記登用試驗規則　按此規則：試驗時，先行筆記試驗。試驗委員調查筆記答案後，再行口述試驗。合格者，使之實地學習。明治二十四年五月。

●裁判所書記試驗時應納雜費　明治三十年六月。

〔改〕●執達吏登用規則　按此規則：其試驗則每年舉行一次。先行筆記試驗及第者，方准與口述試驗。明治二十三年八月。

●遞信省鐵道書記補、郵便電信書記補及郵便彙票書記補試驗規則　按此規則：其試驗分爲二次，第一次試驗須先檢查身體，合格者方准與第二次試驗。明治二十八年四月。

〔改〕●北海道廳鐵道書記試驗規則　按此規則：試驗時，先行檢查身體，合格者然後舉行學術試驗。明治三十一年五月。

●郡區長之試驗依內務大臣所指定之科目　按：以實務爲主，由內務大臣斟酌當地情形，指行試驗。明治二十年七月。

〔改〕●郡區長試驗條規　按此條規：試驗時，以風土、習尚、公文及郡區所宜知之法律爲主。明治二十年十二月。

第三章　任用 附補充 進級　分限

第一款　任用

●文官任用令　按此令：凡敕任文官，須在奏任文官職或高官官三等之職。已在職而退官者亦可。或在敕任檢事或判事之職滿二年以上，或在文部省直轄諸學校敕任文官之職者，始可補敕任文官。惟親任官以及特別敕任官不在此例。陸海軍將官於特別任用之專條外，亦各得爲其部之敕任文官。凡奏任文官須經高等文官試驗而有合格證書，或在高等文官職滿二年以上，或在檢事、判事之職滿二年以上者，或曾在職滿二年者亦可。方得補奏任文官。凡判任文官，須有文官普通試驗之合格證書，或有文官高等試驗之合格證書，或有中學校卒業證書，或經文官普通試驗委員銓定者，皆得爲判任文官。明治二十二年三月。

●文官試補及見習規程　按此規程：凡試補及奏任官見習者，皆受判任官待遇，但不給俸。明治二十六年十月。

●文官任用例施行前所規定之試補等任用法　按：此法可爲奏任文官。明治二十六年十月。

●各大臣及臺灣總督秘書官特別任用之件　按：此件可不拘文官任用例。明治二十八年九月。

●外交官、領事官、書記生任用令　按此令：凡爲外交官、領事官者，須受外交官及領事試驗而合格者任之，或以久在外國之外交官補及領事官補充。其任爲書記生者，須受公使領舘書記生、領事舘書記生試驗而合格者任之。至於特命全權公使，則不在此例。外務省留學生不必試驗，可徑爲書記生。外務省試補及已採取試補者，亦得徑爲書記生。明治二十六年十月。

●外交官、領事官及貿易事務官特別任用令　按此令：凡外務書記生在職滿五年以上，并受三級以上俸者，得任用爲外交官。又公使舘一等、二等繙譯官辦公滿二年者，經外交官及領事官試驗銓衡定後，即可任用爲外交官、領事官或貿易事務官。又外交官、領事官、書記生任用例施行前，在公使舘及領事舘辦公滿二年者，經試驗委員銓定，亦可任用。明治三十年八月。

〔改〕●領事官特別任用令　按此令：凡公使舘、領事舘書記生在任滿五年以上受三級以上俸者，試驗後可任二等領事。明治二十六年十月。

●通譯官及通譯生任用之件　明治二十八年六月。

●任用通譯官爲外交官及領事官之件　按：此須一等、二等通譯官在職滿二年以上者，方可任用。明治二十九年五月。

●通譯生任用領事官之特別例　明治二十八年六月。

●外務省試補任用之件　按此則：不必試驗，即可任外務省高等官。明治二十六年十月。

●在清國、朝鮮國警部之特別任用令　按此令：凡有公使舘、領事舘書記生之資格者，得任警部。任警部後，可轉任外務省之判任官。又在巡查職滿三年者，銓定後亦得爲其國之警部。明治二十九年五月。

●監獄事務官特別任用之件　明治三十年八月。

●警察監獄學校幹事特別任用令　明治三十二年四月。

●海港檢疫官及海港檢疫官補任用之件　明治三十二年四月。

●臨時檢疫官、事務官任用之件　明治三十年六月。

●任用衛生試驗所技手爲衛生試驗所書記之件　明治二十九年十一月。

●造神宮主事特別任用之件　明治三十年四月。

●司税官特別任用令　按：在税務處辦公五年受判任官五級俸者，不必試驗，但由文官高等試驗委員銓定後，即可任用爲司税官。明治三十一年十月。

●税務屬特別任用令　明治二十九年十月。

〔改〕●税關事務官補監視及監吏特別任用令　按此令：由税關監吏試驗之合格者任用。明治三十二年五月。

●專賣局職員特別任用令　明治三十二年四月。

●專賣局臨時僱使員使用之件　明治三十年十二月。

●臨時沖繩縣土地整理事務局書記任用及俸給之件　按此件：其俸額則照判任官俸給例中最低額之未滿月俸支給之。明治三十二年四月。

●陸海軍將校相當官互相轉任之件　明治二十六年五月。

●千住製絨所長特別任用令　明治二十九年九月。

●理事主理任用令　按此令：凡理事由理事試補任用，主理由主理試補任用。明治二十七年二月。

●戰時及遇事變時理事及主理任用之件　按：此時主理、理事均須增多，故理事試補及主理試補任用主理之事，可不必拘實務修習試驗之例。明治二十八年二月。

●録事任用令　按此令：凡有録事登用之試驗合格證書及在裁判所書記職二年以上，或曾在録事職二年以上，或有裁判所書記登用試驗之合格證書者，皆得任用。明治二十九年八月。

●陸軍通譯官特別任用之件　明治三十年十月。

●以陸軍監督補爲監督講習生之件　明治二十八年十二月。

●陸地測量官任用規則　明治二十三年三月。

●陸軍監獄官特別任用令　按此令：凡陸軍監獄長由理事陸軍尉官、陸軍監督補選任，而陸軍監獄書記、陸軍看守獄長，亦准任用。又陸軍監獄書記及看守獄長，由陸軍下士文官採用規則所定之資格及下士選任之。明治二十六年十月。

●陸軍監獄長及書記看守長任用之件　明治二十九年四月。

●陸軍監獄看守採用規則　按此規則：凡陸軍監獄看守，必由陸軍各兵科豫備後備役下士、兵卒中之有志願者採用之。惟屯田兵豫備役及警備隊區所屬者，不在此限。明治二十七年三月。

●陸軍准士官下士文官採用規則　按此規則：凡戰役受傷而退役、尚能堪任文官之職，或現役期滿之下士受有勳章及伎倆證明書，或服現役期滿者，均准採用。明治二十年十二月。

●陸軍准士官下士文官採用細則　明治二十八年十月。

●主理任用之件　明治三十年四月。

〔改〕●望樓長、望樓手任用令　按此令：凡試驗合格者，即得任用。明治二十九年三月。

●海軍筆記任用令　按此令：凡身體檢查、學術試驗均合格者，由鎮守府司令長官選取任用，初任爲三等筆記。明治二十九年四月。

●海軍通譯官特別任用令　明治三十年十月。

〔改〕●海軍准士官下士任用進級條例　按此條例：凡海軍准士官由海軍一等下士選任，初任海軍下士者，居第三等。年未滿二十者，不得任海軍下士。又海軍准士官下士之任用進級，必歷級而進。其材能卓出者，可以超陞。明治二十九年九月。

●海軍准士官並服役期滿下士任用判任文官之件　明治二十年十二月。

●裁判所書記長特別任用之件　明治三十年六月。

●帝國大學舍監特別任用之件　明治三十年六月。

●文部省直轄各學校長舍監特別任用之件　明治三十年四月。

●文部省視學官圖書審查官任用之件　明治三十年十月。

●視學官及視學特別任用令　按此令：凡文部省視學官，須在文部省直轄學校之校長職或奏任教官職二年者充之，道廳府縣之視學官，須在文部省視學官之職，或曾在職。或係官立學校之校長，或係奏任教官在任二年以上，或係師範學校長、官立公立中學校長、官立公立高等女學校長、官立公立實業學校長在職三年以上，或曾在道廳府縣視學，或郡視學職五年以上，或從事教育五年、受判任官三級俸以上者，均可任用。道廳府縣視學及郡視學，往往以官立公立中學校之校長、教諭、小學校之正教員等充之。明治三十年四月。

〔删〕●帝國圖書舘長、司書長及司書任用之件　明治三十年四月。

●與奏任文官受同等待遇之學校職員任免奏薦及宣行之件　明治二十六年四月。

●府縣立師範學校校長特別任用令　按：高等師範卒業或有學士稱號者，從事教育一年，即可任用。明治二十六年十月。

〔廢〕●小學校長及教員之任用、解職並其餘進退所關規則　按此規則：凡市村所立小學校長，往往以正教員兼任。其任用體職、復職、退職，均由府縣知事定奪。明治二十四年十一月。

〔廢〕●市町村立小學校教員任用之件　按：此可由郡長、市長推薦。明治三十年九月。

●製鐵所事務官及書記任用之件　明治三十一年二月。

●營林主事及森林監守任用令　按此令：照農商務大臣所定規則任用。明治二十六年十月。

●營林主事及森林監守之特別任用規則　按此規則：凡年齡滿二十以上、身體强壯、試驗合格者，即得任用。明治二十七年二月。

●水産講習所監事任用之件　明治三十三年三月。

●海事局長任用之件　明治三十二年六月。

●鐵道事務官任用之件　明治三十年十月。

〔删〕●鐵道事務官補任用之件　明治三十一年七月。

●通信事務官、通信事務官補特別任用之件　按此件：凡在鐵道事務官、船舶司檢所司檢官、通信事務官之職滿二年以上，或在通信事務内辦公滿五年、受判任官二級俸以上，或通信事務官補辦公滿三年以上、受判任官五級以上之俸，或任通信事務官職二年、受判任官三級俸以下者，皆可任用。明治三十年八月。

●鐵道書記補、通信書記補特別任用令　按此令：依遞信大臣所定試驗規則任用。明治三十年八月。

●領事官兼任外國各地郵便局長、電信局長之件　明治三十四年四月。

●三等郵便局長任用之件　按：此以資産相當久住其地者選任之。明治二十年十二月。

●三等郵便局長採用規則　按此規則：凡採用之人，須家住郵便局近傍及有二百圓以上家産，或熟於筆算，或遵守郵便局長服務規約而年在二十歲以上者，皆得採用。明治二十二年四月。

●北海道廳管下三等郵便局長採用法　明治二十二年四月。

●三等郵便局長採用時郡長、區長、户長之相關處置法　明治二十一年五月。

●三等郵便局長採用章程　明治二十一年五月。

●二等郵便局長選任及給費法　明治二十一年六月。

●東京郵便電信學校卒業生任用之件　明治二十四年九月。

●商船學校長或學生監任用之件　明治二十九年四月。

●會計檢查官任用資格之件　明治二十二年六月。

〔删〕●檢查官補特别任用之件　明治二十五年七月。

●貴族院、衆議院守衛長及守衛番長特别任用法　明治二十六年十一月。

●臺灣總督府警部長及其餘職員任用之件　明治三十一年八月。

〔改〕●臺灣總督府判任職員任用之件 明治三十一年八月。

●臺灣總督府師範學校長特別任用之件 明治三十二年三月。

●臺灣總督府法院檢察官任用之件 明治三十二年六月。

●臺灣總督府海軍幕僚附海軍判任文官之任用及俸給所關事件 明治三十年十一月。

〔改〕●臺灣樟腦局事務官特別任用之件 明治三十二年六月。

●臨時臺灣鐵道敷設部事務官特別任用令 明治三十二年六月。

●臨時臺灣土地調查局職員任用之件 明治三十一年九月。

●集治監典獄廳府縣典獄集治監分監長特別任用令 明治三十二年二月。

〔改〕●警視特別任用之件 明治三十二年正月。

●警視廳北海道廳府縣及集治監判任官低額俸給支給者特別任用之件 按此件：凡此等官吏，月俸未滿十五圓者，不必試驗，但經文官普通委員之銓衡，即可任用。明治二十六年十月。

●北海道廳支廳長特別任用之件 明治三十年十月。

●北海道廳繙譯生特別任用之件 明治三十年十月。

●北海道廳鐵道書記特別任用之件 明治三十一年四月。

〔删〕●警部長特別任用令　明治三十二年正月。

●府縣參事官及典獄特別任用令　按此令：凡辦公五年以上、在判任官三等之職者，不必試驗，經高等試驗委員銓衡後，即可任用。明治三十二年十月。

●島司任用之件　明治二十六年十月。

●郡區長任用之件　按此件：凡辦公滿五年而在判任官五等以上之職者，不必試驗，但經郡區長試驗委員之銓衡，即可任用。轉任時須再經銓衡，若轉任高等官，則必受高等試驗。明治二十三年二月。

●郡區長府縣參事官特別任用之件　按此件：凡判任官俸受五級以上者，可任郡區長，受四級以上者，可任府縣參事官及典獄。明治二十四年十一月。

●警部監獄書記看守長特別任用令　按此令：凡巡查看守在職三年以上、有精勤證書，或現在奉職所考之實務成績及所試驗之學術均合格，則巡查可任用警部消防士，看守可任用監獄書記看守長。明治三十二年二月。

〔改〕●巡查採用規則　按此規則：凡巡查須試驗採用，其不必試驗者，須有巡查之精勤證書，或陸軍兵卒現役期滿而有戰時不徵召之證書方可。凡巡查志願者，以年在二十一以上、四十五以下，徵兵不相當而又不犯所禁之罪爲合格。其受試驗後取充巡查者，必具結申明遵守巡查規約。明治二十四年九月。

●看守採用規則　明治二十六年十二月。

●巡查看守考試規則　按此規則：凡巡查看守任監獄看守長及書記時，須先考查實務成績，選拔其優等者更行學術試驗。明治三十年七月。

●巡查教習規則　明治三十年七月。

●看守教習規則　明治三十一年十一月。

第二款　補充

〔改〕●陸軍補充條例　按：此條例專制定將校及相當官、下士、上等兵、看護手、樂手、補樂生等之補充法，本例之外補充人缺，更依陸軍武官進級例及陸軍豫備議備武官進級例，至於將校同相當官及下士之轉職，亦別有例。明治二十九年十二月。

●依陸軍補充條例指定學校之要件　按：此件共二項，無論市村立及私立之尋常中學校，皆可補充。惟其中頗有定例：一、學校須有半數以上之專任教員，且有尋常中學校教員之免許狀者。二、學校費每年須在五千圓以上者。三、生徒數須在二百名以上者。四、在尋常中學校三年而成績佳異者。明治三十年五月。

●陸軍憲兵科豫備役士官補充之件　明治三十年四月。

〔改〕●衛戍病院附衛生部員並官衙學校附獸醫補充之件　明治三十年十月。

〔改〕●海軍高等武官補充條例　按此條例：其中分三項：一、候補生之補充。二、士官之補充。三、兵曹長及其相當官之補充。明治三十年九月。

第三款　進級

〔改〕●陸軍武官進級令　按此令：凡陸軍進級，須歷級而進。無員缺時，則不補除。故陸軍武官，若未踰實役停年之最下期限，不得進級。戰時則實役停年之限可減半。其進級分二：一、停年補除。二、擢拔補除。但擢拔補除，亦須其資格已踰實役停年之最下期限。明治二十五年六月。

●陸軍豫備、後備武官進級令　按此令：其官亦歷級而進。但例爲擢拔進級，若已踰進級停年相當之年限者，則選拔之，而使其服習勤務演習，以查察其技能及第者進級之。明治二十七年九月。

●陸軍三等軍醫及三等藥劑官特別進級之件　按：三等軍醫或三等藥劑官，其出身係帝國大學校醫科卒業者，准進級爲二等軍醫或二等藥劑官。明治三十一年三月。

●陸軍三等獸醫特別進級之件　按：三等獸醫其出身係帝國大學校醫科卒業者，准進級爲二等獸醫。明治三十二年三月。

●陸海軍將校及同相當官名譽進級之件　按：該將校及同相當官服軍務多年、戰時著功績者，於退役時，准特別進其官級。惟恩給仍照原官之舊。明治二十三年三月。

●陸海軍豫備、後備將校及同相當官名譽進級之件　按：與陸海軍將校官及同相當官名譽進級之例同。明治二十八年六月。

●參謀職制中補參謀職所關年限之例　明治二十九年三月。

●臺灣辦事陸軍武官之實役停年加算之例　明治三十年四月。

●海軍高等武官進級條例　按此條例：凡高等武官進級須歷級而進。非踰實役停年之最下期限者，不得進級。其進級係用擢拔例。至於中將之進大將，當遠征或歷戰時，可用特旨親任式。實役停年之限，少尉一年，中尉以下皆以二年爲率。明治二十九年二月。

第四款　分限

●文官分限例　按此例：本例除親任或所叙任之官、公使秘書官及有别項法律所任用之官外，其餘文官皆准此例。官吏不依此例者，免官。疾病不能服公者，免官。告退者，免官。改革官制時，若指定爲冗員者，免官。體職滿期限者，免官。官吏意見相反者，則轉任爲同等以下官。有刑事告發者，免官。凡免官時，其官爲敕任者，由總理大臣定奪；爲奏任官者，則由總理大臣轉咨其所屬之長官定奪。明治三十二年三月。

●陸軍將校分限例　按此例：凡將校無論在職退職，終身可着其官之制服，享受其官之待遇，爲將校之分限。然亦有失此分限之時，譬如本人請求免官者、失日本人之國籍者、犯重罪刑受剥官之宣告者、處禁錮刑者，皆不得仍寄有其官之分限。明治二十一年十二月。

●海軍將校分限例　按此例：本例所云將校者，係指大將至少尉而定，其享有分限與失其分限，與陸軍將校分限例同。明治二十四年七月。

●海軍准士官分限之例　按：准照海軍將校分限例。明治三十二年三月。

●理事分限例　按此例：凡理事非受刑法宣告及懲戒處分者，不得轉官、免官。然有時亦得使其退職，譬如戰時及臨時之增員，平定以後裁去或罹病滿六個月不愈，依本人志願，使其退職之類。明治二十八年九月。

●公立學校職員體職之件　按此件：凡學制變改時，其職員若在裁撤例者，休職。有傷瘖病疾之故時，休職。在豫備、後備軍藉遇戰時之徵召者，休職。明治二十七年八月。

●在預備、後備軍藉之巡查看守召集時休職之件　明治二十七年七月。

●在預備、後備軍藉之陸軍監獄看守、海軍監獄看守召集時休職之件　明治二十七年八月。

●裁判官休職之規定　按此規定：凡裁判官休職時，亦可支原官俸三分之一，惟須依非官職例支領。明治二十三年十月。

●會計檢查官退官之件　明治二十九年五月。

●集治監、暫留監看守休職之件　明治二十三年十月。

●廳府縣看守休職之件　明治二十三年十月。

第四章　服務規律　懲戒賞罰　執務時間

第一款　服務規律

●官吏服務規律　按此規律：凡官吏須依法律各盡其職，遵上官之命令，而亦可自述其意見。所重者，第一爲廉恥，須自勵，不爲貪污，不能濫用威權，務宜勉爲謹慎，不得漏洩機密，不得擅離職務，非長官許可，不得受餽遺慰謝，不得妄赴宴請，不得妄使家屬營商，不得浪費，有破産及負債者，則以罪論，不得乘私立郵船、會社之船及私立鐵道會社之輪車而不給錢。長吏隱飾屬吏之罪者，亦以罪論。明治二十年七月。

〔廢〕●小學校長及教員職務及服務規則　按此規則：凡小學校長及教員，宜奉體教育所關之敕諭及法律命令所指定各項服其職務。明治二十四年十一月。

●禁官吏私揭各種事項於新聞紙上　明治六年四月。

●禁官吏揭叙其政務於新聞紙上　明治八年七月。

●禁官吏商業制　按此制：凡官吏家族不得買入他物轉售牟利。如家族欲營商，須分籍別居。明治八年四月。

●官吏爲會社株主如公司之主是也。之分別　按：修築道路、河港、海陸輸運、土地開墾及殖產事業等會社株主，官吏皆得爲之。明治十四年五月。

●官地、官林、無用物品公賣時，禁該官廳所屬官吏投票法　明治八年八月。

第二款　懲戒　賞罰

〔改〕●文官懲戒令　按此令：凡違背職務上義務怠惰、失官職上威嚴及信用者，例皆懲戒。懲戒分三：一、免官。二、減俸。三、譴責。凡免官者，自免官之日始，二年内無論如何不能起用。減俸則減一月以上一年以下，或月俸三分之一。文官之懲戒，須由懲戒委員會酌定。明治三十二年三月。

●判事懲戒法　按此法：凡違背職務上義務怠惰、失官職上威嚴及信用者，例皆懲戒。懲戒分譴責、減俸、轉任、停職、免職五項。明治二十三年八月。

〔廢〕●小學校長、教員之懲戒處分、業務停止、免許狀褫奪等件　按：此件均由府縣知事酌奪，惟須申明文部省。明治二十四年十一月。

〔廢〕●免職停止業務之小學校長、教員再用之件　明治二十七年正月。

●戶長職務上過失懲戒之件　明治十八年二月。

●陸軍懲罰令　按此令：凡陸軍軍人，有意疎虞懈怠或犯輕過失而無法律可援，或素行不修、污軍人體面者，皆照本例懲罰。明治十四年十二月。

〔改〕●海軍懲罰令　按此令：凡海軍軍人有意疏虞懈怠或犯輕過失而無法律可援，或品行不修而污軍人體面者，皆照本例懲戒。明治二十二年十二月。

●巡查懲罰令　按此令：凡背職務規則或怠職者，則按其情狀而罰俸百分之一。其情節輕者，則祇呵責不罰俸。重者免職。明治九年八月。

●看守懲罰之件　按：此與巡查同。明治十六年四月。

●貴、衆兩議院守衛懲罰例　按：與巡查同。明治二十四年十二月。

●税關監吏賞罰規則　按此規則：凡賞則照其職務上之勤勞與其事之小大、難易，每事賞五圓以下。罰分譴責、罰俸、免職三項。罰俸以一個月以下或俸金百分之一爲率。明治二十三年十月。

●巡查看精勤證書援與規則　按此規則：精勤證書，此以表明巡查、看守之名譽，故須品行方正、事務勤勉、事務熟達、在職滿三年者，方給以此證書。明治二十二年五月。

第三款　執務時間

●各廳執務時間　按：九月十一日起至十月三十一止，每日執務由午前八時至午後四時。

十一月初一日起至翌年二月末日止，每日執務由午前九時至午後四時。三月初一日起七月十日止，每日執務由午前八時至午後四時。七月初一日起九月十日止，每日執務由午前八時至十二時。明治二十五年十一月。

●臺灣總督府及其此屬官廳之執務時間　按：此由臺灣總督酌定。明治三十一年七月。

第五章　恩給　扶助

第一款　官吏恩給及遺族扶助附退官賜金

〔改〕●官吏恩給法　按此法：凡判任官以上退官時，皆可准本例受恩給。但有受終身恩給與不受終身恩給之分，視在官年限及因公致病等因，以爲區別。其在國務大臣五年以上者，則不在尋常恩給例内。受恩給以退官之翌日起算至死亡之月爲止，其支給由本屬長官證明，再經恩給局審查而申内閣總理大臣裁定。凡恩給額不准賣買抵押。明治二十三年六月。

●官吏恩給法施行規則　按此規則：凡受恩給者，於退職時必呈恩給請求書於所屬長官。其裁撤員之恩給請求書，則呈於改併後所屬之長官，申内閣總理大臣核定。恩給請求書須寫明在官履歷及户籍。其疾病者之恩給請求書，須加入醫生診察書，呈内閣總理大臣核定後，給與恩給證書。受恩給時以恩給證書爲受領狀。明治二十三年七月。

●文官傷痍疾病等差例　按此例：量病之輕重以爲區別。明治十八年三月。

〔改〕●官吏遺族扶助法　按此法：凡判任文官以上、在官過十五年而死於官者，或未滿十五年因公致命或受恩給而死去者，其遺族皆給扶助料。然非在官時曾納俸給百分之一於國庫者，則不給。明治二十三年六月。

●官吏遺族扶助法施行規則　按此規則：凡專制定遺族扶助施行之方法。明治二十三年七月。

〔改〕●官吏恩給法及官吏遺族扶助法補則　按此補則：凡在郡區長之年分，亦以在官之年限計算。明治二十九年三月。

●官吏恩給法及官吏遺族扶助法補則施行規則　明治二十九年三月。

〔删〕●受恩給及扶助料者本人生存證書呈遞之件　明治二十三年十月。

●恩給局所關恩給扶助料權利之裁決章程　按此章程：由恩給局察其在官時之情形，與恩給扶助料律例無礙者，則鈐印而給以證書。明治二十四年六月。

●官吏勤續之件　按：當裁撤員缺時所裁之員，即日轉任他所者，則爲勤續。明治二十六年十月。

●臺灣總督府所屬僱員准用官吏恩給及官吏扶助法　按此法：惟官吏恩給法之十一、十二兩條不能照用。明治二十九年四月。

●文官判任官以上退官賜金之件　明治二十三年六月。

●三等郵便及電信局長退官死亡賜金之件　按此件：凡賜金則給百圓以下。明治二十三年八月。

●臺灣總督府三等郵便電信局長及三等電信局長俸給退官賜金及死亡賜金例　按此例：凡在職三年以上而死於官或退官者，依其勤勞之情形給以三百圓以下。若因處分而去職者，不在此例。明治三十一年六月。

第二款　軍人恩給及遺族扶助

〔改〕●軍人恩給法　按此法：陸海軍恩給分六種：一、退職恩給。二、免除恩給。三、增加恩給。四、賑卹金。五、給助金。六、扶助料。凡陸海軍軍人離現役時，皆照本例所定而受恩給。明治二十三年六月。

●軍人恩給法施行規則　按此規則：凡受恩給者，出請求書於所屬長官，由所屬長官順次申諸海軍大臣核定，或可不由所屬長官轉申而徑自達於海軍大臣。受恩給之人死歿時，則由此屬長官給與本人履歷書於其家族，以支遺族扶助料。明治二十三年七月。

●陸軍軍人恩給辦理規則　按此規則：凡退職恩給、免除恩給、增加恩給之請求，須呈合式請求書於舊所屬長官。長官調查後，作計算書順次呈諸以上長官，以達於陸軍大臣。因傷痍疾病而求恩給者，則所屬長官移送其請求書内之診斷書於軍醫長，使審查後上之於陸軍大臣。明治二十九年十一月。

〔删〕●依軍人恩給法第二十一條第五項從軍年加算之件　明治二十八年十二月。

〔删〕●海陸軍兩省告示　明治二十九年十一月。

●理事之恩給及遺族扶助之件　明治二十九年二月。

●陸軍見習士官及生徒恩給額之件　按：見習士官視一等判任官。士官候補生及軍醫學校生徒、獸醫學校生徒視一等判任官。其他生徒階級視兵卒。明治三十一年十月。

●海軍候補生及海軍生徒恩給額之件　按：候補生視一等判任官。將校生徒、機關生徒視二等判任官。明治二十七年八月。

●海軍大佐、大尉及同等官之恩給支給法　按：大佐及同等官之已過實役停年最下限之半者，給奏任二等金額。大尉及同等官已過實役停年最下限之半者，給奏任五等金額。明治二十五年正月。

〔改〕●海軍志願兵家族扶助金支給規則　按此規則：凡家族扶助金由志願兵入營之月起，至離役或死亡之月爲止，給與其家族。若初係單身志願兵，其後有家族時，則即於當月之始給扶助金於家族。若初有家族而其後爲單身志願兵者，則於當月之末止給。明治三十一年四月。

●明治七年以後戰役死事軍人軍屬之遺父母及祖父母扶助法　按此法：凡因戰鬥公務瘡痍及從兵罹疾病死者，其現存之遺父母及祖父母，均給以扶助料。其臨時編入軍隊及派遣戰地而死者，亦同。明治二十四年十二月。

●軍人軍屬之遺父母及祖父母扶助法施行規則　按此規則：凡請扶助料者，須先上請求書，書中須親族二人署名。如無親族，則居住地之户主二人署名，加入市村町長現在户籍調查書達之於地方長官。然有時亦可從略。地方官申請求書於陸軍大臣或内務大臣核定後，即給以證據，以憑領取扶助料。明治二十五年三月。

●明治二十七、八年戰役陸軍軍人軍屬傭員傭人死者遺族特別賜金支給法　按此法：其請願書須達諸北海道廳長官、府縣知事等。明治三十年七月。

海軍省令第十三號　明治三十年七月。

陸軍省令第九號　明治三十一年五月。

海軍省令第五號　明治三十年五月。

●戰役及事變時有功者一時賜金之例　明治二十八年七月。

●明治二十七、八年戰役所關有功者所賜與之一時賜金辦理法　明治二十八年十月。

●明治二十七、八年戰役所賜之一時賜金以軍事公債證書交付之件　明治二十八年十月。

●戰死者遺族及負傷者之特别賜金支給法　按此法：俱由地方廳支給。明治二十八年十月。

第三款　宫内官吏恩給及遺族扶助

●宫内省官吏准官吏及遺族扶助例　按：凡在官滿十五年以上，或因公致傷痍病疾者，均准用官吏恩給例。其退官而受恩給者，再服官再退官而再受恩給之區别、恩給之停止及剥奪受恩給資格之存否，亦均准用此條律例。惟内務大臣之在職年數，依國務大臣例扶助料，准用官吏遺族扶助法。明治二十三年八月。

〔改〕●宫内省官吏准官吏恩給例及遺族扶助例施行規則　明治二十三年十月。

●宫内省官吏准官吏恩給例及遺族扶助例、准用官吏恩給法及官吏遺族扶助法所列之補則　明治二十九年四月。

●宫内省官吏恩給及扶助料支給法　明治二十五年正月。

●宫内省官吏恩給及扶助料之件項　明治三十年十月。

●恩給及扶助料請求書呈遞法　明治三十年十月。

〔改〕●受恩給者就職時之恩給停止法　明治二十六年三月。

第四款　學校職員退隱及遺族扶助

●府縣立師範學校長俸給並公立學校職員退隱及遺族扶助料法　按此法：凡在職十五年以上、年踰六十而退職者，或受傷痍疾病而退職者，均給與退隱料。若因職務而受重傷重疾者，則增給退隱料。在職務死者，給與其家族一時扶助料。明治二十三年十月。

●公立學校職員退隱及遺族扶助料支給規則　按此規則：支給此項金額時，須呈退隱請求書、扶助料請求書於文部大臣核定之。明治二十五年二月。

〔删〕●退隱料及扶助料受領時，加入本人生存證書之件　明治三十年七月。

●府縣立師範學校長俸給並資格學校職員退隱料，及遺族扶助料所關學校職員在職年數算定事件　按此件：計算之時，以就職日爲始，退職日爲止。明治二十二年五月。

●不施行府縣郡市町村制地方之府縣立師範學校長俸給，並公立學校職員退隱料及遺族扶助料法，及市町村立小學校教員退隱料及遺族扶助料法施行之件　按此件：由府縣知事規定之，市町村制地方由島司郡區長、户長等規定之。明治二十四年十二月。

〔改〕●公立學校職員退隱料之件　按此件：准用官吏恩給法而通算其在職年數或在官年數，給以退隱料。明治二十九年三月。

●明治二十九年法律第十三號施行之件　明治三十二年五月。

文部省令第二十九號　明治三十二年五月。

文部省訓令第七號　明治三十二年五月。

●市町村立小學校教員退隱料及遺族扶助料法　按此法：大旨與府縣立師範學長俸給，並公立小學校職員退隱料及遺族扶助料法相同。　明治三十二年十月。

●市町村立小學校教員退隱料及遺族扶助料支給規則　按此規則：大旨與公立學校職員退隱料及遺族扶助料支給規則相同。　明治二十五年五月。

●市町村立小學校職員退隱料等支給時所關在職年數算定事件　明治三十二年五月。

●市町村立小學校教員勤續之件　明治二十七年二月。

●府縣小學校教員恩給金之管理規則　明治二十四年十月。

●府縣立師範學校公立中學校校長、正教員及市町村立小學校正教員之退隱料、遺族扶助料等所關權利、障礙之訴狀法　明治二十五年四月。

第五款　巡查看守等給助

●巡查看守助給例　按：此例分爲五種：一、退職給助。二、傷痍給助。三、死亡給助。四、療治料。五、祭祀料。　滿五年退職者，給一時退職給助。滿十年退職者，給終身退職給助。　在職員傷者，給以傷痍助給。　在職員傷或罹傳染病者，給治療料。　在職重傷死者，給死亡給助於遺族。奉職死亡者，給祭祀料。明治十五年七月。

内務省達第七號。明治十九年十二月。

●巡查看守給助條例施行前二年以上在職者，退職時之慰勞金支給法 明治十五年七月。

●巡查看守給助例實施時在府縣之裁員免職者，一時慰勞金之支給法 明治十五年二月。

●巡查看守給助例第二條第一項分注之處，惟以一地方轉任者爲限 明治十五年十二月。

●巡查看守給助例中年金支給法 明治二十年四月。

●府縣分合時巡查看守滿年賜金之件 明治二十六年四月。

●巡查看守等轉任時滿年賜金之件 明治十五年正月。

●陸軍監獄看守、海軍看守給助令 明治二十七年六月。

●陸軍監獄看守給助例施行細則 明治二十七年八月。

●海軍警查給助之件 明治三十二年五月。

●臺灣總督府所屬僱員而從事於巡查相當之職務者，准用巡查看守給助例之件 明治二十九年四月。

●貴族院並衆議院守衛給助之件 明治二十七年五月。

●皇宮警手給助例 按此例：其給助分五種，與巡查看守給助例同。惟因職務致死者，更賜百圓。明治二十六年六月。

第六款 死傷扶助贍用費

●官吏療治料給與之件 明治二十五年九月。

〔改〕●官吏、准官吏於公務上行事豫防傳染病等而感染或死亡者，贍用費之給與法。明治十九年七月。

●傳染病豫防救濟時所傭醫師以下人感染及死亡者之贍用費 按此例：其贍用費，視其月給，以爲區別。明治十年十二月。

●官役人夫死傷時贍用費規則 按此規則：依其傷痍之輕重以爲區別。明治八年四月。

●各廳技術工藝者就業時死傷之贍用費規則 按此規則：依其傷痍之輕重以爲區別。明治十二年二月。

●戰時或事變時陸海軍傭員、軍艦共乘之傭人、官用船舶船員等傷痍疾病及死歿者贍用費給與之件 按此件：凡死歿者，因其死事之關係以爲區別。其贍用費分五等。傷痍疾病者照其所受傷痍疾病之輕重以爲區別，分七項，每項又分六等。明治二十七年九月。敕令第六十五號。明治二十八年五月。

●明治二十七年敕令第百六十四號陸軍傭員等死傷者，贍用費給與細則 按此細則：凡死亡者，須上請求書、死員履歷書、户籍書、死亡報告書、軍醫死亡證書或主醫死亡證書於司團長，或屯田司令官申陸軍大臣核奪。傷痍疾病者，則上請求書、本人履歷書、軍醫或主治醫之診察書於師團長，或屯田兵司令官申陸軍大臣核奪。明治二十七年十二月。

海軍省令第十六號　按此令：凡贍用金之請求書，由海軍大臣核奪。明治二十七年十二月。

陸軍省令第十三號　明治三十年五月。

海軍省令第六號　明治三十年五月。

●明治二十七、八年從事戰役而死歿於公務或受瘡痍及罹疾病者特別賜金之辦理法　按此法：凡特別賜金之給與，及支給依軍人恩給法施行規則，及官吏恩給法施行規則，又恩給證書官吏遺族扶助法施行規則，又扶助料證書及辭令書，并贍用金給與之辭令書所定。明治二十八年十月。

●陸軍生徒贍用金給與之件　按：因演習時受傷或因演習之故而成病者，均給與贍用金。明治二十五年十二月。

●陸軍軍人軍屬歸鄉療養者給與規則　按此規則：視其官職之大小以爲區別。明治二十七年十一月。

●陸軍軍人、軍屬歸鄉療養者給與規則細則　按此細則：凡歸鄉療養者，每月末日上贍用金請求書於師團長，或留守司團司令部，經陸軍省經理局第三課轉咨於監督部，每月支給之。其不屬師團者，則由陸軍中央金櫃部給領贍用金。明治二十七年十二月。

●軍人、軍屬因公務受瘡痍罹疾病而治愈後再發者，其治療請求之件　明治二十八年十月。

●臺灣總督府傭員、傭員死歿傷痍疾病贍用費之規則　按此規則：凡傭員人之贍用費，分常、暫二者。常傭員之贍用費給乙號金額，暫傭員之贍用費給丙號金額。甲號金額，死歿者弔祭料二十圓，遺族扶助料八十圓。傷痍疾病者，一等百圓以下，順次至七等，傷痍疾病每等減十圓。乙號金額，死歿者弔祭料十五圓，遺族扶助料六十五圓。一等傷痍病疾七十五圓，二等六十五圓，三等六十圓，四等五十圓，五等四十五圓，六等三十五圓，七等二十五圓。丙號金額，死歿者弔祭料十圓，遺族扶助料五十圓。一等傷痍疾病五十圓，二等四十圓，以下至七等，每等減五圓。明治二十九年五月。

〔改〕●臺灣並在外陸海軍傭員、傭人死傷贍用費給與規則　按：此規則與臺灣總督府傭員、傭員死傷條大旨相同。惟傭人不分常、暫，而給與額視傭員、傭人月俸大小以爲區別。明治三十年五月。

●臺灣並在外陸軍傭員、傭人死傷贍用費給與細則　按：此規則由陸軍大臣據其請求書核定之。明治三十年五月。

●臺灣並在外海軍傭員、傭人死傷贍用費給與細則　按：此細則由海軍大臣據其請求書核定之。明治三十年五月。

第六章　旅費、贍用費及諸給

第一款　旅費

●内國旅費規則　按此規則：凡因公務旅行者，給旅費。内國旅費分四等，順路支給。凡旅行坐火車者，照火車里數給與火車費。坐輪船者，照海里給與輪船費。又陸路旅行給與車馬費。若雨雪時及道路險惡處，加支一倍。各省大臣不得尅扣。明治三十年九月。

●警察官吏及其他官吏内國旅費概則　按此概則：警察官若在其所管轄境内巡視，則不給與旅費。若有事故臨時出發者，即給與普通旅費。明治三十年十月。

●學校職員及市町村吏員等因國庫用務旅行時旅費支給之件　明治三十年十月。

●一時傭入人等解傭時旅費支給之件　明治三十年十月。

●監獄醫及教誨師判任官待遇者旅費額之件　明治二十四年八月。

●警察官吏及囚徒護送官吏因公務往返火車金支給法　明治二十一年二月。

●痘苗製造所囑託委員傭員旅費日費之件　明治三十一年三月。

〔改〕●内國税徵收費支辦旅費支給法　按此法條：計日給與，視其官階以爲區別。明治三十二年二月。

●葉煙專賣所職員旅費支給法　按此法：視其職位以爲區別。明治三十二年四月。

〔廢〕●專賣局職員旅費支給法　按此法：視其官職以爲區別。明治三十二年四月。

〔改〕●陸軍旅費規則　按此規則：其旅費，分爲火車費、船費、車馬費、宿泊料、日用料、食桌料、移轉料、贍用費八項。火車費、船費視其路程里數若干，給以相當之費。車馬費亦視其陸路之里數給與。宿泊料則計夜給之。日用費計日給之。其水路旅行者，不給與宿泊料。食桌料者，凡在官用船舶上而不由官供給食料之支，則給與之。移轉料爲赴任及營陣官衙學校移轉時之費。贍用費分二：一、旅次贍用費，即軍隊旅行陣營移轉時所給與。一爲演習贍用費，演習或野外作樂時所給與。明治二十三年六月。

〔改〕●海軍内國旅費規則　按此規則：其旅費亦分八項，與陸軍旅費規則同〔三〕。明治三十一年三月。

〔改〕●林區及林野整理支局管内旅費規則　按此規則：其旅費分甲、乙、丙三項。甲號分四等，視其官職而分。火車費則計里數遠近給之。船費、車馬費亦然。宿泊料、日用費則計夜、計日給之。乙號分七等，以上五種旅費皆計月而給。丙號分三等，以上五種旅費皆計日而給。明治三十二年五月。

●鐵道會議議長、議員及臨時議員旅費支給規則　按此規則：火車費每里五分，船費每里六分，車馬費每里二角五分。日用費每日三圓。明治二十五年十二月。

●土地會會長、委員及臨時委員旅費支給法　按：照鐵道會議議長、議員及臨時議員旅費支給規則。明治二十六年七月。

●古社寺保存會會長、委員及臨時委員旅費支給項則　按：此依鐵道會議議長、議員及臨時議員旅費支給規則。明治二十九年四月。

●農商工高等會議議長、副議長、議員及臨時議員旅費支給法　按：此照鐵道會議議長、議員及臨時議員旅費支給規則。明治二十九年七月。

●臺灣總督府文官判任以上者臺灣旅行規則　按此規則：其費分四種：一、火車費，二、輪船費，三、車馬費，四、日用費，視官職以爲區別。明治三十年四月。

●臺灣總督府囑託員、雇員內地旅費支給法　明治三十年四月。

●臺灣總督府囑託員、雇員、傭員臺灣旅行旅費規則　按此規則：雇員之火車費、輪船費，每里七分，傭員則每里六分。車馬費則雇員、傭員同，每里三角。日用費則雇員每日一圓二角，傭員每日七角。明治三十年四月。

●臺灣總督府警察官吏於委派區內出發及巡迴旅費規則　按此規則：警察署長一月給二

十圓以内，分署長及警部一月給九圓以内，巡查一月給七圓以内。明治三十年四月。

●臺灣總督府職員判任以上者及巡查看守歸鄉旅費規則　按此規則：照所任地至原藉地路程遠近而量給以相當費。明治三十年四月。

●外國旅費規則　按此規則：其旅費分爲船舶料、火車料、客舍料、食桌料、日用費、支度料六項。客舍料、食桌料、日用費、支度料，依其官職以爲區別，計分五等。船舶則敕任、奏任、判任官給一等船費，傭員給二等船費。明治二十年五月。

●遞信省部内官之在外國者挈帶眷屬旅費給與規則　按此規則：凡帶眷屬者，可准支火車、輪船或車馬之實費。明治三十一年十一月。

第二款　贍用費及諸給

〔改〕●公使舘、領事舘費用條例　按此條例：凡外交官、領事官、公使舘書記生及領事舘書記生之俸給，分爲本俸、在勤俸及加俸三項。本俸分七等，每等又分各級。而待命外交官及待命領事官，准給本俸三分之一。若臨時從事於外務省公務，則本俸全給。在勤俸則以至外國任所之翌日起算，按月給與。若帶妻眷者，米洲、歐洲外交官，准增在勤俸十分之四。濠洲亦然。亞洲准增十分之三。加俸爲轉官時，比較其原來在勤俸額而加之者。明治二十六年十月。

●公使館、領事館費用條例施行規則　明治二十六年十月。

●依公使館、領事館費用條例其以金貨、銀貨支給者給以金貨之件　明治三十年六月。

●外交官及領事官以下所應支給之船車料　明治二十七年七月。

●海外在職之外交官於在職地遇戰事及事變其贍用金之給與法　明治三十一年七月。

〔改〕●從事於傳染病豫防救治等官吏、准官吏及傭員贍用金之給與法　明治二十八年六月。

●在千島辦公之北海道廳職員其贍用費給與法　明治三十一年十二月。

〔改〕●在千島國諸島之北海道支廳長以下贍用費之給與細則　明治三十二年正月。

●巡查看守宿料給與法之件　明治二十八年十一月。

●北海道廳巡查看守及北海道集治監看守之贍用費支給事件　明治三十年七月。

●巡查給與品及借與品規則　按此規則：凡給與品不必繳還，借與品則須繳還。明治三十年十月。

●北海道廳森林監守給與品及借與品規則　明治三十二年六月。

〔改〕●臺灣島及澎湖島駐紮陸軍部隊給與規則　按此規則：凡由駐紮地至內地旅行，准士官以上給外宿加俸。下士以下及文官給贍用費，或給以一月給料。由駐紮地出發者，計至歸著之地之日止，准士官以上給予俸給五分之一。特務曹長及下士以下增給料四分之一。明治二十九年三月。

敕令第二百四十八號　明治二十九年六月。

〔改〕●陸軍戰時給與規則　按此規則：凡向戰地或臨戰合圍地境出發者，由出發之日起至歸著之日止，准士官以上及文官增給與俸給五分之二。特務曹長、下士以下及非士官階級而服士官職務者，增與給料四分之二。明治二十七年七月。

●外國駐在武官給與例　按此例：凡出發時，給出發贍用費，歸國時給歸國贍用費，往復於駐所、本國時，給與旅次贍用費。須馬者，給與馬飼料。軍隊演習或派遣他所時於駐在贍用費外，給與派遣贍用費及火車費、船舶費、車馬費等項。明治三十年六月。

●陸軍監獄看守宿料給與之件　明治三十一年六月。

●外國駐在海軍武官贍用費規則　按此規則：凡贍用費視所在立國以爲區別。明治三十二年三月。

●依造船、造兵監官條例，其上長官、士官派至米國之贍用費給與資則　明治三十年十二月。

〔改〕●臺灣島及澎湖島駐在海軍軍人軍屬給與規則　按此規則：自出發之地之日起至到著駐所之地之日止，准士官以上候補生及文官增與俸給五分之一。下士以下增與俸給四分之一。明治二十八年十一月。

●海軍下士卒贍用費規則　按此規則：每日給以二角五分之贍用費，或每日給以一角二分之贍用費，視所執之役以爲區别。明治三十年七月。

●海軍在外國學生資金規則　按此規則：照修學之難易而給學資金。明治二十三年二月。

●海軍上等技工及工夫贍用費加給之件　明治二十二年七月。

●中央氣象臺附屬測候所在職者贍用費給與之件　明治三十一年七月。

●中央氣象臺附屬測候所職員月贍給費給與細則　明治三十年三月。

●林區署及林野整理支局給與順序　按此例：分爲俸給、諸給、旅費三項。明治三十二年五月。

●航路標識視察船及海底電線布設船同乘者之食桌料及航海贍用費支給之件　明治三十一年正月。

〔改〕●在清國日本領事舘附船舶司檢所職員每月贍用費之件　明治三十一年九月。

●在清國日本領事舘附司檢官以下月贍用金給與方法准據之件　明治三十一年九月。

〔廢〕●在外國日本郵便電信局長、郵便局長以下局員月贍用費之件　明治二十四年六月。

〔删〕●在外國日本郵便電信局長、郵便局長以下局員月贍用費給與細則　按此細則：凡赴任者，於着任所之翌日支發，歸國或轉任者，於起身前一日支發。明治二十四年七月。

●三等郵便電信局長、郵便局長、電信局長贍用費年額　按：此額分六級。明治二十四年八月。

〔廢〕●千島、大隅、琉球諸島之郵便及電信局員月贍用費給與之件　明治三十年八月。

●交通至難之處航路標識看守月贍用費金給與細則　明治三十二年六月。

●臺灣總督府縣廳及辦務署參事贍用費金支給之件　明治三十年五月。

●臺灣總督府屬託員、僱員及公醫贍用費金支給之件　明治三十二年二月。

●臺灣總督府判任文官兼掌土語通譯及巡查看守特別贍用費支給之件　明治三十一年四月。

〔改〕●臺灣總督府巡查及看守月贍用費支給規則　按此規則：每月十二圓。明治三十一年六月。

●臺灣總督府警察官及司獄官、練習生贍用金及旅費支給之件　明治三十一年六月。

●臺灣總督府國語學校及附屬學校、師範學校及國語傳習所生徒之學資金及旅費、日用費支給之件　明治二十九年九月。

第七章　服制服裝　禮砲禮式

第一款　服制服裝

●日皇御服及馬具改定之件　明治十三年十月。

大政官達第七十四號　明治十四年八月。

〔改〕●皇族大禮服制　明治九年十月。

●皇族大禮服佩劍制　明治七年十月。

●定大禮服及通常禮服禁止以衣冠爲祭服及直垂狩衣上下等服　明治五年十一月。

●大禮服著用法及西洋禮服并羽織袴換用法之件　明治十年九月。

●宮内省高等官供奉常服　明治二十四年十一月。

〔改〕●侍從職及式部職之敕奏任官大禮服飾章　明治十七年十月。

〔改〕●主馬寮中頭副權、頭助、權助、車馬監、調馬師服制　明治二十一年十二月。

●式部職中雅樂師長及副長大禮服飾章　明治十七年十二月。

〔改〕●東宮職敕奏任官大禮服、小禮服制定之項則　明治二十二年十二月。

●皇宮警察官服制及提燈旗章　明治十九年六月。

●有爵者大禮服制　明治十七年十月。

〔改〕●警察官、消防官服制　明治二十三年七月。

●警察官、消防官服裝規則　按此規則：分爲正裝、禮裝、常裝三項。明治二十三年七月。

●巡查服裝規則　按此規則：凡用肩章時爲正裝，無肩章時爲常裝。明治二十九年十一月。

〔改〕●警察官、消防官帶劍之制　明治二十二年十二月。

●巡查可以帶劍之件　明治十五年十二月。

●典獄分監長、看守長及看守之服制並提燈、徽章之件　明治二十九年十月。

●典獄看守長看守服裝規則　按此規則：凡典獄看守長服裝分爲正裝、常裝、禮裝三項，看守分正裝、常裝二項。明治二十九年十一月。

●北海道廳森林監守服制　明治三十二年六月。

●税關監吏及監吏補服制　明治二十三年九月。

●林務官大林區署技師、林務官補、營林主事、營林主事補及森林監守服裝帶劍之制　明治二十四年五月。

●林務官大林區署技師、林務官補、營林主事、營林主事補及森林監守服裝帶劍及禮式　明治二十四年七月。

●港務局長以下服裝規程　明治三十一年九月。

●貴族院、衆議院守衛長、守衛番長及守衛服制　明治三十年十月。

●守衛長守衛番長守衛服裝規則　按此規則：凡守衛長、守衛番長服裝，分正裝、略裝二項。守衛常正裝。明治三十年十月。

●臺灣總督府巡查之防水布製外套所關之件　明治三十一年正月。

〔删〕●臺灣總督府税關長、税關鑑定官、水官鑑定吏、税官屬税關監吏及税關監吏補服制　明治三十年二月。

〔改〕●臺灣總督府所屬税關監吏補、巡查及看守携帶銃器之件　按：不得妄用銃器。明治二十九年七月。

●元帥徽章制式及裝著之件　明治三十一年五月。

〔廢〕●海軍監督、總監、陸軍軍醫、總監之服制　明治三十年三月。

〔廢〕●陸軍調劑手及看護手服制　明治二十一年十二月。

〔廢〕●陸軍憲兵上等兵及獸醫部一年志願兵服制，并騎兵軍吏部、衛生部、獸醫部一年志願兵徽章及兵各部下士、上等兵等夏衣外套袖章之制　明治二十二年六月。

●陸軍後備各兵隊下士兵卒被服記號之件　明治二十三年四月。

●戰時陸軍郵便部之送信人及其餘諸卒服制　明治二十四年八月。

●理事及理事試補服制　按此制：其服裝分爲正裝、軍裝、禮裝、通常禮裝四種。明治二十四年二月。

●憲兵上等伍長之服制　明治二十八年二月。

〔廢〕●士官候補生、見習醫官、見習藥劑官、見習獸醫官、獸醫學校生徒、陸軍一年志願兵、野戰砲兵、輸卒及要塞砲兵、助卒之服制　明治二十九年六月。

〔廢〕●陸軍各兵科士官候補生服制　明治二十七年八月。

〔廢〕●陸軍地方幼年學校生徒服制　明治三十年六月。

●在陸軍部内佩用記章之種類及圖式　明治二十八年八月。

〔改〕●海軍服制　明治二十九年十月。

●海軍警查服制　明治三十二年五月。

第二款　禮砲禮式

●海軍禮砲條例　按此條例：凡軍艦行禮砲時，須經海軍長官之認可。然遇皇旗、皇后旗、皇太子旗及長官所屬之上官旗，則不在此例。行禮砲以二十四時間以内爲限。如限内預備不及，須向所對行禮之艦申明原因，上位旗旒與下一位旗旒同在一所，則下一位旗旒不得受禮砲。但異國之旗旒或挂旗旒來訪者，不在此例。又應當受禮砲旗旒之文武官，如不挂旗旒，則不行禮砲。外國軍艦懸國旗來者，外國之皇帝、皇族、大統領及外國之祝日，宜行禮砲。如因有阻礙不及行，宜向來艦申明，或欲特表好意，可行便宜禮砲。凡禮砲日出前不行，日没後不行。故日没後當行之禮砲，於次日行之。然特別相待者則不拘，日出前、日没後皆可行禮砲。凡對外國國旗、外國皇帝、皇族、大統領、外國祝日、外國官吏行禮砲者，僅以政府所承認者爲限。皇砲禮計二十一發，而皇艦不答砲。外國之皇帝、太皇、太后、皇太后、皇后、太子、皇太子妃、大統領、對我皇艦行皇砲禮時，皇艦亦答行皇砲禮。官吏之受禮砲者，爲辦理全權大臣、特命全權公使、辦理公使、代理公使、外交事務官、總領事、一等領事、二等領事、陸軍大臣、海軍大將、中將、少將、大佐以下至尉官、陸軍大將、中將、少將、大佐，其禮砲若干發，視其官以爲區别。軍艦至外國灣港時，如其地有砦堡砲臺及有其國之軍艦在，該艦之長官能確知其行答砲者，則對其國之國旗行二十一發砲。明治三十年正月。

〔改〕●警察禮式　按此禮式：凡警察對長官行禮時，須服定制之服，正身而行。若單獨行禮，則無論何等裝服均可。又凡服大禮服或制服而佩勳章者，不論其官職如何，警察見之，必行禮。警察行禮時，上官亦答禮。禮式又分室内最敬禮、敬禮、室外最敬禮、敬禮。見長官但行敬禮，見皇帝、皇后、皇太子、皇太妃、皇太孫、皇太孫妃行最敬禮。明治二十四年八月。

●看守長看守禮式　按：照警察禮式。明治二十四年八月。

●監獄官吏禮式　按：照警察禮式。明治三十年十二月。

校記

〔一〕筆記長　疑在「看護長」後。

〔二〕給　當爲級。

〔三〕同　原缺。

第十類　統計　報告　文書 附官印

第一章　統計報告

●定統計主任之件　按：統計主任官，以大臣官房或局課之高等官一名任之，專掌各種統計事務。明治十九年二月。

内閣訓令第一號　考此訓令，專改定統計各官名目。明治二十七年正月。

〔改〕●人口統計材料統計表、調查章程及人口統計材料、統計小票檢查章程　按：統計表調查章程并附統計表格式六種、統計小票檢查章程、統計表在調查全國人口之實在數目。統計小票，則由内閣統計課印刷，發交道廳、府縣廳轉交市町、村長，使各記其市町村中所有出生、死亡、婚姻、離婚、死産等事，於統計小票上，每年分作四期，每期末由市町村長送致道廳、府縣廳并郡役所查核鈐印，移呈内閣統計課。明治三十一年十一月。

●人口統計材料統計小票記入心得　按：此心得專制定各種小票格式，并各票記入例及送致目録記入例。其小票約分爲出生票、死亡票、婚姻票、離婚票、死産票等五種。明治三十一年十一月。

●人口統計材料徵收方法審查報告書　按：此審查方法分爲三種：一、審查人口統計、調查方法之大體。二、審查人口靜態調查方法。靜態者，即據户籍簿調查之謂。三、審查人口動態調查方法。動態者，即調查人口身分變更之事。審查既終，則製報告書而報告之。明治三十一年十一月。

●内務報告例　按：此例專報告内務所屬各種事項，分爲日報、週報、月報、半年報、年報五種。日報中若事關重大者，則可隨時用電信報告外，附日報所有例目，共七十九項。不在此例目以内之事，不必爲日報。明治二十三年八月。

内務省訓令第九百九十二號　按：此訓令專制定增加及改正事項。明治二十四年十一月。

内務省訓令第十五號　按：此訓令專改正新聞紙條例。明治三十一年六月。

内務省訓令第二十七號　按：此訓令係削除土地所關報告一項。明治三十一年九月。

内務省訓令第二十九號　按：此訓令係廢止官有地内採伐森林、處分等二項。明治三十一年十月。

内務省訓令第三十六號　按：此訓令係廢止各種報告而加入監獄所關報告。明治三十一年十二月。

●於新發之省令、訓令中凡應報告之要件，加入内務報告例目以内之事　明治二十年正月。

●不必禀請而可於處分後報告之件　明治十九年三月。

農商務省訓令第十號　按：此訓令專制定官有山林、原野所關事件，遇有此項事件，不必禀請長官，於處分以後再行報告。明治二十四年三月。

●廳府縣之令與大藏省主務有關係者，發布時報告之件　明治二十一年正月。

●廳府縣令告示等與陸軍省主管事項有關係者，發布時報告之件　明治三十年十月。

●農商務統計報告規程　按：此規程專制定農商務省所關事項。明治二十七年五月。

〔改〕●農商務統計格式　明治二十七年三月。

●大林區署統計報告調製章程　明治三十年十二月。

第二章　文書附官印

●公文書中禁用西洋墨汁　按：寫西洋文字於洋紙時，則不在此限。明治九年三月。

●法律規則等繙譯外國語而發布時則要檢閲之例　按：日本維新之初設繙譯局，隸外務省管理。凡各廳有繙譯外國之法律、規則等，而發布者必於未發布以前，將譯稿及原文送交繙譯局檢閱，以防有舛誤及與原文不符之處。明治十八年八月。

●諸稟呈上申請訓書等不必附呈副本之例　明治二十一年九月。

●有囑託公使、領事事件須照會外務省之例　按日本定例：凡各官廳於公務上，若有必須囑託公使、領事事件，不論事之大小，皆須照會或稟請外務大臣承諾。明治二十五年五月。

●不必經由地方廳等文書之區別　按：此文書目例由農商務省大臣提出，與農商務省所關之事不必經由地方官廳可任意報告者。明治三十年九月。

●上申下達往復書類所用之印章　按：此係改正、制定敕任官、奏任官、判任官等印章。明治三十年八月。

●裁判所會計處書記印章雕刻方法　按：此專制定裁判所會計處書記之各種印章。明治三十一年九月。

第十一類　外交

第一章　朝鮮國

●定日韓修好條規　按：此條規爲日韓兩國重敦友誼所結之條約。凡日本人民在韓國犯罪者，由日本官員審斷，此爲韓國失其治外法權之處。明治九年三月。

●定日韓修好條規附録　按：此條規爲日韓修好條規附録並議定貿易規則。明治九年十月。

●定日韓修好條規續約　按：此續約爲圖日韓兩國貿易便宜之故所定者。明治十五年十一月。

●定日本人在朝鮮國貿易之規則並海關税目　按：此規則爲日本人在朝鮮國貿易之規則並海關税目。凡由日本輸入朝鮮國之貨物，無論何物，均定以一定之海關税目。明治十六年十月。

●定與朝鮮國貿易依外國貿易規則之件　按：此件爲議定日本與朝鮮國貿易，一切依照外國貿易之規則施行。明治十六年十二月。

●許一切人民在朝鮮國貿易　考從前朝鮮國貿易之事，惟許對馬島之人民前往。今定此條約，凡一切日本人民欲渡釜山港者，均得許可。明治九年十月。

●朝鮮國咸鏡道、元山津開港　按：此爲日本九年二月與韓國所結咸鏡道、元山津開港之條約，今此二港已經開作通商口岸，故特布告之。明治十三年正月。

●朝鮮國京畿道仁川開港　按：此爲日本九年二月與韓國所結京畿道仁川開港之條約，今定於十六年正月起得於該港通商，故特布告之。明治十五年十二月。

●定日本、朝鮮兩國通漁規則　按此規則：其大要爲日韓兩國人民在海濱捕魚者，定其漁業税而特設立管理規則。明治二十三年正月。

●定鎮南及木浦居留地規則　按：此規則爲議定居留地所關之條件。明治三十年十一月。

●定朝鮮國間行里程之約書　按：此約書議定於朝鮮國仁川、元山、釜山三港設立界綫，於此界綫内，日本人均得任意遊獵往來。明治十六年十月。

●定朝鮮國間行里程約書附録　按：此附録爲議定擴廣朝鮮國仁川等港間里程之境界而定者。明治十八年正月。

●遠犯朝鮮國行步規程者處分之方法　按：此處分方法爲處置日本人在朝鮮國犯其行步規則者所設。明治十六年四月。

●定日韓漂民經費償還法　按：此爲日韓兩國漂民所關之條約，譬如韓國漂民漂在日本者，日本政府救護解送之，給以衣食並醫治病傷、埋葬屍身等費，韓國政府當將實費算出償還日本政府。如朝鮮國有日本漂民，亦如之。明治二十年六月。

●日韓漂民經費償還法内凡屬於原主者之償還規則　按：此規則爲議定兩國所關救護船隻、打撈貨物之費用，應由原主照數償還。明治二十年八月。

●送還韓國漂民所關之件　按：此件爲韓國人之漂流在日本者，遇無便船時，可送至大阪府廳或長崎縣廳及對馬島廳等處，再由該地轉交開往釜山港之船舶送還。明治三十二年四月。

●定在朝鮮國海岸犯罪之日本漁民訊查規則　按：此規則爲議定日本人在朝鮮國海岸之犯罪者，朝鮮國官吏應將犯罪之日本人送至日本領事署，依日本法律辦理。明治十六年十月。

第二章　墨西哥國

●定日墨修好通商條約　按：此條約爲日墨兩國修好通商所結之條約，凡日本臣民在墨國犯罪者，由墨國裁判所審斷。墨國臣民在日本犯罪者，亦如之。明治二十二年七月。

●定交付墨西哥人民國籍證明書之規則　按：此規則爲墨西哥合衆國人民在日本國欲得其國籍證明書者，可將國籍氏名、年齡記明呈之地方官長，經地方官長送至外務省，中外務用印發下，有此證明書，則得享一切權利。明治二十二年七月。

第三章　英吉利國

●定日英通商航海條約　按：此條約爲日英兩國重敦交好所訂之條約，以公正之主義及相互之利益爲主，而改正從前所訂條約，使兩國通商航海人民均得享有同等利益。凡兩國人民犯罪者，歸寄國裁判所審判，本國官員不得干預，此爲日本有治外法權之始。於條約後更附議定書，列各種稅目。明治二十七年八月。

●定日英追加條約　按：此條約爲日英兩國訂定通商貨物并其稅目。明治二十八年十一月。

●於英國殖民地日英通商航海條約適用之件　按此條約：其大旨謂日本人民在英國殖民地通商往來者，得依照日英通商航海條約施行。明治二十八年十一月、明治三十年三月。

●日英救助難破船費用償還約定　按：此約係議定日英兩國救助遇難破船等費償還之法。如日本政府救助英國破船，一切衣類、食料、旅用並救援溺人治療傷病、葬埋屍身等費，英國政府宜償還日本政府。如英國政府救助日本遇難破船，日本政府亦如之。明治十二年三月。

第四章　亞美利加國

●定日美通商航海條約　按：此條約爲日美兩國永敦睦好所結之條約，改正從前條約而以公正之主義及相互之利益爲主。凡於兩國領土間，兩國人民均得任意營業、居住。兩國通商航海當各享同等之權利。又美國人民在日本有犯罪者，由日本裁判所以日本法律處斷之，此爲日本有治外法權之始。明治二十八年三月。

●保護日美工業所有權之約定　按：此爲日美兩國議定互相保護兩國人民工業上所關專利之事。明治三十年三月。

●日美難破船費用償還約定　按：此爲日美兩國議定兩國船舶在兩國海岸遭難破毀之

時，兩國當互相救助。一切費用均由難破船本國之政府償還。明治十四年九月。

●定日米犯罪人交付條約　按：此條約爲日美兩國議定兩國犯罪人民已受訴狀或已經定罪尚未處分而逃在兩國之限界内者，兩國政府宜相互交還。明治十九年十月。

第五章　布哇國

●定日布修好通商條約　按：此條約爲日布兩國互敦交好議定兩國互相通商之事。明治四年七月。

●撤回布哇政府所關裁判權之件　按：此爲日本與布哇議定，此後布哇人民之往來居住日本者，宜遵守日本法令。明治二十七年四月。

●布哇國民之國籍證明書規則　按：此規則爲日本議明布哇人民之往來居留於日本國者，給與證明國籍書之規則。明治二十七年四月。

●定日布移住民條約　按：此條約爲議定日本人民得任意移住布哇國諸島。明治十九年五月。

第六章　意大利國

●定日意通商航海條約　按：此條約爲日意兩國重敦睦好所結之條約，改正從前條約而以公正之主義及相互之利益爲主。大旨謂兩國人民在兩國領土間得任意居住、往來、營業，其關於通商航海等事，兩國亦均得任意徵納税額。又意大利人民在日本者，宜遵日本法律。此爲日本有治外法權之始。明治二十八年八月。

第七章　露西並國

●定日露通商航海條約及别約　按：此條約爲日露兩國互敦友誼所結之條約，改正從前條約，使兩國人民兩國領土内均得任意居住、營業、往來。其關於通商、航海等事，兩國亦均得任意徵納貨税。露國人民在日本者，宜遵日本法律。此爲日本有治外法權之始。明治二十八年九月。

●定樺太、千島交換條約　按此條約：因樺太島爲日露兩國共領之地，其間屢起紛議，兩國欲圖交誼鞏固，日本固將樺太島領地讓與露國，露國亦將千島領地讓與日本互相交换。明治八年五月。

●條約所屬之公文　按：此公文爲議定露國政府償還樺太島内所有日本政府之建造各物及動産等價金。明治八年五月。

●樺太、千島交換條約附録　按：此附録爲保存兩交换地内人民之本國籍。凡在該交换地内之人民，如有欲歸本國者，皆得任意歸還本國。其不願歸者，亦得任意各營生業、各奉其所信之宗教，不得毁害寺堂及墳墓。明治八年八月。

●朝鮮國問題所關之日露議定書　按：此議定書爲日露兩國確認韓國爲完全獨立自主國，並約定兩國不得干涉該國内政。明治三十一年四月。

第八章　丁抹國

●定日丁通商航海條約　按：此條約爲日丁兩國重訂交誼所結之條約，改正從前條約，使兩國人民得任意往來、居住、經商，並得享受同等利益。又丁抹人民在日本者，宜遵日本法律。明治二十九年五月。

第九章　清國

●定清日通商航海條約　按：此條約爲清日兩國互相親睦所結之條約，兩國均得互派駐紮外交官，並任意通商航海。凡日本臣民在中國犯罪者，由日本官員審斷。此爲中國失其治外法權之處。明治二十九年十月。

●蘇州日本居留地契約書　按：此契約係議定蘇州所有日本居留地之境界，並日本人在居留地内所享之權利及關於居留地一切事務。明治三十年四月。

●杭州日本居留地契約書及追加契約書　按：此契約爲議定杭州所有日本居留地之境界，並日本人在居留地内所享之權利及一切關於居留地事務。又追加契約，總係日本人在該居留地内所關建築、橋梁、道路，設立警察等事重訂之條約。明治三十年五月。

●沙市日本居留地章程　按：此章程爲議定沙市所有日本居留地之境界，並日本人在該居留地内所關建築、警察等權，及此外一切事務。明治三十一年十二月。

●天津日本居留地契約書　按：此契約爲議定天津所有日本居留地之境界，及日本人在居留地内所關建築、警察等權，以及此外一切事務。明治三十一年十二月。

●漢口日本居留地契約書　按：此契約爲議定漢口所有日本居留地之界限，并日本人在居留地内所關建造、修築、警察等權，以及此外一切事務。明治三十一年十二月。

●清日難破船救助費用償還約定　按：此條約爲清日兩國商約，彼此救助兩國沿岸遇難破船，一切衣食、運送、醫藥、葬埋諸費，均由難民之本國政府償還救助難民國之政府。明治三十一年十月。

●舉示清日媾和後將來所嚮之詔敕　按：此爲清日媾和之時，日本君主詔諭臣民戒驕、泰同、勉奮，并聲明此後與清國當復敦友誼、互相親睦。明治二十八年四月。

●還附占領壤地以鞏固東洋和平之詔敕　按：此爲日本從露、德、法三國之請，將占領遼東半島之壤地退還清國，以圖東洋永遠和平之故，敕諭本國臣民。明治二十八年五月。

●定清日兩國媾和條約及别約　按：此條約、别約爲清日兩國修復舊好，清國認朝鮮爲獨立國，並議定割讓地之境界，償還軍費之限期，及通商、航海條約。此外則陸路所開通商貿易及新開四港等事。明治二十八年五月。

●還附奉天半島所關之條約　按：此條約爲日本因還附奉天半島之故，凡還附地所有一切事項互相訂定。明治二十八年十二月。

第十章　德意志國

●定日德通商航海條約及領事職務條約　按：此通商航海條約爲日德兩國重敦友誼所結之條約，改正從前條約，而以公正之主義與相互之利益爲主。使兩國臣民得互相往來、居住，各享同等之權利，共通商航海所關事務。兩國得任意徵收關税。凡德國人民在日本者，宜遵日本法律。此爲日本有治外法權之始。又領事職務條約爲日德兩國間互派領事，議定領事官，行其職務時所應享之權利及關於特權並免除等事。明治二十九年十一月。

●日德追加約定　按：此爲日德兩國議定海關税目所結之條約。明治三十一年十二月。

第十一章　白耳義國

●定日白通商航海條約　按：此條約爲日白兩國互相和好所結之條約，改正從前條約，而以公平之主義與相互之利益爲主。使兩國臣民得互相往來、居住，各享同等之權利。其通商航海所關事務，兩國得任意徵税。又白國臣民在日本者，宜遵日本法律。此爲日本有治外法權之始。明治二十年十二月。

●定日白領事職務條約　按：此條約爲日白兩國議定兩國領事官行其職務時，所應享之權利及關於特權與免除等事。明治三十年七月。

第十二章　秘露國

●定日秘通商航海條約　按：此條約爲日秘兩國互敦交好所訂之條約，改正從前條約，而以公正之主義與相互之利益爲主。使兩國人民互相往來、居住。其通商航海所關事務，兩國得任意徵税。又秘國人民在日本者，皆得宜遵日本法律。明治三十年正月。

第十三章　伯剌西爾國

●定日伯修好通商航海條約　按：此條約爲日伯兩國互相和好所結條約，兩國得互派外交官，兩國人民亦得互相往來、居住。其通商航海所關事務，兩國得任意徵税。又伯國人民在日本者，宜遵日本法律。明治三十年二月。

第十四章　瑞典諾威國

●定日瑞通商航海條約及別約　按：此條約爲日瑞兩國互相和好所結條約，改正從前條約，而以公正之主義與相互之利益爲主。使兩國人民皆得相互往來、居住。其通商航海所關事務，兩國得任意徵税。又瑞國臣民在日本者，宜遵日本法律。外附別約一件。明治三十年五月。

第十五章　和蘭國

●定日蘭通商航海條約　按：此條約爲日蘭兩國互敦和好所訂之條約，改訂從前條約，而以公正之主義與相互之利益爲主。使兩國人民皆得相互往來、居住。其通商航海所關事務，兩國得任意徵税。又和國人民在日本者，宜遵日本法律。明治三十年九月。

第十六章　瑞西國

●定日瑞修好居住通商條約　按：此條約爲日瑞兩國互敦和好所訂之條約，改正從前條約，而以公正之主義與相互之利益爲主。使兩國人民均得在兩國境内任意旅行、居住。其通商航海所關事項，兩國皆得任意。又瑞西人民在日本者，宜遵日本法律。明治三十年九月。

第十七章　西班牙國

●定日西修好交通條約　按：此條約爲日西兩國重敦友誼所結之條約，改正從前條約，而以公正之主義與相互之利益爲主。使兩國人民均得在兩國境内任意往來、居住。其通商航海所關事項，兩國皆得任意徵税。又西國人民在日本者，宜遵日本法律。明治三十年九月。

●日西兩國國境確定之宣言　按：此爲日西兩國確定大西洋西部兩國版圖所領權之界

線。明治二十八年八月。

第十八章　葡萄牙國

●定日葡通商航海條約　按：此條約爲日葡兩國互敦和好所訂之條約，改正從前條約，而以公正之主義與相互之利益爲主。使兩國人民均得在兩國境内任意旅行、居住。其關於通商航海事項，兩國得任意徵税。又葡國人民在日本者，宜遵日本法律。明治三十年十月。

第十九章　法蘭西國

●定日法通商航海條約　按：此條約爲日法兩國重敦交好所訂之條約，改正從前條約，而以公正之主義與相互之利益爲主。使兩國人民於兩國境内得任意往來、住居。其關於通商航海事務，兩國得任意徵税。又法國人民在日本者，宜遵日本法律。明治三十一年三月。

●定日法追加條約　按：此條約爲日法兩國議定通商貨物税目所結者。明治三十一年十二月。

第二十章　暹羅國

●定日暹修好通商航海條約　按：此條約爲日暹兩國互相敦好所結之條約，議定兩國臣民於兩國境土内得任意居住、往來，同受完全之保護。其通商航海所關事務，均得享受同等利益，并兩國得任意徵税。又日本國臣民在暹國犯罪者，由日本官員審判。此爲暹國失其治外法權之處。明治三十一年六月。

第二十一章　墺地利匈牙利國

●定日墺通商航海條約　按：此條約爲日墺兩國重敦友誼所訂之條約，改正從前條約，而以公正之主義與相互之利益爲主。使兩國人民皆得互相往來、營業、居住。其通商航海所關事務，兩國得任意徵税。又，兩國人民在日本者，宜遵日本法律。明治三十一年九月。

第二十二章　雜

●定米突之條約　考現今萬國公同所用之度量衡，名曰米突。此條約爲日本採行萬國米突法度量衡與德意志國及其他十六國間所結之條約，而設度量衡中央局於法國巴黎府。明治十九年四月。

●與瑞西國及其他十一國間締結之赤十字條約　考萬國因爲救護戰時負傷兵士之故而設立赤十字條約，議定交戰時，凡戰地之暫立病院及陸軍病院、並該病院內之負傷軍人及醫生等，均得享局外中立之利益，宜互相保護，不得侵害。此條約即日本與瑞西國及其他十一國所締結者。明治十九年十一月。

●與墺地利國及其他六國締結海上法，要義所關之宣言　按：此爲日本與墺地利國及其他六國議定戰時海上法所關之要義。如禁拿局外中立國之船舶、搭載敵國貨物、並封鎖港口等事。明治二十年三月。

●關於海上法要義宣言加盟之國名　考：同盟者，凡四十七國。明治二十年三月。

●定逃亡犯罪人交付條例　按：此條例爲日本與各國議定互相交付逃亡犯罪人所立之條例。明治二十年八月。

●定逮捕留置外國船艦乘客所關之援助法　按：此法爲日本與締盟各國議定外國船艦乘客逮捕、留置之援助法。明治三十二年三月。

●定領事官職務所關之件　按：此件爲日本議定本國所有駐在外國領事官之職務。明治三十二年三月。

〔廢〕●定海外旅行方法　按：日本當時臣民旅行海外者，宜用印鑑證書等，今廢之。明治十一年五月。

〔廢〕●定海外旅券規則　按：日本旅行證書，改爲海外旅券，今亦廢之。明治十一年二月。

〔廢〕●定由對馬島渡航韓國者旅券請求法　按：當時日本臣民由對馬島往韓國者，皆須向對馬廳請求海外旅券，今廢之。明治三十年十一月。

第十二類　旌表　位階附華族　賑恤

第一章　旌表

第一款　褒章

●褒章條例　按：此褒章之色有紅、緑、藍之别。紅綬者，賜救助人命之人。緑綬者，賜孝子、順孫、節婦、義僕等。藍綬者，則以之奬勵學術及有技藝之人。明治十四年十二月。

●辦理褒章之部署　按：此部署褒章歸賞勳局總裁覆核，申牒奏請裁可。在東京者，經主務大臣傳達直授。若賜褒章於外國人，則主務大臣連署而由外務大臣傳達。明治二十七年正月。

●賜與褒章及金銀木杯金圓　按：此例依上布告褒章條例賜褒章。又因公益之故概捐金穀財産等者，得賜以金、銀、木杯、金圓及褒章。明治十六年正月。

●賜與金、銀、木杯、金圓之部署　按：此部署木杯十元以上、百元未足。木杯三付，百元以上、五百元未足。銀杯一個，五百元以上、二千元未足。銀杯三付，二千元以上、五百元未足。金杯一個，五千元以上、萬元未足。金杯三付，一萬元以上。明治十六年三月。

●寄贈圖書諸器物等辦理法　明治二十二年四月。

●黄綬褒章　按此例：獻納私財贊助海防事務者，授以黄綬褒章，分金章、銀章兩種。明治二十年五月。

第二款　勳章 附年金

●定大勳章圖式並大勳章以下略綬　明治十年十二月。

●定勳章　按：此惟立功顯績忠於國者，賞之以表其德。此外從軍記章，不分將卒，不論功之有無，凱旋之後，均得賜之。惟子孫不得襲用。明治八年四月。

●勳章等級及製式大勳位菊花頸飾製式　按：此式分四種：一、寶冠章。二、勳一等，旭日桐花大綬章。三、瑞寶章。四、大勳位，菊花章頸飾。明治二十一年正月。

●勳章佩用式　按此佩用式：凡賜菊花章者，得併佩用旭日桐花大綬章、瑞寶一等章。

●勳章記章佩用心得　按此心得：凡佩用兩國勳章者，則外國勳章當佩於本國勳章位置之下。明治二十二年二月。

●願佩用外國勳章者規則　按此規則：凡佩用外國勳章者，死之時三十日以内，由其親戚轉交賞勳局。又受領佩用者，應具狀於賞勳局。明治十八年十一月。

●皇族願佩用外國勳章章程内規　按此内規：凡皇族願佩用外國勳章時，應具勳章勳記及其他文牘，由宫内卿照會賞勳局總裁。又皇族若外國寄贈之勳章通知時，則外務卿當通知賞勳局總裁。明治十八年正月。

●勳等近敘時下級勳章納還之件　凡受上級勳章者，則下級勳章應納還於賞勳司。但勳記則不在納還之限。明治二十二年三月。

●勳章納還章程　按此章程：凡授與上級勳章者，於一禮拜以内，即須納還下級勳章於賞勳局。又公使舘及領事舘領受此項勳章時，當送付外務省，該省轉交賞勳局。其勳章納還之費用，由受章者自給。若由官廳送付賞勳局者，則該官廳支辦。外國人在日本受取勳章者亦同。但進級者在已經死亡以後，則不在此限。明治二十二年三月。

●金鵄勳章等級製式佩用式　按此式：垂佩之處，有左右助、中綬、小綬之別，各以級異。明治二十三年二月。

●金鵄勳章敘賜條例　按此條例：凡將官初敘爲功三級，佐官爲功四級，尉官爲功五級。以次累敘。在戰役時，依戰役情形，艦隊司令長可暫授與金鵄勳章五級以下於其部下之權。明治二十七年十一月。

●金鵄勳章年金令　按此令：金數以級數而異，分爲七級。一級五百元〔二〕，二級千元，三級七百元，四級五百元，五級三百元，六級二百元，七級百元。明治二十七年十月。

●勳章年金支給規則　按：此賜勳章年金者，賞勳局總裁，作年金證書授與之。而通牒於大藏省，該省通知該地方官廳。凡年金每年以六月、十二月兩次，由大藏省支給。受領者若改名氏，應由市町、村長證印具甘結，加入年金證書中，通知地方廳。明治二十七年十二月。

●勳章年金受賜者居所稟陳法　按：此凡授賜年金證書、受年金支給者，應書地名、籍貫，稟陳道府廳縣。明治二十八年十一月。

●明治二十七、八年從軍記章條例　按：此條專褒章二十七、二十八兩年戰捷有功績者，使本人終身佩用。其子孫則不許保存。若有授與從軍記章之資格而死亡時，則付與遺族保存，其名簿寄存賞勳局內。明治二十八年十月。

●明治二十七、八年從軍記章奏請授與規程　按此規程：付與名簿，陸海軍大臣調查後交付賞勳局。明治二十九年二月。

●勳章年金褫奪及停止　按：佩帶勳章人等，污辱其榮譽時，則褫奪其勳章及年金。又凡受輕重罪之訴訟者，不得佩用勳章，並不得受禮遇特權及年金。明治十六年六月。

●勳章年金褫奪停止辦理章程　按此章程：凡污辱榮譽者，得褫奪停止其勳章年金。分爲四項：一、處重輕罪之刑者。二、受賭博犯之處分者。三、因懲戒例或免黜條例而免官者。四、索行不修者〔二〕。明治十九年七月。

●從軍記章之褫奪及停止佩用辦理章程　按：從軍記章者，處重輕罪刑時，其辦理方法依處禁錮刑之例。明治三十二年六月。

●凡標章若類以勳章、記章禁止佩用之例　按：違犯何等形狀監禁一日以上、十日以下，或罰洋一角以上、一元九角以下。明治二十八年八月。

●標章類以勳章、記章者禁止佩用法心得　按此心得：凡類似之處區别如下：一、綬色、綬幅及章形之近於勳章、記章者。二、以綬鈎懸章而如勳章、記章佩於喉下者。三、雖無綬之章而佩用於助部者。四、雖用單綬而其染色、形狀類於勳章、記章之綬者，皆禁其佩用。明治二十八年八月。

第三款　記念章

●憲法發布記念章　按：此記念章分爲金、銀兩種，惟用綬佩於左胸。親王以下，各宜得用。判任官以下不得僭用。明治二十二年八月。

●大婚二十五年祝典之章　按此例：分爲金、銀兩種，用綬佩於左胸。婦人則用蝶結。明治二十七年三月。

第二章　位階 附華族

第一款　位階

〔改〕●叙位條例　按：此凡位自正一位至從八位止，分爲十六階。從四位以上，則待以爵之禮遇。公爵從一位，侯爵正二位，伯爵從二位，子爵正從三位，男爵正從四位。爵與位兼而有之者，則優禮之。明治二十年五月。

●叙位章程　除華族及宫内大臣之官吏外，均經内閣總理大臣奏請裁可後，諮宫内大臣奉宣。明治二十年五月。

●有位者改易姓名或死亡及有他變動者具陳法　如按此項情事當具陳於宫内者。明治二十四年六月。

第二款　華族

●華族令　按此令：凡授爵之人，均得以敕旨列入華族。若犯罪者，則停止禮遇。内分爲五：一、處禁錮之刑者。二、受刑事之訴訟而被勾留者。三、家資分散及受破産之宣告或不能償還所負之債者。四、無教育者。五、不能保守華族之品位者。皆停止其禮遇。明治十七年七月。

●華族席順　按：華族列席均有次序，不得攙越。明治十七年七月。

●華族當爲東京府貫屬之件　按：華族居住東京者，皆可爲東京府貫屬。明治四年二月。

●華族貫屬改換具陳法　按：華族若移他處從事産業以維持家計或移住於各府縣並北海道者，均須詳具其情以聞。明治二十年十月。

●華族申請游歷内國之件　按：華族有請游歷内國者，其出行及遠地時，均宜申陳於爵位局長官。明治二十二年五月。

●華族家令、家扶等姓名、住所等詳陳之件　按：家令、家扶，即華族中所用之僕從、輿台等人。明治二十六年十月。

●華族家督相續人禀陳襲爵之件　按：家督相續者，即能繼承華族家産之人，能繼承家産即可襲爵。明治三十一年七月。

●華族世襲財産法　按：此凡華族户主滿二十歲以上者，依此法得創設世襲財産，但即在二十歲以下之人，若有前代户主之遺言者，亦得創設世襲財産，此法宫内大臣定之。明治十九年四月。

●華族世襲財産法施行章程　按：前代户主之遺言願出創設世襲財産者，後見人連署章程、願書及届書遠於華族局及宫内大臣〔三〕。明治十九年五月。

●世襲財産目録中削除願書式　明治十九年十二月。

●旅行時所有世襲財產議定代理人之具陳方法　按：華族人等旅行在數月以外者，臨行之前須議定代理人，代理其財産所關事項。明治十九年十二月。

●以土地爲世襲財産時宜增加土地目録謄本　明治二十五年二月。

●稟請銷去世襲財産記名之書式　明治二十六年六月。

●以公債證書爲世襲財産之記名　明治二十六年七月。

●華族就學規則　按此規則：學齡滿六歲以上、二十四歲以下者爲准，由宫内大臣辦理。明治二十五年八月。

〔改〕●學習院學則　按此學則：學習院專爲教育華族之男子而設學科，計分五種：曰初等學科，曰中等學科，曰高等學科，曰大學科，曰海軍豫科。初等、中等之程限皆爲六年，高等、大學、海軍皆係三年。明治二十三年七月。

●許學習院研修學科卒業生名爲學士之件　明治二十七年十一月。

〔改〕●華族女學校規則　按：此規則專爲教育華族女子而設，隸宫内省管轄。其中分爲小學科、中學科二項。學科所授：曰修身，曰國文，曰漢文，曰歐語，曰地理，曰歷史，曰算術，曰實物，曰理科，曰家政，曰習字，曰圖畫，曰裁縫，曰音樂，曰體操等類。其生徒服飾均尚素質，以適合身體爲宜，不得競外觀之美而流於浮華。明治二十六年八月。

〔改〕●華族女學校幼稚園規則　按：此園爲保育華族女子之年齡未滿者而設。此外，士族平民之幼兒，亦許入園學習，其宗旨在輔助幼兒身心之發達，以養成其善良之言行。明治二十七年二月。

第三章　賑恤

第一款　恤救

●恤救規則　按：此規計四則：一、極貧而身罹殘疾不能營業者，每年給米一石八斗。二、獨身之人年紀在七十以上而衰老重病不能治業者，每年亦給米一石八斗。三、獨身而罹疾病不能營業者，每月給米男三合、女二合。四、獨身之人在十三歲以下者，每年給米七斗。明治七年十二月。

●申請救助情節時調查稟議條項　按此條項：老幼廢疾等，雖非獨身，而本人年齡在七十歲以上或十五歲以下者，准照成規給與。明治八年七月。

●棄兒養育米給與法　按：每年給米七斗，自一歲至十五年爲止。明治四年六月。

●棄兒養育米年限及年齡制定法　明治六年四月。

●三子養育之件　按：一次産三子者，其家若窮困不能養育時，由地方官給金五元爲養育料。明治六年三月。

●恤救米、棄兒養棄米等支給法　明治八年四月。

●恤救米及棄兒養育米依照市價給與法　明治九年三月。

●迷兒辦理之件　按：幼兒迷失路途而照棄兒法辦理，代查其家屬。若該家屬無力養育時，則由養育費支給辦之。明治二十二年二月。

第一款　罹災救助基金

●罹災救助基金法　按此法：各府縣均定貯蓄罹災救助基金，以便救助遭遇非常災害之人。其支出費用款目如下：一、避難所之費。二、飯食費。三、被服費。四、治療費。五、篷廠費。六、就業費。明治三十二年三月。

●罹災救助基金法施行之件　明治三十二年六月。

●罹災救助基金法施行規則　按：罹災救助基金豫籌決定後，報告於府縣會，於一月以内申達内務大臣及大藏大臣。明治三十二年三月。

第三款　保護北海道土人

●保護北海道舊土人法　按此法：凡北海道舊土人從事於農業者，或使其從事者，海户給與土地一萬五千坪，不取其值，由内務大臣定之。明治三十二年三月。

●保護北海道舊土人法施行規則　按：此北海道舊土人所有全體共同財産之利益，可藉以充用。但制定一定費用之項目，於項目以外不得濫用。明治三十二年四月。

第十三類　地方制度

第一章　府縣

●府縣制　按：此制分爲總則、府縣會、府縣參事會、府縣行政、府縣財務、府縣行政監督並坿則等。其府縣會之議員，各於選舉區選之。每人口七十萬以下，制定議員三十人。七十萬人口以上，則每人口加五萬人，增議員一名。百萬以上，則每人口加七萬人，增議員一名。每府縣置府縣知事一人，出納吏若干人，吏員若干人。明治三十二年三月。

●府縣會議員之選舉人名簿之件　按此件：以八月望日爲府縣會議員之期，其選舉之人名簿，應於半月前繕呈。明治三十二年六月。

●島嶼之府縣會議員選舉所關事件　按此件：凡地方人民有選舉府縣會議員權者，一須本國臣民滿二十歲以上者，一須居住町村内有二年之久、向來常任町村内之事者，三納直接國税年額三元以上者，皆得有選舉之權。明治三十二年六月。

●島嶼中所有府縣行政之特例事件　按此件：凡島嶼之財政與所屬本地之財政，經府縣會議決，受内務大臣許可後，始得區別之。明治三十二年六月。

●府縣會議員分配之件　按此件：凡各選舉區選舉府縣會議員之數，以人口爲標准而定之。明治三十二年五月。

●府縣會議員選舉投票之件　按此件：凡各府縣宜設兩個投票所，府縣知事定之。明治三十二年六月。

〔改〕●府縣制郡直接税之種類　按：此種類分爲二：曰國税，即地租所得税、營業税是也。曰府縣税，即地租分數、户口分數。房屋税營業税、雜種税營業税、附加税等。明治三十二年六月。

●府縣歲入、歲出豫算調製式并費目通用之規定　按此規定：其歲出、歲入之豫算，分爲經常及臨時二部。各款之豫算金額，彼此不得通用。明治二十四年八月。

●府縣制、郡制施行時衆議院議員并府縣會議員選舉所關之件　明治二十三年九月。

●市制施行地所關府縣會議員選舉及市公民資格　按此例：凡市制施行之地，其府縣會議員均不改選。明治二十二年二月。

●於地方税財政中起債及地租制限外賦課之件　按此件：凡不施行府縣制之府縣，要臨時土木費者，由府縣知事取府縣會之議決而定，募及公債之方法，均須稟陳内務大臣、大藏大臣核准。明治二十九年三月。

●移府縣委託金於地方税財政中之件　此件由本款所生利息依府縣會決議充作公共勸業之用。明治二十三年三月。

●存在各府縣中公共財産管理法　按此法：凡公共財産由府縣知事管理，其人民所公立之學校、病院等類，雖亦歸府縣知事管理，但與公共財産不同。明治二十二年正月。

●由國庫補助公共團體事業所關之例　按此例：由主務大臣指定其事業施行方法，地方長官執行之。明治三十五年三月。

●由國庫補助公共團體事業所關法律施行之件　按此件：内務大臣若直接施行府縣郡市區町村及一切團體公共事業時，以官報公告其事業情由，并施行期限。明治三十一年八月。

●東京府及神奈川縣境域變更時，核算地方税備荒儲蓄之分數及府縣會議員所關之件　明治二十六年。

第二章　郡

●郡制　按：郡制分爲總則、郡令、郡參事官、郡行政、郡財務、郡集合、郡行政監督、附則等。郡會議員之數，以十五人以上三十人以下爲限。有時受内務大臣許可，准增至四十人。凡郡内町村公民每年直接納國税三元以上，得有選舉町村會議員之權。置郡長一名、名譽職參事會員五名，擔任行政并財政豫算事務。明治三十二年三月。

●郡會議員分配之件　按此件：凡郡會議員之數，以人口爲標准。明治三十二年五月。

●郡會議員選舉所關事件　按此件：於各郡選舉會以外，若有特行事情，則設選舉分會，由町村長或町村吏員管理之。明治三十二年五月。

●郡中歲出、歲入豫算調製式并費目通用規定　按此規定：歲出、歲入豫算，分爲經常及臨時二部。各款之豫算金額，彼此不得通用。明治二十四年四月。

●市部會、郡部會等特別所關之件　按此特別事件：市部會、郡部會之會員，以各市部、郡部所選出之府縣會議員充之。明治三十二年六月。

●沖繩縣各郡編制之件　按此件：除那覇、首里兩區域外，沖繩縣爲五郡。明治二十九年三月。

●神奈川縣各郡廢置之件　明治二十九年三月。

●長崎縣各郡廢置之件　明治二十九年三月。

●新瀉縣各郡界變更廢置之件　明治二十九年三月。

●山口縣各郡廢置之件　明治二十九年三月。

●和歌山縣各郡廢置之件　明治二十九年三月。

●福岡縣各郡廢置之件　明治二十九年三月。

●佐賀縣各郡廢置之件　明治二十九年三月。
●宫崎縣各郡廢置之件　明治二十九年三月。
●東京府各郡廢置之件　明治二十九年三月。
●大阪府各郡廢置之件　明治二十九年三月。
●兵庫縣各郡廢置及郡界變更之件　明治二十九年三月。
●埼玉縣境界變更及各郡廢置之件　明治二十九年三月。
●群馬縣各郡廢置及郡界變更之件　明治二十九年三月。
●千葉縣各郡廢置之件　明治二十九年三月。
●茨城縣各郡廢置并郡界變更之件　明治二十九年三月。
●栃木縣各郡廢置之件　明治二十九年三月。
●奈良縣各郡廢置之件　明治二十九年三月。
●三重縣各郡廢置之件　明治二十九年三月。
●靜岡縣各郡廢置之件　明治二十九年三月。
●滋賀縣郡界變更并各郡廢置之件　明治二十九年三月。
●福島縣各郡廢置之件　明治二十九年三月。

●巖手縣各郡廢置之件 明治二十九年三月。

●富山縣郡區分廢置之件 明治二十九年三月。

●鳥取縣各郡廢置之件 明治二十九年三月。

●島根縣各郡廢置之件 明治二十九年三月。

●熊本縣各郡廢置之件 明治二十九年三月。

●鹿兒島縣郡界變更并各郡廢置之件 明治二十九年三月。

●岐阜縣各郡廢置及郡界變更之件 明治二十九年三月。

●受媛縣各郡廢置之件 明治二十九年三月。

●香川縣各郡廢置之件 明治三十二年三月。

●廣島縣各郡廢置之件 明治三十一年三月。

●大分縣郡界變更之件 明治三十二年三月。

第三章 市町村

〔改〕●市制町村制 按：此制分爲總則、市會、市行政、市有財産之管理、市區中有特別財産者之行政、市行政之監督附則等。凡市中公民有參與市中選舉之權利及選舉名譽職之權利，并有擔任名譽職之義務。市會議員，該市中人口未滿五萬者，則以三十人爲定額。人口在五萬人以上，則以三十六人爲定額。人口在十萬人以上，每加五萬人口增議員三人。若人口在二十萬以上，則每加十萬人口增議員三人。以六十萬爲滿額不得逾限。明治二十一年四月。

●町村制　按：此制分爲總則、町村會、町村行政、町村所有財産管理、町村内各部之行政、町村集合、町村行政之監督附則等。凡町村中所有人民於法律上均有權利、義務。凡町村公共之事務，受地方官之監督、互相處理。町村中人民均有選舉權。惟變剥削公權之罪名及破家蕩産者，不得參與。每町村置町村長、町村助役各一名，以四年爲任期，擔任行政事務及財政出入豫算。明治二十一年四月。

●市制、町村制之理由　按此理由：日本自維新以後，集攬政務統之於中央政府。地方官雖各有其職權，不過依政府之委任而代爲處治事務。今改爲地方制度，則使人民分任政府之義務。可省政府之煩勞併使人民亦得盡其本務，而政府則專握其大綱，授以方針，庶國家得舉統御之實，人民可分自治之責，而算計地方公益之心，亦因之而起。蓋人民參政之思想既然發達，則於地方公事逐漸練習，而施政之難易亦可漸悟，以養成其擔任國事之實力，此實建立憲政之大制，而立國家百世不拔之基礎。明治二十一年四月。

●市町村會議員選舉罰則　明治二十三年五月。

●市町村歲出、歲入費之豫算表　明治二十二年三月。

〔改〕●市制、町村制中直接税、間接税之區別　按：地租税、所得税、營業税、家屋税、雜種税等，皆爲直接税。此外則爲間接税。明治三十一年七月。

●指定町村制不能施行之島嶼　明治二十二年正月。

●町村制不能施行之島嶼，其户長以下給料旅費并浦役場費支給及員擔方法　按：費均由町村員擔，惟東京府管轄之小原笠島、伊豆七島，則仍由國庫支給。明治二十二年正月。

●市制特例廢止時市長事務辦理法并事務推行之件　明治三十一年八月。

●東京市、京都市、大阪市各區所關之件　明治三十一年九月。

●大阪市各區域變更之件　明治二十九年七月。

●行政及司法區域所關各市所屬事件　明治二十三年四月。

●市町村名及市役所町村役場之位置變更方法　按此方法：市町村之名稱，若以町爲村、以村爲町之時，先由市町村會及郡參事會開除意見，次由府縣參事會決議，經内務大臣許可，則得變更。至於變更市役所町村役場，則經市町村會議決，而申請府縣知事允許。明治二十三年八月。

●各郡區境界之變更及町村字名分合改稱之報告法　明治二十四年八月。

●郡市區町村之分合改稱等申報之件　明治十九年十二月。

●市町村内土地名字改稱變更之規程　明治二十六年正月。

●町村廢置分合之件　明治三十三年三月。

●市町村制實施時，新任市町村長受辦事務及諸費用辦理方法　明治二十一年八月。

●區町村所關細則　按：此專制定各種税法施行章程。明治二十二年八月。

●市町村所維持公園地内使用及使用費之件　明治二十四年五月。

●市町村行政事務監督　按此例：凡各市町村所有事件，均須報告監督官廳，監督官廳以時巡視各市町村，稽察其行政事務。明治二十五年五月。

●市町村巡視規程概則　按此概則：郡長每年極少須巡視一次。此外，郡書記、府縣委員之巡視，則隨時由府縣知事或郡長指揮其巡視之事情，大約有十三項：一、市町村全體之狀況。二、吏員之勤惰、能否及事務之成蹟。三、市役所町村役場事務分課及執務之體裁。四、市町村事務之狀況。五、市町村吏員有無違背法律規定之處。六、吏員接待部民之情形。七、市町村會會議之景況。八、市町村會會員選舉之景況。九、豫算、決算之整理。十、營造各物及財産之管理。十一、簿書之整理並保存。十二、出納之正否及保管之現金。十三、市町村財政之景況。以上不過巡視事件之綱領，至其細目，則由各府縣因時規定之。明治二十五年五月。

●市町村事務報告例概則　按此概則：各市之報告提出於府縣知事，町村之報告則提出於郡長，此爲定例。明治二十五年五月。

〔廢〕●市町村人口調查告示法　市町村之人口，每年於十二月末日所調查現在之人數，於翌年以官報告示之。明治二十三年七月。

●區町村會法　按此法：凡區町村費所支辦事件及其經費支出、徵收方法，皆由區町村會議定之。明治十七年五月。

●市町村制施行後水利、土功及學事所關會議存續之件　明治二十二年三月。

●區町村共有物付區町村會評決之例　明治二十年十一月。

●區町村費中所有寄贈及雜收入等付區町村會評決之例　明治二十年十二月。

●散在小笠原島南南西之三島所屬及名稱　按：在小笠原島之中者，曰硫黄島；在其北，曰北硫黄島；在其南，曰南硫黄島。明治二十四年九月。

第四章　北海道區制 附町村制

〔改〕●北海道區制　按：此制分爲總則、區行政、區會、區財務、區内一部之行政、區行政之監督、附則等。每區置區長一人，擔任行政事務。其概目有九：一、准備區會之議事并承認其決議及執行一切事務。二、管理區中所有財産及區中營造各物，若該事務已有人，則區長監督之。三、保護區之權利。四、管理區之歲入歲出。五、監督區吏。六、管區中諸證書及公文書類。七、爲區之代表者。八、依法律、命令或區會之決議課收、使用費、加入費、酬勞費、區税及夫役等。九、依其他法律、命令或依上司之指令，處理一切事務。此外，又置書記若干人、收入役一名。明治三十年五月。

●北海道區制中一級町村制、二級町村制最終人口之調查法　按此則：每年於十二月末，調查所得之實在數，以官報揭示之。明治三十年六月。

●北海道區制北海道一級町村制施行延期　明治三十年九月。

〔改〕●北海道一級町村制　按：此制分爲總則、町村行政、町村會、町村財務、町村内一部之行政、町村集合、町村行政之監督、附則等。每町村置町村長一人、書記若干人、收入役一名。町村長擔任町村内所有行政事務。明治三十年五月。

●北海道二級町村制　按制：同上，每町村置町村長一人、書記若干人、部長若干人。町村長擔任町村内行政一切事務。明治三十年五月。

第五章　沖繩縣區別制 附 間切島規程

●沖繩縣區制　按：此制分爲總則、區行政、區會、區財務、區内一部之行政、區行政之監督、附則等。每區制區長一人、書記若干人、收入役一名、坿屬員若干人。區長擔任區内一切行政事務。明治二十九年三月。

●廢職所屬那覇首里各村役場吏員一時給與金之例　明治二十九年三月。

●沖繩縣區制直接税、間接税之類别　按：地租所得税、營業税、附加税等，皆爲直接税。明治二十九年六月。

●沖繩縣區制施行緊要事項　明治二十九年三月。

●沖繩縣區會之會議及傍聽之紀律並管理之規則　按此規則：凡議員於會中不得作無禮之語及傍論他人之事。聽者宜靜，勿喧嘩，違者即逐出。明治二十九年三月。

●沖繩縣間切島規程　按此規程：於徵收間切島税、夫役現品之課，均依向來之例。其間切島有負債事件，須先經内務大臣許可，然後該縣知事始可定之。明治三十一年十二月。

●沖繩縣間切島吏員規程　按此規程：於間切島内置切長一人、收入役一名，沖繩縣知事監督之。間切長擔任島内一切行政事務。明治三十三年三月。

●沖繩縣間切島吏員規程實施時事務辦理法　按：吏員辦從前之通事俸金，則以卸事之日截止。明治三十年三月。

●廢職所屬間切島吏員一時給與金之件　按：其金額如在職滿一年者，照數給與。如不足一年而儘數月者，則不計算。明治三十年三月。

第六章　東京市區改正

●東京市區改正條例　按此例：東京區改正委員會議定市區改定各事，具申内務大臣。俟内務大臣查勘以後，受内閣之認可，飭東京府知事公告之。其區内課賦之則有四：一、地租，二、營業并雜税，三、家屋税，四、清酒税。明治二十一年八月。

●東京府區内清酒輸入規則　按：於東京區域内由外間輸入清酒，其營業者須受免許狀。此事責之東京府知事。明治二十一年十二月。

●東京市區改正土地房屋處分規則　按：此凡官有地及官有營造物，無庸給價，移交他區。若爲民有地及民有營造物，則須給以相當價值，令其遷徙。明治二十二年正月。

●東京市區改正條例中二規則所關之件　按：此專制定土地、屋宇處分規則及清酒輸入規則。明治二十三年八月。

●東京市區改正委員會組織權限　按此例：其中委員以内務省高等官三人、大藏省高等官二人、陸軍省高等官二人、海軍省高等官一人、農商務省高等官一人、通信省高等官二人、警視廳高等官一人、東京府高等官一人、東京市吏員一人、東京市參事會員二人、東京市會議員一人、臨時委員若干人。警視總監東京府知事及東京市長，均充當委員，決議改正事務。明治二十九年七月。

第十四類　土地　水利　水道　河川　砂防　道路　橋梁　渡津

第一章　土地

第一款　地所名稱

●地所名稱區別　按：此分官有地、民有地爲二項。官有地又分爲四種：第一種，曰皇宫地、曰神地。第二種，曰皇族賜邸、曰官用地。第三種，爲山岳河海也，沿堤壖官田、鐵道線路敷設地、電信架線柱敷地、燈明台敷地、充公地、行刑場等。第四種，爲寺院、學校、病院、貧院等。民有地曰分爲二種：第一種，爲人民各自所有之耕地、宅地、山林等地。第二種，爲墳基地、井溝地、堤道路等。明治七年十一月。

●耕地用水溜池等所以借耕作用者，不課以借地費及地方税　明治八年八月。

●市街郡村所屬揭平場官用地編入官有地法　明治八年五月。

●歷代君主及皇后、皇妃、皇子殯斂地等編入官有地法(四)　明治八年五月。

●鄉村社以下神社地編入民有地法　明治八年八月。

●官營之倉庫、家屋等編入第三種官有地法　明治十年二月。

●以地方廳賦金設傳習所等地編入官有地法　明治八年九月。

●官有地於人民使用外，不課以區町村費　明治十七年十一月。

●各地所有地名不得漫爲政稱變更　按：此因地所有名稱，均由往古傳來，當審判爭訟、考證歷史、編纂地誌等最爲有用，不得漫爲更換。明治十四年九月。

第二款　御料地

●管理御料地及支辦其費用之件　按：御料地由地方長官承宫内大臣之委託管理之。其費用則向皇室支辦。明治二十三年六月。

●編入世傳御料之土地物件。明治三十三年十月。

第三款　公園地

●公園設置地撰擇之件　按：以三府人煙稠密之區、古來勝境、名人舊跡，而爲群集遊觀之所是也。明治六年正月。

●府縣管理之公理等維持保存經費徵收方法，并其所屬屋宇調查法　按：公園飲用水道及公葬墓地等，每年經費須清算而報告當省。明治二十年十月。

第四款　學校地

●公立農學校、商業學校、職工學校設置之地不取地價之件　明治十四年三月。

●公立小學校、中學校、專門學校設置之地不取地價之件　明治十三年正月。

●公立農學校實驗所用之田圃不必徵納租費之件　明治十六年十月。

●以有租之地爲公立學校時通知法事件　明治三十二年。

第五款　海堡地

●東京灣口海堡地管轄之件　按：第一、第二堡歸千葉縣管轄，第三堡歸神奈川縣管轄。明治二十七年六月。

第六款　官有地

〔改〕●官有財産管理規則　按：國家所有之土地、森林、原野、營造物、家屋、船舶等類，均爲官有財産。其事務歸各省主管大臣管理。明治二十三年十一月。

●國有土地、屋宇、物件讓與之件　按：此因各國改訂以後，凡外國之居留地，均分隸各府縣或公共團體管轄。明治三十二年六月。

●官有地特別處分規則　明治二十三年七月。

●依官有地特別分規而借賣官有地方法　按：官有地賣借之際，須豫定地價。記明其金數，具申於本管大臣。明治二十三年十月。

●辦理官有地規則　按：官有地買賣、讓與、交換、貸借等事，均歸内務大臣處理之。明治二十二年十一月。

●木材運漕中人民借用官材貯場之空地及徵納料金法　明治十六年三月。

●官有之川溝、沙洲等沿川地等禁其借貸於人民法　明治十八年十二月。

●國庫財政所屬之官有地借地方税財政之用時辦理法　明治二十二年三月。

●官有之公衆水面欲使用者請求方法　明治二十三年十月。

〔改〕●官有土地、水面所關處分委任之件　按：官有之堤塘、道路并港灣、河川、溝渠、溜池等，新設修繕之際，官有之土地可以充用。明治二十四年七月。

第七款　北海道國有地 附移住民

●北海道國有未開地之處分法　按：貸借未開之土地於人民者，其限分爲二：大端無值之貸借以十年爲率，有值之貸借以十五年爲率。其開墾之限以二十年以内爲期。二十年中倘遇大災，則可展限十年。明治三十年三月。

●屯田兵土地給與規則　按：移住之屯田兵以二百五十户以内爲屯田兵村，每户給以一萬五千坪。若任下士時，則給以五千坪土地。明治二十三年九月。

●屯田兵給與地辦理規則　按：此規則分爲四項：一、官有建造場，二、練兵場，三、射的場，四、軍士教育作業場。均須繪圖申報於陸軍大臣。明治二十八年十一月。

●北海道國有未開地貸借地面積制限之件　按此件：其借貸之制限，計分三種：一、供開墾土地，每人不得過百五十萬坪面積。二、供牧畜土地，每人不得過二百五十萬坪面積。三、供植樹土地，每人不得過〔五〕。

●北海道國有未開地處分法施行之規程　明治三十年五月。

●北海道移住民規則　按此規則：凡内地人民以開墾爲宗旨，締結團結規約而移住北海道請借與土地者，應稟陳既住地之府縣知事，得其許可，方能移住。明治三十年四月。

●北海道移住民之心得　按此心得：北海道廳長官宜隨時將北海道拓殖事務通知府縣知事。明治三十年四月。

第八款　測量標

●測量標規則　按此規則：凡於陸地測量部及水路部設置測量標時，若係官有地第三種第一項之土地，則宜通知所轄廳。若係民有地，則購買之或租借之。因測量施行之故而毀壞墻垣、籬柵，均當賠償。明治二十一年七月。

●陸地測量授條例　按此條例：如毀壞測量標或繫獸、或懸繩索、或貼招紙及戲書於其上，處以罰金在五錢以上、一元九十五錢以下。明治二十三年三月。

〔改〕●陸地測量標條例施行細則　按：陸地測量分爲三角測量、水准測量、地形測量三項。其測量之時，宜豫先通知於所轄之道廳府縣。該廳告示於其所管區。標石種類亦分爲三種。明治二十八年八月。

●水路測量標條例　按：水路測量標所設置之地，若存第三種官有地，則通知所管廳即可使用。若係民地，則當與所有者協議後用之。明治二十三年五月。

●水路測量標條例中基點標測標及測量官證票　按：基標有八圖。明治二十三年六月。

第九款　土地整理

●耕地整理法　按此法：其細則有六：一、因整理所得之利益，二、整理施行之方法及順序，三、整理地區及鄰接土地之現形圖，四、整理豫定圖，五、工事之著手及竣成之事期，六、整理費用及夫役之豫算。明治三十二年三月。

●沖繩縣土地整理法申報償所關之件　按此事件：凡土地之報償額，即於課地租之年交付。明治三十二年六月。

第十款　土地區劃

〔改〕●請求土地區劃改良之件　按：日本臣民欲變更地質者，須於書面繪帖說呈於所轄稅務管理局長。明治三十年十一月。

●土地區劃改良辦理之規則　按此規則：當事業竣功之時，使所轄稅務署查檢實地上地價之分配，及整理土地台帳等事。明治三十年十一月。

第十一款　土地收用 附權利收用

〔改〕●土地收用法　按此法：其細則有六：一、國防其他兵事所虛之土地，二、供政府府縣郡市町村及公同等直接公用之土地，三、供官立、公立學校、病院用之土地，四、建設鐵道電桿、航路標及測候所等所用之地，五、河川、溝渠之掘鑿、道路橋梁之修繕等所用地，六、公罪衛生并防火、防水災所用地，皆爲國家公共之利益，政府所必須留意經營者也。明治二十二年七月。

●因工事之故將已經購買收用之土地借與人民之件　明治三十年二月。

〔删〕●土地收用協議會規則　明治二十三年七月。

●土地收用審查委員等事務之件　按：此於府縣參事會行之。明治二十四年九月。

〔删〕●權利收用所關之件　明治三十二年三月。

第二章　水利　水道

第一款　水利

●水利集合條例　按：此條例分爲二種：一、普通水利集合，二、水患豫防集合。均先由組合會議決，經府縣知事允許施行。明治二十三年六月。

第二款　水道

●水道條例　凡於市町村布設水道時，宜詳記其一切情形，經地方長官申達内務大臣認可，方得施行。明治二十三年二月。

第三章　河川　砂防

第一款　河川

●河川法　按：此法分爲七章：一、總則，二、河川之管理，三、河川使用之制限並警察，四、河川費用之負擔并土地所有者之權利及由河川管理所生收入等，五、監督及强制章程，六、訴願及訴訟，七、附則等事。明治二十九年四月。

●河川法施行規程　按此規程：内務大臣若認定此公共利害有重大關係時，則以官報揭示之。其沿岸、沿堤及河川附近土地之區域，先由府縣知事定之，然後依内務大臣所定之方法施行。

●河川行政監督之件　按：此件專制定河川行政上所關一切監督事務。明治二十九年六月。

●依河川法命令之件　按此件：其細則有六：一、工事施行之方法，二、許可後即當動工，三、於許可之外，若有别項工事，亦須稟請許可，四、須依命令之規程而行，五、不得違背法律、命令等事，六、於有害之處宜豫先備防。明治三十年十月。

●河川帳目所關事件 明治二十九年十月。

●河川帳目之訓令 按此訓令：其帳目於十日以内即須揭供衆覽。明治三十一年八月。

●河川法費用補助之件 按：此凡因河川工事必要之故而生他項工事之費用，則由河川費用之内支辦之。明治三十二年四月。

●河川法并河川法施行規程等告示之方法 明治三十二年五月。

●依河川法命令之件 按此件：地方行政廳施行工事及變更、廢止，均須受内務大臣之認可。明治三十二年五月。

●河川工事費用補助之規程 按：此規程由内務大臣直接施行之。明治三十二年五月。

●依河川法又命令之件 按此件：凡負此義務者，若不能履行其義務，或於期限内不能完工及履行方法不得其宜者，主務大臣或地方長官得親自執行或委他人行之。明治三十二年六月。

●河川法等禀申或報告處分之件 明治三十二年五月。

●指定河川法施行之場所 明治二十九年六月。

●依河川法淀川筑後川改良工事施行之件 明治二十九年六月。

第二款　砂防

●砂防法　按：此法分爲六章：一、總則，二、土地之制限及砂防設備，三、負擔砂防之費用、土地所有權利義務等之收入，四、警察監督及强制章程，五、訴願及訴訟，六、附則。明治三十年三月。

●砂防法施行規程　按：此專制定砂防法施行之一切章程。明治三十年十月。

●砂防法行政監督所關事件　按：此專制定砂防法行政上所關一切監督事項。明治三十一年正月。

●砂防工事所關不必禀請認可　明治三十二年四月。

第四章　道路、橋梁、津渡

●道路掃除法　按此法：凡執掃除之役者，無論有無風雨之阻礙，必以三個月中掃除一次。明治五年十月。

●道路新敷造之地不許貸借之例　明治八年十二月。

●國道線路廣狹之件　按：國道線路由宫内卿揭示之。明治十八年正月。

●定國道表　按：表計二則，凡線路中與前號線路相通用者，須記明其號數。明治十八年二月。

●通鎮守府之道路編入國道之例　按：此係制定由東京達於鎮守府者，不論何路，均編入國道。明治二十年七月。

●廢道路等級定國道、縣道、里道之例　明治九年六月。

●國縣道筑造保存方法等調查標准　明治十九年八月。

●道路、橋梁等通行錢徵收之件　明治四年十二月。

●私設道路、橋梁、渡津賃錢揭示之件　明治八年七月。

●於私設道路、橋梁、渡津不許請求賃錢之件　明治九年三月。

内務省達第十七號　按：此令專制定軍隊軍伍經過人民私費所設之橋梁、津渡時，不得請求賃錢事。明治十三年四月。

内務省達第六十二號　按：此令專制定憲兵巡行人民私費所設之橋梁、津渡時，不得請求賃錢事。明治十四年十二月。

内務省達第三十一號　按：此令專制定郵便脚夫經過人民私費所設之橋梁、津渡時，不得請求賃錢事。明治十六年六月。

内務省訓令第二十七號　按：此令專制定電報遞送人夫經過人民私費所設之橋梁、津渡時，不得請求賃錢事。明治二十一年十二月。

内務省訓令第六號　按：此令專制定各項官役人等，將有印鑑者經過人民私費所設之橋梁、津渡時，不得請求賃錢事。明治二十四年五月。

内務省訓令第十二號　按：此令專制定消防火夫經過人民私費所設之橋梁、津渡時，不得請求賃錢事。明治二十七年五月。

●凡渡船過渡時，即儘有客一人，亦當速即開船之例　明治六年五月。

校　記

〔一〕「五」上疑少「千」字。
〔二〕索　疑爲「素」。
〔三〕遠　疑作「達」。
〔四〕斂　疑作「殮」。
〔五〕此處似有文字遺漏。

第十五類　警察　新聞　出版 附著作權

第一章　警察

第一款　行政警察

●行政警察規則　按此規則：專稽察人民之舉止行動及道路、官舍、橋梁有無破壞，并彈壓一切亂民爲其責任，各府縣長官提掌其事務而使警部分掌之。明治八年三月。

●憲兵職掌中行政警察事務規程　按此規程：行政警察與司法警察不同，如人民違犯法律，探索逮捕則爲司法警察之責，而非行政警察所管轄。明治十四年十月。

●巡查配置及勤務概則　按：此概則專制定各種警察署分派巡查之事，以及巡查所應盡之職務。明治三十年七月。

第二款　管轄區域

〔改〕●不依郡市之區域警察署所管轄區域　明治二十六年十一月。

●警察署及分署門牌之件　按：此即制定警察署及分署門牌之格式。明治十年正月。

第三款　巡閲

●警察巡閲規則　按此規則：專設置巡閲官，以稽查警察官吏之風儀、動作與警察各部紀緯之張弛、服務之勤惰等，巡閲時則誌其事實及自己意見於日記中，復命於警視總監及府縣知事轉報告内務大臣，每年巡閲一次。明治二十年六月。

第四款　賞與

〔廢〕●警察賞與規則　按此規則：依警察功勞之輕重分爲三等賞，若事關重要，有特別功勞，則給以特別賞與。明治二十一年十月。

●一般人民行巡查同等之事務而死傷者弔祭、扶助、療治費支給方法　明治十五年十二月。内務省訓令第二十六號　按：此訓令專制定改正警察所關一切事務。明治三十年十二月。

第五款　警察費

●對府縣警察費國庫支出金之分數　按此規則：於地方税中支出國庫金若干，以爲警察費用。明治二十一年八月。

●由銀行諸會社及人民等請配置巡查者辦理方法　按：此項人等，若請配置巡查於銀行、會社或自己家中，必須由本人呈納費用。明治十四年四月。

●請願巡查經費所關之件　按：銀行、會社及人民，若請配置巡查者，其費用由府縣會決議定其金額，由本人繳納。明治二十三年十月。

第六款　保安

●豫戒令　按：此令係豫先告誡人民以保持全國康安之秩序。明治二十五年正月。

〔删〕●集會及政社法　按此法：集會者係會同公衆人等議論政治所關事項。政社者，係組成團體以研究政治所關事項，今此例已廢。明治二十六年四月。

●許官吏職務外之演説及叙述并定其管束方法　按日本定例：凡爲官吏者，於其職務以外可以對公衆人等陳述其政治上或學問上意見，惟必須受各長官之監督。其爲法律規則所制限之官吏，則不得陳述意見。明治二十二年正月。

第七款　遺失物

●遺失物法　按此法：日本定例，凡有拾得他人所遺失物件者，當直即送還本人，或送交警察官署，警察署布之公告中，由本人來領，使本人於物件價格百分之五分以上、二十分以下，酬謝拾得之人。若本人一年以内不到警察署領取，則將該物充公。其拾物者若隱匿所拾之物，則處以三月以下之重禁錮，并罰金二十元以下，以示警戒。明治三十二年三月。

●遺失物法施行細則　按：此細則係制定遺失物法施行之一切細章。明治三十二年四月。

●東京大學由介墟洞穴所採集古物貯藏方法　按：東京大學因考古學研究之故，分遺教員、學生等於各地方在介墟洞穴中，若檢得埋没之古物，由地方官廳與該物原主協議後，即可貯藏於大學中。明治十五年十月。

第八款　質屋

〔改〕●質屋管轄法　按此法：凡開設當舖者，必得行政廳之允許文據，始可開張。此外，當舖中一切規程，皆當遵照此法辦理。若有違犯法律、命令之處，行政廳得勒令閉業，并處以罰金或按刑法懲辦。明治二十八年三月。

●質屋管轄法細則　按：此細則專制定當舖管轄法一切細章。明治二十八年七月。

第九款　古物商

〔改〕●古物商管轄法　按此法：凡以古董貨物爲營業者，其物品之種類必得行政廳之允許文據，方可開設店舖。此外，古物商賣一切規程，皆當遵照此法辦理。若有違犯法律、命令之處，行政廳得勒令閉業，并處以罰金，或按刑法懲辦。明治二十八年三月。

●古物商管轄法細則　按：此細則專制定古物商管轄法一切細章。明治二十八年七月。

第十款　銃砲

〔删〕●銃砲管理規則　按：此規則專制定銃砲商賣及買取者一切章程，買者與賣者均當具詳姓名、物品件數，送交該地方官廳存案，每月初十日彙呈内務省，以示嚴重。明治五年正月。

〔删〕●銃砲管理規則違犯者處分方法　明治五年九月。

〔删〕●銃砲彈藥類管理改更之件　明治八年六月。

〔删〕●獵銃於製造人之外，他人不許直賣　明治十六年六月。

〔删〕●由外國人買取銃砲章程　明治五年六月。

〔删〕●銃砲類願與外國人買賣者申請辦理方法　按日本舊例：願與外國人買賣者，該商人具呈，由地方官廳申請陸軍省許可。明治七年七月。

〔删〕●銃砲彈藥類已領買賣文據之商人願與外國人買賣者辦理方法　明治十一年五月。

〔删〕●銃砲類願與外國人買賣者辦理方法　明治二十年四月。

〔删〕●陸海軍武官所有之軍用銃買賣辦理規則　明治十三年三月。

〔删〕●陸軍准士官以上銃器彈藥買收順序　按：此係制定陸軍准士官以上買取銃器、彈藥者之一切章程。明治十三年四月。

〔删〕●海軍准士官以上銃器彈藥買收順序　按：此係制定海軍准士官以上買取銃器、彈藥者之一切章程。明治十三年四月。

〔删〕●小銃彈藥火具及其他無用兵器發出之件　明治十八年七月。

第十一款　火藥

〔删〕●火藥管理規則　按：此規則專制定火藥買賣者之一切章程。明治十七年十二月。

〔删〕●請求火藥類買賣及火藥庫設置許可具呈方法　明治十八年正月。

〔删〕●海軍省訓令第五號　按：此訓令專制定火藥買賣章程。明治二十二年五月。

〔删〕●陸軍省火藥發出之地方　明治十八年二月。

〔删〕●海軍省火藥發出之地方　明治十八年三月。

〔删〕●海軍省告示第三號　按：此告示專制定火藥發出章程。明治十九年五月。

第十二款　石油

●石油管理規則　按：此規則專制定各種石油販賣章程。明治十六年二月。

布告第十號　按：此布告專制定石油管理方法。明治十六年三月。

●電氣事業管理規則　按：此規則專制定各種電氣所關事項。明治三十年六月。

●依電氣事業管理規則應加入各種願書之調製呈遞方法　按：此方法共十項。明治三十年七月。

●電氣所關心得之件　按：此條件專示人民以電氣免險之所在〔一〕，使人民容易注意。明治三十一年六月。

第十四款　狩獵

〔廢〕●狩獵法　按：此法專制定人民狩獵地方及税務，并禁止、處罰等事。明治二十八年三月。

〔改〕●狩獵法施行細則　按：此細則專制定狩獵法施行一切詳細章程。明治二十八年三月。

●狩獵法辦理章程　按：此章程以補狩獵法之所未及。明治二十八年三月。

●狩獵管理所關之件　按：此係禁止狩獵上所關一切事項。明治三十一年九月。

●狩獵免許税徵收之件　按日本定例：凡人民欲狩獵鳥獸者，必繳納税金，請領文據，方許狩獵，謂之狩獵免許税。其文據則每年更換一次，每次皆須納税。明治三十年三月。

●狩獵免許税印紙消印所關之件　按：狩獵免許税係以印紙完納，即貼用此紙於稟貼上，呈請該地方官廳允許後，然後消去印紙。明治三十年八月。

●狩獵免許税表調製之件　按：此係制定狩獵免許税之表，分爲甲種、乙種，每種皆分三等。明治三十一年三月。

●狩獵免狀及共同狩獵地具呈之書式及圖面　明治二十八年四月。

●官林内有害鳥獸驅除之件　按：此係制定官有山林内若有鳥獸爲地方害者，則可驅除之。惟須報明所驅除鳥獸之名稱及數目於地方官廳。明治二十八年四月。

●御料地有害鳥獸驅除之件　按：日本君主於歲金外，另有財産、土地若干，謂之御料地。此係於御料地内驅除有害鳥獸所關之件　明治三十二年六月。

第十五款　漉入紙 附 模造通貨證券

●漉入紙製造管理規則　按：此規則專制定漉入紙製造所關之事。漉入紙者，即於製造紙時漉入文字、畫紋於紙中，謂之漉入紙。凡一切公用證券，皆用此紙，禁民間私製。明治二十年七月。

●漉入紙製造請求章程　按日本定例：凡製造漉入紙者，必須具結呈交地方官廳并附呈該漉入紙之樣式。明治二十年八月。

●通貨及證券模造管理法　按：此法共四法，專制定銀元、紙幣及銀行紙幣證券等模造所關之事，禁民間私製。明治二十八年四月。

第十六款　移民保護

〔改〕●移民保護民〔二〕　按此法：凡日本人民欲往外國充當小工者，必須受行政廳之許可，其開設行業、招集移民或照顧該移民等出洋一切事項者，亦須受行政廳之許可，方得開張，并須納保證金一萬元以上。明治二十九年四月。

〔改〕●移民保護法施行細則　按：此細則專制定移民保護法之一切詳細章程。明治二十九年五月。

●依移民保護法指定保證人可以保證之地方　按：此等地方爲北美合衆國、加拿大、濠洲諸島、布哇國、暹羅國五處。明治二十九年六月。

●禁止誘惑婦女渡往海外之例　按：此係禁止不良之徒誘惑婦女往外國爲娼妓者。明治二十六年二月。

●清國及朝鮮國在留日本臣民之管理法　按：此管理法專制定日本臣民在我大清國及朝鮮國居留者管理方法。明治二十九年四月。

第十七款　北海道移住民

●北海道移住民渡航船舶管理規則　按：此規則專制定内地人民移住北海道者之一切章程。明治三十一年八月。

●北海道移住民搭載之船舶中警察官吏附加派遣之件　按：日本内地人民移住北海道者，其一時乘船人數若有三百名之多，則該府縣廳派遣警察官吏一名送至該地。明治三十一年十月。

〔改〕●北海道移住民火車費及輪船費之免除或減價辦理方法　明治三十一年二月。

内務省告示第二號　按：此告示專制定播但地名。鐵道及山陽鐵道移居民火車減價期限所關之事。明治三十二年正月。

内務省告示第九號　按：此告示專制定九州鐵道移居民火車減價期限所關之事。明治三十二年正月。

内務省訓令第一號　按：此訓令專制定北海道移住民火車、輪船減價票辦理方法。明治三十一年二月。

内務省訓令第十一號　按：此訓令亦制定北海道移民乘火車、輪船減價票及上陸以後所關之事。明治三十一年四月。

第十八款　水難救護

〔改〕●水難救護法　按：此法專制定遭難船舶救護之事。明治三十二年三月。

●海難及其他事實具呈之件　按：此條件專制定海船所關一切事。明治三十年六月。

第十九款　行旅病人　死亡人

●行旅病人及行旅死亡人辦理法　明治三十二年三月。

〔改〕●行旅病人、死亡人等之引取及費用辦償所關之件　明治三十二年六月。

●行旅病人、行旅死亡人若爲外國人及同伴者之救護並辦理所關之特例　按此特例：該外國人若有家屬戚友等在領土内者，則由地方官廳通知該家屬戚友。無家屬戚友者，則通知該國領事。明治三十二年六月。

第二十款　檢視

●檢視時橫死者解剖之件　按日本定例：凡橫死者致命之原因若不明白時，則由醫師禀知檢事或地方長官，受其許可，即得解剖其屍身，以檢查其致命之故。明治十年二月。

●在官廳内工場等橫死者及受傷者檢視處分之件　明治十三年二月。

〔改〕●在工場中負傷者若須入院治療時具呈警察官署之件　明治三十二年六月。

第二十一款　墓地及埋葬 附刑死者

●禁濫設墓地　按日本定例：人民墓地均在諸寺院境内或另定永久墓地，不得於此外私購耕地、宅地及林藪等，以爲葬壙之用。明治六年十月。

●墓地及埋葬管理規則　按：此規則專制定墓地及火葬地之一切管理章程。明治十七年十月。

●墓地及埋葬地管理規則違犯者處分方法　按：此處分方法係處以違警罪之刑。明治十七年十月。

●墓地及埋葬規則細章標准　按：此細章標准專制定墓地及火葬地之周圍情形及其埋葬時一切規則。明治十七年十一月。

●凡見爲古墳之地禁其無故發掘　明治七年五月。

●刑死者之墓標及祭祀等所關之件　按：此條件專制定刑死者之墓標格式及祭祀情形。違者交罰金或輕禁錮。明治二十四年七月。

第二十二款　消防組 即救火局

●消防組規則　按：此規則專制定救火局設置之地方及其職務。明治二十七年二月。

第二十三款　雜

●帶刀禁止及違犯者處分方法　按：日本維新前，人民皆佩用刀劍，動輒鬥殺，各尋私恨。自此法施行以後，除應當佩刀官員及軍人、警察外，其餘一概禁止。明治九年三月。

●禁民間不得僭用御用器物及菊花紋等類　按：菊花紋如中國五爪龍，臣下不得僭用，此爲尊君之意。故將變法，先示上下之禮。明治元年三月。

●畫菊花紋物品出賣者糾察方法　明治十三年四月。

第二章　新聞

●新聞紙條例　按：此條例專制定新聞紙編輯及發賣之一切章程。凡新聞紙所載之事項，不得記載國家機密政務及外交上、軍事上所關要事，并曲庇罪犯、妨害治安、變壞亂俗、冒瀆皇室之尊嚴、紊亂朝廷之憲紀等。有違犯此條例者，則按其違犯之情形事實，處以罰金若干元，並輕禁錮若干年月。明治二十年十二月。

●禁揭載公文於新聞紙上　明治八年九月。

●新聞紙條例中凡訴訟辨論禁人傍聽者之記載方法　按：此等訴訟之事，新聞紙不得揭載。明治十九年六月。

●凡官報中已登載之件，許新聞紙抄録其文　明治十六年六月。

●已揭載於他新聞紙中之論説，此新聞紙轉載之所關之件　按：論説等若爲他新聞紙所已揭載者，此新聞紙欲再揭載時，須得原新聞紙舘主筆之許可。明治十八年五月。

●新聞紙發行所關請帖之格式　按：此格式共七式，隸内務省管轄。明治三十二年六月。

第三章　出版 附著作權

第一款　出版

●出版法　按：此法專制定文書、圖畫、印刷、發賣之一切章程。凡文書、圖書刊成以後，必具請帖附該書二部，呈交内務省查核。其有記載國家機密政務及外交上、軍事上有關係者，或曲庇罪犯、妨害治安、變壞風俗、紊亂國憲者，則可禁止其發賣，并處以罰金若干元，輕禁錮若干年月。明治二十六年四月。

●官廳出版物所關之件　按：此專制定官廳中所有印刷文書、圖畫章程。明治二十五年三月。

第二款　著作權

●著作權法　按：此法專保護著作者之權利及僞作者之處罰。明治三十二年三月。

●著作權法施行之件　明治三十二年六月。

●著作權法施行所關之件　按：此件專制定著作權法施行之一切細章。明治三十二年六月。

●三十二年敕令第三百十四號檢印申請及請帖等所關之件　按：此條件專制定著作人申請檢印及具請帖者所關之章程，附書式四種。明治三十二年三月。

●不知著作權之爲何人其著作物所關之件　按此則：將著作者之氏名及書名揭載於新聞紙中七日，若六個月以内有著作權之人不出首，即可發行其書畫。明治三十二年六月。

●著作權登録所關之規定　按此規定：凡欲得著作權者，則具請帖於内務省詳列氏名及書名并發行年月外，再繳納税金若干元，請其登録於登録簿中，以專利權。明治三十二年六月。

●著作權所關登録簿閲覽之日　按：此閲覽日，以每次禮拜三可以閲其登録簿是否已經登録。明治三十二年六月。

第十六類　監獄

第一章　普通監獄

第一款　監獄則

〔改〕●監獄則　按：監獄則專制定各種囚犯監獄之規則，分監獄爲六種：一、集治監，即拘禁一切人犯之所，二、假留監，即暫將拘禁徒刑流刑人犯之所，三、地方監獄，即處置拘留、禁錮、禁獄、懲役等人犯及婦女犯徒刑者之所，四、拘置獄，即拘禁刑事被告人之所，五、留置場，即刑事被告人暫時留置之所，六、懲治場，即懲治不論罪之幼者及瘖啞者之所。此六種監獄均隸内務大臣監督之。明治二十二年七月。

〔删〕●監獄則施行細則　按：此細則專制定監獄内一切施行事務及犯罪人服役、勤務、賞罰之規則。明治二十二年七月。

●監署雜則　按：此雜則制定監署内一切禁令及監犯死亡事務。明治十四年三月。

●絞罪器械改正　按日本定例：以絞罪爲最重，其絞時，則用器械使其速死。明治六年二月。

●獄則中覆面巾及罰具圖式　明治十四年十二月。

●監獄本支署廢設之理由稟申方法　明治十三年十一月。

●給與在監人工錢支付及編入方法　明治二十一年十月。

●監獄慈惠用貨物編入地方税中及支辦方法　明治二十三年六月。

●名簿、原簿、囚人身分帳、在監人名目録、放免歷簿、出監簿、死亡帳、暫出獄證票樣式。明治二十六年十二月。

〔改〕●在監人行狀勘查及賞與規程　按此規程：即視察在監人犯之行止舉動，有謹守獄則，精勵作業者，則賞與之，以示勉勵。明治三十年二月。

●暫出場規則　按此規則：凡留置於懲治場中之人犯，若謹守獄則，有改悛之望者，則按照暫出場規則准其暫出。明治十九年十一月。

●暫出獄停止章程　按此章程：凡暫出獄之人犯，若再犯輕罪、重罪者，則依此章程處分之。明治十八年九月。

●監視暫免暫出獄上申之件　按：此係監視暫免警察官暫出獄者，由典獄具其事實上申長官。明治十七年七月。

第二款　巡閱

●監獄巡閱内規　按：此内規專制定監獄巡閱之一切章程。明治二十六年十二月。

第三款　看守監獄傭人

●看守及監獄傭人之分掌例　按：此分掌例專制定看守人職掌及禁卒等一切事務。明治二十二年六月。

●看守禁卒賞與方法　按：此方法共四項，凡爲看守禁卒者，若果著有勤勞，則賞以十五元以下之賞金。明治二十二年正月。

第四款　囚徒費用

●應當入集治監之囚徒并其費用區分章程　按此章程：其費用則由國庫支給。明治十四年三月。

●入集治監之囚徒並其費用管理之件　明治十四年九月。

●犯終身懲役或犯徒刑之女囚留置地方監獄事件　按：此等女囚費用，亦係國庫支給。明治十八年九月。

●在府縣獄囚徒費辦理方法　按：此等囚徒每日一切費用，一人給洋兩角。明治十七年七月。

●囚徒費交付金額地方税編入方法　按：日本在府縣獄之囚徒，其費用金額由府縣會議決，編入地方税之收入支出簿中。明治二十一年九月。

●國庫支辦之囚徒滿期後留置費用給付并衣食費繳納方法　按日本監獄規則：凡囚徒在

獄，依其罪之輕重，罰作一切苦工，依其技能及時刻之久暫而給工錢，每日所得工錢，除繳納國庫若干，以補還衣食費外，餘則交還本人。若其所繳工錢不足償還衣食費時，則其工錢金額均當繳納國庫。明治三十年二月。

●輕罪控訴之被告人並已決囚所關諸費用事件　按：此費用亦由地方税支辦。明治十八年四月。

〔删〕●刑事被告人及囚人所關費用事件　按：此費用以監獄費支給，每人每日洋二角。明治二十三年十月。

●警察署及分署拘禁留置之罪犯所關食糧事件　明治三十年八月。

〔改〕●警察署及分署拘禁留置之罪犯所關食料金額　按：此金額每人每餐給與洋五分以下。明治三十年八月。

内務省令第三十六號　按：此令專制定北海道地方警察署及分署所有罪犯之食料金額。明治三十年十二月。

●軍籍除籍之囚徒費用支辦方法　按：陸海軍各官犯罪削除軍籍而入獄者，則由軍法會議所地方以地方税支辦。明治十九年正月。

●由陸海軍監獄送交地方監獄之處刑者處分方法　明治二十九年三月。

●受軍及軍法會議之處斷而可拘禁於地方監獄者所屬事件　明治二十八年五月。

●由海軍軍法會議所處斷之囚人拘禁及費用支辦方法　明治三十一年八月。

第五款　囚徒押送

●囚人及刑事被告人押送規則　按此規則：凡押送此等囚人及刑事被告人，均由警察署或警察分署傳遞，並制定押送者之一切事務及旅費。明治三十年十一月。

●囚人及刑事被告人押送細則　按：此細則專制定押送者所應盡之職分。明治三十年十二月。

●囚人及刑事被告人遞傳護送所關事件　明治三十一年二月。

●檢證上帶率囚人出獄時巡查護送所關事件　明治十五年六月。

●徒刑流刑禁獄送致方法及聯合地方區分章程　按日本定例：凡此等罪犯定罪後，則由警察遞送聯合暫留監中，計區分聯合地方爲三區，皆設立暫留監。明治十七年七月。

第二章　陸軍監獄

●陸軍監獄條例　按：此條例專辦理陸軍囚犯入獄事務，其監獄分爲三種：一、未決監，拘禁刑事被告人之所。二、已決監，拘禁已處刑者之所。三、留置場，暫拘留刑事被告人之所。皆隸於陸軍大臣監督之。明治二十七年正月。

●陸軍監獄條例施行細則　按：此細則專制定陸軍囚犯入獄者辦理之一切詳細章程。明治二十七年正月。

●陸軍監獄條例明文外之囚人辦理方法　明治二十七年二月。

●刑事被告人若爲婦女而囑託於地方監獄時之費用請求方法　明治二十七年三月。

第三章　海軍監獄

●海軍監獄則　按：此監獄則專制定海軍囚犯在獄規則，其監獄分爲三種：一、監倉，爲拘禁刑事被告人之所。二、輕禁錮場，爲拘禁輕禁錮罪犯之所。三、重禁錮場，爲拘禁重禁錮罪犯之所。皆隸於海軍大臣監督之。明治二十三年七月。

●海軍監獄則施行細則　按：此細則專制定海軍囚犯入獄者辦理之一切詳細章程。明治二十三年九月。

●海軍軍法會議所處斷之囚人交付地方監獄所關事件　明治三十一年八月。

第十七類　衛生

第一章　傳染病

第一款　傳染病豫防法

●傳染病豫防法　按：傳染病豫防法，如虎列刺、赤痢、腸窒、扶私症瘄、發疹窒、扶私、猩紅熱、實布垤利亞及黑死病等疫，若有流行之兆，則據此法以豫防之。明治三十年三月。

〔改〕●傳染病豫防法施行規則　按：傳染病豫防法施行規則，即施行傳染病之豫防法，使之普行全國。明治三十年五月。

●傳染病豫防法之清潔方法、消毒方法　按：清潔、消毒二方法，專制定勦絶病毒遏傳播之法。明治三十年五月。

〔改〕●傳染病豫防法所關補助之件　按：此事件專制定以府縣税並地方税補助市町村費之事，而示以比率及支給方法。明治三十年七月。

內務省令第四號　按：此令專制定補助費施行據北海道縣、沖繩縣之事。明治三十一年三月。

●檢疫委員設置規則　按：檢疫委員設置規則，凡遇時疫流行之際，則以地方官吏、醫師、藥劑師等充檢疫委員，使從事豫防、救治及檢船舶、汽車等事。明治三十年六月。

●傳染病豫防委員及檢疫委員設置規程　按：此規程專爲北海道廳所設，與他諸府縣規程較異。明治三十年五月。

●於市町村設避病院置之設備標準　按：避病院專設置於道路險惡、交通不便之地，以防病毒之傳播。分爲重病、輕病及病將愈者之室，設醫長一人，醫師、看護手、事務員若干人。明治二十八年四月。

〔改〕●陸軍部内傳染病豫防規則　按：此規則專因預防陸軍人之傳染病而設。明治二十二年十二月。

●陸軍部内傳染病豫防細則　按：此細則專制定陸軍軍人傳染病豫防所應施行之一切細目。明治三十年五月。

第二款　檢疫

●海港檢疫法　按海港檢疫法：豫擇便利海港爲檢疫之地，凡船舶自海外諸國及臺灣來者，於抵港時，皆須先受檢疫，方得入港。明治三十二年二月。

●汽車檢疫規則　按汽車檢疫規則：凡汽車由時疫流行地方至者，皆須檢疫。車中若有病者、死者，亦據此規則以處理之。明治三十年七月。

●船舶檢疫規則　按船舶檢疫規則：凡船舶自時疫流行地方至者，非經檢疫員審檢，不許進入他港。明治三十年七月。

拓殖務省令第九號〔三〕　按：此令專制定北海道汽車檢疫事件。明治三十年八月。

〔改〕●夜間檢疫信號之件　按：夜間檢疫船，則揭赤包球燈以爲信號。明治二十一年九月。

第二章　種痘

●種痘規則　按種痘規則：凡小兒生後滿一年以内，必當種痘，此後過五年或七年，再種一次或種三次，以豫防天然痘。明治十八年十一月。

●種痘施術心得書　按種痘施術心得書：凡施種痘之術者，皆據此以爲規則。明治十八年三月。

●秋季種痘施行之件　按：痘瘡之流行率自十一月、十二月之交至翌年四、五月爲止，故特發此令，使民間於秋季種痘以豫防之。明治三十年十月。

第三章　醫業

第一款　醫師

●醫師免許規則　按醫師免許規則：凡業醫者，必經官允許，由官給以證票方得行醫。明治十六年十月。

●醫術開業試驗規則　按醫術開業試驗規則：凡欲業醫者，内務省據此規則試驗學術，每歲施行二次。明治十六年十月。

●醫術開業受驗人心得　按此心得：凡欲受醫術開業之試驗，若皆當就近申請地方官廳。明治十六年十二月。

●醫術開業試驗願書不另附指令之件　按：此係制定以後醫術試驗之稟件内不另附許可之指令，使請求之人先期自詣其地交驗。明治二十一年八月。

●醫術開業及藥劑師等試驗願書中加附照片之件　按：此係防其冒認欺詐之弊。明治二十四年十一月。

●醫術開業後期，學説試驗、齒科學説試驗，給與合格承認證所開之件，凡試驗合格者，則給以證書。明治三十一年二月。

●醫術開業試驗用費繳納方法　按：此係制定受醫術開業試驗者，皆須繳納試驗費用，按其相當之金額，貼用收入印紙一枚。明治二十年四月。

●據醫師免許規則之醫學校稟議方法　按：免許規則所言不經試驗即授與免狀之事，惟東京大學及内務省所特許醫學校學生有卒業證書者，得照此例。其他醫學校，若欲與此相准者，則當先稟請内務省定議。明治十六年十一月。

●給與從前之開業醫師以内務省免狀之例　按：此係制定從前縣廳所有醫師已給與醫術開業許可證者，内務省更給以免狀。明治十七年正月。

●醫師免狀調換方法　按：此係制定從前所得醫師免狀之人，准其據新令改寫給與。明治十八年七月。

●醫師子弟二十五歲以上者給與免狀之件　按：此係制定從前開業之醫師子弟，若已助其父兄施醫而欲繼承其業者，則限定年齡。滿二十五歲以上之子弟，可不經試驗給與免狀。明治十五年三月。

●依奉職履歷授與免狀之件　按：醫師嘗奉職省廳者，則檢其履歷授與免狀。明治十年八月。

内務省令第四十七號　按：此係制定特別志願者申呈履歷書之事。明治十六年十二月。

●限地開業醫免狀内規　按：此係制定僻遠乏醫之地，其舊來業醫者，許限定地方，暫授以免狀。明治十七年正月。

●醫師藥舖兼業解禁　按：從前醫師與藥舖不得兼業，至是始解其禁。明治十七年四月。

●醫師、藥劑師、産婆等廢業或死亡之時免狀燒棄及報告方法　按：醫師、藥劑師、産婆等廢業或死亡者，每歲各廳輯録其總數，報告於内務省。明治二十六年五月。

〔删〕●産婆監督方法　按：此係嚴禁産婆之售藥及墮胎等事。明治元年十二月。

●鑲牙、拔牙、接骨等營業監督方法　按：此係制定從事鑲牙、拔牙、口中治療及接骨等者，非經醫術試檢，不許營業。明治十八年三月。

●鍼灸術營業監督方法　按：此係制定業鍼灸者，無論已開業與將開業之人，皆當申請於官廳檢驗修業履歷，方得營業。明治十八年三月。

第四章　藥業及藥品

第一款　藥品營業及藥品使用

●藥品營業及藥品使用規則　按此規則：凡藥劑師、藥鋪商及製藥者，皆宜遵用此規則。明治二十二年三月。

第二款　藥劑師

●藥劑師試驗規則　按此規則：凡欲充當藥劑師者，皆當試驗，故特設此規則。明治二十二年三月。

●藥劑師試驗受驗人心得　按醫術開業試驗規則：專制定交驗者一切方法。明治二十三年二月。

●藥劑師學說試驗合格者給與承認證之件　按：此係制定藥劑師學說試驗合格者，則由内務省給以承認證書。明治三十一年二月。

●藥劑師廢業、死亡報告之件　按：藥劑師廢業或死亡者，由地方官廳每年輯録總數，報告於内務省。明治二十二年八月。

第三款　毒藥劇藥

●毒藥、劇藥品目　按：此專制定各種毒藥、劇藥之名目，以防有濫用傷生之事。明治二十五年三月。

●石炭酸等於傳染病流行時販賣方法　按：石炭酸等劇藥，平時不許濫賣。惟傳染病流行之時，用以供消毒之用時，則特許藥舖販賣之。明治十三年五月。

●禁止販賣捕鼠、捕蠅藥所用礬石等類　明治五年五月。

●禁止販賣燐製捕鼠藥　明治十年三月。

●顔料、染料販賣之件　按：顔料、染料中有含毒者，亦遵用藥品使用規則。明治十三年三月。

第四款　藥品檢查

●藥品、物品請求再檢查之件　按：藥品及其他物品已經衛生試驗所檢查而本人不服者，得再請檢查。明治二十四年七月。

●醫藥適用之藥品貼用檢查印紙之件　按：醫藥、藥品已經衛生試驗所認許以爲適用者，則貼用檢查印紙，以識別之。明治二十年六月。

●衛生試驗所保證及試驗完竣等字面用之件　按：藥品除貼附衛生試驗所印紙外，凡諸印刷物告揭示及包紙等，不許記載衛生試驗所保證及試驗完竣等文字。明治二十六年正月。

●以檢查證明醫療用藥品爲業務省監督之件　按：藥劑師、化學者及會社等以檢查證明醫療所用藥品爲業者，非藥品性狀、品質適合日本藥局方所記載與外國藥局方所定外，不許其貼用試驗完竣印紙及證明字面，違者處罰。明治三十年九月。

●藥品及地物檢查費用　按：藥品、飲食物、礦物等類，凡欲請衛生局試驗所試驗者，須納費用，因其物品而區別價目。明治十七年十月。

●請求謄寫衛生試驗所之報告書者繳納費用方法　凡請謄寫衛生試驗所報告書及繙譯之者，均當納費若干。明治二十六年十月。

第五款　藥局方

〔改〕●日本藥局方　按：日本藥局方專制定各種藥品製法、性質以及用法、貯藏等法，廣示人民。明治二十四年五月。

●薄荷精名目改稱　按：由薄荷草製成結晶性藥品，舊稱薄荷精，因與日本藥局方薄荷精名目相抵觸，故改稱薄荷腦。明治十九年十月。

●藥品巡視規則　按藥品巡視規則：以衛生官吏、警察官吏及藥劑師等爲巡視員，專巡視藥局及販賣製造藥品之處，以檢查其冒濫等弊。明治二十二年三月。

●藥品監視員巡視費用及證票之件　按：監視員巡視時，則由巡視地方廳支辦其俸給、旅費等。明治二十二年九月。

第五章　阿片並痘苗血清

第一款　阿片

●阿片法　按阿片法：凡製造阿片者，以其所製盡納於官，官爲賠償其價，不許私自貯藏、賣買，犯者交罰。惟醫藥中有用阿片者，由官封緘，賣與以杜阿片之毒遺害人民，實治國者第一善法。明治三十年三月。

●阿片法施行規則　按：阿片法施行規則專制定阿片法施行之順序。明治三十年三月。

●納付阿片價值方法　按日本定例：阿片既由官發賣，其價值則計算適當之金額，貼用收入印紙一枚，以杜不肖官吏藉端婪索之弊。明治三十二年三月。

●阿片之莫兒比涅含量及其賠償金額并阿片發賣價格之例　按：納阿片於官者，官審檢其中含有莫兒比涅若干分量，以定其賠償金額。官所後賣之阿片價格，亦隨重量多寡而有差別。明治三十年三月。

第二款　痘苗　血清

●痘苗發賣規則　按痘苗發賣規則：凡種痘所用之痘苗，於東京及大阪痘苗製造所製之。人民隨時可以請買，兹特設立規則。明治二十九年七月。

●實布垤利亞血清發賣規則　按此規則：凡患傳染病者，其血液中皆有微細黴菌。取此黴菌移種之於鳥獸等，用以製液，謂之血清，以注入病者之皮膚，則能治愈其病。政府特置血清藥院，製血清以賣與人民之患病者。明治二十九年六月。

●血清痘苗價格納入方法　按：血清及痘苗之價其納之於官者，得貼用登記印紙後，改用收入印紙。明治二十九年六月。

第六章　賣藥

〔改〕●賣藥規則　按賣藥規則：凡製造丸藥、散藥、膏藥、煉藥、水藥、煎藥等者，官審檢其藥劑分量、用法、服量、功效等，給以允許票，方得售賣。明治十年正月。

●賣藥規則罰則施行日限　按：賣藥規則中載有罰則一條，兹特公布其施行期限。明治十年二月。

●賣藥營業免許期限廢止之件　按：賣藥規則中所載限期營業之事，至是廢之。明治十九年十一月。

●賣藥規則辦理章程書及書式　按：此制定賣藥規則所關辦理方法及其書式。明治十年三月。
內務省令第七十號　按：此令專制定賣藥規則公布之事。明治十一年十一月。
內務省令第二十五號　按：此令專制定賣藥規則辦理章程中所有各種費用之事。明治十四年四月。
●賣藥請賣鑑札并行商鑑札製作費支辦方法　按：受貨物於本舖再販賣之者，謂之請賣。賣藥之請賣及行商，皆須給與證票，此係制定該證票製造費支辦之方法。明治十四年四月。
●賣藥行商鑑札得用紙製之例　按：行商證票舊用木簡製之，至是許用紙製。明治二十六年五月。

第七章　雜則

●娼妓黴毒檢查方法　按：娼妓蕃盛，容易傳播黴毒，故令地方官設檢查方法。明治四年四月。
●禁止租借樓屋於娼妓及設黴毒檢查方法　按：射利之人往往租借樓屋於娼妓，以收利益，實爲風俗大害。故特加嚴禁，并設檢查黴毒方法，以防傳染。明治四年五月。
●娼妓黴毒檢查方法　按：檢黴之法，從前尚未普及，至此再申論之。明治九年四月。

●牛豚類豢養監督方法　按：此係制定人家稠密之地，不許豢養牛豚等類。明治六年五月。

●牛豚類豢養制限斟酌方法　按：此係制定山村僻邑豢養牛豚等類之例，斟酌善法以爲制限。明治七年正月。

●屠牛場及牛肉賣買監督方法　按：屠牛場當設之於人家相離稍遠地方，凡病牛、死牛，皆嚴禁其賣鬻，且禁屠殺牝牛，以爲蕃息之基本。明治四年八月。

●用自斃獸以供田圃培養之例　按：此係制定病死禽獸不許賣買以供食料，但取以供田圃培養之用則可。明治六年三月。

●製冰檢查方法　按：製冰之處，不許用污水製造。故特使管轄廳檢查之。明治十一年九月。

●中食物之毒及因誤用藥物致死者通報方法　按：中食物之毒及誤用藥物以致死者，則須詳記毒物名目、中毒症狀、死者住所、姓名，以通報衛生局。毒物名目不明者，則併將該物送局。明治十一年十二月。

●用阿泥零化學中毒物及其他鑛屬所成之顏料、染料以爲食物着色者監督之件　按：阿泥零及鑛屬等物，往往有毒，食之或易致死。故使地方廳監督之。明治十一年四月。

第八章　獸畜衛生

第一款　獸疫

〔改〕●獸疫豫防法　按獸疫豫防法：凡各種獸類犯瘟疫、炭疽、氣腫疽、鼻疽、皮疽、傳染性胸膜肺炎、流行性鵝口瘡、羊痘、虎列剌、羅斯疫、癲狂等病者，則撲殺之。由官給其價值若干。明治二十九年三月。

〔改〕●獸疫豫防法施行細則　按：獸疫豫防法施行細則專制定施之順序細目。明治三十年正月。

〔改〕●獸疫豫防心得　按獸疫防心得：詳載病獸處理消毒及獸疫原因症候等。明治三十年二月。

●臨時雇用獸醫俸資支給之件　按：臨時雇用獸醫，每人月給三十圓爲准，按日支給之。明治三十年三月。

●獸疫豫防費用負擔區分　按：獸疫豫防費用負擔區分，費用負擔支辦之方法，區分爲四項：一、國庫，二、府縣，三、市町村，四、各個人民。各依事類分別金額。明治二十九年十二月。

〔改〕●牛疫檢疫規則　按牛疫檢疫規則：凡牛羊若搭載船舶，自獸疫流行拖來者，上岸時，檢疫官須檢驗之。明治三十年九月。

第二款　獸醫

獸醫免許規則　按獸醫免許規則：凡獸醫試驗合格得有證書者，及於官立、府縣立獸醫學校、專修獸學，得有卒業證書或於各種公立、私立學校及外國官立、私立獸醫學校專修獸醫學，得有卒業證書者，農商務大臣給與免狀，許爲獸醫。其地方若缺乏獸醫者，則本人雖無以上所舉資格，亦可限其營業地方及年限給與免狀。明治二十三年八月。

獸醫免許試驗規則　按：獸醫免許試驗規則，專試以家畜之解剖、生理、藥物、内科、外科等學。明治二十三年九月。

獸醫暫免許章程　按獸醫暫免許章程：凡缺乏獸醫地方，雖本人未得有官立、公立獸醫學校等證書者，亦可暫給免狀。明治二十三年八月。

依獸醫締鐵工各規則請求學則認可之規程　按：請求獸醫締鐵工學則之認可者，學校長或校主，詳記教員人數、資格、所學科目及修學年限等，履歷經由地方廳申呈農商務省。明治二十三年十一月。

獸醫免許及試驗願書之件　按：請求獸醫免許及呈試驗願書者，此後不必另具副本。明治二十二年十一月。

●獸醫轉居者禀申之件　按：獸醫有轉居者，當具呈轉居情形及地名於農務局。明治二十二年正月。

第十八類　社寺　宗教附葬儀　忌服

第一章　神社寺院

第一款　神宮

●神宮改革之件　按：此專議定神宮改革所關諸事。明治四年七月。

●神宮大麻受不受由於人民自便之件　按：此謂神宮大麻頒布之事，其受不受均聽人民自便。明治十一年三月。

第二款　社格

●官社以下定額及神官職員規則　按：官社定額，凡百六十七所，以大中七十社爲官幣社，中小九十七社爲國幣社，均令神祇官管之。其他府社、縣社、鄉社，均令地方官管之。明治四年五月。

●東京招魂社改稱靖國神社，列於官幣社及管理祭典並其他管理方法　按：此係制定東京招魂社改稱靖國神社，列於別格之官幣社中。其祭典及其餘常務由內務、陸軍、海軍三省管理。明治十二年六月。

●鄉社定則　按：此係議定鄉社章程，凡户籍一區以一社爲定額，如二十村有户千許爲一鄉，其中有社五所，每所各以三村或五村爲氏子場，此五社中以有從前之社格或爲人民所信仰者之首社爲鄉社，其餘四社，則爲鄉社之附屬。明治四年七月。

第三款　保存營繕附社入費

●官國幣社、府縣鄉村社保存其古來制式之件　按：此係議定官國幣社、府縣鄉村社等，其本社及附屬所有一切建物及周圍土垣并細小物件等，均宜保存，仍依舊式，不必變換，以省節用費。明治八年九月。

●分配官國幣社保存金而廢止從前之經費及官費營繕事件　按：各官國幣社保存金之分配，立有定額，地方廳嚴查其出納，設立永久保存方法。又從前所有經費及官費營繕，均行廢止。明治二十年三月。

●官國幣社造修所有廢材木屑等發給方法　按：此係議定官國幣社造修所有無用之舊料、木屑等，此後現物並代金，均交付該社。明治二十一年正月。

●官國幣社保存費保管及委託之件　按：此件專制定每年官國幣社保存費中，所以充各社費用之金額者，令内務省社寺局長保管之，且監理其收支等。明治三十年三月。

●各社非常豫備金方法　按：此係酌量各社收入金之總額，限定若干金爲一社有非常災變時豫備。明治十年六月。

●官國幣社幣帛神饌料給付後餘金之處分方法　按：官國幣社例祭及幣帛料給付所餘之金，此後編爲社入金。明治十七年六月。

第四款　授符配札

●以神社營造等爲名開票捐財監督方法　按：以神社造營等爲名開票捐財等事，有乖布教之大旨，爲政治之障害，故設法監督之。明治七年正月。

●定官國幣社開票廢止之件　按：各社所有開票設捐等事，此後盡行禁止。明治八年五月。

第五款　制札 即將禁止事項榜示門前，謂之制札。

●禁止諸寺院下馬、下車之件　明治四年六月。

●神宮並官國幣社皇族參拜時下馬、下車地方　按：神宮及官國幣社，皇族參拜時，下馬、下車地方，均依該社界内，如由本社第一次之門牌，或於樓門外，或於階砌下均可。明治七年三月。

第六款　紋章

●禁社寺濫用菊章之件　按：菊章係日本君所用之紋〔四〕，社寺向皆用之。兹特禁止。伊勢、八幡等社以外，不得濫用。明治二年八月。

●禁止各物上描寫菊紋之例　按：日本從來由官堂至諸國寺院均描寫菊紋，玆特禁之。明治二年二月。

●太政官布告　按：此布告專制定親王家得用菊紋。明治三年三月。

●由親王家以下送入社寺中所有菊章物品改正之例　按：此專制定親王家以下所有送入社寺中諸品物有用菊章者，均改易之。以其與朝廷所送入者互相淆雜，甚不適宜故也。明治二年十月。

●皇族之外禁用菊紋及改正雜用品之件　明治四年六月。

●於官幣社社殿之裝飾、社中之幕提燈准用菊紋之件　明治七年四月。

●於菊紋禁止之布告以前所有神殿佛堂裝飾之菊花紋仍行存置之件　明治十二年五月。

第七款　祭典開扉

●神社祭式　按：此專制定官國幣社之祭式。明治八年四月。

●廢止大拔式使知與神祭式相同之件　明治八年六月。

●府縣社以下祭典執行方法　按：府縣社以下，亦以官國幣社祭式爲准，而執行適宜之祭典。明治八年八月。

●官國幣社例祭等外，平日不必供獻日供之件　按：此係制定各社於例祭、祈年祭、新嘗祭及元始祭、紀元節除夜、每月初一日等以外，不必供獻日供。明治十年四月。

●祭服許用狩衣、直垂淨衣等之例　按：此專制定祭祀時若無衣冠者，則許用狩衣、直垂淨衣等，以行祭禮。明治六年二月。

●神宮官國幣社等祭典敕使參拜時所用衣冠之例　按：神宮及官國幣社、諸陵墓等祭典敕使參拜時，須用從前之衣冠爲祭服。明治十七年正月。

●官國幣社祭典時參拜之例　按：此係制定官國幣社祈年祭、新嘗祭等例祭時，地方長官及次官，均宜參拜整理事務。如地方遠隔，萬不能親往時，則惟府縣官并郡區長得代行之。明治十六年二月。

●於庭上立禮若用改式之祭服奉告祝祠之件　明治十七年正月。

●諸社祭典時許僧尼參詣之件　按：此專制定神宮、神社執行祭典時，僧尼等皆得參詣。明治五年六月。

●諸神社、神輿駕臨時許供奉者帶刀之件　按：諸神社、神輿駕臨之時，仍守古例，供奉者皆得帶刀。明治九年七月。

內務省達第二十一號　按：此令專制定供奉者帶刀事件。明治十一年三月。

●諸神社祭禮神輿駕臨時禁有粗暴行爲之件　按：此專禁止諸神社祭禮神輿駕臨時，觸犯途中人家或妨礙往來行人等弊。明治六年九月。

●神佛祭禮開扉等時禁有奇怪打扮之例　按：日本從來於神佛祭禮、開扉等時，信仰之人往往多爲奇怪打扮，或男女易粧以爲敬禮，有乖風教，故特嚴禁之，以體尊崇之本意。明治六年七月。

●禁止日蓮宗教門徒喧噪群行等弊習之例　按：日本人民信仰日蓮宗教者，往往擊鼓喧噪，成群行走，實屬有失敬禮，且妨害途人，故茲特嚴禁之。明治七年四月。

●佛像於特出他管時開帳申呈該管官廳方法　明治十七年三月。

第八款　古社寺

●古社寺保存法　按此法：凡古社寺中其建造物及寶物類，有不能維持修理者，得請求内務大臣給發保存金，以保存之。其中有可以國幣補助保存之社寺，則其建造物及寶物類必須確有歷史之實據，或製作之優美者，諮詢於古社寺保存會，内務大臣酌定之。明治三十年六月。

●古社寺保存法施行所關事件　按：此事件專制定施行古社寺保存法所關各項，如將國寶出陳於博物舘時，則置國寶監守，以奏任官待遇以上之舘員充之。明治三十年十二月。

●依古社寺保存法指定特别保護之建造物　按：此專制定建造物之須特别保護者，而列其名目、地名及形式等。明治三十年十二月。

●古社寺保存金申請規則　按此規則：凡全國著名之神社、寺院及神社寺院中所有各所舊蹟之古碑碣並神社寺院所傳之寶物、古文書、圖畫、雕刻物以及一切什物等，有關於歷代之皇室、皇族並武門、武將及國史上所顯著或可爲美術之模範者，皆得請求保存，金由内務大臣給之。明治二十八年七月。

第九款　興廢

●無檀越、無住持之寺院廢止方法　按：此係制定於諸寺院中除總本寺本山之外，凡無檀越、無住持者，均行廢止。命地方官於廢寺處分後，將宗教寺院名號詳細查明，申呈教部省。明治五年十一月。

●調查舊修驗三派稱寺院名號者之例　按：日本天台、真言兩宗教中舊修驗三派，往往居住於市街中或租借家室而稱爲寺院，甚不適當。故命各管内精細調查，將其寺院號廢止。明治七年六月。

●社寺辦理概則　按：此概則專制定社寺之創建、移轉、廢留並改换名號等事。明治十一年九月。

●申請社寺創立及再興復舊等事提出條件　按此條件：凡有稟請以上各事者，宜申明其理由，及建設後施行之宗旨，並社殿、堂宇諸建物之地面、香火繼續資本之財産及發願者之總人數，並境内地坪數及社寺命名等。明治十三年十二月。

●神社寺院創立再興等已經許可者再建期限　按：經内務省許可以後於兩年之内，即須建設。若建物巨大、工程須涉數年者，須再具事狀，請其許可，其舊寺被災者，滿五年後方可再建。明治十五年十一月。

●神祠佛堂矮陋不能比一切社寺之高大者處置方法　按：此等神祠、佛堂，皆併合於最大社寺中，或移轉他處，其有爲人民所信仰欲定受持之神官、僧侣，並立永遠方法者，可稟請該管轄官廳定奪。明治九年十二月。

●禁人民於私邸内參拜神祠佛堂之件　按日本舊例：人民往往於私邸内參拜神祠、佛堂，兹特禁止。明治九年十二月。

●稟請建設神社分社遥拜所方法　按：稟請建設此等分社遥拜所者，必須有本社之承諾書，並有能支持永遠方法，方得允許。明治八年正月。

●稟請建設諸神社分社遥拜所時詳細分别之件　按：分社與遥拜所大有差異，蓋建設神殿以祀本社之分靈者，爲分社。設一拜所以行遥拜式者，爲遥拜所。兹特制定此後稟請建造者，皆詳細分別稟呈。明治九年三月。

●社寺及社殿堂宇等公賣處分後稟請再建及猶豫期限　按：其期限則自該處分日算起，百日以内，可行再建。其建築期限則以二年間爲度。明治二十年十月。

第十款　社寺地建物

●社寺界綫除現在四址以外餘地均使奉還政府之例　按：社寺奉還土地時，則與以相當之禄制並賜給廪米。明治四年正月。

●定諸寺院禄制　按：此係制定全國諸寺院之禄制，由地方官給付廪米。明治四年六月。

●定神社禄制，無論是否神社境内之地，除本社屋宇建設以外，均令奉還政府之例　按：神社禄制既定，則諸寺社所有土地，無論是否境内所屬，除本社屋宇建設之外，均當奉還政府。明治四年七月。

●山陵並皇后陵墓等與寺院地區分之例　按：日本山陵並皇后、皇妃、皇子、皇女陵墓，向來均在泉涌寺以下諸寺院境内，故命地方官檢查該地劃清經界，以示區别，所以尊君也。明治七年八月。

●社寺所有土地處分規則　按：日本維新後開墾之田園及民間所買土地，有係社寺舊産，使神官、僧侣一旦失業，實爲可憫，故特標明社寺所有土地境界處分之規則。明治七年十一月。

●神社境内舊社人所居房屋處分及一時租借方法　明治八年四月。

●社寺境界内外區畫調查規則　按：此規則專調查社寺境内所有地面，留爲祭典時必需之用。其餘土地，均須繳還政府。明治八年六月。

●社寺朱黑印等地面賣買及典當處分方法　明治九年五月。

●社寺之地界以内如有開墾保證者，不收價值即行給與之件　明治九年七月。

●給賣寺院等已廢之舊址於舊屋修驗者方法　按：此以賤價售與舊修驗之人，所謂舊修驗者，亦宗教中之一種。明治八年十月。

●舊社寺所有土地之内係受於農民者或出資購買者處分方法　按此方法：凡舊寺社所有土地之内，若係受於農民或出資購買者，准該寺社照常管業，惟須繳納租税。明治七年六月。

●社寺現在境内坪數調查方法　按：每坪長三尺。明治十年二月。

●社寺所有地内係自費開墾者給與之件　明治十年十月。

●社寺在官有地内者則區畫決定該社寺内外界址給與之件　明治十一年五月。

●社寺所有地址并廢社寺舊址等給與處分方法　按此方法：凡係官有之地，若從來住居或使用者，則許其繳納相當價值，請求給與。明治九年三月。

第十一款　境内地伐木

●禁採伐社寺境内樹木之件　明治六年七月。

●由官國幣社稟請芟伐社内森林者處分方法　按：此當稟知教部省核辦。明治六年十月。

●於延喜式内並國史中所現存神社境内伐木處分之件　按：此宜稟知教部省核辦。明治八年六月。

●社寺境内伐木管理概則　按此概則：凡因修繕社寺之故，稟請芟伐樹木者甚多，有損雅致，兹特分爲五種，第一、第二種不許採伐，第三種准採伐十分之一，第四種准採伐十分之二，第五種准其拔出，不得採伐。明治十五年八月。

第十二款　寶物

●檢點官國幣社所有古文書數登記帳簿之件　按：此由地方官立會調查，逐一檢點登記帳簿中，呈教部省並地方廳各一份，留置該社一份。明治六年十月。

教部省達第七號　按：此令係飭地方官補查之事。明治八年六月。

教部省達第三十一號　按：此令專制定調查事件。明治六年十月。

●社寺寶物古文書類目録帳調製申呈方法　按：此專制定社寺寶物、古文書類目録帳之書式。明治十二年五月。

●西京奈良博物館社寺什物受託規則　按此規則：凡社寺什物寄存於博物館者，由其修繕破損及其餘一切事項。明治二十八年正月。

第十三款　財産

●寺院附屬之佛器、什物等監管之件　按：一寺内所有佛器、什物等，均記之於簿中，經檀越家總代法類等調印之後，留置該寺院。明治五年八月。

●社寺之什物類禁神官、僧侶等任意處分之件　按：神社、佛寺中所有一切什物，無論神官、僧侶、檀越等，均不得擅自處分。明治六年七月。

●社寺所增加之田地、山林並寄贈款項及古文書等處分方法　按此方法：均照處分神社、佛寺所有一切什物之法。明治九年二月。

●寄贈社寺、學校、病院中之土地、屋宇等無契約者處分方法　明治九年四月。

●寺用之借財不准與私財混淆之件　按：此係制定各管内寺院固修繕及其餘廢支之故，一時萬不得已而借用財項時，該僧徒等不得與一己之私用互相混淆。明治九年十二月。

●社寺中以地面、屋宇、什器等抵當金穀或借貸金穀方法　明治十年五月。

●府縣以下神社什物監督方法　按：神社所有什物，各分部類，其品目、件數，均須詳載於牒簿内，并記明寄贈者年、月、日、姓名等。明治十年七月。

●於大社、古社、名山巨刹等處所設置之文庫藏經及儲書等調查書式　明治十二年五月。

●社寺總代人選舉及社寺財産調查所關之件　按：各管内社寺總代人，以氏子及檀越家中有相當之財産且爲衆望所歸者，選而任之。又社寺一切收入財産各歸本社寺管理，而定適當調查方法。明治十四年七月。

第十四款　神佛分離

●廢止神佛稱號混淆之件　明治元年三月。

●太政官達　按：此令專改稱清水等菩薩爲大神之件。明治元年四月。

●大政官達　按：此令係禁止神號名稱不相協者之件。明治元年十月。

●神社之住持社僧等改稱之件　明治元年三月。

第十五款　雜

●禁民間不得妄稱心願而奉納神樂於社内之件　明治四年二月。

●神社佛閣之地禁止婦女住持惟許登山參詣之件　明治五年三月。

●凡官國幣社靈前不經教部省許可禁止參詣之件　明治七年九月。

●因教部省廢止之故各神官稟陳情形所關之例　明治十年正月。

●官國幣社神官於本身所關事情申請方法　明治十年二月。

●寺院所有申請公文并宗教名目記載之件　明治九年三月。

●摘記各處申稟神佛事項之主旨所關條件　明治十年二月。

●於各種稟申公文中管長鈐印之件　明治七年五月。

●因町村分合之故而氏子變更者申明事由之方法　明治十五年五月。

●廢止官國幣社稟申報告内務省之件　明治二十年三月。

〔改〕●神社、寺院等參拜料金、縱覽料金及勞集寄贈金所關事件　按此事件：凡神社、寺院及佛堂，於人民任意賽物之外，不得對參拜者徵收料金，即欲將其殿堂、庭園、什寶等借人觀覽而收料金者，亦必經地方長官之許可，方能收受。明治三十一年七月。

第二章　神官僧侶

第一款　神官

●自伊勢兩宫始廢神官世襲之件　按：此謂神社爲國家之宗祀，非一人一家所私有。中古以來，大道陵夷，神官家社之輩，多因一時補任社職，竟爾漸成世襲，以入社爲家，禄神官與士民，遂迥然區別，實有悖祭政一致之政體。故特議自伊勢兩宫始，凡全國大小之神官家社，均從選任，不得世襲。明治四年五月。

●宮司交代社務時受取之成規　按此成規：凡社内所關一切事項，各宮司交代時，皆宜詳記以遺後任。明治八年十一月。

●宮司交代時受取社務者須經地方官立會等所關事件

●廢官國幣社神官置神職之件　按：官國幣社，神職置有宮司、禰宜主典等官，宮司待以奏任官之禮，禰宜主典待判任官之禮。明治二十年三月。

〔改〕●府社、縣社、鄉社神職所關事件　按此事件：凡府社、縣社、鄉社之神職，均置社司一人、社掌若干人。村社以下神社之神職，則但置社掌若干人。社司、社掌均待以判任官之禮。明治二十七年二月。

●官國幣社神職試驗規則　按：此規則專制定宮司及禰宜主典應當試驗科目，及設置試驗委員並其餘一切事項。明治二十八年九月。

●社司、社掌試驗規則　按：此規則專制定社司、社掌應當試驗科目，及設置試驗委員并其餘一切事項。明治二十八年九月。

●府社、縣社以下神社神職登用規則　按此規則：凡社司、社掌試驗不及第者，不得補授社司、社掌。此外，直納國税二十元以上而與特別條規相當者，則不必試驗即可補授。明治二十八年八月。

●北海道縣社以下神職登用方法　按：北海道縣社以下神職登用之法，與府社、縣社以下神社神職登用規則大略相同。明治三十年三月。

●官國幣社神職奉務規則　按：此規則專制定官國幣社神職等，當從事國家之宗祀，修國典，正躬行，以盡本務。此外，所關例祭祭祀典，則人民請求社殿修造，請潔監護神社所藏之寶物、古書、變更神社之財産與保護山林等事，皆宜盡職。明治二十四年八月。

●府縣鄉社神官奉務規則　按：此規則專制定神官於神明，當以尊崇誠悃爲主，遵守祭祀典則，不可紛亂。此外，所關人民請求社殿修造，請潔神社中寶物、古書之監護，財産之管理，並山林保護等事，均宜盡職。明治二十四年七月。

●府縣社以下神社神職懲戒處分之件　按此事件：凡府縣社以下神社之神職，有違背府縣鄉社神官奉務規則者，北海道廳長官、府縣知事均得懲戒之。明治二十七年三月。

●宮司權宮司補免處分方法　按：此謂宮司權宮司補免之事，不必由地方廳選舉申稟，即於該省處分定奪。明治二十六年九月。

●宮司權宮司旅行稟請之件　按：旅行之時，宜將事故日數、地名稟經地方廳轉申該省大臣。若因父母病篤，須急切就途者，則僅報告地方廳亦可。明治二十六年九月。

●官國幣社神官於忌日中稟請謁墓辦理方法　明治八年十二月。

●衆議院議員選舉時神官、僧侶等宜注意之件　按：内務省訓令第五號，專制定神官神職於行自己享有之選舉權外，不得妄談政事、結盟黨派，干與選舉之人競爭之事。明治二十七年二月。

〔改〕●神官、神職服制　按：此服制專制定神官、神職所用之服制。明治二十七年正月。

●神官不必着用大禮服之例　按：此係定例之始，神官等不及製作大禮服，即使其着用祭服亦可。明治六年十月。

●定神官及僧侶禮服　按：此專制定神官及僧侶所用之禮服。明治七年三月。

●禁鄉村社祠官祠掌給料課納民費之件　按日本舊例：各地鄉村社祠、官祠之掌給料，皆係課自民間，今特廢之。由人民中信仰該教者任意給與而已。明治六年二月。

●廢府縣社神官之月給　按：此廢止府縣社神官之月給，由人民中信仰該教者任意給與。明治六年七月。

●神官免職時賜物規則　按：此專制定官國幣社奏任、判任等神官，如服職滿四年以上，免職或病死者，各賜以月給之半額。明治六年十月。

●於神官免職時因賜以滿年賜金之故而通算神職奉職之年月方法　明治八年五月。

●神官管内旅行旅費支給之件　明治十年七月。

第二款　僧侣

●僧位、僧官等宣旨永遠廢止之件　明治五年二月。

●僧官廢止之件　按：此係廢從前僧官。明治五年八月。

●僧侣位階廢止之件　明治六年正月。

●使僧侣各設姓氏之件　明治五年九月。

●許僧侣肉食、帶妻、蓄髮等件　明治五年四月。

●僧侣肉食、帶妻公布於宗規無關係之件　按：此謂僧侣肉食、帶妻，無論何等宗教，均准其照例。明治十一年二月。

●許比邱尼蓄髮、肉食、結婚、歸俗等件　明治六年正月。

●以元青蓮院所有盲僧均歸天台宗教管轄之件　明治八年七月。

●廢盲僧所禁止事業，其非盲僧者則禁其營盲僧事業之件　明治十三年七月。

●廢棄僧業者不必具稟之件　明治十五年五月。

●以寺名爲一山之總稱，寺院無住持者得設住職之件　明治八年七月。

●諸寺院請置副住職者允許之件　按：此謂各管内諸寺院因寺務多端，欲選教導職試補者爲副住職時，聽其選補。明治九年五月。

●僧尼族籍編入方法　按：此專制定僧尼輩等歸還原籍或編入他籍之事。明治七年七月。

●僧尼編籍處分方法　按：此因編籍之事，特設一定條規，使得迅速編入，且可各地一律。明治八年十一月。

●僧尼住職中居住心得　明治九年六月。

●僧尼托鉢解禁之件　但托鉢者，須持管長之免許證。明治十四年八月。

●僧侶託鉢允許方法並託鉢者之心得　按：得允許者，則給以證書。明治十四年八月。

第三章　宗教

第一款　教規宗制

●神、佛教導職之廢止、寺院住職之任免、教師等級之進退等，委任各管長之件　按：此凡以上所關諸項，均由各管長辦理之。明治十七年八月。

●於神佛各宗派內事務須申請者令其稟陳管長之件　明治二十二年五月。

●佛道各宗派宗規戒飭法注意之件　明治二十四年九月。

●神道、佛道各教宗派教師檢定條規標准　明治二十八年五月。

第二款　管長

●各宗教置教導職管長監督末派寺院之件　明治五年六月。

●神、佛各宗教管長及舊教導職身分處置方法　明治十七年八月。

●神、佛各宗派管長游歷海外稟陳之件　按：神、佛各宗派管長欲游歷海外者，宜具事實稟知内務省。明治二十六年八月。

第三款　教會講社説教所

●法談説法等皆稱爲説教之件　明治六年正月。

●稟請設置教院並講社等規則　明治七年七月。

●於教院、教會説教所等執行葬祭不許衆庶參拜之件　明治十四年十月。

●教務所、説教所所關稟件許可及彙集稟件申達内務省方法　明治十七年十月。

●神理教會分離獨立許可之件　明治二十七年十月。

●神道禊派分離獨立許可之件　明治二十七年十月。

●神道部分廢止之件　明治十一年七月。

●改一向宗名爲真宗之件　明治五年三月。

●普化宗廢止之件　明治四年十月。

●法相、華嚴律兼學融通，念佛五宗及其他各宗教内別派，均歸本山管轄之件　明治五年九月。

●通融及念佛宗教特立許可之件　明治七年二月。
●法相宗教獨立許可之件　明治十五年六月。
●廢止修驗宗教編入於天台、真言兩本教内之件　明治五年九月。
●以禪宗中臨濟曹洞爲宗教名，使黄檗宗教合附於臨濟宗教之件　明治七年二月。
●許黄檗宗派不附於臨濟宗内仍立舊派之件　明治九年二月。
●臨濟宗教各派置設管長之件　明治九年九月。
●許臨濟宗派永源寺派公稱并分立之件　明治十三年六月。
●許真宗本願寺末派興正寺分立之件　明治九年九月。
●真宗五派分置管長之件　明治十年四月。
●許真宗三門徒派派名公稱分立之件　明治十一年十二月。
●許真宗出雲寺派外二派公稱分立之件　明治十一年二月。
●許天台宗真盛派設置管長之件　明治十一年五月。
●廢止真言宗分置各部派之件　明治十二年四月。
●許真言律宗分立之件　明治二十八年六月。
●許淨土宗中西山派分立之件　明治九年九月。

●日蓮宗一致派單稱爲日蓮宗，其勝劣派則許其五派分立之件　明治九年二月。

●許日蓮宗中不受不施派再行布教之件　明治九年四月。

●許日蓮宗不受不施講門派公稱布教之件　明治十五年三月。

●離末本寺改換具稟方法　明治十一年二月。

●轉宗改式時，廢止承認書授受之禮，通知葬祭人及稟陳之件　明治十一年三月。

第五款　禁厭祈禱

●禁以禁厭祈禱爲醫藥之件　明治七年六月。

●禁止梓巫市子並一切從事祈禱之術，妄稱狐仙下降等眩惑人民之件　明治六年正月。

第四章　葬儀　祭服

第一款　葬儀

●禁人民自葬并制定葬儀使依託神官僧侶之件　明治五年六月。

●令神官管理神葬祭葬葬儀式等事　明治五年六月。

●禁僧侶兼行神葬祭之件　明治七年十一月。

●禁神官兼葬儀之件　明治十五年正月。

第二款　忌服

●忌服用武家之制，廢京家之制　明治七年十月。

●僧尼服忌之件　明治五年六月。

校記

〔一〕免　疑作「危」。

〔二〕民　疑作「法」。

〔三〕今　疑作「令」。

〔四〕「君」下似缺「主」字。

第十九類　財政

第一章　會計

第一款　普通會計

●會計法　按：會計法分爲總則、豫算、收入、支出、決算、期滿、免除、歲計、剩餘、定額、豫支、豫算外，收入及定額返入政府，工事物件之賣買、借貸、出納、官吏雜則、附則等。會計年度始於四月一日，終於翌年三月三十一日。年中所屬歲入、歲出，至翌年十一月三十日，悉皆完結。凡年度中決定之豫算定額，不得以他年之經費充用。各官廳之費用，不得於法律、敕令規定之外有特別之資金。歲入、歲出之總豫算於前一年召集議會之始提出之，分爲經常及臨時二部。又於其中設豫備費二項，一補豫算之不足，一充豫算外必要之費用。支用此金必於年度之末提出於議會，請其承諾。一切歲入從法律命令之規程而徵收之。該官吏之資格不相當者，不得收納。每年支出之經費，按年度之歲入而定。國務大臣不得在議定款項之外彼此通融，移用總決算。經會計檢查院之檢查，政府提出於議會，與總豫算一律列表宣示。各年度歲計有剩餘時，可并入於翌年度之歲入。又因工事製造各種事業等故，若本年之經費不足，則可豫支下年經費充用。一切豫算外之收入，須依法令歸入於經費定額中。政府有非常急遽之工事，關於軍國者，可於法令外賣買、借貸。又現金出納物品屬於政府，官吏應受會計檢查院之檢查。如遇水、火、盜、難，物品毀失，非得其解除責任之判決，不得免擔負之責。若有特別需要，難依據本法時，則得置設特別會計。又政府可命銀行承辦國庫金事。此外，凡與本法條項牴觸之法令，於後項施行之日，前項即日廢止。此會計法之大要也。明治二十二年二月。

●會計法施行於臺灣之件　按：前列會計法於是年施行於臺灣。明治二十九年五月。

●會計法補則　按此則：凡以明治二十三度歲出豫算中有數項費用〔一〕，如文武官俸給等，於二十四年以憲法規定之，爲既定之歲出。明治二十三年八月。

〔改〕●會計規則　按規則：凡分爲會計年度所屬區分、歲入歲出金之出納、豫算收入支出豫算定額、豫支過年度之支出、及定額返入，政府工事物件之賣買、借貸、出納、官吏、帳簿雜則等。歲入年度分爲三，歲出年度分爲五。而出納於金庫者，總以翌年度七月三十一日爲限。總豫算者，大藏大臣調查歲入之情形，以各省所咨之豫定經費要求書爲基而調製。歲出總豫算各省之費，皆分爲經常、臨時二種，又歲入歲出之現計書及豫備金支出等事，皆大藏大臣主之。收領現金之收入官吏，從大藏大臣所定之規則，每月報告其支出時，則有支付命令官執行支付之命令，計算報告金額，受大藏大臣之認可。決算則有總決算書、國債計算書，大藏大臣調製之。各省決算報告書及特別會計計算書，則各省大臣各因其事調製之而送之於大藏省。各省大臣據會計法，欲豫用翌年度之定額時，必作豫支計算書，經大藏大臣承認，翌年度經費支出時，宜照現年各省定額而發。各省大臣若有五百圓以上之工事，竣功後，監督官吏及技師等宜各出證明書。又賣買、借貸、有競爭契約、有隨意契約，各因其事而定用之。又有出納官吏分任出納之事，受大藏大臣之指揮監督。銀行承辦國庫金時，其總裁爲金庫出納官，受會計檢查院之檢查判決。大藏省備日記簿、原簿、補助簿等，登記國庫所有一切現金出納等事。又備主計簿以總計歲入歲出之豫算額。又收入官吏備收入簿，登記歲入之種類。金庫出納官則備支出簿，登記歲出之科目。帳簿之格式及登記之方法，大藏大臣定之。凡與本規則有牴觸者，於本規則施行之日，一切廢止。此會計規則之大要也。明治二十二年五月。

第二款　工事物件賣買借貸

●政府工事物件賣買、借貸所關隨意契約之件　按此件：依會計規則行之，其豫定價有變異者，得因時爲隨意契約，但不得過最初競爭之價格。明治二十三年九月。

●外國公使館基地貸與時得爲隨意契約之件　按：外國公使館建築地，以官有地貸與，得爲隨意契約。明治二十四年七月。

●在外各廳工事及物件賣買、貸借所關隨意契約之件　按：在外各廳於物件之賣買、貸借時，得爲隨意契約。明治二十七年四月。

●官有之建築物等賣買得爲隨意契約之件　按：官有之建築物及其附屬各件、所以供公用及爲府縣、郡市、町村等公共集合之用者，得爲隨意契約。明治二十六年十二月。

●工事用機械器具、鐵軌、車輛、船舶、建物及其附屬物并其他材料原品所關隨意契約之件　按：政府於此等要工所必需之物，或賣買、或借貸時，得爲隨意契約。明治二十九年七月。

●痘苗製造所用隨意契約購入犢牛事件　按：東京、大阪痘苗製造所購入犢牛得爲隨意契約。明治二十九年十一月。

●北海道獎勵植産貸與種畜得爲隨意契約之件　按：北海道新闢地爲獎勵植産之故，貸與種畜得爲隨意契約。明治二十四年七月。

〔廢〕●北海道廳直營事業所使用之人夫、職工得爲隨意契約之件　按：北海道廳於筑港、運河、架橋、鐵路、隧道工事所雇傭之使用人夫、職工，得爲隨意契約。明治二十九年八月。

●於北海道殖民地承辦道路、橋梁、排水工事得爲隨意契約之件　按：北海道廳所選定殖民地區域内之道路、橋梁、排水等工事，其域内移住民有二十人以上共同承辦者，得爲隨意契約。明治三十一年三月。

●北海道陸軍管理工事隨意契約之件　按：北海道陸軍管理工事爲運輸交通不便而建設者，得爲隨意契約。明治三十一年三月。

●北海道廳買入土木工事之件　按：北海道廳有買入鐵道、筑港及其他土木要工諸事者，得爲隨意契約。明治三十年六月。

●北海道森林之主副産物發賣及工事材料從御料局買受時，得爲隨意契約之件　按：北海道爲公益事業之工事，發賣森林之主副産物，又北海道廳官辦各種工事之材料，從御料局買受時，皆得爲隨意契約。明治三十一年三月。

●臨時於北海道敷設鐵道部依隨意契約而賣買、借貸鐵道用物之件　按：臨時於北海道敷設鐵道部，凡車輛、器械及材料、原品賣買、借貸於私設鐵道會社者，得爲隨意契約。明治二十九年五月。

●臺灣總督府以隨意契約買入、借入工事諸物之件　按：臺灣總督府於千五百圓以内之工事物件買入、借入，得爲隨意契約。明治二十九年九月。

●臺灣總督府施行工事隨意契約之件　按：施行於臺灣總督府所有工事，得爲隨意契約。明治三十一年六月。

●臺灣總督府施行之敷設鐵道、建築燈臺、筑港及其他直營事業所關隨意契約之件　按：此諸項事業物件之賣買、借貸及勞力供給之承辦，限於本府管内，得爲隨意契約。明治三十一年六月。

●以府縣地方等税施行之工事與政府工事有關聯者，得爲隨意契約之件　按：以府縣税、地方税、市町村税、水利集合費所施行之工事，與政府有關聯者，得爲隨意契約。明治二十六年五月。

●鑄造貨幣買入金類之件　按：鑄造貨幣之金、銀、銅由銀行承辦時，得爲隨意契約。明治二十三年六月。

●以内府備荒儲蓄金所購入公債證券賣去時，得爲隨意契約之件　按：此爲臨時急施之故，得爲隨意契約之件　明治二十四年十一月。

●煙葉賣出之件　按：此事件設煙葉專賣所，别定法令，以平同業者之爭競。明治三十二年三月。

●因輸入之故政府所買入煙葉之件　按：因輸入之故，政府所買之煙葉，得爲隨意契約。明治三十二年六月。

●建築兵營及煙葉事務所之材料從御料局買受時，得爲隨意契約之件　按：陸軍兵營及煙葉草事務所建築所用之材料從御料局買受時，得爲隨意契約。明治二十九年十月。

●陸軍用地生産物賣出時得爲隨意契約之件　按：陸軍用地所産之炭材、秣料、小柴等賣與該地人民者，得爲隨意契約。明治三十二年五月。

●軍事緊急貸賣所購入各物，得爲隨意契約之件　按：因軍事緊急之故而貸賣政府所購入之物件者，得爲隨意契約。明治二十七年六月。

敕令第九十二號　按：此令專制定軍事緊急時所購入物件之列。明治二十七年七月。

●海軍艦船所用煤炭賣與外國軍艦之件　按：外國軍艦煤炭缺乏之際，得以海軍省貯藏之煤炭，照相當之價值賣與之。明治二十三年十二月。

●承辦採掘海軍礦炭及發賣粗惡炭並粉炭，得爲隨意契約之件　按：承辦採掘海軍所用之礦炭及以粗惡炭或粉炭賣與人民時，得爲隨意契約。明治三十二年六月。

●籌辦札幌農學校資金之故而借用北海道土地時，得爲隨意契約之件　按：此係以北海道土地借與人民取其資金作爲札幌農學校辦理費用，故得爲隨意契約。每人所貸之宅地限四百五十坪以內，耕地及未開地三萬坪以內。明治二十八年七月。

●馬匹購入及貸與得爲隨意契約之件　按：農商務省因馬匹改良之故，或購入或貸入時，均得爲隨意契約。明治二十九年五月。

●製鐵所購入各物得爲隨意契約之件　按：製鐵所爲製鐵事業購買必要之器具、機械於外國，或購買原料於内國時，得爲隨意契約。明治二十九年十二月。

●承辦製鐵所用地浚渫淤積設置碼頭工事，得爲隨意契約之件　明治三十二年二月。

●承辦法國博覽會所關物件賣買借貸及承辦工事者，得爲隨意契約之件　按：明治三十三年，法國巴里開設博覽會，承辦此事所關之物件及賣買、借貸等工事者，均得用隨意契約。明治二十九年七月。

〔廢〕●承辦鐵道要工雇傭職工人夫得爲隨意契約之件　按：承辦直接遞信省鐵道工事要件所用職工人夫等，得爲隨意契約。明治二十九年五月。

●賣貸官設鐵道之土地家屋於私設鐵道會社時得爲隨意契約之件　按：因官設、私設兩鐵道連絡營業關係緊要時，以官設鐵道之土地、家屋賣與或貸與於私設鐵道會社時，得爲隨意契約。明治二十九年六月。

●遞信省鐵道電信、電話事業之材料從御料局買受時，得爲隨意契約之件　明治三十一年七月。

●賣買借貸物件於鐵道作業局，得爲隨意契約之件　按：鐵道作業局所用之車輛、器具、機械及其他用品，從私設鐵道會社買入或賣與、貸與於私社鐵道會社者，得爲隨意契約。明治三十一年七月。

●承辦木曾川改修土工一萬圓以上工費者之資格規定　按此規定：凡從事工程二年以上及歲納國税十五圓以上，或爲合名合資會社之社員納税額如上數，或在株式會社有資本金三萬圓以上、曾經承辦一萬元工事而採守完全者，皆得有承辦木曾川土工資格。明治三十一年七月。

●承辦淀川改良工事所用鐵製拖船及附屬品者之資格規定　按此件：凡從事工程二年以上、歲納國税三十圓以上，或爲合名合資會社之社員，納税額如上數，或在株式會社有資本金十五萬圓以上及造船造機專門技術有經驗者，皆得有承辦淀川工事之資格。明治三十年五月。

〔改〕●承辦利根川改修工事所用浚渫船、拖船、小蒸汽船者之資格規定　按此規定：凡與淀川工事同。明治三十年四月。

●承辦淀川改良工事運搬土砂所用鐵軌機關車及其他附屬品者之資格規定　按此規定：其資格規定與前同。明治三十年四月。

●承辦横濱工事所用塞門德泥製造者之資格　按此資格：須有資本金十萬圓以上，或營該業四年以上，或一月能有五百噸製造力者，或能招聘化學專修技術而監督其製造者，均可。明治二十八年二月。

●承辦官舍改筑工事者之資格　按此資格：須歲納國税十五圓以上，及在各項會社而有財産二萬圓以上者，均可。明治三十二年六月。

●承辦職員録印刷製本者之資格　按此資格：須在東京市内有印刷製本之工場、備蒸氣機關，使役職工百人以上者。明治三十年十月。

●承辦煙葉專賣所所用衡器者之資格　按此資格：須歲納國税三十圓以上，能聘用專門技術者。明治三十年八月。

●承辦煙葉事務所新築及修繕工事者資格之條件　按此件：此資格條件於會計規則所定之外，有關於各人者十種，關於會社者十種。

●承辦横濱税關所購入小蒸汽船者之資格　按此件：凡每年直納國税、會社税五圓以上及有資本金二萬圓以上，或有製造三百噸汽船之工場，能聘用造船學技師者，均得有此資格。明治三十一年七月。

●承辦神户税關所購買蒸汽船者之資格　按此資格：須每年直納國税二十五圓以上，或有資本金十萬圓以上，或有製造三百噸以上汽船之工場、能自製船體及附屬機關、能聘用大學造船科卒業生及同等學識之技師者。明治三十二年五月。

●承辦大阪税關所購買小蒸汽船者之資格　按此資格：須歲納國税百圓以上、能製造五十噸以上汽船船體及附屬機關者。明治三十二年六月。

●承辦臨時臺灣燈標建設部鐵造燈塔者之資格　按此件：其資格須歲納國税七圓五角以上，或在各種會社有資金三萬圓以上，及曾辦相當之工事有經驗者。明治二十八年十一月。

●承辦飼養軍馬乾草者之資格　按此件：其資格須視馬匹地方範圍之廣狹，其資本閱歷有相當之經驗者。明治二十七年三月。

●承辦國内一切工事者之資格　按此件：一切工事除北海道、臺灣另設規則外，凡工事金額一萬圓以上者，須有歲納國税三圓以上之資産，金額二萬圓以上者，須有歲納國税五圓以上之資産，以次遞加至十萬圓以上之工事，每年國税須四十圓以上，或會社資金與工事金額各有相當之數者，亦得承辦。明治三十年六月。

●請辦陸軍工事者之心得　按此件：無論何種工業，會社欲承辦陸軍所需之工事者，必由社長開列計算書、鈐印，呈地方官核實送陸軍省，宣示施行於北海道、沖繩縣。臺灣則另定規則。明治二十七年五月。

〔改〕●海軍省物品購買、賣却之規則　按此則：凡鎮守府及其他諸廳，欲買賣物品時，當明示其物品之標本圖面、製造方法、契約書案，以供衆人熟覽。其契約書中須揭載物品之名稱、數量、價值、納入發出之期限、保證金額、處分法、納入發出之地方、檢查徵信法、契約不踐及延遲之處分法、價值付出、收入之期限等，既成交易以後，則宜載入新聞紙宣告大衆。明治二十九年三月。

●承辦學校及圖書館建築修繕工事者之資格　按：此種工事須曾經承辦與本工事金額二分之一以上相當之工事者，但依地方之情況，亦可稍事通融，而以五分之一爲限。明治三十一年二月。

●承辦文部省年報之印刷及製本者之資格　按此資格：須於東京市内有印刷及製本之工場者。明治三十年十月。

●承辦農商務省建築書庫者之資格　按此資格：須曾經承辦一萬圓以上之工事、納國税十圓以上、有資本金三萬圓以上者。明治三十二年五月。

〔廢〕●買辦遞信省所管官設鐵道用外國品者之資格　按此件：其資格則須商事會社之資金與本事項相當外，又須於歐洲大陸或英國、美國之市府有支店、代理店及在各處製造地曾受工事委任者。明治二十九年十二月。

〔廢〕●承辦遞信省新造千噸以上船舶者之資格　按此資格：須有製造千噸以上船舶之工場，及製造此等船舶實有經驗，且具備製造火爐之工場者。明治二十九年十二月。

●承辦遞信省新造小蒸汽船者之資格　按此資格：須有製造二十噸以上蒸汽船船體、汽機汽罐適當之工場，且有製造之經驗、擔當其業務自二年以上者。明治三十年七月。

〔廢〕●承辦航路標識管理所購入煤油者之資格　按：承辦製造煤油發火點百六十度以上者，須有每日能出油百瓦以上之工場，若點火百四十度以上者，須有每日能出油五十瓦以上之工場者方得承辦。明治三十年三月。

〔廢〕●承辦航路標識管理所鐵道燈塔者之資格　按此令：其資格須歲納國稅五圓以上，或有會社資金二萬圓以上，及有六十尺平方、八十尺高、無障礙之空地在工場内，並具備每次鎔鐵一噸之鎔爐者，方得承辦。明治三十年四月。

〔廢〕●承辦鐵道及廳舍建築修繕者之資格　明治三十年十月。

〔廢〕●承辦郵政、電信、電話用印刷物時辰表麻布、綿布、革製品者之資格　明治三十年七月。

〔廢〕●承辦電信、電話用鐵綫、鋼綫、銅綫、樹膠綫、海底綫、電信器、電話器鐵管者之資格　按此令：凡以上兩令其資格，均須國税會社人資格本金與所任事相當者。明治三十年七月。

〔廢〕●承辦廳舍建築修繕工事者之資格　明治三十一年六月。

●承辦鐵道工事者之規則　按：此規則分爲競爭契約之條件及隨意契約三章。明治二十三年十月。

●鐵道廳物品賣買規則　按：此規則專制定鐵道廳物品買賣之事。明治二十三年十月。

●土木工事起業者保證金之繳納方法　按：此項保證金須納於該地方廳官。明治二十四年三月。

第三款　特別會計

●作業會計法　按此法：如造幣局、印刷局、製鐵所、電信、燈臺用品製造所、廣島鑛山專賣局、各作業局之固定資本、轉運資本，均立特別會計，每年歲入、歲出之豫算，均由議會提出以敕令定之。明治二十三年三月。

●造幣局轉運資本增加所關之件　按：造幣局轉運資本，以金價、幣價相當額之剩餘者充之。明治三十二年二月。

●官設鐵道會計法　按此法：大要以土地、軌道、車輛、停車場、工場、家屋、一切重要器具爲固定資本。其流動金爲轉運資本。歲入、歲出之豫算，議會定之。明治三十二年三月。

〔改〕●作業及鐵道會計規則　按此規則：分爲歲入、歲出、豫算、決算、收入、支出、資本勘定，受付工事物件之賣買、借貸、出納、官吏帳簿、雜則等。明治二十三年三月。

●官設鐵道用品資金會計法　按此法：以固本金内百八十萬圓充數，每年於議會提出，爲歲入、歲出之豫算。其規則別以敕令定之。明治二十六年正月。

●官設鐵道用品資金會計規則　按此規則：以貯藏物品賣出價爲歲入，以購入物品、製作、改製、修理並附屬諸費爲歲出。出入不相抵者，於每年度終改定之。明治二十六年七月。

●官設鐵道用品資金增加之件　按：是年增加二十五萬圓。明治二十九年二月。

●官設鐵道用品以官設鐵道用品資金買入時豫付定金及概算法　明治二十九年二月。

●北海道官設鐵道用品資金會計法　按：此法制定資金五十萬圓，以應購入貯藏、運輸、營業並建設事業之需用。明治三十二年二月。

●北海道官設鐵道用品資金會計歲入、歲出出納之件　明治三十二年三月。

●北海道官設鐵道會計之例　按：此等法均特別定之。明治二十三年及二十六年所定内國鐵道諸法，均不適用。蓋北海道本蝦夷之地，土人習於漁獵，舊俗雖有土地，終古荒涼。自明治元年下詔開闢，移内地之民以實之，浚河渠、通道路，獎勵農業。凡有興筑，政府籌特别之資金，議特别之法令，教導獎勵，不遺餘力。至今游其地者，見街道之壯麗，農畔之整齊，規模宏遠，過於内地。蓋日本舊俗儉陋，遠不如我禹域。去舊更新，難於齊一，而北海道則曠土新闢，維新以後，直以文明之法制施之。其地氣候寒冷，與我東三省相若。至水土之深厚，礦産之富饒，區區島嶼，不及我黑龍江大陸平原之什一。漢土久患人滿，而東三省膏腴之地，塵封荒廢，無異昔時。有地不治，地球萬國，誰不視爲殖民善地，鯨吞蠶食，豈獨俄人已哉？明治三十一年六月。

〔改〕●作業及鐵道會議金庫出納事務規程　按：此規程分爲總則、帳簿及計算報告、決算整理等三章。明治二十六年十二月。

●作業及鐵道歲出支給命令官交理方法之件　明治二十三年四月。

●作業及鐵道會計規則諸報告書、諸表、諸帳簿書式　明治二十三年三月。

●諸報告書調製方法　明治二十三年十月。

●官設鐵道用品資金作業歲入、歲出之出納管理方法　明治二十七年三月。

●鎮守府造船材料資金會計法　按此法：其資金以橫須賀鎮守府小野濱造船所所備之資金充之，每年從議會提議。明治二十三年三月。

●鎮守府造船材料資金規則　按此規則：以貯蓄材料賣出費爲歲入，以購入材料費、製作費、改製費、附屬費及損失諸金爲歲出。明治二十三年三月。

●鎮守府造船材料資金增加之件　按：此資金漸次增加，至是年有百四十五萬五千餘圓。明治二十九年三月。

●造船材料資金及鐵道用品資金之出納整理法　明治二十八年正月。

●軍艦水雷艇補充本金特別會計法　按此法：凡額設三千萬圓，每年從議會提議增補，不得虧缺。明治三十二年三月。

●陸軍作業會計法　按此法：凡爲經營東京、大阪兩砲兵工廠及千住製絨所之資本金而設，特別會計每年由議會提出，議其出入金額。明治二十三年三月。

●東京、大阪砲兵工廠料作轉運資本金增加之件　按：此資金漸次增加。至是年，東京廠增至百三十萬餘圓，大阪百十六萬餘圓。明治三十年二月。

●千住製絨所料作轉運資本金增加之件　按：此金漸次增加，至是年，增至二十一萬餘圓。明治三十年二月。

●臺灣總督府特別會計法　按此法：其規則別以敕令定之。明治三十年三月。

●臺灣總督府特別會計規則　按此規則：其歲入、歲出之計算書，拓殖務大臣調製之而送付於大藏大臣。明治三十年三月。

●據臺灣總督府特别會計規則諸報告書支付命令領收證及計算書之格式。明治三十年三月。

●臺灣總督府特别會計金庫出納事務規程　按此規程：由大藏大臣飭知其歲出豫算額於中央金庫。明治三十年三月。

●臺灣總督府特别會計所屬返納及納入告知書記載方法　按：臺灣自歸日本後，置設總督，與以特别大權。視彼内國，凡地方民政，必本諸憲法提諸議會者迴殊。其會計，則别設拓殖務大臣司之。謂此邦之民不與同化，與歐洲各國之視殖民地，殊塗同歸。夫臺灣之民，本漢族也，非蝦夷蠻族榛榛狉狉比也。彼日本者，内困於財政，外逼於歐族，與我國危難無甚懸殊。幸能政治修明，教育改良，一旦據此土地，得此人民，正宜廣施政教，一視同仁，用其材力，以競爭於異族。胡爲自分畛域，必殖其固有之民，然後爲快意耶？吾嘗反覆考之，知日本政府有不得不然者在也。臺民之歸日本，七年於兹矣。强勇者徒襲揭竿斬木之風，柔懦者不改委靡因循之習，間有入學於東京者，未見有高尚學問，得入世界社會之資格。至其内地之鴉片、纏足，種種舊習，因循不革，是民智、民德、民力實不足與日人比肩。彼日人亦無可如何也。日本於明治三十年定治臺法令，期以五年，今日付諸議會，又展五年。輾轉因仍，壓制之苦無窮期矣。我國内地人民，自審其學問程度，高出於臺人者幾何？而環視眈眈，思殖民於我地者，更非日人可比。一旦反客爲主，吾人甯有幸耶！彼臺人者，非無富貴之資，而今安在？凡我士夫，宜早自奮厲，各矢忠愛，慎勿坐待異邦殖民而自爲臺人之續矣！明治三十三年三月。

〔改〕●事業公債及鐵道公債之特別會計法　明治三十二年二月。

●整理貨幣資金之特別會計法　按此法：凡爲整理銀圓及流通不便之貨幣，置資金而設特別會計，其規則別以敕令定之。明治三十年三月。

●整理貨幣資金特別會計規則　明治二十年四月。

●紙幣交換本金特別會計法　明治二十三年三月。

●鎖店銀行紙幣交換本金特別會計法　明治二十三年三月。

●依整理公債條例，募集及償還之公債金、政府紙幣交換本金、鎖店、銀行交換本金等特別會計法　按：貨幣之制，爲民生交通最大之關係，以金幣爲本位，銀幣、銅幣之價格悉隨金幣之定額而無漲落，故行之内國而民不疑，付之外國而值不變，欲其輕便而不滯於流行也。復製紙幣以權之，政府特設製幣所而一其制度，慎會計之出入。每歲提議於議會，豫算、決算，宣示大衆，是以國民交信而無壅滯之虞。明治二十三年四月。

●災害准備本金特別會計法　按：此法專爲非常災害特免租税及各府縣災害土木費補助

之用，特備金千萬圓。有缺則别籌以填補之。明治三十二年三月。

●森林資金特别會計法　按：此法專爲構造、保護森林之用。明治三十二年三月。

●教育本金特别會計法　按此法：政府備本金千萬圓以供普通教育之費。明治三十二年三月。

●官立學校及圖書舘會計法　按此法：其規則别以敕令定之。明治二十三年三月。

〔改〕●官立學校及圖書舘會計規則　按此規則：分爲資金、歲入、歲出、豫算、決算、年度豫支、歲入剩餘、工事物件之賣買、借貸、帳簿、雜則等九章。明治二十三年三月。

〔改〕●官立學校及圖書舘會計金庫出納事務規程　按：此規程分爲總則、帳簿及計算報告、決算整理等三章。明治二十六年十二月。

●官立學校及圖書舘支付命令官處理法　按：日本圖書舘之便利，我邦所急，宜師法者也。每校附屬一所，校長特派教習以監督之。各視其校中所學之宗旨，購其圖籍，以備生徒參考。又有特别大圖書舘，廣搜中外圖籍，貯入其中，通國士民，凡欲讀其書者，稍出金資，購買證券，入舘翻閲。自朝至暮，每日舘中閲書者，常數千人。申明規約，肅静無譁。好學深思之士，莫不饜其所學。所出資費甚輕，而舘中所收足爲一切費用之補助。我國名都大邑，雖不乏藏書樓閣，而限之以官禁，終日塵封。每歲得讀其書者，甚寥寥焉。是彼所有者兩利，我所有者，不啻兩害也。有教育行政之責者，尚其加意於斯。明治二十四年三月。

〔改〕●郵便貯金豫所貯金郵便匯兑金等特別會計法　明治二十三年三月。

●償金特別會計法　按此法：每年償金之歲出、歲入及總豫算，由議會提出。明治二十九年三月。

●公債償金費用豫支運用之法　明治三十二年二月。

●特別會計豫算中第一豫備金支出之件　明治三十年四月。

第四款　物品會計

〔改〕●物品會計規則　按此規則：凡政府所屬之器具、器械、備品、消耗品、動物、一切動産，皆准此規則。惟關於海陸軍備者，則别有規則。明治二十二年六月。

●海陸軍出師准備物品檢查之法　按此事：以海陸大臣任之，與會計檢查院不涉，所以重軍人也。明治二十三年八月。

●陸軍兵備品會計規則　按此規則：分爲出師准備品、通常兵備品二種。出師准備品之數目，陸軍大臣與參謀總長協議。通常兵備品，則由各保管經理之。明治二十四年三月。

〔改〕●海軍兵備品會計規則　按此規則：除兵器、圖器、艦營需品、被服、糧食、治療品外，悉依物品規則施行。鎮守府所存之兵器出納，則武庫主管掌理之。明治二十四年三月。

●海軍糧食條例　按：此例專制定海軍糧食名件並其重量。明治二十三年二月。

〔廢〕●海軍被服條例　按：此例專制定海軍所用被服物品名件。明治二十九年十月。

〔廢〕●内務省所管物品出納規程　明治二十二年九月。

●内務省訓令第三十九號　按：此令專制物品出納之計算書。明治二十二年十月。

〔廢〕●北海道廳及北海道集治監出納規程　按：此規程分爲總則、物品出納及帳簿保管，及責任報告書、計算書、廢物處分、雜則等六章。明治二十二年九月。

〔改〕●煙葉出納順序法　按此法：設煙葉草專賣所以管理之。明治三十年十月。

●煙葉專賣所管理物品順序法　按此法：大别之爲備品、消耗品二類。明治三十年十一月。

●煙葉管理費所屬物品出納管理之法　明治三十年七月。

●煙葉出納計算書中添附保證書之法　明治三十一年三月。

●煙葉管理所屬物件賣買諸契約之法　按：吸食煙草不至如鴉片之毒害，有損無益，故日本設專賣所以重税之，條例繁密特甚。蓋不惟利其重税，實兼寓無形之禁令於其中，所以厚民生也。我國税法自主之權，一時未能收復，重徵土產，適以便外貨輸入之門。惟設專賣所以制之，而輕重權衡，操之自我，爲歲入之一大宗，以濟國用。此國計、民生兩有裨益者也。明治三十年十月。

〔改〕●印紙類出納規程　按此規程：一切書信契約税，皆由官局印紙發賣。其出納命令，税務管理局長行之。明治三十二年三月。

●國税印票用品出納規程　明治二十三年五月。

●税務管理局印票類出納管理法　明治二十九年十一月。

●法令所關無用印票用品之處分法　按：法令改變所剩餘之印票用品，該命令官得命其於會場中燒毀之。按印票之便利甚多，日本於契約、報告、證明，各種書據之當税者，皆豫賣印票以税之，無徵收之煩，無偷漏之弊。我國家於郵票之外，所當推行者也。明治三十年正月。

●税關經費所屬物件之借入及無用物品賣却等契約之締結法　明治三十年七月。

●内國税徵收費所屬物品出納規程　按此規程：大别之爲器械備品、消耗品二類。府縣知事及受其委任之官吏執行之。明治二十五年六月。

●專賣局特别所用文具使用之規則　按此規則：大别之爲共用品、專用品二類。明治三十年十一月。

●鑛山監督署物品出納規程　按此規程：署長執行之。明治二十五年五月。

●林區署物品會計規程　按：此規程分爲總則、保存品、消耗品、責任監督、帳簿、雜則等六章。明治二十五年十二月。

●獸疫費所屬物品之出納管理法　明治三十一年二月。

●物品會計官吏保管品失正毀損之處分法　明治二十四年十二月。

第五款　出納官吏

●出納官吏身元保證金之例　按此例：凡管理金額每年五百圓以上、物品千圓以上者，須出身元保證金。惟海陸軍官不在此限。明治二十三年正月。

●臺灣出納官吏身元保證金之例　明治二十九年五月。

●臺灣總督府三等郵便局長身元保證金之例　按此例：臺灣總督執行之。明治三十二年四月。

●内國郵政匯兑金及貯金之出納官吏身元保證金之例　按此例：遞信大臣執行之。明治二十三年六月。

●内務省所管出納官吏身元保證金後納及付還等管理規則　按此規則：内務大臣執行之。明治二十六年十二月。

●内務省所管出納官吏奉職於警視廳北海道廳各府縣者之身元保證金管理規程　按此規

程：廳長、府縣知事收納之，而報告於大藏省及會計檢查院。明治三十一年八月。

●臺灣總督府所屬出納官吏身元保證金管理規程　按此規程：出納官吏之所屬長官執行之。明治三十一年四月。

〔廢〕●大藏省所管出納官吏身元保證金管理順序　明治二十六年三月。

●出納官吏身元保證金繳納義務心得之訓令　明治二十六年三月。

●大藏省所管出納官吏身元保證金額之指定標準　按：此分收領現金常職官吏、物品會計官吏、印紙類會計官吏等三種，各視其所管金額之多寡而納身元保證金。管金者，五白圓以上納四十圓。管物者，千圓以上納二十圓。管印紙者，千圓以上納二十五圓。各以次第遞加，至最高額納千圓而止。明治二十五年五月。

●出納官吏以他人所有土地或公債證書抵保證金之證書書式　明治二十四年六月。

●税務管理局出納官吏身元保證金管理法　明治二十九年十月。

●煙葉專賣所出納官吏身元保證金管理法　明治三十年十月。

●煙葉專賣所收支出納官吏准用從前訓令之例　明治三十年十二月。

●印紙類會計官吏身元保證金管理法　明治二十三年二月。

●出納官吏身元保證金納付法　明治二十三年六月。

●出納官吏身元保證金請求付還方法及書式　明治二十三年九月。

●付還出納官吏身元保證金誤納等管理法　明治二十三年十一月。

●文部省所管出納官吏身元保證金管理規則　按此規則：文部大臣執行之。明治三十一年八月。

〔改〕●出納官吏身元保證金管理之順序　按此例：由所屬部局長執行，申請農商務大臣。明治二十六年十二月。

●林區署出納官吏任命及身元保證金管理規則　按此規程：所有大小林區署之主任、分任、收入官吏等，大林區署長得任命之。明治三十一年十月。

●遞信省所屬出納官吏以土地代身元保證金登記之例　明治三十一年二月。

〔刪〕●陸軍省所屬出納官吏以土地代身元保證金登記之次序　明治二十六年十二月。

海軍省訓令第二號　按：此訓令專制定海軍所屬出納官吏身元保證金事務。明治二十六年十二月。

文部省訓令第十四號　按：此訓令專制定文部省所屬出納官吏身元保證金事務。明治二十六年十二月。

農商務省訓令第四號　按：此訓令專制定大林區署、鑛山監督署出納官吏以土地代身元保證金事件。明治二十七年二月。

●管理歲入、歲出現金出納官吏之准則　明治二十三年三月。

〔改〕●出納官吏管理現金規則　按：此規則分爲金庫之義務委託、隨意保管、納入法等三章。明治二十二年十月。

〔改〕●出納官吏管理現金規則中保管金印據及監守證書格式　明治二十二年十二月。

●出納官吏依管理現金規則，送監守證於金庫方法　明治二十三年三月。

●出納官吏據管理現金規則，由收入官吏送監守證於金庫時辦理之次序　明治二十二年十二月。

●出納官吏據管理現金規則，以所收租税及一切收入品納入於金庫方法　明治二十三年四月。

●金庫受義務委託時用印方法　明治二十三年六月。

●臺灣奉職之收入官吏、出納官吏納送現金並監守證於金庫之例　明治三十一年正月。

●大藏省出納官吏保管金紛失時報告方法　明治二十四年三月。

遞信省訓令第三號　按：此訓令專制定出納官吏、保管金紛失時報告方法　明治二十四年三月。

●會計規則之管理方法　按：此事以警視總監北海道廳長、府縣知事、臨時横濱筑港局長任之。明治二十五年十一月。

●收入官吏彼此委託徵收管理之次序　明治二十三年十月。

〔改〕●北海道廳所經理諸收入由收入官吏納入金庫之管理方法　明治二十六年十二月。

〔廢〕●收入官吏配置法之件　明治二十六年十二月。

●出納官吏保管現金寄託於金庫時之登記方法　明治二十八年五月。

●在外國收入官吏以外國貨幣納入金庫時監守證記載法之件　按：以外國貨幣納入金庫爲歲入金，必以本邦通行貨幣換算，而旁記外國貨幣之數。明治二十四年二月。

●保管金及監守證送入金庫時記載方法　明治二十六年十二月。

●算定額、收入額及不納缺損額無變動而現金付入額有變動時報告記載方法　明治二十五年十二月。

●現金付入時有未了之金額記其事由於收入報告書之件　明治二十三年六月。

●特別會計月計對照表送付時調查之件　明治二十三年五月。

●分任收入官吏之附呈收入報告書并調製歲入金突合表之件　明治二十六年十二月。

●月計對照表於金數外若見有謬誤時證明法之件　明治二十四年正月。

●大藏省出納官吏證明計算書等用紙之件　明治二十六年七月。

〔改〕●整理政府所盖印之一圓銀票出納計算之順序　按：此件專爲臺灣各項出納官吏所

發之訓令。明治三十一年七月。

大藏省訓令第四十一號　按：此訓令制定臺灣郵政匯兑貯金之出納官吏所關事項。明治三十一年七月。

●恩賞諸禄、清償諸款及補填缺損金依會計規則之官吏任命方法　明治二十四年正月。

●内國税徵收費所屬經費依會計規則及中之官吏任命方法　明治二十三年四月。

●出納官吏交代時事務繼續之順序　明治二十三年四月。

●收入官吏交代時證明法之件　明治二十三年六月。

〔删〕●分任收入官吏與主任收入官吏交代時事務繼續之順序　明治二十七年二月。

農商務省訓令第十一號　按：此訓令專制定主任收入官吏交替時，事務繼續之順序。明治二十七年三月。

●委託現金於金庫之出納官吏交代時通知金庫之方法　明治二十五年二月。

〔删〕●收入官吏有轉免、死亡等事交代時通知金庫方法及金庫計算管理之順序　明治二十六年十二月。

●收入官吏當代理時金庫整理計算方法　明治二十五年十二月。

●出納官吏檢查規則　按此規則：凡出納官吏金櫃帳簿及事務管理法之實況，當檢查時，會計檢查院特派員檢查之，無論何時，不得規避。明治二十五年五月。

大藏省訓令第三十五號　按：此令專制定檢查員所關諸事。明治二十五年五月。

●定檢查官吏之命令其他管理方法　明治三十二年四月。

内務省訓令第十一號　按：此訓令專制定檢查官吏命令之件。明治三十二年四月。

内務省訓令第十四號　按：此訓令專制定學校檢查官吏命令之件。明治三十二年五月。

●歲出檢查員及其他官吏任命之件　按：此由北海道廳長府縣知事命之。明治三十一年八月。

第六款　豫算

●歲入、歲出豫算概定之順序　按此件：大别之爲經常、臨時二部。總概算書由内閣決定後，各省大臣各算其所當用之經費，製豫定經費要求書，送之於大藏大臣。明治二十二年三月。

●豫定經費算出之概則　明治二十二年六月。

●歲入概算書格式及送付期限　明治二十二年四月。

●歲入概算月額金庫區分表及送付之件　明治二十二年十二月。

●各省主管移換於大藏省主管諸收入歲入概算書之件　明治二十五年正月。

●歲入豫定計算書及月額金庫區分表調製進達方法　明治二十五年二月。

●歲入豫定計算書及月額金庫區分表格式之件　明治二十六年正月。

●歲入豫算書進達日期之件　明治三十一年四月。

●歲入、歲出年度科目所管廳訂正錯誤之章程　按：此件共七項，爲内務省訓令。明治三十一年七月。

大藏省訓令第四十八號。明治三十一年七月。

文部省訓令第九號　按：此訓令共八項。明治三十一年九月。

●生絲檢查所會計事務管理規程　按此規程：分爲豫算、收入、支出、工事及物件賣買借貸、物品會計等五章。日本生絲近年進步殊速，觀其檢查所條理繁密，知不但蠶學栽桑之精進，而農商務省檢查之力亦得其要領。我國蠶絲發達最早，誠得良有司精密檢查，使粗惡之品不入於市，則不但我國所固有之美利不爲外國所奪，且可見其進而益上，暢銷於地球市場而無阻害。明治二十九年三月。

第七款　收入

●國税徵收法　按：此法分爲總則、徵收、滯納處分、罰則、附則等五章。明治三十年三月。

●國税徵收法施行規則　明治三十年六月。

〔改〕●國税徵收法施行細則　按：此細則附書式十二號。明治三十年六月。

●沖繩縣小笠原島伊豆七島國税徵收法　明治二十二年十二月。

〔改〕●市町村徵收國税之件　按：其中分所得税、營業税、賣藥營業税、賣茶營業税四種。明治三十年六月。

〔删〕●北海道及未嘗施行町村制之各島嶼徵收國税方法　按此件：大致以整理水産營業爲主，惟小笠原伊豆七島，不在此例。明治二十三年二月。

〔删〕●北海道及未嘗施行町村制之各島嶼徵收國税方法之順序　明治二十六年十一月。

〔改〕●市町村制未嘗施行地之徵收國税事務管理方法　按此方法：凡已成市町村之處，地方自治制度完備，其國税，市町村長徵之，而府縣總其成。未成市町村者，户籍散涣，獨立之資格不備，故户長各任其責，而税務署别設科條以集給之。明治三十年六月。

〔改〕●國税徵收事務管理方法　明治三十年七月。

●税金分納及納期過限於市町村報告滯納以後，發付督促狀以前上納者之件　明治三十年十月。

●以納額告知書或納付書納呈税金時領收之件　明治三十年十月。

〔改〕●國税徵收事務管理上諸帳簿及報告書調製方法　明治三十一年一月。

〔廢〕●調製國税賦課現計書及報告表章程　明治三十一年四月。

●國税所關帳簿調製方法　明治三十二年六月。

●調定租税及月計賦課免除額算出方法　明治三十二年四月。

〔改〕●北海道户長及水産營業人集合納税，由委員納入國税於金庫時管理方法　明治二十七年六月。

●整理租税及其缺損額帳簿之件　明治二十四年十一月。

●府縣税徵收法　按此法：由市町村長徵收之，而納付於府縣。其細則由府縣議會決議，府縣知事定之。明治二十三年九月。

●北海道地方税管理方法　明治三十年十二月。

〔廢〕●諸收入金收納管理規程　明治二十六年十一月。

●海關税税關雜收入及諸收入金收納管理方法　明治二十六年十二月。

●煙葉專賣所諸收入金之收納管理方法　明治三十年十一月。

〔删〕●各廳互爲收納收入金時管理之順序　明治二十三年四月。

〔删〕●匯兑納金管理之順序　按此件：凡收納官吏，以甲地收入之金，寄納於乙地金庫，彼此抵算交償者，准此。明治二十三年十月。

●匯兑納金管理順序宜注意之方法　明治二十三年十月。

〔改〕●官吏遺族扶助法納金、收入規則　明治二十三年七月。

〔改〕●官吏遺族扶助法納金、收入規則管理順序　明治二十三年七月。

●府縣立師範學校長俸給，並公立學校職員退隱金及遺族扶助金之納金、收入規則　按此規則：日本遺族扶助金之設，實法之最善者也。中國近世恤官之典，世爵之外，惟公卿大吏身殁之後，蔭其子孫，而百職事無聞焉。至老師宿儒，行教於國，爲人民所矜式者，勤苦畢生，間子若孫，常無立錐之地。蓋我國學校未興，師儒之責，往往由民自任之，政府不爲過問。日本自維新以來，澄叙官方，廣施教育，務使在公者永無返顧之慮。故生則厚其禄俸，死則贍其子孫。於地方學校教員，尤注意焉。以地方之財養地方之教員，校費之外，籌有定額，爲扶助遺族之需，而無虞缺乏，其所以推行彌廣也。我國土地之廣，人民之衆，設學校教員之數，無慮數百千萬。贍養不足，無以勵人心；經制不定，并無以爲贍養。謀國者，視此規爲當知所興矣。明治二十五年正月。

●整理學校舍監書記納入國庫金科目之件　按：此亦爲退隱及扶助遺族費之用，以當官之餘禄，爲窮困時之補助也。明治三十二年四月。

●各年度歲入算定額至翌年度七月三十一日，收入整理未了者之管理方法　明治二十四年八月。

●連年收入未了而豫用來年歲入之件　明治二十五年四月。

●豫用來年歲入計算表格式　明治三十一年二月。

〔改〕●送入金庫之納額告知書、納入現金書及納付書，於領收現金後如見其記載年度有謬誤時，訂正之順序　明治二十四年五月。

●森林資金收入、支出之件　明治三十二年四月。

●森林收入管理之順序　明治二十六年十二月。

●官有土地、森林、原野收入金徵收規程　按此規程：日本森林之制，頗爲詳密。蓋島國土地，高下參差，無平原、溝渠之利，雨水小有不調，立見旱潦之患。惟森林衆多，則樹根徧地而泉源疏通。當大雨時行，山水下注，可殺其衝突之患。是不惟美材之可寶，亦農事之要圖也。故其農科大學中，特設林學一門，精益求精，可謂法良意美矣。明治二十四年三月。

●鑛山監督署諸收入收納管理之順序　明治二十六年十二月。

●大藏省所屬諸貸付金管理規程　明治二十六年十二月。

第八款　支出

●支付命令委任之規程　明治二十二年七月。

●橫濱生絲檢查所支付命令委任之件　明治二十九年四月。

農商務省訓令第一號　按：此訓令專制定鑛小監督署支付命令委任之件。明治三十一年正月。

農商務省訓令第四十一號　按：此訓令專制定大林區署支付命令委任之件。明治二十二年十二月。

農商務省訓令第二十號　按：此訓令專制定林野整理支局支付命令委任之件。明治三十二年四月。

●會計年度開始前支出現金規則　明治二十二年七月。

●奉使内外國留學外國旅費及其他之概算金豫付金之件　明治二十二年十一月。

●在外公舘經費中豫付金費用款目　明治二十三年三月。

●在外國難民貸與金一時墊款支辦方法　明治二十四年正月。

●陸軍武官駐在外國者豫支俸金、飼馬料金之件　明治二十九年四月。

●海軍省所管軍事於經費用盡時墊款支辦之件　明治二十八年三月。

●軍艦經費缺乏一時墊款支辦之件　明治三十年四月。

●海軍軍人軍屬豫支旅費之件　明治三十一年三月。

●軍艦人員豫支俸給及糧食料之件　明治二十三年七月。

●在外海軍用地租税豫付金之件　明治二十四年三月。

●海軍炭庫奉職官吏豫支俸給之件　明治二十五年七月。

●海軍將校生徒及機關生徒豫支俸金之件　明治二十九年三月。

●豫受現金官吏計算書提出方法　明治三十一年八月。

〔廢〕●支付命令、集合發付命令等辦理之順序　按：此令係内務省訓令。明治二十六年十二月。

拓殖務省訓令第一號　明治二十九年四月。

大藏省訓令第四十號　明治二十六年十一月。

大藏省訓令第百十九號　按：此令專制定俸款支給事件。明治二十三年八月。

大藏省訓令第三號　按：此令專制定請求書調製事項。明治二十七年正月。

大藏省訓令第五十五號　按：此令專制定書式所關事項。明治二十六年十二月。

文部省訓令第五號　按：此令專制定文部省支給命令所關事項。明治二十九年六月。

農商務省訓令第二十九號　按：此令專制定農商務省支給命令等所關事項。明治二十六年十二月。

農商務省訓令第八號　按：此令專制定支給命令等年月所關事項。明治二十七年二月。

遞信省訓令第六號　按：此令專制定遞信省支給命令等所關事項。明治二十六年十二月。

遞信省訓令第六號　按：此令專制定遞信省請求書所關事項。明治二十七年正月。

〔改〕●會計主務官送付金庫之支付命令、支付請求書，於現金未付出以前，若見有過誤時整理之順序　明治二十三年十月。

●豫支概算金之歸還定額内之管理規程　明治二十三年十月。

●支付命令、請求書、通知書、領收證書等遇盜刼或亡失時管理方法　明治二十三年七月。

●支付命令書等遇盜刼或失亡時管理之次序　明治二十八年八月。

●内務省所管經費之支出報告書書式　明治三十一年八月。

●内務省所管歲出科目中增設一節不用稟申之件　明治三十一年八月。

●恩賞諸禄支付管理之順序　明治三十年四月。

大藏省訓令第十二號　按：此令專推行於臺灣諸官者。明治三十年三月。

〔廢〕●内國稅徵收費管理順序　明治三十一年三月。

〔删〕●税關經費配賦並管理順序　明治三十一年三月。

●諸付還金配賦請求管理之件　明治三十一年九月。

●煙葉專賣事務費配賦並管理順序　明治三十二年三月。

●煙葉賠償費管理順序　明治三十年十月。

●煙葉管理費實蹟報告書式　明治三十一年五月。

●地方視學費款目流用之件　明治三十一年六月。

●地方視學費支出計算書之送付方法　按：日本公私學校並立，私學校卒業生徒，與公學校卒業者，視同一例。是學校制度不能無所統一，故國家設視學官以檢察之，使全國學校程度無參差殊異之弊。不惟課其勤惰而已，并慎其出入費用，以爲維持，所以重學務也。明治三十年五月。

●鑛山監督署管理順序　明治三十一年三月。

●森林經費管理順序　明治二十六年十二月。

〔改〕●森林事業及收支豫算概定順序　明治三十一年十一月。

●農商務省所管種牡馬檢查費管理順序　按此件：牧改良以擇種爲最要，馬政其尤重者，特設檢查費，以鄭重之，爲擇種留良之要圖也。明治三十一年四月。

〔改〕●臺灣經費管理順序　明治三十年三月。

●各項付還金發支付命令時整理其委任方法　明治二十七年七月。

●債主領收證書紛失時請求其補發證書方法　按：此由金庫向債主請之。明治二十三年十月。

●集合支付命令添入各債主金額名氏表　明治二十二年十二月。

●集合支付命令添附各債主金額名氏表書式　明治二十三年正月。

●恩給諸禄之支付金額名氏表書式　明治二十三年二月。

●金額名氏表及領收證書之編號附記方法　明治二十三年五月。

〔改〕●支給禄俸之支付命令及金額名氏表等書式　明治二十三年七月。

●送金之集合支付命令等整理保存方法　明治二十六年六月。

〔改〕●諸計算書之支付命令領收證及諸帳簿格式　明治二十六年十一月。

●煙葉專賣所支付命令委任官款額付清後報告方法　明治三十年十一月。

●以支付豫算對支付命令委任額現計表報告格式　明治三十二年二月。

●支付命令官所委任款額付清後以支付豫算對核作報告書格式　明治三十一年九月。

●支付命令官所提出之支出計算書及證憑書類直送於會計檢查院之件　按：此係屬於内

務省者。明治三十一年八月。

大藏省訓令第五十五號　按：此訓令專制定大藏省支出計算書及證據書等所關事項。明治三十一年八月。

農商務省訓令第十三號　按：此訓令專制定農商務省支出計算書及證據書等所關事項。明治三十一年六月。

●支付計算書調製送付之次序　明治二十七年五月。

●受政府禁止命令特會計上之規程　明治二十六年十二月。

●政府禁止債務時，債務額停止支付，執行支付及供託者之順序　按：此件係支付命令官據裁判所命令時之事。明治二十七年二月。

第九款　預金

●預金規則　按此規則：預金局置大藏省中保管，驛遞局所貯存之金及各官廳教會會社所貯存之金而爲之殖利者。明治十八年五月。

●以預金換整理公債證書之制限方法　明治二十三年八月。

〔改〕●管理預金規程　按：此規程附證書式十四號。明治二十六年九月。

●在監人所持金請入預金及付還方法　明治二十三年十月。

●寄金於預金局心得之件　明治二十三年五月。

●預金局保管之預金、保管金、供託金及有價證券繼續方法　明治二十六年九月。

第十款　保管

●保管金規則　按此規則：凡公有、私有金保管於政府者，准此。明治二十三年正月。

●大藏省預金局所屬金庫中管理金錢及證券之件　明治二十三年十一月。

●公私金寄託於預金局政府有保管義務之件　明治二十三年正月。

●各官廳管理政府所有及政府有保管義務者之有價證券寄託於預金局之件　明治二十六年七月。

〔改〕●保管物管理規程　按此規程：所管金錢及有價證券，有因公益寄託而爲之管理者，有因官廳寄託而爲之管理者，分爲二種。明治二十六年九月。

●保管寄託金書類蓋印之件　明治二十三年四月。

●預金保管金禁止命令記載方法　明治二十四年五月。

●返納於金庫之保管金及預金之元來利金對照表格式並增附書名　明治二十三年五月。

●返納於各地金庫之保管金及即時返納之預金證明方法　明治二十三年五月。

●預金付清書送付方法　明治二十五年三月。

●以甲金庫保管證書等返納於乙金庫時之經理順序　明治二十三年五月。

●寄託金庫移送保管金於甲、乙兩廳間之時報知預金局方法　明治二十三年十月。

●預金、保管金及供託物書類送付方法　明治二十三年十二月。

●預金部返納金對照表調製方法　明治二十四年二月。

●保管物會計官吏身元保證金之定額　按：最多者以千圓爲止。明治二十四年七月。

●保管物會計官吏身元保證金以土地代納並具免除甘結經理准據方法　明治二十四年七月。

●金庫保管金彼此寄託時經理方法　明治二十七年正月。

●在監人所持工錢由此金庫移送於彼金庫時經理之法　明治二十七年二月。

●寄託前之保管金在監人所持工錢從甲廳移送於乙廳經理方法　明治二十七年三月。

●依保管物管理規程所當遵行諸件　明治二十七年八月。

●各裁判所寄託於金庫之暫納金及民事豫納金管理方法　明治三十一年二月。

第十一款　供託

●定供託法　按此法：凡依法令規定而供託金錢及有價證券於金庫者，政府當代爲保管之，而與以配當之利息。明治三十二年二月。

〔改〕●供託物管理規程　按：此規程並書式八號。明治三十二年三月。

第十二款　金庫

●金庫規則　按此規則：凡國庫中現金出納，皆爲金庫所保管，分中央金庫、本金庫、支金庫三種。大藏大臣管理之。明治二十二年十二月。

〔廢〕●金庫檢查規程　按此規程：大別之爲定時檢查、臨時檢查二種。明治二十二年十二月。

●金庫之金櫃帳簿與銀行本業簿揭著標章以爲區別之例　明治二十三年二月。

〔改〕●金庫出納事務規程　按：此規程分爲總則、歲入部、歲出部、雜部、現金、轉運帳簿、計算報告、決算整理等八章。明治二十六年十一月。

〔改〕●豫金保管物及供託物出納於金庫時事務規程　按：此規程分爲總則、帳簿及計算報告、決算整理等三章。明治二十六年九月。

●陸軍臨時召集支出旅費於金庫管理之順序　按：此件分戰事、演集二種。明治二十三年十二月。

●依出金庫委員并事務輻輳等特則辦理方法　明治二十三年三月。

●依金庫出納事務規程由金庫調查歲入金及雜部金日計對照表等方法　明治二十二年十二月。

●金庫出納官役所關事件　明治三十二年五月。

●支付命令官證明之件　按：此屬於大藏省者。明治三十二年五月。

内務省訓令第十七號　明治三十二年五月。

文部省訓令第八號　明治三十二年五月。

農商務省訓令第二十九號　明治三十二年六月。

●在臺灣各支金庫歲入、歲出現金受付集計簿書式　明治三十一年五月。

●中央金庫及本金庫所屬支金庫設置之所　明治二十二年十二月。

〔改〕●金庫位置及出納區域　明治三十年十一月。

●中央金庫領收印章之件　明治三十年七月。

●金庫開庫時限　明治三十一年三月。

第十三款　雜

●給授陸軍軍隊糧食被服等委任經理之件　明治二十三年三月。

●國庫金出納上一時借貸之件　按此件：凡國庫金於一年會計有餘而借入銀行時，或因不足而向銀行借入時，均以相當之利息相償，所以便流通也。明治二十七年六月。

●在外公舘於會計規則所定次序省略之件　明治三十年三月。

●國債之支付及收入金決算之件　明治二十三年三月。

●帝國議會用官有財産行政事務之掌理及指揮監督之件　明治二十四年二月。

●内務省所管會計規則實施管理方法　明治二十三年三月。

●臺灣總督府支金庫發付現金及任免出納官吏並報告等件　明治二十九年十一月。

〔改〕●依會計規則諸報告書等書式　明治二十六年十二月。

●臺灣總督府會計規則管理方法　明治二十九年十一月。

●煙葉專賣所營繕管理規程　按此規程：凡增筑、移筑、改筑、新筑一切事宜准之。明治三十年十一月。

●内務省所管經費決算報告書書式　明治三十一年二月。

●定臨時軍事費特別會計整理規則　明治二十九年三月。

第二章　租税

第一款　地租

●地租條例　按此例：其租額以地價百分之二零五爲率，因年之豐凶以爲增減。有租地分爲二類：一水陸田、郡村宅地、市街宅地、鹽田、鑛泉地。一池沼、山林、牧場、原野、雜種地。二類之中，各地條目亦時常互有變换，以第二類之地加入勞費變爲第一類者，謂之開墾，或遇山崩川竭、石砂流入成湖成海、罹天災變地形者，謂之荒地。凡公立學校地、鄉村社地、墳墓地、惡水所經路、隄塘井溝、鐵道用地、禁伐林之地、公用道路等，均免地租。其丈量土地，則用曲尺，約與中國之木尺相當。六尺爲間，一方間爲步，三十步爲畝，十畝爲段，十段爲町，市街宅地者，以方一間爲坪，坪十分之一爲合，合十分之一爲勺。地之價值，官定其品位、等級，審其土地之情況，制爲定率，非重加修正，不得增減，非各地條目變換，不得修正。修正之期限以五年，至第六年依修正之則施行。明治十七年三月。

●地租條例施行規則　按此規則：以敕令行之。近年振興百事，公費繁多，自本年至明治三十六年，增徵地租千分之八，街市宅地租百分之二零五。官精治理之術，而法令益明；民知公益所歸，而輸將恐後。此國家進步之明效大驗也。明治三十二年三月。

大藏省令第十一號　按：此令專制定地租條例施行之事。明治三十二年四月。

●地券廢止之地租據土地底簿徵收之法　明治二十二年三月。

●土地底簿規則　按此規則：凡地租事項悉登此簿，市簿設之於府縣廳，町村簿設之於島廳郡役所，以管理其事務。明治二十二年三月。

〔改〕●土地底簿規則施行細則　按：此細則並附底簿謄本格式，凡所記土地之字號、地目之分段等級、地價、地租、地主有變動者，隨時修正。明治二十二年四月。

●土地底簿之充用及町村地圖之管理方法　明治二十二年三月。

●增徵地租額記簿之件　按：此係暫時增徵，故別設記簿，不與常額混合，所以示權變也。明治三十二年四月。

●增徵地租特別年限之件　按：此限以五年爲度，定之於議會，明告於大衆，所以重信約也。明治三十二年三月。

●地價、地租錢位零數計算之法　按：凡未滿一錢之零數，在五厘以上作一錢收入，五厘以下除之。明治三十二年三月。

●免租地變爲有租地經地方官許可時通知方法　明治三十二年四月。

●地目謬誤訂正時增減租額之件　按：地目謬誤發露時，與訂正之數比較，其差額追徵、付還，一律秉公執法行之。明治二十八年六月。

●宅地更改組織法　按此法：日本市與郡村之制，各有組織之法。其所營之業既殊，自治之制亦異，一切租税管理之方，自當細爲區別。故凡遇市街宅地、郡村宅地有改變者，國家必依據法律以更定之。所以嚴地方自治之制度，非特爲租税之多寡而已。明治三十二年三月。

●宅地更改組織之件　按此件：列舉郡村宅地改爲街市宅地，並指定將來更改者各府縣之地名而表示之。明治三十二年六月。

●地租徵收期限　明治二十四年三月。

法律第五號　按：此法律專制定鹿兒島縣管内數郡島徵收期限。明治三十年三月。

●北海道地租納入期限　明治二十二年十月。

●北海道地租額定率　按：率以地價百分之一爲租額，所以勸開墾也。明治九年十二月。

●北海道開墾地免除地租、地方税之件　按：北海道開墾地，凡明治二年以後有税租者，自本年至明治三十一年，一律免除。其現在開墾者，期滿之後，再免徵十年。明治二十二年六月。

●官民地交相賣買及廢地等收税、除税之區分　明治十年二月。

●傳染病院等宅地免除地租之件　按：此等地從工事着手之日，免除租税。明治三十一年六月。

第二款　所得税

〔改〕●所得税法　按此法：大别之爲三種：凡人民所得，以千分之二十五爲税，公債會社之利息，千分之二十。此外，各種所得三百圓以上，税千分之十。以次遞加，至十萬圓以上，税千分之五十五。惟軍人俸給、扶助救傷金、旅費、學資，不屬營利事業之所得，及資產營業之在外國，或此法律不施行地者，皆免税。明治三十二年二月。

●所得税法施行規則　明治三十二年三月。

〔改〕●依所得税法施行規則納入税金之書式　明治三十二年四月。

●所得税調查委員日俸旅費支給規程　按此規程：日俸每日二圓，旅費視舟車之里數、宿泊日之多寡爲規定。明治三十二年四月。

●所得税調查委員之定數　按：常額五人，有特别事由者，大藏大臣得增減之。明治三十二年四月。

●市制、町村制施行地所得税納付之件　按：依規則，納付經町村長、市郡長，以達於府縣知事。明治二十四年四月。

●市制、町村制施行地繳納所得税及其他諸税者之心得　明治二十二年五月。

●所得税送呈之書上面有謬誤時請求訂正者管理方法　明治二十一年七月。

第三款　營業税

●營業税法　按此法：大别之爲物品販賣業、銀行保險典當業、倉庫業、製造印刷業、運送堆棧業、承辦工筑業、飲食店業、客棧業、牙行業等九類。或視其賣出金額，或視其資本金額，或視其房屋器具價格，以爲税則。税重者，百分之四。輕者，萬分之五。各視其業以爲輕重，而執業人之身税，大抵以每歲一圓爲率。明治二十九年三月。

●營業税法施行規則　明治二十九年七月。

●營業税所關業名課税標准送納書格式　明治二十九年十二月。

●營業人帳簿、物件檢查章程　明治三十年二月。

第四款　登録税

〔改〕●發録税法　按此法：不動産、船舶船籍、地契、商事會社、辯護士、醫師、航海員、著作版權、創造物、商標、鑛業、國債、各種專利事業，藉國家擁護，永保其專有權者，皆有登録税，大藏省設專局以經理之，或以價計，或以人計，或以業計，或以事計，或以時計，各因其輕重之宜著爲定額。明治二十九年三月。

●登録税法施行規則　按此規則：以敕令定之。明治三十二年五月。

大藏省訓令第二十一號　按：此令專制定北海道登録税所關事項。明治三十二年五月。

●登録税施行之順序　明治二十九年三月。

●依登録税施行規則提出印紙者經理方法　明治三十二年五月。

●登録税額報告方法　按：登録税所包甚廣，凡國中人民所有至纖至悉之一事一物，靡不在所税之中。頭會箕斂，我國人所謂細碎煩苛者也。不知人民事業，無大無細，苟非國家登之法令，明與以保護之權，雖薄物細故之釁，皆足以喪其所守，而病其身家。國家保護之事愈多，保護之費亦愈大。民既藉國家之保護，不得不各因其事而出其保護之資。此税務之通義，不以大小而殊異也。惟細微之事既多，不惟徵收者苦於散漫無稽，即納税者亦疲於奔命。故國家設印紙之法，以統馭之。執業者豫購印紙，各視其當税之輕重，以爲符信。凡税額之未滿五百圓者，一律用之政府。視印紙售出之多寡，以爲歲計，此執簡馭繁之妙用也。我國行政，務存寬大，租税所入，除著名正税數大宗之外，一切雜税，雖有其名，而無法以清理之，徒使胥吏差役食弊其中。政府以無所得而謝其保護之責，人民以非所納而失其自由之權。國與民交受其病，皆不循其實之過也。日本自變法以來，政府、人民，事事明定權限。於財政，尤三致意焉。觀其登録税法，纖悉不遺，而未嘗有煩擾之患。我政槼當知所取法矣。明治三十二年五月。

第五款　酒税

〔改〕●酒造税法　按此法：凡酒類，有清酒、濁酒、白酒、旨酒、燒酒、酒精六種。造酒者，設製造場一所，受政府之許可，始行開造。欲停止時，亦須報明政府。六種酒税，前四種，每石納金十二圓。後二種，十三圓。每歲所造之量數、時日、納税期，皆由政府指定。豫計其每年所出之酒額，使先納保證金，每石四圓。復有保證人爲之擔保，所有帳簿書類及造酒之房屋、材料、器械，必由收税官吏爲之檢查。不受官許而私造酒母、酒類者，罰金自二十圓乃至千圓以下。雖家用料酒，亦不得私製。明治二十九年三月。

●酒税法施行規則　明治二十九年八月。

●造酒業申請、申告等書類　按：書類格式共八號。明治三十年九月。

●造酒所關檢查查定檢定等帳簿格式　明治三十年九月。

大藏省訓令第九號　按：此訓令專改正各種帳簿格式。明治三十一年二月。

●查定酒精造石數及年月日證明書之交付方法　明治三十二年六月。

〔廢〕●醫藥用、工業用酒精事件　醫藥用、工業用酒精，得政府之許可，每回造酒精一石以上，可免除其造石税。明治三十一年十二月。

敕令第五十七號　按：此敕令係申明自明治三十二年八月施行之件。明治三十二年三月。

●酒精造石税相當之金額請求付還者之順序　明治三十二年六月。

●混成酒税法　按此法：凡酒類與非酒類混和，或此酒類與彼酒類混和者，曰混成酒，其課税每石納十三圓。一切税法大率與二十九年三月之酒税法相准。明治二十九年十二月。

●混成酒税法施行規則　明治二十九年八月。

〔廢〕●輸出酒類還税規則　按：在内國已經納税之酒輸出於外國時，受輸出港税關之檢查，得外國輸入港之證憑，可請還其所納之税。若復入於内國，則所還之税當仍收之。明治二十一年七月。

〔改〕●輸出酒類還税規則施行細則　按此細則：凡欲輸出酒類於外國者，宜詳書其酒類之種目、石數及容器之件數、輸入地名、積入船名、申送於輸出港之税關，請其檢查現品，出證明書，至外國上陸時，必呈其證明書於本邦駐留之領事，受其檢印，即可請還其所納之税。若有攜還本國者，則復詳書其現存品物，申送於税關，受其檢查而復納其所還之税。日本酒税之重與酒令之嚴，可謂甚矣。雖然，其用意之精，其深知治術者也。酒之損人，經格致家歷久考察，毫無疑義。惟地球萬國，藉以此爲合歡之具者，數千年莫能廢之。既不能廢，即無由强行禁止，惟課以重税，察以嚴令，則一時之國用，既無所缺而明，生命之藉以保全者實多。至輸出外國而反還其所納之税，尤深明國家之公益，而非苟取於民者所得藉口也。明治二十一年八月。

第六款　醬油税

●醬油税則　按此税則：製造者指定場所，受政府之許可，停止時亦須報明政府。每醬油一石税銀二圓。如私造，罰金不過五十圓以下。隱匿罰額三倍。明治二十一年六月。

●醬油税施行規則　按此規則：税務管理局長掌之。明治三十二年三月。

第七款　煙葉專賣

〔改〕●煙葉專賣法　按此法：此專賣權全由政府執之。耕作者於煙葉晒乾後，悉數輸入政府，政府償其資本、勞力之價值。而自行發賣，其耕作地亦由政府豫定區域，限以年期。承種者認定煙之種類、地段之區別，每年報告政府。如有違法情形，於三年之内禁其耕作。以耕作爲業者，不得製造承賣。凡擔承製造、販賣者，每年各納金五十圓，報明其場所、名氏、年月。如例違法者，罰金十圓以上，乃至三百圓以下。有欲輸出於外國者，則政府爲之保管、運出。其自外國輸入者，亦由政府收買，商家不得私受。明治二十九年三月。

〔廢〕●煙葉專賣法施行細則　按此細則：承種者報明苗地、耕作地、種名、株數、貯藏乾葉地於政府所管煙葉草專賣所。凡遇枯葉、蝕損、不熟葉，不能納於政府者，受官吏之承認而與以廢棄之處分。煙葉名目，各以類別捆載、輸納。承賣及製造者，依政府所定之價格納金領受，或出保證書，以相當金額之圓債證書抵押者，亦得領取。明治三十年三月。

●指定煙葉專賣法不施行之地方　按：此係指定北海道數郡、東京府、鹿兒島、沖繩縣管下諸小島。明治三十年六月。

●製造煙業者煙草税現金收納方法　按法：營業者購税額相當之印紙貼用之。明治三十年四月。

〔改〕●煙葉收入、賣出、保管所關經理法　按此法：收入時與以收領證書；賣出時，徵其收領證書。輸出外國者，政府代爲保管，出保管證書。明治三十年十月。

●煙葉競爭承賣時之件　按此件：凡數人承辦均合規則者，以抽籤定之。明治三十二年三月。

●煙葉牙商及耕作人納付煙葉於專賣所規程　按此規程：凡牙商耕作者，納付煙葉，須各依政府所定期限。明治三十年九月。

●專賣局官吏檢查監督時携帶證票之件　按：日本之專賣煙草，其取利之重、科條之密，與我國鹽政無異。惟鹽爲民生食用所必需，煙則習俗嗜好所謬染。其於民生之損益，不可以道里計矣。每歲銷費之廣，幾與鹽等。設專賣局以制之，誠國計、民生兩有裨益之舉也。明治三十二年五月。

第八款　印紙税

〔改〕●印紙税法　按此法：凡證明財産權之創設、移轉、變更、消滅之證書及帳簿、發票各件，皆有印紙税。明治三十二年三月。

●證書請求鈐印方　按：各證書有欲納現金於政府求其特别鈐印者，可准印紙税相當之税額，加入請求書。明治三十二年三月。

●印紙類發賣規則　按此規則：凡一切印紙，由各府縣廳發賣與承辦人，更由承辦人分賣與本府縣中各店隨地散賣，以原值百分之七爲酬勞費。明治二十三年十一月。

●印紙類發賣規則施行細則　按此細則：凡承辦人必設本店於府縣廳署之左近，又於各税署所轄地有支店或代理店者。明治二十三年十一月。

●留住清國、朝鮮之日本臣民分賣印紙規程　按：日本臣民留住我中國及朝鮮時，欲承賣訴訟用印紙、登記印紙者，但向當地領事舘請其許可，即准於領事所領之區域内分賣，此亦治外法權横入我邦、侵我主權之一端也。明治二十六年正月。

●印紙類承賣處納金時扣納酬勞金之件　明治十九年九月。

●以公債證書抵押印紙價值之價格　按：每公債證書百圓抵押印紙價值，自七十二圓至九十五圓不等。明治二十年七月。

●人民所買之印紙轉賣於承賣處之事件　按：轉賣時須書明其買取之事由及其名氏、住所，詳記於承賣處之帳簿。明治二十年十一月。

●契約用改廢印紙處分之件　按此件：凡承賣人所剩、改廢不用之印紙，得向政府請還原價或交換新紙。明治三十二年三月。

●煙草用改廢印紙處分之件　按此件：或請還原價或交換如上例。明治三十年十二月。

●在臺灣貼用印紙之件　按：此規則由臺灣總督定之。明治三十二年二月。

第九款　賣藥印紙税

●賣藥印紙税規則　按此規則：其税額約藥價十分之一。印紙種類，因價值之大小而異其顏色，營業者按賣出之價值分配貼之。有發賣無印紙之藥品者，罰金二圓以上至二百圓以下。貼不足額者，罰金至百圓以下。明治十五年十月。

●賣藥印紙交換規則　按此規則：凡藥性敗壞而不能出售者，所貼印紙向政府交換新紙，而稍減其值。惟污染毀傷者，不得交換。明治十九年七月。

●受買無印紙之藥者所關禁令　按：犯者罰金一圓九角五分以下。明治十九年十月。

第十款　北海水產税

〔删〕●北海道水產税則　按此税則：其税額按價值百分之五抽取。明治二十年三月。

〔删〕●北海道水產税則施行細則　按此細則：凡水產種類、納額限期、徵收檢查之方法，悉載之。明治二十五年六月。

〔删〕●北海道水產税、品產出數及其價額之報告方法　明治二十四年八月。

第十一款　沖繩縣酒類出港税

〔改〕●沖繩縣酒類出港税則　按此税則：凡沖繩縣所造之酒出港而入於日本内地者，其税額與内地造酒税相准。不納税而輸入於他港者，罰金照額三倍，仍没入其酒。明治二十一年三月。

第十二款　噸税

●噸税法　按此法：凡往來於外國貿易之船舶於入港時，每容積一噸納噸税銀圓五分，或併納一角五分而於一年中不再納税，逋脱者罰金三倍。惟因海災及一切不得已之事故入港者，不納税。明治三十二年三月。

第十三款　關税

●關税法　按此法：分爲關税之賦課及徵收船舶貨物税、關官吏之職權、異議及訴願、罰則、犯則、事件之調查并處分補則等。明治三十二年三月。

●關税法施行規則　按此規則：分爲關税之賦課徵收及擔保、處理船舶之順序、處理貨物輸出、堆積、輸入、運送、收容之順序、異議之判定、犯則事件之調查及處分、税關之執務時間及臨時開廳之順序、雜則等七章。明治三十二年六月。

〔改〕●關税定率法　按法：凡自外國輸入物品，屬税表中第一種者，依表率課税。屬第二種者，免税。屬第三種者，禁止輸入。明治三十年三月。

〔改〕●輸入税表　按：輸入物品共三種：第一種，有税品，分十六類。第二種，免税品，凡貨幣、圖籍及一切有益品爲本國所缺乏者之類。第三種，禁制品，凡有害於全國公共衛生，如鴉片及違背國家法律、傷敗全國風俗之贋物、害物之類。明治三十二年。

●協定税率之輸入物品證明其製産原地方法　按此件：凡兩國各因便益，依協定税率之條約輸入物品時，當加入製産原也之證明書〔二〕。明治三十年十月。

敕令第三百五十五號　按：此敕令專制定輸入物品從量税目中不施行於臺灣者之件。明治三十一年十二月。

●輸出錮解禁之布告　明治二年三月。

●輸出硝石解禁之布告　明治六年二月。

●輸出麥無税之件　明治六年七月。

●輸出米、麥、粉無税之件　明治六年十一月。

●輸出銅錢解禁之布告　明治七年三月。

●輸出米無税之件　明治八年三月。

●輸出内國自製之西洋紙及土靛無税之件　明治九年八月。

●輸出内國製之水靛無税之件　明治九年十一月。

●輸出内國製之摺附木無税之件　明治十年三月。

●輸出内國製木綿汗衫、褲等無税之件　明治十年十二月。

●輸出内國製絨布、羽綾、木綿無税之件　明治十一年九月。

●輸出綿布、陶器、漆器等無税之件　明治十二年六月。

●輸出書、畫、革、金石類無税之件　明治十三年六月。

●輸出硫酸無税之件　明治十三年七月。

●輸出硫黄無税之件　明治十四年四月。

●輸出食鹽無税之件　明治二十年五月。

●輸出石炭無税之件　明治二十一年七月。

●輸出藥材及各種物無税之件　明治二十一年十二月。

●輸出綿絲無税之件　明治二十七年五月。

●以小包郵便輸出物品免除關税之件　明治二十三年九月。

敕令第九十一號　按：此敕令專制定小包郵便免税施行於臺灣之事。明治三十一年五月。

●保税倉庫法　按此法：官設保税倉庫、私設保税倉庫、罰則等四章。保税倉庫之設，爲輸入貨物酬價未清及未納税則者藏置之所。明治三十年三月。

●保税倉庫施行細則　按：此細則分爲貨物之藏置、搬運豫證券、私設倉庫之營業特許及庫主之責務、雜則等四章。官設倉庫中，除無税品、巨大滯重品、傷敗品、發火質、動植物、不潔物之外，皆可藏置。私設倉庫所藏之種類，以大藏大臣之認可爲限。貨物入官庫時，以豫證券交付貨主，載明貨物之品名、記號、件數、重量、入庫之年月日、貨主之住所、名氏、倉庫所在地、税額、庫費，或遇盜難紛失時，隨時報明税署。欲營私庫業者，出保證金，受大藏大臣之特許，而任其一切擔保之責務。明治三十年六月。

第十四款　滯納處分

〔删〕●明治二十三年訓令第八號國税滯納處分施行實況報告表及處分費報告表，並廢止及滯納處分報告方法　明治二十四年四月。

〔删〕●國税滯納處分報告書不必揭記事由之件　明治二十七年四月。

〔删〕●國税、地方税滯納處分報告表格式　明治二十七年四月。

●市町村所徵收之國税滯納金上納時管理方法　按：此係指滯納報告以後、督促令狀未發以前上納者而言。明治二十七年正月。

〔删〕●國税滯納處分費税金匯兑納付之順序　明治二十七年五月。

●地方税及備荒儲蓄金滯納處分之件　明治二十二年十二月。

〔改〕●府縣税、地方税、市町村税滯納處分囑託法　明治三十年七月。

第十五款　國税犯則者之處分

〔廢〕●間接國税犯則者之處分法　按此法：分爲犯則事件之取調、犯則者之處分、雜則等三章。明治二十三年九月。

●間接國税犯則者處分書類之送達方法　明治二十三年十月。

第十六款　辦事費

●以登記印紙納辦事費於政府之件　按：其種目則由主務大臣定之。明治二十四年十二月。

●以登記印紙納辦事費於領事之件　按：此專指駐在我邦及朝鮮之日本領事所收者，其種類如旅券及一切證書等類領受者，皆當納辦事費。明治二十六年正月。

外務省令第三號　按：此令專制定外交官、領事官、公使、領事舘書記生並外務省文官納費之件。明治二十七年二月。

●貼付登記印紙書類之檢閱及消印鈐印法　明治三十年八月。

●以登記印紙納辦事費之種目　按：此係屬於文部省者。明治二十五年三月。

●以收入印紙納辦事費者之納付順序　明治三十二年四月。

第十七款　地方税

●地方税規則　按此規則：凡就府縣議會公議辦地方自治之事所徵收者，曰地方税。其種目有三：一、地租，三分之一以内。二、營業税並雜種税。三、户税。以地方税支辦之事：一、警察。二、警察廳舍建築修繕。三、土木工事。四、區町村土木工事補助。五、府縣會議。六、衛生病院。七、義務教育及各種公立學校。八、區町村教育補助。九、郡區廳舍建築修繕。十、郡區吏員俸給、旅費及廳中諸費。十一、救恤。十二、浦役場及難破船之救助。十三、諸送達書。十四、勸業。十五、户長以下俸給。十六、地方税管理事。十七、府縣廳舍建築修繕。十八、府縣監獄建築修繕。十九、府縣監獄事。以上辦事費目，不許互用。二十、豫備事。若於以上諸事之外，别籌費用增辦他事，當經府縣會決議，由府縣知事具狀告内務、大藏兩省，受政府之裁可。每年支辦費用，豫算、決算，限期布告，一如政府之會計法。明治十三年四月。

●營業税、雜種税種類限制　按此件：營業税限於工、商二業。雜種税則飲食店、游船、戲場、剃髮、游藝匠、俳優、娼妓、演劇、游覽所、游技場、舟車乘馬、屠畜、漁業、採藻之類。府縣知事視各業之實力，提出費目，經府縣會決議定之而報告於政府。明治十三年四月。

内務大藏省達第五十七號　按：此令專制定官用船舶車馬，不歸地方税賦課之事。明治十五年十月。

内務省達第三十號　按：此令專制定皇族所有車馬，不歸地方税賦課之事。明治十六年六月。

●租賣地屋引線人、茶舘娼妓之賦金課及警察機密費、檢黴疫費之支辦方法　按：此悉歸地方税收支。明治二十一年八月。

●地方税豫算精算書調製送達於大藏、内務兩省方法　明治十五年十二月。

●地方税豫算議案精算報告書式中户數配置記載方法　明治十六年二月。

●以地方税支辦之道路，並木枯、損木所用金及捐助金額指辦物件之整理方法，並該收入豫算議案精算報告書式中改正之件　明治二十年十一月。

●地方税捐助金及雜收入由府縣會議決之法　按此法：以地方税應辦之事業有捐助金、穀物件者，經府縣會之議決，即以其金充捐助人所指辦事之使用費。地方税之雜收入者，亦與經常收入豫算同付議會議定。明治二十年十一月。

●尋常師範學校附屬小學校束脩金收支豫算之件　件此金别立議案〔三〕，付府縣會議定，不得與雜收入混淆。明治二十年十一月。

●地方税區町村費所支辦之提塘道路等收支管理方法　按：地方自治制度爲立國之始基。我國此制發達最早，《周官》、《管子》詳哉言之。徒以貴族權勢之積弊太重，雖有良法，各以其偏私之見行之，國勢既散而不聚，而自治進步，亦多所阻礙。至秦漢以後，力鞏其中央政府之權。貴族之横勢，雖日以減削，而地方自治之力，亦因以微焉。其留貽於今世者，惟一、二習俗游戲之事，聽民好自爲之。國家政教所關，非小民所豫知，一任官長之指揮而已。日本自維新以來，憲法未布，國會未立，急急以開府縣會議、地方自治制度爲事，懼其昧於大義也。舉全國地域，實施義教育之方，政教並興，而士民之志趣識見，日以丕變。知識既定，制度斯行。以地方之財，治地方之事，官吏無横奪侵犯之權，一町一村之中，各舉其才德兼優、平日所心服者以爲議員。事無大小，一本多數之公益行之，而自治之基固矣。有行政之責者，奈何弗思？明治二十一年七月。

第十八款　雜則

●國税、地方税之區别　按：全國賦課收入大藏省，供軍國全體之費用者，曰國税。府縣市郡町村，本國家之法律，各治各事，由府縣會議定經費，隨地徵收，隨地支用者，曰地方税。明治八年九月。

●納税代人方法　按：有土地者，不在其土地所在之户長轄内時，必定有代人報明於所轄土地之户長署所，有應納之地租、地方税、備荒儲金、町村費，均由代納。明治十八年六月。

第三章　貨幣附紙幣造幣

第一款　貨幣

●貨幣法　按法：，凡貨幣之製造發行權，全屬於政府貨幣之制。以純金之量目二分爲價格之單位，名之曰圓。其種類分爲九品，金幣三品：二十圓、十圓、五圓。銀幣三品：五十錢、二十錢、十錢。白銅幣一品：五錢。青銅幣二品：一錢、五厘。其算則大於圓者，以十進。小於圓者，圓百分之一曰錢，錢十分之一曰厘。其品位，則金幣者金九銅一，銀幣者銀八銅二，白銅幣銅七五鎳二五，青銅幣銅五錫四鉛一。其量目，則金幣二十圓者，四錢四分四厘四毫四。十圓者半之，五圓者又半之。銀幣五十錢者，三錢五分九厘四毫二。二十錢、十錢者，如分遞減。白銅幣一錢二分四厘四毫一。青銅幣，一錢者一錢九分零零八，五厘者半之。金幣之用法無限制，銀幣以十圓內、銅幣以一圓內爲法。各幣通用之數，固以金爲本位，而銀與銅不過藉以爲補助之資。用幣日久，量目以磨擦而輕者，持向政府更換新幣，無折扣之費。有故意毀傷者，政府不復認收。以金地納入政府請製造者，則授以相當之幣。自此法施行之日，舊幣之不規則者一律禁用。凡積存於民間之舊幣，於五年内得向政府更換，過限則以金地之價值酬之。明治三十年三月。

●貨幣之形式　按：金幣，二十圓者，其直徑曲尺九分五厘。十圓者，七分。五圓者，五分六厘。銀幣，五十錢者，一寸零二厘。二十錢者，七分四厘。十錢者，五分八厘。白銅幣，六分八厘。青銅幣，一錢者，九分二厘。五厘者，七分二厘。明治三十年四月。

●貨幣條例　按：明治四年，太政官之諭告，略謂日本自古與他邦貿易事少，貨幣制度頗不精密。品類價位，亦無一定。有慶長金，有保享金，有文字金，有大小判金，有一分金、二分金、二朱金；有一分銀、一朱銀。有當百錢及大小數種之銅錢，其他一時通用之貨幣，不勝枚舉。其甚者，有一國一郡之貨幣，限於一方，而不能流通於他部者。大小、方圓、品位駁雜，量目性分殆不可辨。其間或有贋造之幣，劣惡更甚。偶有良性之品，徒藏於富家庫中，視爲玩寶，而流出於外洋者，亦復不少矣。失品物交換之能力，日用便利之道塞，流通之公益殆絶。全國窮厄，萬民痛心，尋繹其由，實以國家無一定之制階之厲也。方今貿易之道彌盛，改舊弊、設新製，開流通之道，立富國之基。政府以此爲燃眉之急。於明治元年早起其功，不惜重費，建造幣局於大阪。廣察宇内各國貨幣之真理，審金銀性質、量目之差等，商量比較，製造精密貨幣，以資流通。凡有舊幣不適用者，悉數持交政府，更換新幣，以昭大信，此貨幣條例之所由定也。明治八年六月。

●定舊銅幣之品位　按：以一圓之額限用，逾額則可拒之。此因幣制初更，一時禁絶，恐民不便，漸以限之，所以示權變也。明治四年十二月。

●定舊鐵錢之價位　按：以五十錢之額限用。明治五年九月。

●流通不便之金銀銅幣交換方法　按：流通不便之幣，可向大藏省金庫局或大阪金庫分局交換新幣，不加折扣。明治二十二年二月。

●禁止不用之貨幣交換期限　按：禁止不用之貨幣，如五年内不向政府交換，政府即無交換義務。明治二十三年二月。

●禁止一圓銀幣通用之件　按：自明治三十一年四月一日起，禁止通用。明治三十年九月。

●臺灣貨幣銀行事務主管之件　按：此屬大藏大臣之管理，臺灣總督承命行之。明治三十年一月。

●通用貨幣鎔解及毀傷之禁　明治十一年正月。

●贋造金銀銅幣及紙幣等處理規則　按規則：凡贋造貨幣發現時，詳問其原由及持主之宿所、姓名，當面裁斷而報告警察或區户長。若發自官廳者，即由該廳通知警察署。若誤鑑而截裁者，則詳記其截斷事由，向管轄廳求其引換。明治九年五月。

大藏省達第四十號　按：此令專制定變造紙幣處理方法。明治九年五月。

大藏省達第六十號　按：此令專制定變造紙幣裁斷時，所開辦理方法。我國貨幣之弊壞極矣。對於内，則銅錢雜銀之不便流通；對於外，則買鎊漲落之時形虧損。夫幣制不一，民既無所適從。當此萬國交通，國無大小，莫不以金幣爲本位。而我國圜法，獨無以抵之，誠不知何以善其後也。日本明治初年，與外國商務往來，不及我令之什一，而急急焉以改革貨幣爲事，可不謂知所先務歟？吾故詳譯幣制，以備當事者之採擇焉。明治九年七月。

第二款　紙幣

●發行紙幣之布告　明治四年十二月。

●兑换銀行券條例　明治十七年五月。

●兑换銀行券贗造描改之處理方法　明治十九年九月。

〔改〕●課發行税之兑换券每月平均發行額之件　明治三十二年三月。

●國立銀行紙幣之通用及引换期限　明治二十九年三月。

●營業滿期國立銀行發行紙幣交换方法之件　明治二十九年十月。

第三款　造幣

●造幣規則　按此規則：凡以金地輸入政府請造幣者，試驗其金之分量、性質，所含雜質不得過千分之一，若惟含銅質在千分之十二以下，均可收受。明治三十年四月。

〔改〕●收納造幣地金及成幣交付管理之順序　明治三十年五月。

●輸納精製金銀地金辦事費之件　明治三十二年二月。

第四章　國債 附 家禄　賞典禄　處分證券

第一款　國債

●金禄公債發行條例　按此條例：凡家禄、賞典禄有永世者，有終身者，有年限者，各因其多少分利息之輕重，而與以公債證書，按年償付。明治九年八月。

●新舊公債證書發行條例　按此條例：凡明治未改元以前，舊藩所逋欠於民、政府代爲認償者，曰舊公債。明治元年至五年，太政官所借者，曰新公債。舊公債於五十年中歸還本金。新公債利息百分之四，分二十二年本利償清。明治八年五月。

●引換紙幣引之公債證書發行條例　按：此條例分爲總則、本利金之支付、交付證書及簿記法證書式樣及讓賣法等四章。明治十三年十月。

●中山道鐵路公債證書之條例　按：此條例爲中山道敷設鐵道募公債二千萬圓於民間，利金百分之七證書，分千圓、五百圓、百圓三種。明治十六年十二月。

●中山道路中段工事廢止，所募公債移作東海道鐵路工事資本之件　明治十九年七月。

●整理公債條例　按此條例：債額限一萬七千萬圓，利息百分之五。舊債利息六分以上者，悉數清償。明治十九年十月。

●整理公債管理順序　按：此事件分爲募集及發行證書、支付利息、償還本金、管理證書等四章。明治十九年十月。

●海軍公債證書條例　按：此例爲海軍軍備之費，募公債一千七百萬圓，利息百分之五，五年後分三十年抽籤償還。明治十九年六月。

●軍事公債條例　按此條例：額限五千萬圓，利息百分之六。明治二十七年八月。

●軍事公債暫立證書賣買、讓與及抵當之管理方法　明治二十七年九月。

●軍事公債暫立證書支付利息方法　明治二十七年十一月。

●支辦軍費公債募集之件　按：甲午中日朝鮮之戰，日本募集公債共一萬萬圓，利息百分之六。明治二十七年十月。

法律第八號　按：此法律專制定與我國交戰時，所募公債事項。明治二十八年三月。

〔改〕●事業公債條例　按：此例爲改良官線鐵路、建築北海道鐵路、擴張製鋼事業及電話費，並專賣煙葉草資金及國防事業之費，募集公債一億三千萬圓，利息百分之五。明治二十九年三月。

●補充鐵路費公債條例　按此條例：額設二百萬圓。明治二十二年正月。

●鐵道公債管理方法　按：此件由大藏大臣規定交銀行經理之。明治二十六年三月。

●鐵路公債及事業公債支付利息期改正之件　明治三十年二月。

〔改〕●臺灣事業公債法　按：此法爲建築鐵路、調查土地、筑港、建築廳舍各項事業經費，募集公債三千五百萬圓，利息百分之五，四十五年以内償還。明治三十二年三月。

第二款　家禄賞典禄處分

●家禄、賞典禄處分法　明治三十年十月。

●家禄、賞典禄處分施行法　明治三十二年三月。

●受禄者申送願書方法　明治三十年十一月。

●國事犯罪收没諸禄者所關事件　按此法：凡明治三年至九年間，爲國事犯罪所收没之家禄、賞典禄，悉照原額給還其家中之繼襲人，款金從國庫支出交付。明治二十七年六月。

陸軍省令第十二號　按：此令專制定陸軍犯法收没諸禄，請求給與之證明方法。明治二十七年六月。

海軍省令第五號　按：此令專制定海軍犯法收没諸禄，請求給與之證明方法。明治二十七年六月。

司法省令第六號　按：此令專制定司法省犯法收没諸禄所關管理之順序。明治二十七年六月。

司法省告示第二十七號　按：此告示專宣示犯罪没收諸禄請求者所關事件。明治二十七年六月。

●募集國債於外國之法　明治三十二年四月。

●募集國債於英國倫敦之件　按：此件由銀行借入英金一千萬鎊，以百分之四起息。明治三十二年五月。

第三款　證券

●買取國債證券銷燬法　按此法：政府每年度於國債費豫算定額内，買入國債證券，記其種號、價格，銷燬而布告之。明治二十九年二月。

●據大藏省證券條例發行證券事務之經理方法　按：由日本銀行經理之。明治十九年八月。

校　記

〔一〕「度」上疑漏一「年」字。

〔二〕也　應爲「地」。

〔三〕件　似爲衍字。

第二十類　軍事

第一章　戒嚴

●一戒嚴令　按戒嚴令：凡值交戰時及地方有變故時，則以兵備警戒防禦之，謂之戒嚴，分爲臨戰戒嚴及合圍戒嚴二種。明治十五年八月。

●法律規則中稱爲戰時之例　按：日本法律規則中所謂戰時者，即當有外患内亂時而以布告定之。明治十五年八月。

第二章　徵發 附馬匹調查及檢查

第一款　徵發

●徵發令　按徵發令：當有戰爭之際，陸海軍所有應用之物，則分各方爲若干區，每區内令其供給某物，謂之徵發。平時演習軍隊時，亦可用徵發令。明治十五年八月。

〔改〕●徵發事務條例　按：此條例即實行其徵發令中所載之一切事項。明治十五年十二月。

●徵發費用怠納者處分並其費用所關之訴訟方法　明治十六年八月。

●徵發令之馬匹車輛並屬具等件數調查派遣方法　明治二十年十二月。

〔廢〕●馬匹徵發事務規則　按：此規則皆係徵發馬匹所關事項及各區域。明治三十年十一月。

第二款　馬匹調查及檢查

●馬匹調查及檢查所關之件　按此事件：每年調查全國馬匹之數目，及檢查其有無傷痍疾病，以備戰時補給軍馬之用。明治二十九年四月。

●馬匹調查及檢查施行規則　按：此規則即實行其調查及檢查之方法與其期限區域。明治三十年二月。

第三章　陸軍管區

●陸軍管區表　按：此表係制定各師團所管轄之地方及各旅團聯隊等所在之處。明治二十九年十二月。

第四章　徵兵

第一款　徵兵令

●徵兵之詔書　按：日本維新以前，兵權專於武門，諸侯各擁强兵以互相爭奪。維新之際，列藩奉還版圖，大權始歸於君主。於是仿照德國兵制，行舉國皆兵之法，以立自强之基礎。明治八年十一月。

●徵兵令　按徵兵令：日本兵制，男子滿十七歲以上、滿四十歲以下，皆有服役兵籍之義務。其兵役分爲常備兵役、後備兵役、補充兵役、國民兵役四種。常備兵役又分爲現役及豫備役。現役則海軍四年，陸軍三年，自滿二十歲以上之男子服之；豫備役則海軍三年，陸軍四年四個月。既終現役者，則服豫備役。既終常備兵役者服之。後備兵役五年，既終常備兵役者服之。補充兵役，分爲第一、第二兩種，共八年八個月。既終後備兵役以後服之。國民兵役，分爲第一國民兵役、第二國民兵役。第一國民兵役以後備兵役及第一補充兵役既終者服之。第二國民兵役以不曾爲常備兵役、後備兵役、補充兵役及第一國民兵役者服之。此外，又有志願兵，係各官立學校之卒業生、自備資斧而充當兵役者。凡犯罪之人，不得充當兵役。若因規避兵役之故而逃亡、潛匿及毀傷身體等者，則處重罰。此即古人兵農合一之制度，而爲國家自强第一根本。明治二十年正月。

●徵兵事務條例　按：此條例專定徵兵所關一切事務及各區域。明治二十九年三月。

〔改〕●徵兵事務條例補則　按：此補則專定日本北海道、沖繩縣、小笠原島等處徵兵事務。明治三十一年三月。

〔廢〕●徵兵事務條例施行細則中在北海道、沖繩縣、小笠原島等處所難於施行者之辦理方法　明治三十一年三月。

〔改〕●北海道徵兵令施行事件　按：此事件專關於北海道徵兵事務。明治二十八年九月。

●沖繩縣、小笠原島徵兵令施行事件　明治三十年七月。

●徵兵令所關之官吏得豫請認可　按：徵兵之際，若本人因分家等事，自稱爲不能謀生而希圖延宕服兵役之年限者，不得允許。若官吏身任職務，實係不能倩人替代者，則准其具狀於内閣，而請其允許免役。明治二十二年二月。

●官立、府縣立師範學校卒業生徵兵處分之事件　明治二十二年三月。

●徵兵事件條例中旅管大隊區警備隊區徵兵醫官所關事件　按日本定例：凡徵兵時，該本人體格之適例與否，由徵兵醫官判定之。明治二十八年正月。

●日本人留學於未設公使領事之外國而於徵兵猶豫　猶言遲限。願書中加入證明書之呈遞方法　明治二十八年正月。

●依徵兵事務條例給件生徒在學證明書條件　明治十八年正月。

●附籍者　猶言附屬於本籍者。徵兵適齡申呈及徵集方法　明治二十二年十一月。

●在徵集延期或猶豫中而轉籍他徵集區者之通知方法　明治二十二年十月。

●爲徵兵再檢查以定其徵否之件　按：此係第一次徵兵時，因本人傷痍疾病，或有他事故而尚未編入兵籍者，於第二次再檢查之，以定其徵否。明治二十七年二月。

●當戰時或他事變，陸軍現役輜重輸卒之入營、在營及補充事件　明治二十七年十一月。

●不命其入營者之陸軍輜重輸卒所關服役免除事件　明治二十九年二月。

●現役砲兵輸卒及現役輜重輸卒，因疾病犯罪而難於入營者之辦理方法　明治三十年四月。

●於寄留地徵兵申請身體檢查者之辦理方法　明治三十年四月。

●陸軍身體檢查章程　按：此章程專定身體檢查之一切情形及方法。明治三十二年三月。

●徵兵檢查規則　按：此規則亦係檢查服兵役者之體格是否合式及有無疾病等情形。明治二十五年三月。

●徵兵身體檢查之際，壯丁之身材長短測定方法　明治二十五年四月。

●徵兵參事員官名。之俸給及旅費支給規則　明治三十年十月。

●徵兵旅費規則　按：此規則分爲檢查旅費及入營旅費二種，以示體恤。明治三十年十月。

第二款　六週間即六個禮拜　現役兵

●陸軍六週間現役兵條例　按：此條例專制定六週間現役兵之一切事務。明治二十八年十月。

●陸軍六週間現役兵條例施行規則　按：此規則即施行六週間現役兵方法之一切詳細章程。明治三十年四月。

第三款　一年志願兵

〔改〕●陸軍一年志願兵條例　按：此條件專制定一年志願兵之一切章程。明治二十六年七月。

〔改〕●陸軍一年志願兵條例施行細則　按：此細則即施行一年志願兵方法之一切詳細規則。明治二十六年七月。

●居住於北海道徵兵令施行地之官費，一年志願兵服役地及願書 猶言甘結。呈遞方法　明治二十八年十一月。

●試補及判任官見習並非職、休職官吏之一年志願兵服役方法　明治二十三年三月。

第五章　國民軍

●國民軍條例　按：此條例專制定國民軍之一切章程，國民軍係國民兵之所編制，使充當衛戍及邊境警備之用。明治二十八年正月。

〔改〕●國民軍編入志願者禀請之規程　按此規程：凡願編入國民軍者，依此規程呈遞甘結。明治二十九年十二月。

第六章　兵籍 附 戰時名簿

〔改〕●陸軍兵籍規則　按：此規則專制定陸軍軍人及補充兵所關之一切要件，其兵籍分爲第一種、第二種兩項。明治三十年五月。

●編入陸軍兵籍者之爲學生生徒或免其爲學生生徒者之申陳方法　明治二十九年七月。

●陸軍戰時名簿規則　按：此規則專制定出戰時之陸軍軍人、軍屬及一切有兵役義務者所關之要務，其名簿亦分爲第一種及第二種兩項。第一種爲將校同相當官、准士官等。第二種爲下士、兵卒、補充兵及一切雜役人等。明治三十年五月。

第七章　志願兵 附學生生徒及召募

第一款　志願兵

〔改〕●海軍志願兵條例　按：此條例專制定海軍志願兵之一切章程。明治三十二年三月。

〔改〕●海軍志願兵徵募細則　按此細則：日本海軍皆出於召募，故特設立細則，以便遵照辦理。其徵募區則分爲第一區、第二區、第三區。明治三十一年四月。

第二款　學生生徒 附召募

〔改〕●海軍軍醫學生、藥劑學生、造船學生、造兵學生、主計學生條例　按：此條例專制定各種學生之採用章程。明治三十年十月。

〔改〕●海軍軍醫學生、藥劑學生、造船學生、造兵學生、主計學生規則　按：此規則專制定各種學生入學章程。明治三十年十一月。

●海軍造兵生徒條例　按：此條例專制定造兵生徒之採用章程。明治三十二年五月。

●海軍造兵生徒規則　按：此規則專制定造兵生徒之入學章程。明治三十二年五月。

●海軍生徒學生俸給規則　按：此規則專制定海軍生徒學生等俸給，分爲日給及月給兩項。明治三十年十月。

〔廢〕●陸軍召募規則　按此規則：日本維新之初，其兵制亦出於召募，後倣照德國國民皆兵制度，而召募之例遂廢。明治二十九年十二月。

第八章　憲兵

〔改〕●憲兵條例　按此條例：憲兵者，所以掌軍事警察之職，兼掌行政警察、司法警察，司令官一人統轄各憲兵隊，每師團中皆有此隊。臺灣則有三隊，共十五憲兵隊。明治三十一年十一月。

●憲兵服務規程　按：此規程專制定憲兵所應服役之職服。明治三十一年十一月。

〔改〕●憲兵分隊之配置及憲兵警察區域　按：此係改正各憲兵分派之地段。明治三十一年十二月。

●憲兵上等兵之待遇　按日本兵制：憲兵較其餘兵役地位稍優，故其待遇憲兵上等兵，以判任官之禮待之。明治二十八年七月。

●非常及緊急事件申報方法　按：此係憲兵司令官或分隊長於緊要時候，報告其情形所定之規則。明治三十一年十二月。

第九章　屯田兵

●屯田兵條例　按此條例：日本北海道樞要等處，皆用屯田兵以充警備之用。故特設此條例，即係兵農相兼之制，其服役期限爲二十年。明治二十三年八月。

●屯田兵後備役各兵村及下士兵卒監視規則　按此規則：凡各兵村皆置兵村監視使，監視其兵村開墾耕稼事務及辦理下士、兵卒服役事務，以曹長充當監視官。明治二十九年六月。

●屯田兵召募規則　按此規則：屯田兵皆出於召募，故特設立召募規則。明治三十年八月。

●屯田兵移住給與規則　按：此規則專制定屯田兵及其家屬移住時，給與旅費、運搬費及辦理行裝費等。其半途獲病者，則給與治療費。死亡者，給與埋葬費，以示體恤。明治二十七年七月。

●官給屯田兵之建物、即房屋。馬匹等售賣、質當及押債等所關之事件　明治三十年四月。

第十章　服役

〔改〕●陸軍服役條例　按：此條例專制定將校、准士官、下士、兵卒、補充兵等，所應服役年限及一切事務所關之詳細章程。明治二十九年六月。

●依陸軍服役條例稟請現役免除所關之件　明治二十九年六月。

●在陸軍豫備役、後備役中及補充兵等而願充當海軍人員者稟請之事件　按：此事件專制定此項兵役之一切辦理情形。明治三十年十月。

〔廢〕●當陸軍豫備、後備、補充兵、國民兵役中而身居官職不能請人代理者之調查通報事件　明治三十年十月。

●海軍高等武官、准士官服役令　按：此服役令專制定海軍大將及以下各官之服役年限，及一切事務所關之詳細章程。明治三十二年三月。

第十一章　召集 附演習

第一款　召集

〔廢〕●陸軍召集條例　按：此條例專制定在鄉陸軍軍人及有兵役義務者召集所關之章程。其大旨分爲充員召集、謂戰時召集此等人以補充兵役。國民兵召集、演習召集、教育召集、補缺召集、簡閲點呼等六項。明治二十九年十一月。

●陸軍補充兵召集規則　按：此規則專制定補充兵召集所關之事務，分爲戰時召集及平時召集兩種。明治二十八年十一月。

●陸軍歸休兵、豫備役兵、後備役兵、第一補充兵之演習召集所關年次區分表　按：此表專制定此項兵召集之年限。明治三十年四月。

〔删〕●在鄉陸軍軍人及補充兵自寄留地而欲應召集者之申請方法　明治三十年六月。

●陸軍預備、後備役、下士兵卒及歸休兵簡閱點呼所關之事件　明治二十九年七月。

●非職及預備理事等於戰時復職並在鄉所關之事件　明治三十一年四月。

●當戰時或他事變時，召集在鄉之陸軍軍人及兵役義務者並統率者所當支給旅費與召集諸費所關之事件　明治三十年三月。

〔廢〕●陸軍召集諸費支出規程　按：此規程專制定陸軍召集所關費用之一切章程。明治三十年十月。

〔改〕●海軍召集條例　按：此條例專制定海軍各項兵官及下士卒等召集之一切規則，分爲充員召集、演習召集、簡閱點呼三項。明治三十一年十月。

〔改〕●海軍召集條例施行細則　按：此細則專施行海軍召集所關之一切詳細章程。明治三十一年十月。

〔廢〕●將校演習旅行條例　按：此條例分爲參謀演習、旅行及幹部演習、旅行二種。參謀演習、旅行在於實地上，講究大部隊之作戰并使練習參謀將校之要務。幹部演習、旅行在於實地上講究戰術之一切事務，而使練習行軍、駐軍戰鬥等事。明治二十九年十月。

〔廢〕●將校演習、旅行條例細則　按：此細則即將校演習、旅行所關之一切詳細章程。明治二十九年十一月。

第十二章　檢閲

●陸軍軍隊檢閲條例　按：此條例專在檢閲陸軍軍紀之張弛、服務之勤惰、教育之精粗及教育之良否等事。分爲特令檢閲、都督檢閲、師團長檢閲、兵監檢閲四種。明治二十九年八月。

〔廢〕●海軍檢閲條例　按此條例：其檢閲之情形與陸軍檢閲章程無異，但分爲特令檢閲、恒例檢閲及臨時檢閲三種。明治三十年九月。

第十三章　海軍區及軍港要港 附要塞地

第一款　海軍區

●海軍區所關之件　按：此條件分日本國海岸及海面爲五海軍區，每海軍區各定其軍港及要港。明治二十六年五月。

第二款　軍港要港

●軍港要港所關之件　按：日本軍港要港境域内所住之人民及出入船舶，均須依海軍大臣所定之軍港要港規則奉行，不得違犯。明治二十三年正月。

●橫須賀軍港境域　按：此專制定橫須賀軍港之界綫。明治二十九年十一月。

〔改〕●橫須賀軍港規則　按：此規則分橫須賀軍港爲三區，而制定該軍港之一切施行事項及禁止事項。明治二十九年四月。

〔改〕●吴軍港規則　按：此規則分吴軍港爲二區，而制定該軍港之一切施行事項及禁止事項。明治二十九年四月。

●佐世保軍港境域　按：此專制定佐世保軍港之界綫。明治二十三年五月。

〔改〕●佐世保軍港規則　按：此規則分佐世保軍港爲二區，而制定該要教港之一切施行事項及禁止事項〔一〕。明治二十九年四月。

●竹敷要港境域　按：此專制定竹敷要港之界綫。明治二十九年六月。

〔改〕●竹敷要港規則　按此規則：分竹敷要港海面爲二區，而制定該軍港之一切施行事務及禁止事務。明治二十九年八月。

●舞鶴軍港境域　按：此專制定舞鶴軍港之界綫。明治三十年七月。

●舞鶴軍港管守所關之事件　按此事件：臨時使海軍建築部掌理之。明治三十年七月。

第三款　要塞地

●於要塞近傍管理水陸測量等所關之件　按：此事件專制定海軍區域要塞周圍所關測量事務及禁令。明治三十一年七月。

陸軍省告示第十一號　按：此告示專制定鳴門外六個要塞地界綫。明治三十一年九月。

第十四章　葬式

●陸軍會葬式及表喪式　按：此式專制定陸軍將官以下及各軍人之送葬禮儀及喪章軍旗之形式。明治二十四年十一月。

〔改〕●陸軍埋葬規則　按：此規則專制定陸軍將官以下及各軍人埋葬地及墓標大小、形式。明治三十年八月。

〔廢〕●海軍葬式　按：此葬式專制定海軍大臣以下及各軍人喪葬禮儀。明治二十一年十二月。

〔廢〕●海軍葬式細則　明治二十一年十二月。

〔改〕●海軍生徒、學生、下士卒死亡者辦理規則　按：此規則專制定海軍生徒等埋葬事務費用及墓標形式。明治三十二年正月。

●海軍生徒、學生及下士卒等死亡者埋葬費所關事件　明治三十二年四月。

第十五章　雜則

●海軍旗章條例　按：此條例分爲第一種旗章及第二種旗章。第一種旗章，自君主旗章至全海軍各將官、司令官等旗章止各種形式及揭揚儀禮。第二種旗章，則自軍艦、旗艦、首旗至海軍病院旗止各種形式及揭揚禮儀。明治三十年正月。

●海軍定期職工條例　按：此條例專制定海軍各工廠所有採用定期職工之一切章程。明治二十九年三月。

〔改〕●海軍定期職工採用就業及滿期賜金給與規程　按：此規程專制定海軍定期職工採用之章程及滿期賜金并遺族之撫恤金章程。明治二十九年三月。

〔改〕●海軍下士卒旅行證票規則　按：此規則專制定下士卒因公事或得長官允許而旅行者，給與證票之規則。明治三十二年五月。

●陸軍軍樂隊奏樂請求章程　按：此章程專制定各項人等，因慶祝事項公請陸軍軍樂隊奏樂者一切施行規則。明治三十年十月。

第二十一類　教育　氣象及曆時

第一章　敕語

●下勸學詔　按：詔有曰：爾臣民孝於父母，及於兄弟。夫婦相和，朋友相信。恭儉以持己，博愛以及衆。修學習業，以啓發智能。成就德器，進廣公益。開世務常，則重國憲、遵國法，變則義勇奉公，以扶翼天壤無窮之皇運，朕願與爾臣民交勉焉。詔下，文部大臣謄頒各學校，而全國教育之方針於是乎定。明治二十三年十月。

第二章　學校通則

●頒行地方學務通行章程　按：爲市町村及町村之組合中，遵敕令規程，而從事於小學校之教育者設，故宜各分學區，其區中經費，即由區内居民及置有田産之户公任。唯須先儘區内所有財産收入之數支用。凡府縣、郡市、町村之組合，必設置學校基本財産若干，或單爲一學校而設，或兼爲數學校而設。至捐助擴充教育事務金及校中之授業料、即修金。入學試驗料、書器使用料等，皆可作爲學校基本財産。他如町村所設立之學校或以歲出贏餘款項，充作學校基本財産，或於歲入項下特徵若干，充作學校基本財産。明治二十三年十月。

●制爲設中學校、高等女學校、技藝學校而置町村學校組合之件　按：町村若欲設尋常中學校、高等女學校及技藝學校，則可置町村學校組合。既置之後，非得監督官廳之許可，不得擅自解散。明治二十六年五月。

●定各學校通行章程　按制：除師範學校外，凡捐金創建各種學校及圖書館者，由首事呈報文部大臣或府縣知事，經文部或府縣之許可，乃得與官立及府縣立者一律看待，其名稱可由捐金者自定。有曰所捐之金，應由捐金者指定用項，他項不得支用。有曰公立學校所用地址，一概免税。明治十九年四月。

●制定創建學校及圖書館呈報之法　按制：凡請創立學校及圖書館者，無殷實利金及確實常款，每不經久，文部大臣特定創立學校及藏書樓者，必將經理之財産規則，先由地方官裁定，方得許可。明治三十年八月。

●頒定府縣立學校、幼稚園、圖書館等設章廢止規則　按：府縣設立學校、幼稚園、圖書館等，須將設立之目的、位置、課程、經費、名稱及生徒、幼稚之總數、書籍之種類、部數，一一呈報文部大臣。其或變更、廢止，則須將事由及處分資産方法呈報。又，凡府縣立學校、幼稚園、圖書館等，其設立經費，雖以地方税抵充，然亦可由府縣知事別籌經費以充之。明治十四年正月。

●頒行府縣立醫學校設立呈報之法　按：府縣立醫學校，除照前條呈報條件外，並須將實驗病院之種別及該院地址、距離學校之遠近、患病住院者之定額、尋常患者之總數等，一一報明。明治十五年七月。

〔删〕●定府縣立學校徵收學金之法　按制：嗣後府縣立學校，皆須徵收學金，其額數及徵收之法，則須報告文部省云。明治十八年八月。

〔删〕●准立町村私立學校時申詳教則之法　按制：凡町村立、私立學校，除小學校外，皆須於認可。准立之時，將教則申詳文部。明治十四年五月。

第三章　帝國大學

●頒帝國大學令　按：帝國大學校中設大學院及分科大學。大學院爲考究學術技藝之蘊奧。分科大學，則教授學術技藝之理論及應用者。於分科大學卒業，經過定規之考試者，則授以卒業證書。凡分科大學卒業生及有相等之學力者，許入大學院研究學術技藝之蘊奧。經過定規之考試者〔二〕，則授以學位。大學中設評議會，以各分科大學長及各分科大學教授各一人爲會員，關於分科大學之學科廢置、講座種類、學位授與方法及大學內部之規制，皆得評議之。各分科大學設教授會，以各教授爲會員，審議分科大學之學科課程、學生考試及審查學位授與之資格。明治十九年三月。

〔改〕●制定東京帝國大學各分科大學講座定數及其種類　按法：科大學講座二十三種，凡二十二類，曰憲法、國法學、民法、商法、民事訴訟法、刑法、刑事訴訟法、經濟學、財政學、統計學、政治學、政治史、行政法、國際公法、國際私法、法制史、比較法制史、羅馬法、英吉利法、佛蘭西法、獨逸法、法理學。醫科大學講座二十三種，凡十八類，曰解剖學、生理學、醫化學、病理學、病理解剖學、藥物學、内科學、産科學、婦人科學、小兒科學、外科學、眼科學、皮膚病學、徽毒學、精神病學、衛生學、法醫學、藥學。工科大學講座二十六種，凡十二類，曰土木工學、機械工學、造船學、舶用機關學、造兵學、電氣工學、建築學、應用化學、火藥學、採礦學、冶金學、材料及構造强弱學。文科大學講座二十種，凡二十二類，曰國語學、國文學、國史、漢學、支那語學、史學、地理學、哲學、哲學史、心理學、倫理學、論理學、社會學、教育學、美學、博言學、美語學、英文學、獨逸語學、獨逸文學、佛蘭西語學、佛蘭西文學。理科大學講座十八種，凡十二類，曰數學、應用數學、星學、物理學、化學、動物學、植物學、地質學、古生物學、鑛物學、地震學、人類學。農科大學講座二十種，凡二十類，曰農學、農藝化學、化學、林學、植物學、動物學、昆蟲學、養蠶學、園藝學、畜産學、地質學、土壤學、農林物理學、氣象學、農政學、經濟學、家畜解剖學、家畜生理學、家畜内科學、家畜外科學等。明治二十六年九月。

●敕置京都帝國大學　按詔：京都置大學校，稱京都帝國大學。其分科大學祇分法科、醫科、文科及理工科云。明治三十年六月。

〔改〕●京都帝國大學理工科大學講座　按：京都帝國大學理工科大學講座二十四種，凡八類：曰數學、物理學、化學、土木工學、機械工學、電氣工學、採礦學、冶金學等。明治三十年六月。

●京都帝國大學理工科大學開學及設置學科　按：文部省命京都帝國大學理工科大學開學，置土木工學及機械工學二學科。明治三十年六月。

●京都帝國大學理工科大學增設六學科　按：文部省命京都帝國大學理工科大學增置教學物理學、純正化學、製造化學、電氣工學及採礦、冶金學等六學科。明治三十一年六月。

●准帝國大學及文部省直轄學校延用外國教習　按詔：帝國大學及文部省直轄學校有學科必須延外國人教授者，可由帝國大學總長及各直轄學校長稟明文部大臣，延用外國人任教官之職。明治二十六年九月。

第四章　高等學校

●頒高等學校令　按：將第一、第二、第三、第四、第五高等中學校一律改稱爲高等學校，並令以專門學科教授，兼設大學豫科，爲志願入大學者之豫備科。明治二十七年六月。

●高等學校中設法醫、工學部及大學豫科　按：文部省令第三高等學校中，設法學部、醫學部、工學部。其第一、第二、第三、第四、第五高等學校中，則設醫學部及大學豫科。明治二十七年七月。

●高等學校中設大學豫科及工學部　按制：復令第三高等學校中，設大學豫科。第五高等學校中，設工學部，修業年限期以四年。明治三十年四月。

●定高等學校修學年限及入學程度　按：文部省令第三高等學校之法學部、工學部及各高等學校之醫學部，皆以四年卒業。大學豫科三年卒業。入學程度以中學校卒業爲准。明治二十七年七月。

〔删〕●定第三高等學校法、工學部及各高等學校醫學部之科目講座　按：高等學校法學部講座八，其目十一：曰經濟學、法學通論、民法、民事訴訟法、裁判所構成法、刑法、刑事訴訟法、商法、憲法、行政法、國際法。外置國語、漢文、倫理、體操、外國語諸科爲隨意科。工學部講座十九，其目十三：曰數學、物理學、力學、化學、地質學、鑛物學、圖畫、測量、土木工學、機械工學、應用化學、採礦學、冶金學。外置外國語、體操二科爲隨意科。醫學部講座十五，其目十三：曰解剖學、組織學、生理學、衛生學、法醫學、病理學、内科學、藥物學、外科學、眼科學、産科學、婦科學、藥學。外置醫用動物學、醫用植物學、醫用物理學、醫用化學、體操、外國語諸科爲隨意科。明治二十七年七月。

●定第五高等學校工學部之科目及講座　按：第五高等學校工學部講座凡十，其科目與前條工學部之目大略相同。明治三十年五月。

〔廢〕●頒定高等學校大學豫科規程　按：大學豫科共分三部：第一部爲法科、文科之豫備，第二部爲工科、理科及農科之豫備，第三部爲醫科之豫備。第一部之學科爲倫理、國語及漢文、外國語、歷史、地理、數學、物理、動物及植物、論理、經濟通論、法學通論、體操。第二部之學科爲倫理、國語及漢文、外國語、數學、物理、化學、動物及植物、地質及鑛物、圖畫、測量、體操。第三部之學科爲倫理、國語及漢文、外國語、數學、物理、化學、動物及植物、拉丁語、體操。明治二十七年七月。

第五章　師範學校

●頒行師範教育令　按：高等師範學校爲造就師範學校、尋常中學校及高等女學校之教員而設。女子高等師範學校爲造就師範學校女子部及高等女學校之教員而設。師範學校爲造就小學校之教員而設。故高等師範學校及女子高等師範學校屬文部省管理，師範學校屬地方長官管理。至師範學校之經費，除北海道及沖繩縣外，悉以府縣税及地方税撥充。又高等師範學校、女子高等師範學校及師範學校之生徒學費，遵文部大臣定額，由學校支給，其私費生額數，亦由文部大臣核定。又師範學校中得設豫備科、小學校教員講習科及幼稚園保姆講習科。明治三十年十月。

〔改〕●高等師範學校規程　按：高等師範學校學科，一曰文科、一曰理科。文科分教育、國語、漢文、英語、地理、歷史四部。英語部略。教育部科目，曰倫理、教育學、國語、漢文、英語、哲學、經濟學、法學、獨語、體操、國語。漢文部科目，曰倫理、教育學、國語、漢文、英語、歷史、地理、哲學、體操、地理。歷史部科目，曰倫理、教育學、國語、漢文、英語、歷史、地理、哲學、體操。理科分理化數學、博物學兩部。理化數學部科目，曰倫理、教育學、國語、英文、數學、物理、化學、地學、手工、體操。博物學部科目，曰倫理、教育學、國語、英語、化學、數學、地學、植物、動物、物理、生理、農業、圖畫、體操。蓋高等師範學校之課程與尋常師範學校相同，唯其程度，視尋常爲精深耳。修業以四年爲期。其第四年級之生徒，則於附屬學校從事實地授業之法。校中設研究科，以爲卒業生及高等學校中學力相當之卒業生研究教育學及教授法之地。研究生之學期，則以一年爲限。又設專修科養成特別教員，以備充尋常師範學校及中學校教員之闕。又設選科以待願爲尋常師範學校及中學校之教員於文科或理科中選學一科目或數科目都，其在學期則在二年以上、四年以下。明治二十七年四月。

〔改〕●募集高等師範學校學生規則　按：高等師範學校本科生及官費專修生，須尋常師範學校及中學校之卒業生身體健全、品行方正者，由地方長官薦舉送考，每年一次，其被考入選者，先留試學四個月，名曰假入學，察驗其資性、品行之果屬優等者，乃得入學。明治三十年七月。

●定高等師範學校卒業生服務規則　按：本科生自卒業之日起，三年内須充當文部省指派之職務，官費專修生亦如之。此三年内如有事故不能服務者，得陳理由於文部大臣，請免除義務，唯須追償給與之學費。但由文部大臣特許者，則可免償。明治三十年七月。

●定女子高等師範學校章程　按：女子高等師範學校之學科凡三，曰文科，曰理科，曰技藝科。文科之科目，曰倫理、教育學、國語、漢文、外國語、歷史、地理、家事、體操，别置習字、圖畫、音樂三科爲隨意科。理科之科目，曰倫理、教育學、國語、外國語、地學、數學、物理、化學、博物、家事、圖畫、體操，而以習字、音樂爲隨意科。技藝科之科目，曰倫理、教育學、國語、外國語、家事、習字、圖畫、體操，而以音樂爲隨意科。其課程視師範學校女子部相同，而程度則更深。修業以四年爲期，其第四年級生徒，則於附屬學校及幼稚園從事實地教授及保育之法。餘與高等師範學校相同。明治三十年十月。

〔改〕●定募集女子高等師範學校學生規則　按：女子師範學校本科生及官費專修生，須於師範學校女子部及高等女學校之卒業生並有同等之學力者，由地方長官薦舉送考。其本科生須年在十七歲以上、二十歲以下之尚未有家者，餘條與高等師範學校大旨相同。明治三十年十月。

●定女子高等師範學校卒業生服務規則　按：女子高等師範學校本科卒業生，自卒業之日起，二年以内須充當文部省指定之職務，官費專修生同。餘與高等師範學校相類。明治三十年七月。

●制定師範學校學生定額　按：師範學校每年須按道府縣管内足敷派遣教員之數，招募生徒入學。此男女生徒定額，所以由地方長官酌定，詳申文部省，並得依地方情形，請置女生徒一部也。明治三十年十月。

●定師範學校之學科及課程　按：師範學校男學生之學科，曰修身、教育、國語、漢文、歷史、地理、數學、物理、化學、博物、習字、圖畫、音樂、體操外，視各地之情形，酌加外國語、農業、商業等科之一科。女學生之學科，曰修身、教育、國語、漢文、歷史、地理、數學、理科、家事、習字、圖畫、音樂、體操。修業年限男生四年，女生三年。至其學級視學生之人數、種別而定。每級生徒毋過四十人。教授時日全年四十五週，週即星期。每週三十四時。然可視地方之情形，每年教授時日酌減三週以内，每週酌減十時以内。又按師範學校爲造就教員之基礎，故其教育方針尤爲致意。其教育之要旨有：曰鍛鍊精神、磨勵德操，以勉成材；曰富尊王愛國之志氣，以明大義，以堅操守；曰守規律、保秩序、慎起居言動，以具師表之威儀；曰注意衛生，勤習體操，以增進健康；曰留意教授之法，以副小學校教則之旨趣。明治二十五年七月。

●定師範學校簡易科規程　按：師範學校簡易科，其目的爲速成小學校教員而設。其學科較師範學校簡而略，修業年期以一年零四月爲限，學生限收男生。明治二十五年七月。

●定募集師範學校學生規則　按：師範學校學生須有以下之資格，方得入選：一、身體强健、品行端方、足當小學校教員之選者。二、已得尋常小學校本科之准教員免許狀見前。者及有同等之學力者。三、年在十六歲以上、二十歲以下之男子及年在十五歲以上、二十歲以下之女子。據以上所列考驗入格者，留校查看四個月，再定去取。明治二十五年七月。

●定師範學校私費生規則　按：私費生係由各地方資送入學者，故其員數可由地方長官酌定，但須經文部大臣之認可。其簡要規則，亦可由地方長官核定。明治三十年十月。

●定師範學校卒業生服務規則　按：尋常師範學校卒業生，其在各道府縣小學校就職者，服務年限男生十年，女生五年。若在北海道小學校就職者，男生五年，女生二年。明治二十五年七月。

●定師範學校私費卒業生服務規則　按：私費師範卒業生，其服務祇在各道府縣之小學校，其年限男生三年，女生二年。明治三十一年二月。

●師範學校設備規則　按：師範學校設備之要則，分列於下：校地必須視學校之規模而定，其地須無害於道德上及衛生上者。校地内必設適用之體操場，若校地不敷，須於校之近傍設之。置有農業科之學校，須設置試驗場。校舍依學科之種類、學級及生徒之數，而設應用之室：一、通常教室。二、物理、化學、博物、家事、圖畫、音樂等特別教室，並商業實習室、手工實習場。三、圖書室、器械室、藥品室、標本室。四、講堂。五、職員室及其他必要之室。若校内設寄宿舍者，須分別設自習室、寢室及舍監室、食堂、浴堂、盥洗等所。唯女生徒之寄宿舍，其自習室、寢室，可不必分設男女學生之校舍，必須分設，如萬不能全行分設之處，則祇分設通常教室及寄宿舍亦可。凡教室内一切應用器具，品物，皆須設備。至關於地理、數學、物理、化學、博物、家事、圖畫、音樂、體操、農業、商業、手工等科應用器械、標本模型、圖畫等，合於尋常師範學校教科者，皆須設備。且校内須附設小學校，爲男生實地練習教授之法。又須設幼稚園，爲女生實地練習保育之法。明治二十五年七月。

●定師範學校、中學校及高等女學校建築准則　按：本條於學校建築准則條件甚繁，今擇其至要者條列於下：一、校地須距離煤氣工場及舍有瘴氣之池沼，並演説演劇、火葬等場。二、校地須廣闊，尤宜乾燥。三、校地除裝置濾水等器以便汲取潔水外，並須先將其地之水分析，是否合於飲料，井口近傍不可使污物水滲入。四、校地周圍，須多種樹木，唯不宜種有毒植物及果樹等類。五、音樂教室須與他項教室隔絶，以免妨害他項之授業。六、物理、化學、博物學之教室，須設階段座。學生聽講座層層加高，如階梯然，庶教師於講座試驗時後座學生不致爲前座者遮蔽。七、每室須多設采光窗。八、病室須構造便於療養之室。九、學生用桌椅，須依别表造法表略。爲標准，務適於學生之用。明治三十二年四月。

●定北海道、沖繩縣之師範學校特别處分規則　按：北海道及沖繩縣之學校，不能與各道府縣概論，故其規則得由該廳縣長官别擬，呈文部大臣裁可。明治二十六年十月。

●定師範學校學生之支給學費種目　按照師範學校令：尋常師範學校學生由校給與學費，共分三種，即食料、被服料及雜費。其給與方法由府縣知事擬定，經文部大臣之認可而行。明治二十四年十一月。

●文部省訓令　按：照明治二十四年十一月第七號令所定給與學費方法，嗣後不必經本大臣認可，但於處分後報告之可也。明治二十六年三月。

●定師範學校學生退學償費之件　按：師範學校學生，如有不合校章，須令退學者，其歷年學費，責令償還。明治二十二年十月。

●定師範學校之訓育、教授管理等如有更改須申詳文部之件　按制：凡尋常師範學校之訓育、教授管理等規制，如有改廢，須詳申本省。明治二十五年七月。

●定師範學校職員着用制服之件　按文部省訓令：師範學校爲正禮容、重威儀起見，爾後該校職員，自校長以至舍監，在執務之時須一例着用制服。明治二十二年九月。

●定師範學校附屬小學校章程　按：附屬小學校之本旨、種類、教科目、修業年限、教授時間及教科用圖畫等，俱依明治二十三年敕令所須小學校令爲准。其設備及編制，學級俱依該管内最多數之小學校爲准，其授業料規，則由府縣知事擬定，申詳文部。唯單級編制之學童，不可收授業料。至其教員，須延有小學校教員之資格者。明治二十四年十一月。

●定師範學校附屬小學校之授業料之件　按制：照明治三十年敕令第四百七號之所定金額納付。明治三十年十一月。

●須小學校師範學校等令中指定處分以後再行報告之件　按制：凡處分以後，再行報告之事共五件。明治二十六年三月。

第六章　中學校

●頒中學校令　按：中學校目的爲溥及男子高等溥通教育而設。凡府縣視地方之情形，須置立一校以上。其經費除北海道及沖繩縣外，俱由地方擔任。若民間私立，須依本令規定。公立則須經文部大臣認可，由地方長官擇定地位設置。又中學校修業以五年爲限，另設補習科，以一年爲限，其入學程度，年在十二歲以上。高等小學校第二學年課程已卒業者，及有同等之學力者，其教員須得文部大臣之免許狀者，其教科書須經文部大臣定者。明治三十二年二月。

〔廢〕●定中學校之學科及其程度　按：中學校每校宜設五級，每級授業期限以一年爲度。其程度爲普通學業之止境，專門學問之階梯，各科尤以嫻熟爲主。明治十九年六月。

〔廢〕●文部省頒行改正尋常中學校之學科程度令　按：是令業已廢止，故不復述。明治二十七年三月。

〔廢〕●定中學校實科規程　按：實科科目，即中學校所定之科目，而加以實業要項，其有地方應重實業教育者，得設實業。中學校自第一年級起，即專授實科。此項中學校，名曰實科中學校。明治二十七年六月。

〔删〕●定中學校規程　按文部省令：凡願入中學校第一年級者，須身體結實、年在十二歲以上、已畢高等小學第二年課程及有同等之學力者。至有高等小學校修業證書者，入學時不必試驗，唯遇人數超過學額之時，仍以試驗決定去取。明治二十七年九月。

〔廢〕●定中學臨時停學之件　按文部省令：凡尋常中學校臨時停學至一月以上，須由該學管理者將停學緣由呈報文部大臣。明治三十二年二月。

〔廢〕●定中學校編制及設備規則　按：凡中學校生徒以四百人爲限，遇特別事項之時，可增至六百人。分校則限三百人以下。每學級生徒以三十五人爲限，特別可增至五十人。凡學級須以同學年者編制。唯倫理、體操及唱歌，學級不在此例。每學級教員須得二人以上。舍監依生徒數爲加減，書記以事務爲加減。校舍須設備每學級通常教室、物理、化學、博物、圖畫等科之特別教室、講堂、圖畫室、器械室、標本室、職員室、生徒息所及其他應用諸室。教室大小以能容一學級生徒爲准，但每人須占容積百二十立方尺以上。又校地内須另設備寄宿舍。寄宿舍内須分設自修室、寢室、舍監室、應接所、病室、食堂、浴室、盥洗等場。自修室内每人須占容積三百二十四立方尺以上。寢室内則須占四百八十六立方尺以上。校内又須設體操場及雨中體操場。若校内無地位，則於校之近傍相地以充之。明治三十二年二月。

〔廢〕●定中學校高等女學校之設置、廢止規則　按制：凡設立中學校及高等女學校，無論公立、私立，須先由管理人及設立者將校之名稱、地位、學則、生徒定額、收支豫算表、職員數及俸金定額、設立者之履歷，或獨創、或公立等，一一呈報文部大臣。其係公立者，則由地方官擇地申告文部大臣。如有半途中止者，須將事由及遣散學生方法申告文部大臣，並須附地方長官意見書。明治三十二年三月。

第七章　高等女學校

●須高等女學校令　按：高等女學校爲普及女子高等教育而設，無論北海道及各府縣皆須設立。其設立經費，除北海道及沖繩縣外，餘俱由地方擔任。其在郡市町及町村之組合學校，若無礙於小學之施設，亦得依地方之情形，設立高等女學校，並許民間私立，唯須照本令之規定而行。至修業年限期以四年。校内附設補習科，修業以二年爲期。又設技藝專修科，以修必要之技藝。又設專考科，以便卒業生專考一學科或數學科。其入學程度以年在十二歲以上、已卒高等小學校第二年課程及有同等之學力者。明治三十二年二月。

〔廢〕●定高等女學校學科及程度規則　按：高等女學校學科有修身、國語、外國語、歷史、地理、數學、理科、家事、裁縫、習字、圖畫、音樂、體操、教育、漢文、手藝等十六科。其程度較尋常中學校稍遜，蓋介於高等小學校及尋常中學校之間者也。明治三十二年二月。

〔廢〕●定高等女學校編制及設備規則　按：大旨與中學校編制及設備規則相同。其所異者，教室則有裁縫、音樂之特別教室。寄宿舍中，則有理髮室等類而已。故參觀中學校編制及設備規則可也。明治三十二年二月。

第八章　小學令

〔廢〕●頒小學校令　按：此令凡八章：第一章爲小學校本旨及種類。第二章小學校之編制。第三章就學之制。第四章小學校之設置法。第五章定府縣郡市町村擔任小學校經費及徵收授業料之法。第六章定小學校長及教員之制。第七章管理及監督之法。第八章附則。舉凡小學校之如何設立、如何維持以及子弟之不得不進小學校等事，無不備載。明治二十三年十月。

〔廢〕●小學校令之施行法　按制：凡各小學校有不能全照小學校令辦理者，該府縣知事宜具狀文部省，呈請指揮後，漸須推行。明治二十四年正月。

●定舊置之市町村立小學校准其存續之件　按制：自小學校令頒行以後，其舊置之市町村立小學校性質同者，准其續辦。性質同而區域不同者，俟新設者成立以後，再行停辦。其自聯合町村立者，則由設置地之區域於聯合之區域協議後，准其照議施行。明治二十四年三月。

●制定未頒市町村制地方之小學校教育規程　按：小學校令於地方制度未備之處，礙難遵行，故特詔：凡不能遵行前頒小學校令地方，准由府縣知事呈請文部省定特别處分之法。其在北海道者，可由北海道廳長官指定區域設置。明治二十五年四月。

〔廢〕●頒定設立幼稚園、圖書舘、盲啞學校其他類於小學之各種學校及私立小學校規則　按規則：凡幼稚園保姆須有小學校教員資格，而曾得府縣知事之免許狀者，盲啞學校及各種學校之教員同。又市町村立之幼稚園保姆、盲啞學校及各種學校校長、教員之任免，均由府縣知事裁定。其係私立者，則由設立者裁定，詳之府縣。明治二十四年十一月。

●文部大臣頒行施設普通教育之意見書　按：書曰普通教育，所以使其知爲人之道、辨國民之分，國家之真精神也。舉凡風俗、貧富、强弱，未有不淵源於此者。身體爲作事之本，幼時發育，尤所宜慎。修身爲教育之源，苟或不飭，則將鮮衣美食、喜逸惡勞、有習成貧惰而不覺者。每見窶人子弟，竭父母之精力，以供學費，而其心則以爲一旦學成，可以顯親揚名，是則大非教育本旨爾。地方長官其重體斯意焉，本大臣實深望之。明治二十四年十一月。

●文部省頒行道廳縣中有不能照小學校令全然施設者，准其漸次推行令　明治二十五年四月。

●定補助市町村立小學校經費之件　按：市町村立尋常小學校設，地方財力不足提充小學經費，則由府縣核察情形，與以相當之補助。明治三十年二月。

〔廣〕●頒定小學校教則大綱　按：大綱有曰：涵養德性，爲教育上最要之關鍵，無論何科目，須於道德教育、國民教育上加之意焉。智能教育求適於實用，導其謀生，亦宜加意。有曰於尋常小學校須授以孝弟、友愛、仁慈、信實、禮敬、義勇、恭儉等實踐之方法，以養成尊王愛國之志氣，示以對待國家責務之大要，使知重廉耻、敦品行，以趨於純正，此其大要也。其下分論各科教育之主旨、程度之等差，以定教授之方針。如讀書及作文，則由淺入深、由俗而雅，務明意義、解作用，以表彰思想、啓發德智。如習字，則識解名物，習練運筆，以適於實用。如算術，則習練計算，精密思想，以增進腦力，有益生業。如地理，則先本國，次外國，先示以鄉土之地形、方位，漸進本邦之地形、氣候、生産、形勢，更進以地球運動之理、晝夜、四季之原由，再進以大洋、大洲、五帶之别，各大洲之地形、氣候、物産、人種，及與本邦有密接關係之各國地理概略，務使明瞭外情，以增長其愛國精神。如歷史，則亦先本國，次外國，小學校外國史略。由鄉土之史設，以進於忠良、賢哲之事業，歷代之盛衰，國民之武勇，務明本邦國體之大要，以養國民之志操。如理科，則先示以學校近方之植物、動物、礦物及自然之現象，漸進以動植物等之與人生關係，須兼備標本模型，以互相發明。如圖畫，則先練眼手，次求綿密，務能模畫尋常物形，亦以養成清活潑、以涵養德性、辨別音樂，以涵養德性、活潑心情。

潔、細密之習慣。如唱歌，則先隨天籟，授以容易歌曲，漸進以辨別音樂，以涵養德性、活潑心情。如體操，則欲使精神活潑、身體健康，以養成剛毅、習知紀律。如裁縫，則使女子練習手法，略知通常之裁製。如手工，則亦使練習手法，先授粗製，漸進細工，以之習勞，以之利用。他如高等小學校中，量加幾何初步、外國語、農業、商業等科，則皆依土地之情形，求適於實用之意也。明治二十四年十一月。

●頒小學校中一切體育及衛生之注意法　按：小學校教育之時，正身體發育之期，設不措意，害莫大焉。故文部省特定訓令九則：一、體育課，以活潑運動之法，無論普通體操、兵式體操，務足以收活動天機、奮發精神之效。不可徒以整列取勢，强以所難，而使生徒厭棄也。二、高等小學男生徒兵式體操時，可隨唱軍歌，以壯氣勢。或隨用簡單器械亦可。三、生徒無論穿和、洋服，總以窄袖爲宜，以便運動。四、放課時，須引生徒於空氣中運動，誘以游戲，不可稍加限制。五、筆記、暗誦，均傷腦力，不宜過度。六、小學校初級生徒，不必授以作文。七、小學校試驗後，不必評定甲乙、先後，衹須將各級優等生選拔獎勵，以免生徒神經刺衝之弊。八、小學校生徒禁吸煙。九、華奢安逸、易流軟弱，都會生徒如有乘車上學等事，雖無背於學則，要以勸令步行爲宜。明治二十七年九月。

●文部省修身教育意見諭告　按：修身科貫通神經之全體，非可以他科目並論。故爲教師者，須審察都鄙風習、各地人文之發達及謀生之程度，依各人之性質，而施其教育云。明治二十六年八月。

〔蔗〕●小學校每週教授時刻之限制　按：尋常小學校，每週教授時刻，限以十八時以上、三十時以下。高等小學校限以二十四時以上、三十六時以下。其小學校補習科之教授時刻，則由府縣知事酌定之。明治二十四年十一月。

●定隨意科目之規則　按：隨意科目，尋常小學校中，則有體操、本國地理、本國歷史、圖畫、唱歌、手工、裁縫等課。高等小學校中，則有外國地理、唱歌、外國語、初步農業、商業、手工等課。第設置若干課，必須由府縣知事認可。明治二十四年十一月。

●定補習科之科目及修習年限　按：補習科科目，僅修身、讀書、作文、習字、算術等五課。高等小學校同，其中外歷史、地理、理科、圖畫、幾何、外國語、農商業、手工等，俱可作隨意科。女生加裁縫一門，學期三年。明治二十四年十一月。

●定補習科中教授之件　按：補習科之教授時間，除遵照明治二十四年文部省令第十二號學級編制規則外，應呈請地方長官認可。明治三十年正月。

●定補習科中加置體操之件　按：徒弟學校及實業補習學校等，應增置體操一科，以强體育。明治二十七年十二月。

●頒定小學校專修科中之制定教授科目及修業年限方法　按制：凡當隨時斟酌之處，俱由府縣知事詳請文部省核奪施行。明治二十四年十一月。

●定勸諭女子就學及採用裁縫教員法　按：女子教育，於家庭有絶大之關係，文部省所由出示勸諭也。至裁縫，教員一時無從聘請由學校出身者，則但求品行端正者延之，亦無不可。明治二十六年七月。

〔廢〕●定小學校設備之准則　按：小學校但擇各學生就學便利而又無道德、衛生之害者，斟酌地方情事，妥爲設置，去華崇實，尤屬要務。明治二十四年十一月。

●定小學校及師範學校中男生與女生之教育設施法　按制：凡學校教科於男女生徒，務期各有實益爲上。故男女講堂，可以分設。若學生衆多之處，男女各自立一學校，亦無不可。明治三十年十二月。

●定小學校兒童之便宜教授之件　按：制分兩則，一爲人口衆多而地方貧瘠不能增設學校者，則就所有之校舍，分班教授，以期普及。一爲家境貧寠，不能一志向學者，可於夜間及禮拜日等令其就學。至學力於尋常生徒一律時，准其試驗後一律給與畢業文憑。明治二十七年正月。

〔廢〕●定私立小學校代用規則　按：市或町村區域内，未設市立或町村立小學校時，可以私立小學校代用，或以校内之一部代用。唯須將代用期限、兒童入學之區域、入學定額補助金細則與該私立小學校之設立者，協議妥帖，得府縣知事或郡長之許可而行，若已立三年而無成績可觀之小學，不得代用。明治二十四年三月。

〔廢〕●頒編制學級規則　按：全校兒童編爲一學級者，謂之單級學校，編爲二學級以上者，謂之多級學校。凡市町村立尋常小學校，其編制學級之法，以全校兒童未滿七十人，則編爲一學級。其在七十人以上，百四十人以下，則編爲二學級。其逾七十人而未滿百人者，仍得爲一學級。若至百四十以上，則以平均五十人至七十人，分編適宜之學級。同學年女兒之數足以組織一學級，則另編一級。唯第一及第二年生不在此限。高等小學校編級法略同，唯每級人數減少十人。又市町村立尋常小學校配置教員時，於單級學校全校兒童未滿七十人，高等小學未滿六十人。則置本科正教員一人。七十人以上，高等六十人以上。添置副教員一人。於多級學校兒童數未滿七十人之學級，高等未滿六十人者。則置本科正教員一人。其在七十人以上，高等六十人以上。添置副教員一人。此外無論尋常、高等，均得置適宜專科教員。又尋常小學校中，若全校兒童數已至七十人以上、百人以下，而校中不能延本科正教員及副教員，或數已至百人以上、百四十人以下，而校中不能延二本科正教員，或兒童不能同時受業，而校中又不能擴充教室者，可將全校兒童分爲兩部，一部教畢，再教一部。其每日教授時刻，每部以三時爲斷，或年長之部四時，年少之部二時亦可。明治二十四年十一月。

〔廢〕●規定小學校補習科編制學級等事　按：小學校補習科，其編制學級配置教員，皆得遵前項規則准，須得地方長官之許可。明治三十年正月。

●定小學校學級之限制　按：小學校每校兒童，毋得過十學級，此明治三十年七月文部省令也。明治三十年七月。

〔廢〕●定學齡兒童之保護人　按：學齡兒童父母在，則保護之責在父母。父母而非户主，則責在父母及户主。父母亡或存而失踪、病狂者，則責在後見人。後見人者，或受其親遺囑，或其親失踪、病狂而受其親族推舉以監督其子者。後見人而非户主，則責在後見人及户主。若子爲户主，則責在父母或後見人矣。凡學童授業料及其他就學費用，應由保護人於户主之財産中預爲支辦。明治二十四年十一月。

●小學校令學齡計算就學期限　按：明治二十三年敕令小學校令，學齡以至十四歲爲滿。又同令同條，兒童滿六歲始有就學之義務，即其年之翌年爲學年始期，或不待翌年而即於本學年入學亦可。明治二十七年二月。

●定學齡未滿之幼兒保育方　按制：凡未滿學齡而入學校，與學齡兒童同學，其害非淺。

嗣後凡未滿學齡之幼兒，務依幼稚園方法保育之。明治十七年二月。

●禁止未滿學齡兒童入學　按文部省訓令：未滿學齡兒童入小學校，不特管理不便，且有害於幼童身體發育。嗣後凡未滿學齡之兒童，如有欲入小學校者，其嚴禁之。明治二十九年八月。

〔廢〕●敕令市町村立小學校授業料　按：凡市町村立尋常小學校之授業料，由地方長官視各處之情形而定，每月毋過三角，高等小學校亦由地方長官酌定，唯須經文部省許可。明治三十年十一月。

〔廢〕●免除市町村立尋常小學校之授業料　按敕：凡市町村立學校基本財産及捐助金之收入，足以維持學校之費用，或以市町村資力維持學校而不至課過度之税，則可由市町村會協議，經府縣知事許可，而免其區域内尋常小學校之授業料。明治二十六年五月。

〔廢〕●定市町村立小學校免除戰死者遺族之授業料　按敕免：在戰地捐軀者，其子及弟妹入市町村立小學校，不收授業料。其在戰地受傷因而病死者，或曾從軍經戰者，其子及弟妹入學，依市町村會之協議，或免收學金，或減額徵收。明治二十九年二月。

〔廢〕●定小學校祝日、大祭日儀式規程　按：小學校逢祝日、大祭日，校長及教員須率生徒於校内行祝賀儀式，而賞生徒以茶菓及裨益教育上之繪畫等品。明治二十四年六月。

●定小學校祝日、大祭日儀式用之歌樂　按：小學校於祝日、大祭日所用歌詞及樂譜，須經文部省認可，或由省撰定頒布者。明治二十四年十月。

●制定未頒市町村制地方之學務委員　按：凡未頒市町村制地方於設立小學區域内，可由地方長官命置學務委員。其委員費用，則由該區域擔任。明治二十七年二月。

第九章　臺灣公學校

●頒行臺灣公學校令　按令：凡設立公學校，須先由街莊社或數街莊社籌措開辦及常年經費，然後由知事廳長認可。而立之就學者，皆須納授業料。唯資産收入金足以維持學校費用，則不收授業料。其種別、編制、教則及教科用圖書等，皆須由臺灣總督檢定。其管理公學財産規程，則由知事廳長檢定。又凡教員須經臺灣總督檢定，得有公學校教員免許狀者。又辦務署長及支署長，得承知事廳長之命，管理公學校。凡設置公學校區域内，可置學務委員至二人以上，其職務由知事廳長裁定。其費用由學校經費支給。明治三十一年七月。

●定支給臺灣總督府之國語學校、國語學校之附屬學校、師範學校、國語傳習所等生徒之學資、旅費、膏火之件　按：支給細則應由臺灣總督核定。明治二十九年九月。

第十章 實業學校

●頒行實業學校令　按：實業學校以從事於農工商業爲目的，其種類即工業學校、農業學校、商船學校及實業補習學校也。若蠶業學校、山林學校、獸醫學校及水産學校，皆視爲農業類。徒弟學校則屬於工業。至凡私人所設之實業學校，一體遵照本令辦理。明治三十二年六月。

●定實業學校設置、廢止規則　按：凡公私立工業學校、農業學校、商業學校及商船學校，於設置之前，須由管理者或設立者將校之名稱、位置、學則、生徒定員、地畝及屋舍圖様、出入豫算表、職員數教及俸額豫定數，及設置區域内之實業情形、設立者之履歷、經費、辦法等，一一呈報文部省。遇有變更、停止等事，一律將事由及遣散學生方法呈報。明治三十二年三月。

〔改〕●定實業學校教員養成規則　按：實業教員養成所，爲造就實業教員而設屬與各實業學校，如農業教員養成所，則由農科大學長管理。商業教員養成所，則由高等商業學校校長管理。工業教員養成所，則由東京工業學校校長管理。其修業年限，農業一年，商業二年，工業三年。各養成所之入學資格，須年在十七歲以上、師範學校或中學校及同等之實業學校已卒業者，乃爲合格入校之後，每生由校給助學資五圓，卒業後應服義務，由文部大臣指派其年限，以卒業之日起，視受學資年分加一年如在學受過學資二年，則服義務三年。計。明治三十二年二月。

●頒定工業學校規程　按：工業學校共分十科，曰土木、曰金工、曰造船、曰電氣、曰木工、曰鑛業、曰染織、曰窯業、曰漆工、曰圖案繪畫。但許於以上學科内選設數科，亦許於以上學科外，設便宜之學科，其授業時刻除實習外，每週須二十七時以内，修業年限期以三年乃至四年。入學資格須年在十四歲以上、已卒高等小學業及有同等之學力者。另設豫科爲豫備，入正科而設入學資格，年在十二歲以上、有高等小學第二學年程度者，修業年限期在二年以内。校内附設别科爲從事簡易工業，而志在速成者。另設專攻科，爲卒業後而欲專究一科目或數科目者。校中凡應用教室、實習場、參考用圖書、器具、機械、標本、模型、實習用機械等，皆須置備。明治三十二年二月。

●頒定農業學校規程　按：農業學校分甲、乙兩種，其甲種農業學校，修業年限期以三年，或四年爲限。授業時刻，除實習外，每週三十時以内。入學資格，須年在十四歲以上、已卒高等小學校業者及有同等之學力者。試驗時須加試外國語。乙種農業學校，修業年限在三年以内。授業時刻，除實習外，每週不得逾二十七時。入學資格須年在十二歲以上、已卒尋常小學校業者。又甲種農業學校内附設豫科，修業年限在二年以内。授業時刻，每週三十時以内。入學資格年在十二歲以上，已卒高等小學第二年級業者。又校内附設別科、專攻科、補習科等門。別科專教簡易農學，專攻科爲卒業生研究專科，補習科爲卒業後欲進高等農業學校而補習之者也。校中凡應用教室、實習場、肥料場及參考圖書、機械、農具、標本等，皆須設備。明治三十二年二月。

●頒定商業學校規程　按：商業學校亦分甲、乙兩種，然依土地情況，可設立高等商業學校。其甲、乙兩種修業年限、授業時刻及入學資格，俱與農業學校同。校内附設豫科、專攻科，亦與農業學校同。校内應用教室、商業實踐室及參考圖書、器具、機械、標本、模型、商品樣本等，皆須設備。明治三十二年二月。

●禁止商業實習用之紙幣，不得以過於近似之紙製造　明治二十七年五月。

●頒定商船學校規程　按：商船學校亦分甲、乙兩種，其修業年限、授業時刻及入學資格，悉與農商業學校同。其甲種學科除修身、讀書、作文、數學、物理、地理、外國語外，其實習科目共分兩種：一、航海科，科中則有運用術、航海術、機關術大意、海上氣象學大意、造船學大意科目等。二、機械科，科中有機關術、機械製圖、力學、應用力學、電氣學大意等科目。乙種學科較略於甲種。至校内各種教室、實習場、實習用之三板船及諸機械等，並標本模型、參考圖書，皆須置備。明治三十二年二月。

●頒定實業補習學校規程　按：實業補習學校爲志願從事於各種實業之兒童授以各業之簡易方法，以成其技爲目的。故入學資格以有尋常小學卒業之學力爲准。修業年限在三年以内。學科除修身、讀書、習字、算術等科外，關於實業學科者，分、工、商農三種，各視地方之情形而定。他如科目、修業年限、教授時刻等事，若學校係市町村立者，則由市參事會町村長核定，申請地方長官許可。若私立者，則由設立者核定，再請地方長官許可。明治二十六年十一月。

●文部省發布實業補習學校訓示　按：大旨謂實業補習學校之所以設，實因普通人民既卒尋常小學業，不能再受高等教育，故特就各人願就之業，授以簡易方法，以爲後來謀生之計。學科毋取高深，但求適於實用而已。明治二十六年十一月。

●定徒弟學校設置之件　按：徒弟校之設置、廢止，其在府縣立者，應請文部省認可。郡立者，當請府縣知事認可。明治二十八年十二月。

●頒定徒弟學校規程　按：徒弟學校爲養成職工而設，其科目分修身、算術、幾何、物理、化學、圖畫及與職業有關係之諸科。入學資格以年滿十二歲以上、已卒尋常小學業及有同等之學力者。卒業年限六個月以上、四年以下。此項學校可附設於尋常小學及高等小學中，男女不得同學。至若專爲女子教授機織、刺繡等事，可設女子職業學校，亦依徒弟學校規程，因同一種類故也。明治二十七年七月。

●文部省認定之工業教員　按：徒弟學校之工業教員爲文部省所認定者有六，即工業教員養成所卒業生、東京工業學校及舊東京職工學校卒業生、與有尋常師範學校手工科教員免許狀者、東京美術學校卒業生、帝國大學工科大學及舊工部大學卒業生及經文部省認可許充工業教員者是也。明治二十七年九月。

〔改〕●定國庫補助實業教育經費法　按制：爲獎勵實業教育起見，每年由國庫撥銀二十五萬圓，以補助其費用。凡公立之農工商業學校、商船學校及徒弟學校、實業補習學校，成效已著者，准由文部大臣酌給補助金。凡農工商私立學校經文部省認定，亦得照前項公立例辦理。第凡受補助金之學校，在補助金支給年期內，該學校仍須照常支出經費。又各學校支給補助金以五年爲一期，期滿可續請蟬聯。惟有不依文部省認可學則，或管理不當，則補助金可隨時停止。明治二十七年六月。

●定補助實業教育經費法施行規則　按：實業教育欲請公款補助，須先由管理學校者將學校名稱、地位、學則、出入總數及一切細則，呈報文部大臣。其已受公款補助之學校，每年收支豫算，須先報告文部省。遇有擴充費用，須經文部省認可。明治三十二年三月。

●定補助實業教育經費交付方法及規定受補助之學校決算豫算之件　按：補助經費按月

計算，每年分兩次交付。若係初次補助金，則於批准期月内交付。至凡受補助之學校，遇結賬豫算年分，應將收支決算書呈經府縣郡市町村會及組合會認定後，詳報文部省。明治三十二年三月。

第十一章　醫學校

●定府縣立醫學校之費用之件　按制：自明治二十一年以後，府縣立之醫學校，均不得由地方税中支應。明治二十年九月。

●頒定醫學校通則　按：醫學校分甲、乙兩種，甲種教以尋常醫學科，以造就醫師爲目的。乙種則教以簡易醫學科，以速成醫師爲目的。其甲種科目，曰物理學、化學、動物植物學、解剖學、組織生理學、病理、藥物、内科、外科、眼科、産科、内外科、臨床講義、衛生學、裁判醫學類，修業年限四年。乙種科目，曰物理學、化學、解剖學、生理學、藥物學、内科、外科、眼科、産科、内外科、臨床講義等科，修業年限三年。至入學資格二種，均須已卒初等中學業及有同等學力、年已滿十八歲者，方爲合格。校内均須准備病院，爲學生臨床實驗之用。明治十五年五月。

●醫學校及藥學校教員相當代用法　按：醫學校及藥學校之甲種教員，須有醫學士或製藥士二、三名擔任重要教科，惟有相當之學力者亦可代用，但須經文部大臣認可。明治十五年十二月。

第十二章　藥學校

●頒定藥學校通則　按：藥學校亦分甲、乙兩種，一以造就藥劑師，一以造就速成藥劑師。其甲種科目，曰物理學、化學、動物學、植物學、金石學、藥用植物學、分析化學、藥品學、製藥學、毒物學、藥物試驗法、調劑法等類。乙種科目，曰物理學、化學、植物學、藥品學、製藥學、藥物試驗法、調劑學是也。卒業年限、入學資格與醫學校通則同。明治十五年七月。

第十三章　教員

●指准充當某學校教員之件　按文部省令：凡領有某學校之教員免許狀者，頒於同等之學校或下於該校之諸學校，充當教員。明治十九年十二月。

〔改〕●定師範學校、中學校及高等女學校教員免許規則　按規則：凡尋常師範學校、中學校及高等女學校教員免許狀，須經文部省檢定合格者，方得授與。唯高等師範學校及女子高等師範學校之本科卒業生、選科卒業生以及各學校師範部之卒業生，祇須由該校校長將本生係何科專門禀申文部省即可，一律給與免許狀。其檢定之法，以試驗爲准。試驗分豫試驗、本試驗兩種。豫試驗於地方廳行之，本試驗於文部省行之。未應豫試驗者，不得應本試驗。試驗時之檢定委員由文部省臨時委派檢定，科目以願領何種學校教員免許狀，即以何種學校之科目試之。他如各官立學校，則按其所學試之，分別給與免許狀。明治二十九年十二月。

〔廢〕●選高等女學校教員之件　按文部省令：凡高等女學校第二學年以下之教員，可於領有高等小學校正教員之免許狀者，選取任用。明治三十二年三月。

〔改〕●公、私立學校及外國大學校卒業生教員免許規則　按文部省令：凡領有師範學校、中學校及高等女學校之卒業證書、更受相當試驗後而進公、私立學校卒業者，則與各官立學校卒業生一律辦理。其於師範學校、中學校、高等女學校卒業，而留學外國領有大學校證書者，亦同。明治三十二年四月。

〔廢〕●定小學校正教員及准教員之別　按：凡得有照小學校令所定之小學校教員免許狀，而又得小學師範學科卒業證書、有高等小學科教員資格者，則得爲高等小學正教員，其有免許狀而無證書者，則爲准教員。或得免許狀及卒業證書，僅有尋常小學科教員之資格者，則爲尋常小學之正教員，無證書者，亦爲准教員。明治二十四年十一月。

●制定尚未頒小學校令之地方中所有正、准教員之別及特別處分法　按：凡偏僻地方尚未頒行小學校法令及法令中關於教員之條規者，則以小學校教員中之訓導爲正教員，而以授業生爲准教員。若北海道等處併此而難行，則由地方長官受文部省之指揮，特別處分之。明治二十四年十一月。

〔廢〕●定私立小學校准教員特別辦理之件　按：私立小學校爲市町村立代用之校，或設立已經三年而著有成效者，其校中一年以上之准教員，可照明治二十四年文部省令第十九號小學校教員檢定規則辦理。明治二十六年三月。

●定小學校正教員急需時免許之件　按：北海道廳官府縣知事急需小學校正教員時，可照文部省令第十九號小學校教員檢定規則所定，凡在公立小學充准教員在一年以上者，得給與正教員免許狀。明治二十六年三月。

〔廢〕●定小學校教員免許狀及師範學科卒業證書之有效期限之件　按：小學校教員免許狀及師範學科卒業證書，凡在文部省教員檢定規則未頒行以前領得者，其效力自規則施行之日起，以五年爲限。明治二十六年三月。

〔廢〕●定小學校教員檢定等事之相關規則　按：規則區分兩章，首章關於府縣之檢定，次章關於文部省之檢定。府縣檢定分甲、乙兩種，行甲種檢定者，一、高等師範學校、女子高等師範學校及尋常師範學校卒業生。二、已領得他府縣小學校教員免許狀者。三、文部省直轄學校卒業生、受適當某教員之某科目者。四、領得尋常師範學校、尋常中學校、高等女學校之教員免許狀者。五、依舊行成規，領得小學校教員免許狀及小學師範學科之卒業證書者。六、領得准教員之免許狀，而有效期滿限者。七、品學俱優而爲府縣知事特選者。行乙種檢定者，則准科目程度試以學力之合格者，方能給予免許狀。然其免許狀中，有爲正教員之免許狀者，終身有效。有爲准教員之免許狀者，但於七年以内有效力耳。若文部省之檢定，必其先得有小學校正教員免許狀，及舊小學校教員免許狀，於公立小學校充教員五年以上、品學俱優者，或高等師範學校、女子高等師範學校卒業生、充小學教員一年以上者，或於文部省直轄學校卒業、充相當科目之小學教員一年以上者，由府縣知事及文部省直轄學校長呈請文部省檢定，給以普通免許狀，可以行之通國，持之終身焉。明治二十四年正月。

●定千葉、茨城兩縣縣域變更後，小學教員免許狀及一切處分之件　按：因兩縣縣界變更故，凡已得甲縣免許狀者，若地歸乙縣，則免許狀之效力，亦移至乙縣，其於乙縣所得者同。明治三十二年三月。

第十四章　教科書

〔改〕●定教科用之圖書檢定規則　按：教科用圖書合於教科旨趣者，可由出版者呈請文部省檢定。然當呈請文部省查檢之時，須納費用。其費額按照所請檢之書價以二十倍爲斷。若所請檢書尚未定價者，則每種限納費十五圓，檢定後由文部省將圖書名稱、册數、定價、目的、適於何等學校之用及版權免許、出版之年月日、著譯者及出版者之族籍等，登之官報，其册面則由出版者標明何年月日、文部省檢定何等學校字樣。其未經檢定者，不得出賣。如違處以二十五圓以内之罰金及二十五日以内之禁錮獄。明治二十年五月。

●定教科圖書遵舊例檢定之效力　按文部省令：凡教科用圖書，遵明治十九年教科書檢定條例。已行檢定者，其效力與本年之新檢者同。明治二十五年五月。

●中學校教科書檢定之件　按：凡中學校以前所用教科圖書其未經文部省檢定者，可更呈請檢定。明治二十五年五月。

●定教科用圖書檢定規則之變更事項廣告請求之件　按：照檢定規則，如檢定教科用之圖書遇有變更、删改之事，可更請文部省登録官報廣告。明治二十年五月。

〔删〕●教科用圖書檢定願書式　按：以教科用之圖書呈請檢定時，須將出版者之族籍、住所、姓名、圖書之名稱、卷册之記號、頁數、著譯者之族籍、姓名、版權免許及出版之年月日等，一一注於願書，附願書一種存案。明治二十年五月。

●定教科用圖書檢定時應加入申請書之件　按文部省令：凡小學校及中學校教科用圖書呈請檢定時，須將該圖書之目的附入申請書呈檢。明治二十年五月。

〔廢〕●採定教科用圖書於定價變更時之效力　按文部省令：凡此令未布以前，地方長官所採定之教科用圖書，如定價變更時，該地方官但受文部省之許可，可無須重行調查，而仍不失其採定之效力。明治二十九年十一月。

〔廢〕●小學校教科用圖書檢定之件　按：小學校教科用圖書，分生徒用、教師用兩種。如係手工、作文、唱歌、裁縫、體操教科書，則祇可依教師用者檢定。明治二十五年九月。

●定教科用圖書檢定之標准　按文部省令：嗣後小學校教科用圖書，以小學校教則大綱爲標准。其有不合者，即不得檢定。唯係本年三月二十四日以前檢定者，則仍照曩例。明治二十五年四月。

●定教科用圖書檢定時之調查規程　按：教科用圖書檢定時之調查，先由圖書課調查後，將理由詳報，再由文部省派委審查。審查以後，每部當由審查委員三名以上聯名擔保，方得檢定。明治二十五年七月。

●定師範學校、中學校、高等女學校教科用圖書檢定之件　按文部省告示：嗣後凡師範學校、尋常中學校及高等女學校教科用圖書之檢定時，須先調查其圖書之組織、程度、分量、記事之大體，有無誤謬處。明治三十一年十月。

〔删〕●定圖書查檢被斥者之投遞願書期限　按文部省告示：凡教科用圖書查檢時，被斥後有不服其查檢者，自檢斥之日起六十日内，准其投送願書，呈請答示不得檢定之故。明治二十五年十月。

●教科用圖書文字印刷規定之件　按：教科用圖書爲生徒日常誦讀，於衛生甚有關係，故文字刷印用紙等，不可不加之意焉。要以字明、行疎、圖清及用紙白韌、墨色鮮明爲最。明治三十一年十月。

〔删〕●教科用圖書檢定費之納付方　按：教科用圖書檢定向用收入印紙印花税之一種。代作貨幣，遵敕自明治二十五年九月起一律改用登記印紙。明治二十五年七月。

〔删〕●定教科用圖書檢定願書應行貼用印紙之件　按：檢定費數用登記印紙納付後，即須於地方廳投送願書，其願書上亦須貼用印紙。明治二十五年七月。

〔廢〕●定小學校圖書審查委員之組織　按小學校令：規定小學校圖書審查委員組織中，可以加令尋常小學校長加入其間。其已施行府縣制地方，可以府縣會常置委員代府縣參事會員以組織圖書審查委員。明治二十六年九月。

〔廢〕●小學校教科用圖書審查規則　按：審查委員以學務擔任官吏一名，府縣參事會員或府縣會常置委員二名，尋常師範學校及中學校校長各一名，尋常師範學校教員及小學校教員三名至五名組織之。但各審查委員不得審查自己戚族所著撰、譯述、編纂、校閲、出版之教科圖書，如不得已，須得府縣知事之許可。又審查委員審查後，由委員長具其顛末詳之知事。明治二十四年十一月。

〔廢〕●採定教科用圖書於修正後之效力　按文部省令：凡北海道廳府縣採定之小學校教科用圖書，如稍加修正，可無須再行審查，而仍不失採定之效力。明治三十二年五月。

●小學校修身教科用圖書審定之件　按文部省令：小學修身教科圖書，須於多數中擇取最善良者，故須俟出版較多時，再行審定。明治二十五年十月。

●小學修身教科圖書之審定期日及唱歌用歌詞、樂譜免其再檢定之件　按：小學修身教科用圖書，因欲俟出版較多再行審定故，須於明治二十七年四月以後，始得審定。其唱歌用詞、樂譜，已經文部省檢定者，即可於小學校之祝日、大祭日之儀式用之。明治二十六年十月。

●公布唱歌用歌詞、樂譜採定之件　按文部省令：凡小學唱歌用歌詞、樂譜，非經本省檢定，或撰定，或地方官撰定而經本省認可者，不得採用。唯特別認可者，不在此限。明治二十七年十二月。

●定實業補習學校教科用圖書之件　按：實業補習學校所用之教科圖書，其普通科目，須合於小學校用，或專爲實業補習學校用而經文部省檢定者。明治二十七年二月。

●定師範學校教科書之件　按文部省令：尋常師範學校教科用圖書，准由該校教員會議取調，呈請文部省裁定。明治二十年三月。

●定中學校及高等女學校教科書之稟申方　按：中學校及高等女學校教科書有未經文部省認可而必須擇用時，可由地方長官將該教科書之名稱、著作及發行者之氏名、發行年月日、册卷之記號，一一記載稟申文部省，許其暫用。明治三十二年四月。

第十五章　學校衛生

●公布公立學校應置學校醫之件　按：凡道府廳縣郡市町村所設之學校，皆須設置學校醫，以備諮詢學校衛生事務。明治三十一年正月。

〔改〕●定學校醫之職務規程　按：學校醫每日須於教授時到校一次，視察衛生上之事項，於學年之終及學年之始，皆須到校視察一切。當視察時，如有學生發生疾病，可告之校長，或使停課，或爲療治。凡學校近方有傳染病發生，則須計畫豫防消毒方法。明治三十一年二月。

〔改〕●定學校醫之資格　按：學校醫之資格，大學醫科、高等學校醫學部及府縣立甲種醫學校之卒業而有醫術開業免許狀者，始可囑託。明治三十一年二月。

〔改〕●定學校中豫防傳染病及消毒方法　按豫防方法：如校中職員、生徒有傳染病發生時，令其不得入校，愈後須沐浴更衣，尤須有醫生不至傳染病證明書，乃得入校。又，凡學校近地如有傳染病發生，可即由教員、舍監等告之校長，請醫生設法豫防。至若校中傳染病已生，則可依病況之輕重，閉鎖全校或一部，再開時須照定期清潔法施行後，方可使用。又按，消毒方法，如傳染病人所用之唾器、圊房，其他障壁、牀椅，寢臺、器具等，皆須分別病之種類，用藥水浸洗。其被服等，更須瀛蒸以消其毒。其受毒太深者，火之。明治三十一年九月。

●定學校清潔法　按：清潔法分三種，即日常清潔、定期清潔及浸水後清潔也。日常清潔法，每日掃除内外，常灑被服，抹洗圊所及通空氣、除臭穢等，皆是也。定期清潔法，每年一回或二回，大加掃除，於地板下更糁以收燥之藥料，一切器具皆須用肥皂水洗拭一過。浸水後清潔法，即被水災之後一切處置之法也。明治三十年正月。

〔廢〕●定檢查生徒身體規程　按：學校生徒皆須由學校醫檢查身體，以驗其强弱。每年於十月間檢查兩次。其檢查之法，須將該生之身長、體重、胸圍、呼吸力、脊柱、體格、視力、眼疾、聽力、耳疾、齒牙各項，一一檢明，輕重大小，有無疾病，别製一表，報告文部省。明治三十年三月。

第十六章　外國留學生

〔廢〕●定文部省外國留學生規程　按：文部省外國留學生，其目的爲研究緊要之學術技藝，須於文部省直轄學校卒業生或教員中選拔派遣。其學資金由文部省支給，每年在千八百金以内。其旅費則准判任官支給。如須巡歷各地研究學事，則須於前項外，另給相當之學資金。凡派遣留學生歸國，須就文部大臣指定之職務，其年限二倍於留學生之年。明治二十五年十一月。

〔改〕●定外務省外國留學生規程　按：外務省派遣外國留學生，其目的在專究各國語言，每年學費，歐美諸國則給千八百金以内。亞細亞諸國，則給千二百圓以内。凡學生以試驗合格爲准，其試驗方法則由外務省定之。明治二十七年正月。

〔改〕●定遞信省外國留學生規程　按：遞信省派遣外國留學生，其目的在研究與海事相關之學術技藝。其派遣人數同時不得過六人，學資金每年英金百八十磅以内。若巡歷各地，另增學費。惟所派之學生係已在官者，則自起程之日起停給官俸。明治三十年四月。

第十七章　學位

●頒行學位令　按：學位凡九種，即法學博士、醫學博士、藥學博士、工學博士、文學博士、理學博士、農學博士、林學博士、獸醫學博士也。又凡入帝國大學大學院經過試驗及有同等學力，經帝國大學分科大學教授會中公認者，乃得授以學位，或分科大學教授而爲帝國大學總長推薦，亦可授以學位。明治三十一年十二月。

●定學位令細則　按：學位授與時，必從其所專考之學科分別授之。若係經大學院試驗而得授與學位者，須由大學校總長將試驗成績書並履歷書詳申文部省。若係論文請授學位者，須將專考學科之論文添附履歷書，由大學校分科教授會中指定，請之於文部省。明治三十二年正月。

第十八章　統計報告

〔廢〕●定學事年報取調條項及諸表式　按：學事年報條項，其目曰管内學事之狀況、學齡兒童小學校、徒弟學校、實業補習學校、盲啞學校、幼稚園、尋常師範學校、尋常中學校、高等女學校、專門學校、技藝學校、各種學校圖書館、教科用圖書、府縣會郡會及市町村會教育會、學事職員、學事巡視及獎勵學事善後事宜，以上各項，須按細目於年終調查，限翌年三月止，申報文部省。其公學費及資産、公立學校職員恩給及其他關於學事用費各項，則於會計年分調查，限翌年八月止，申報文部省。明治二十八年十月。

●定文部省直轄學校年報取調條項　按：直轄學校每年終，須將學規、處務、職員、生徒、經費、書籍、器械調查細目，限翌年三月止，申報文部省。明治二十年十二月。

〔删〕●定學務課長及學校長變更時之開申法　按：北海道廳府縣關於内務部之學務之主務課長及府縣立之學校長，如有變更，須將氏名、官階、俸額、履歷等，開申文部省。惟師範學校長及與奏任文官同等之府縣立學校長，不在此限。明治三十一年八月。

〔改〕●定關於學事之廳府縣令申報法　按文部省令：凡關於學事之廳府縣令於發布之時，須先申報本部。明治十九年十一月。

●定道廳、府縣立諸學校延用外國人及辭退等報告方　按文部省令：嗣後道廳及府縣立諸學校延用外國人，須將延用及辭退等事，隨時報告本省。明治二十三年八月。

第十九章　氣象

●定氣象臺測候所條例　按制：於東京設置中央氣象臺，由文部省直轄其地方合宜之處，應設置地方測候所，由地方長官管理，但須由文部省監督於中央氣象臺聯絡，惟經費則由地方税中支應。明治二十年八月。

●定氣象臺測候所條例施行細則　按此細則：於中央氣象臺調查全國之氣象，地方測候所測其所在之地方。至所備器具，按其等級而置。蓋測候所有一等、二等之分也。凡雷雨、暴風、地震、積雪、動物、植物等情，俱宜報告中央氣象臺，並有月報、年報等，一律報告。明治三十一年三月。

●定中央氣象臺氣象之通報規程　按：民間有囑託氣象臺將天氣、暴風、霖雨等先行知照者，宜照定額費，用將印紙代錢先爲納付，並須詳具節略，否則概不通報。明治二十九年三月。

●制以氣象爲内外國航海所關定海上之氣象報告法　按遞信省令：凡内國之航海船隻，每月應調製海上氣象表，報告於中央氣象臺。明治二十一年十二月。

●詔令改元　按：詔有曰：體太乙而登位，膺景命以改元，聞聖代之典型，而萬世之標准也。朕雖否德，幸賴祖宗之靈，祗承鴻緒，躬親萬機之政，乃改元，欲與海内臆兆更始一新。其改慶應四年爲明治元年，自今以後，革易舊制，一世一元，以爲永式，主者施行。明治元年九月。

●詔改陽曆　按：詔有曰：朕以我邦舊歷，以太陰之朔望，合太陽之躔度，故於二、三年間必置一閏。以置閏之前後，或季候之早晚，終至於推步生差，至吉凶星宿，尤屬妄誕無稽，有礙於人智之發達。不少太陽曆，則以太陽之躔度主月。日子雖不無多少，而季候卻無早晚。每四歲置閏一日，閲七千年後，僅生一日之差，則較之太陰曆之推步，孰密孰疎，固無俟辯。自今以始，廢陰用陽，天下後世，永久遵行。百官有司，其斯體旨。明治五年十一月。

〔改〕●定中央氣象臺檢查器械規程　按：晴雨表、寒暑表、風力表、雨量表等，民間均得隨時呈請查檢，第須照定額納付費用，否則不能代檢。明治二十九年三月。

●定以神武天皇即位之年爲日本之紀元　明治五年十一月。

●定年曆中記載干支之件　按制：凡推步已徙之年月日，俱准以干支記載。明治六年六月。

●頒布本曆、略曆之件　按制：自明治十六年以後，本、略曆雖俱由伊勢神宮頒行，然略曆無論何人，俱得出版。明治十五年八月。

●定略曆中應行記載之件　按制：凡年號及紀元之年數、干支、每月朔日、日食、月食、大祭、祝日及神社例、大祓、星期表、甲子表、庚申表、己巳表、二十四節氣及雜節絃望，並陰曆相當之日及陰曆月朔等事，俱應備載。明治二十三年十月。

●定閏年之件　明治三十一年五月。

●定號炮執行之件　按制：每日正午由宮城内發號炮一門，以正時刻。明治四年九月。

●定本初子午綫經度計算法及標准時晷　按制：以英國倫敦天文臺子午儀之中心綫爲經度之本初子午綫。以子午綫之東者爲東經度，西者爲西經度，東西各一百八十度。以東經百三十五度之子午綫中正午之時，爲日本之標准時。明治十九年七月。

●改稱標准時制　按制：以向定之標准時爲中央標准時，而以日本當東經百二十度之子午綫時，爲臺灣及澎湖列島並八重山於宮古列島之標准時，名之曰西部標准時。明治二十八年十二月。

校記

〔一〕教　疑爲衍字。

第二十二類　勸業　度量衡

第一章　勸業

第一款　勸業博覽會

●内國勸業博覽會舉行之期　按制：自明治十年開勸業博覽會後，每五年舉行一次。其開會地方及開會期日，均須於三年前先行布告，而甄别優劣獎勵工程，即《中庸》所謂『勸百工』、《論語》所謂『百工居肆』之意。明治十年十二月。

●遴選審查官派赴府縣博覽會事　考各府縣開小博覽會，往往請派委員審查物品，該長官應遴派熟悉該地之物産者前往考覈，以幾評騭得當云。明治十一年十一月。

●内國勸業博覽會授給賞牌字樣如何登載法　考明治十年開内國勸業博覽會，政府授給賞牌字樣或寫入字招或刊入物品，均隨出品者之意。明治十一年四月。

●內國、外國博覽會及共進會所授給褒狀因事遺失者另給以證明書制　按：商人或於博覽會中，或於共進會中領有褒狀，榮幸何如，一日遇盜賊、水火等災，致將褒狀遺失，情殊可憫，用證明書一紙，俾證明從前業經給遵褒狀在案，是亦獎勵工業之至意也。明治十七年十二月。

●博覽會、共進會中經理販賣物品者之方法　按：制專指販賣煙草、茶食、藥品者而言，謂此等物品均宜貼用印紙，並註明販賣者之住址、姓名，以備查核。明治二十一年正月。

●博覽會、共進會、品評會以及有關勸業之會，凡會中所陳物品距産地在一郡市以外者，應於閉會復另具報告制　按報告之法：凡開會地名、會名、會主、開會及閉會月日、出品區域、出品人數、出品件數、出品種數、受賞人數、來觀人數、會費總額、會費區別以及會場及出品情形，俱宜一一詳載，且於閉會後不得遲至三十日以外。明治三十二年二月。

第二款　勸業諮問會

●設置勸業諮問會及勸業委員制　考制選各府縣受内農工商各務中之有名望者充當之，專備各府縣考求勸業事務時之諮詢。明治十六年五月。

●勸業諮問會及勸業委員之應行事宜　考制應行諮問之事，凡修鑿有關海、陸漕運之道路、港灣，疏通講渠、惡水，整理農工商鑛水産、山林之利弊，以及統計農工商鑛水族、山林之生産，俱爲應行諮問之事。至會員則由郡區選舉，任期長短無定。而每郡、每區所選不得過五名，總額不得過五十名。府縣令爲會，其或由書記官課長等代理亦可。第諮問會員薪水每月每人五元，由地方官税中之勸業項下開支。他如開會各費，則由府縣廳費中籌措。明治十六年七月。

●勸業會開設時農商務省應行辦理事宜　按：每年自二月初十起，各府縣開設勸業會時，農商務省應派農業課、商工業課、山林課各一名，前往考察情形。明治十六年十二月。

第三款　農事講習所

〔廢〕●農事講習所規程　按：農事講習所者，所講求普通農務、蠶業、茶業、獸醫、蹄鐵、畜産而設者。故其教科以農事爲主，而以數學、丈量、氣象、物理、化學、博物、地理、圖畫等輔之。其課程以二年爲限，其中經費與所中教師及所中一切事務，每年於四月三十日前，報告農商務大臣，以備查核。凡地方之設有水産講習所者，亦照是章辦理。明治二十七年八月。

●農事講習所設置法　按：農事講習所，以講求地方農事爲主，故其所授教科，猶當切於地方情形云。明治二十七年八月。

〔改〕●設置巡視農務及水産教師法　按：巡視農務及水産教師，爲謀增地方利益起見故，宜令實地驗習、周遊質問，並設立視驗所於府縣内之共進會及品評會等，所出陳物品，盡須實力考察，每年於三月三十一日之前，將應用經費製豫算表報告地方官。復於每年四月三十日以前，將前一年之考察實在情形報告地方官，轉告農商務大臣，以昭鄭重。明治二十七年八月。

第四款　農事試驗場附分析事宜

〔廢〕●府縣農事試驗場規程　農事試驗場，其經費由地方税中籌措。其宗旨專以地方農産之改良增多爲主，其事業則如下：一、講農事。二、種苗分給。三、報告刊行。四、模範圃設置。此皆專試驗各府縣之農産者，亦於每年三月之十一日報告地方長官，由地方長官報告農商務大臣。明治二十七年八月。

●農事試驗場巡迴講話法　按：農事試驗場，分本場、支場二種。每年巡迴一次，當巡迴以前，宜先行知照地方長官，至後派遣農事工程師前往管轄區内，考察土質、種子、肥料、飼料等事，以寓督勵之意。明治二十六年七月。

●農事試驗場分析費章程　按：農事試驗場有代民試驗農産之職，故有以農産呈請分析者，將所需費用勒爲定章，以免需索。兹將各種費用詳列備查：土壤及肥料定性分析，每含一成分者，三角。二、土壤定量分析，每含一成分者，一元。至含有二成分以上者，每一成分加費五角。三、土壤之不含普通成分定性者，每一成分二元。其定量，則每一成分五元。四、肥料定量分析，每含一成分者五角，二成分以上者，每一成分二角五。至水分及灰分全量定量，則各一角。五、農產物及飼料有機質成分定量，每含一成分者，五角。二成分以上者，每一成分三角。六、農產物飼料灰分定量，每含一成分者，五角。二成分以上者，每一成分三角。至灰分全量，則一角。七、農產製造品定性分析，每含一成分者，五角。八、農產製造品定量分析，每含一成分者，一元五角。二成分以上者，每一成分一元。九、水定性分析，每含一成分者，二元。二成分以上者，每一成分五角。十、水定量分析，每含一成分者，三元。二成分以上者，每一成分一元。明治二十六年十二月。

●呈請農事試驗場分析者之注意　按：民間將農產品呈請分析，其所呈物品，如肥料、農產物、農產製造品等，均宜按照定例之數，方能供分析時之用。至分析後之成績，均一一發交原人。惟其中或有不能分析者，則限十四日內本人領取原物。明治二十六年十二月。

●農商務省示廣島、宮城兩分場一體分析土壤、肥料、農產物製造品等件　明治二十七年五月。

●制定代民分析農業品物之各農事驗場　按制：東京農事試驗場及石川德島熊本等分場，一體分析農產品物。明治二十六年十二月。

●定地質調查所分析試驗收費章程　按章程：其收費方法，均照原物種類及分析方法而定。如鑛物、金屬、煤炭皆是。工業用原料、器械、油等皆是。製造品陶磁器、粘土等皆是。之類，皆按定性定量、硬化軟化、比重比輕等法，照調查所長所定規例徵收。明治二十五年七月。

●呈請地質調查所分析試驗者之注意　按制：凡關於地質之品呈請試驗者，均宜按照定例數量，呈交該所方能試驗。明治二十五年七月。

●農商務省示呈請分析地質者應將節略寄交農商務省鑛山局地質課俟覈　明治三十年六月。

第五款　種畜

●種牡馬檢查法　按：牡馬每年檢查一次，其合格者，則於馬之左腿或右腿後部烙印文字，以留作種馬之用。至檢查經費，則由國庫支應。第爲講求種馬學問而欲借用牡馬者，則須由地方官稟明農商務大臣，方准借用。此以見講求牧畜之意。明治三十年三月。

●種牡馬檢查法施行細則　按：民間有將牡馬呈請檢查者，須先稟明地方長官後，由地方官派檢查委員前往檢。其馬齡滿四年以上、馬體滿四尺五寸以上，而又體力强壯，骨格性質善良，並無惡癖及遺傳病者，方稱合格，始於馬之左臀、或鬣下、或蹄上烙印文字，以爲檢查之證。其馬之種類、年齡、體尺、毛色等，經檢查後，地方官須報告農商務大臣。明治三十年五月。

●無庸施行檢查牡馬法之前　按制：如大島郡之各島嶼及内甑島、内屋久島、口永良部島等處，無庸檢查牡馬。明治三十二年四月。

●種馬牡場及種馬所託養馬匹章程　按：種馬牧場及種馬所馬匹過多，不及餵養者，准託他人代養。第其所託之人，必須精於養馬，而又有確實保證於一切餵養之法，均能照種馬牧場長或種馬所長所定章程辦理者，方准代養。明治三十年正月。

●種牡馬經理法　按經理牡馬場牛法：凡牛滿二年以上，滿十年以下，洋種則十年以上亦用之。馬滿三年以上、滿十年以下，洋種則滿十年以上亦用之。第須無遺傳病及惡癖、而又體質强壯、骨格善良、尺寸合度者，方能充之。明治十八年正月。

第六款　蹄鐵工

●給與蹄鐵工匠執照章程　按：蹄鐵工匠必須在官立或府縣立之農學校，或獸醫學校，或陸軍部内專修獸醫學校，或蹄鐵學校中得有雜業文憑者，農商務大臣方能給與執照，任其應聘修製蹄鐵。明治二十三年四月。

●蹄鐵工匠試驗章程　按：蹄鐵工匠每年試驗兩次，須筆記、口述及實地試驗等均列優等，方准代人修製蹄鐵。明治二十三年七月。

●給與准蹄鐵工匠執照例　按：准蹄鐵工匠者，其資格不及蹄鐵工匠，而適當馬匹衆多，蹄鐵工匠不敷僱用之時，設此等工匠以補充之。明治二十三年七月。

●鐵工匠報考規則　按：蹄鐵工匠有欲領取執照者，當呈請試驗。明治二十三年九月。

第七款　受理肥料

●受理肥料法　按：肥料者，即肥養農產之物也。有天然肥料、人工肥料、化學肥料之别。製造肥料者，須地方官檢查後，方准販賣。若以非肥料品冒作肥料販賣，與攙雜他物以作肥料者，察出有罰。明治三十二年四月。

第八款　害蟲豫防

●驅除害蟲與豫防害蟲法　按驅除、豫防之法：一在臨時豫防，一在平時豫防。如開挖溝渠、焚燒雜草之類。因豫防驅除之故致傷禾稼者，農夫不得以其損傷額索償。明治二十九年三月。

●害蟲驅除、豫防法之經理章程　按章程：遇有害蟲發生之時，該地方官宜即將發生情形及害蟲名目、被害穀物等，從速報農商務省，設法驅除。其害及鄰境者，應會同鄰縣籌防，不得遲誤。明治二十九年三月。

●驅除害蟲萬勿翫忽之件　按：害蟲於初生之時，驅之甚易，長之亦甚易，故農商務省再三曉諭。明治二十九年三月。

第九款　蠶絲

〔廢〕●蠶種檢查法　按法：凡製造原種及製絲用之時，有兩蠶合作一繭及繭形不具、繭層薄弱、繭量輕可者，均不得用爲繭種。故其於檢查原種之時，祇在產卵以後，其於製絲用種，則卵與繭均須檢也。明治三十年三月。

〔廢〕●蠶種檢查法之施行細則　按此細則：凡製造蠶種，應將春蠶、夏蠶、秋蠶等名記於簿面，復將製造人之姓名、住址，記於紙背，填註月日，送交檢查所，將該繭之種殼、產卵出殼及母蛾之情形詳加檢查，並將蠶卵浸入醯酸水中，以顯微鏡窺其質點有無病種，其慎之又慎。明治三十年六月。

〔廢〕●蠶種檢查費　按制：凡民間有以蠶種請檢者，每檢原種一巢，納費一文。檢製絲用種一枚，納費十五文。明治三十年六月。

●蠶業講習所之分配蠶種章程　按制：凡有請領蠶種者，准自四月十五日起至六月三十日止，呈請該講習所發給。惟每年給蛾子五十巢以上五百巢以下、其成繭在二百巢以內者，納繭一升，二百巢以外者，納繭二升作酬。明治二十九年五月。

●發給國帑以補助檢查蠶種費用之件　按制：凡府縣檢查蠶種費，其十分之二准由國帑補助。明治三十年七月。

●農商務省布沖繩縣地方無庸檢查蠶種示　明治三十年六月。

●農商務省頒行天鹽、北見、十勝、釧路、根寶、千島等處，無庸檢查蠶種示　明治三十年八月。

●農商務省頒行大阪府地方無庸檢查蠶種示　明治三十年十月。

●農商務省頒行伊豆、七島及小笠原島等處無庸檢查蠶種示　明治三十一年三月。

●農商務省示東京蠶業講習所准其製造蠶種之件　明治三十一年五月。

●農商務省示東京帝國大學校農科大學准其製造蠶種之件　明治三十二年正月。

●蠶業講習所之巡迴講話及招募生徒事宜　按：蠶業講習所長當派蠶業技師時至各蠶區中察看，其一切費用，移咨地方官供應。至招募生徒時，亦應照會地方長官，由各處遣派，以期蠶業廣布云。明治二十九年五月。

〔改〕●生絲檢查所法　按：生絲檢查所有二：一設横濱，一設神户。其以生絲爲業而在日本貿易者，無論何國人民，均得以生絲請檢，並不徵收費用。明治二十八年六月。

●生絲檢查法施行細則　按此細則：凡持絲請檢者，先將絲樣及分量等開呈清册，由檢查所約定期日後，持往待檢。果係絲色、絲體優美者，檢後加盖所中戳記。其存儲所中時，除天災之外，有缺少、污壞等事，呈報所長代爲察究。明治二十九年四月。

●生絲查檢章程　按章程：凡生絲之原量、正量、再繅纖度、纇節、强力、伸度、練減等，均有一定試驗，不容稍忽。明治二十九年四月。

第十款　茶業組合 即茶帮

〔改〕●茶業組合規則　按：此規則區分六章：首章總則，次章定組合員之制，三章定職員之制，四章定會議之制，五章規約，六章則一切罰則。明治二十年十二月。

●產茶希少之各府縣無庸設立茶業組合之件　按制：凡產茶希少之各府縣，其茶商既就他縣製造，可照他縣之茶業組合規約辦理。明治二十二年七月。

●無庸設立茶業組合之各府縣　按制：凡群馬、山梨、長野、福島、宮城、岩手、青森、秋田、山形、京川、沖繩等十一縣，無庸設立茶業組合。明治二十二年七月。

●茶業組合中之職員、議員等核計任期及資格年限之件　按制：任期以本年四月朔起算，資格年限，以選舉之日起算。明治二十五年三月。

第十一款　同業組合

〔廢〕●重要輸出品之同業組合法　按組合法：凡日本之重要出口品、生產品、製造品等，其同業人員俱有密切關係，宜設立組合，以矯正弊習，保持信用，聯絡一氣，庶足抵制外人。至組合之中，應置組長一員、副長一員、評議員若干名，及章程等呈請農商務省認可。明治三十年四月。

〔廢〕●重要輸出品同業組合法施行細則　按細則：凡名稱、區域、年限、理由、宗旨、製造及出産之價額、數量、職員資格、權限、選舉等章程，會議解散、會計規約等章程，均應送交地方官轉呈農商務省認可。明治三十年九月。

●同業組合准則　按准則：凡設立組合，當以矯除敝習、增進福祉爲主。同業之中得有三分之二俱意在贊成，方得申請地方官准其設立組合。盖組合之法，全在明公德、圖公利。若自私自便，則轉不如不設之爲愈。農商務省所以一再勸誡也。明治十七年十一月。

●定同業組合准則之適用法　按：同業組合，惟農商工業中改良重要物品蕃殖、重要生産者適用之。明治十八年八月。

第十二款　漁業

●遠洋漁業奬勵法　按制：凡日本人民設立漁業會社，其所製船舶，既照農商務省定例所漁種類，又係敕令所奬勵者，准由國家給金奬勵。其奬勵金額，每年以十五萬元爲限。明治三十年三月。

●遠洋漁業奬勵法施行細則　按細則：凡船照、船式、船員、漁法，俱應呈農商務省查核。至附有漁業練習生及社員更動，船隻出港之時，亦應隨時報告。明治三十年六月。

●遠洋漁業船舶艤裝規程　按制：凡一切裝置，俱應遵照定式，每船應備淡水若干，漁獵之具若干，存儲火藥處所及容人、容魚之所各若干，不得違制。明治三十年六月。

●呈領遠洋漁業獎勵金者之漁獵種類、漁獵處所、漁獵人員之件　按制：漁獵種類十一，漁獵處所、漁獵人員、汽船：每船自二十八人至四十七人，帆船每船自二十人至三十七人。明治三十年六月。

〔改〕●遠洋漁業練習生規程　按：學額以二十人爲斷，學業以三年爲限。專取水産講習所及水産傳習所之卒業學生，練習遠洋漁獵之事。其成績等須隨時報告農商務省。明治三十年五月。

●漁業組合准則　按：漁業組合，有遠洋漁獵、採取海藻及沿岸漁獵之别，皆以矯正弊害、增進利益爲主。其設立之規則等，應送交地方官轉請農商務省認可，方准開辦。明治十九年五月。

●漁業組合中欲使組合外守其規約之件　按制：凡地方長官應將所轄地方之漁業組合規約，出示曉諭合邑漁民，俾得遵守。明治二十五年十二月。

●使用海面以捕魚採藻之件　按制：自明治八年二月以後，凡民間捕魚採藻，須先禀請管海官廳，方准使用海面。明治八年十二月。

●呈請借用海面之件　按制：凡民間欲借用海面以採捕魚藻者，須先將借用區域，開具節略交地方官，轉請内務省認可。明治八年十二月。

●捕魚採藻者應照使用海面，酌完府縣税以定經理營業之件　明治九年七月。

●借用湖川池沼以捕魚採藻之件　按制：凡借用湖川以採捕者，照借用沿岸海面例。至官有池沼，除查有障礙者外，由内務省出示，酌徵借用經費，任民採捕。明治九年十月。

●使用潛水器以採捕鮑魚之件　按制：凡使用潛水器以採捕鮑魚者，應由漁業組合中妥議經理方法，庶不至採捕過度，有傷介族蕃殖之道。明治十五年三月。

●蕃殖水產以保護漁業之件　按制：凡採捕失宜，易致生殖減額，殊非保護漁業之道，特仰該業人等妥議章程，以善其後。明治十四年正月。

●採捕魚兒介苗等之制限　按制：凡魚兒介苗以及未至長成之苔藻等，俱不得任意採捕。明治十九年六月。

●漁業監察及組合規則並一切有關漁業之命令等，均應由農商務省備案之件　明治二十八年十月。

●植務省示：凡漁業監察及組合規則並水產動植物等之蕃殖保護事宜，均應報告本省查核。明治二十九年十月。

第十三款　獸獵

●獵海狗、海馬法　按法：凡獵取海狗、海馬，其牝牡、年齡、狩獵季節與獵船、獵具、獵法、獵區等，均有定限，由國家敕令軍艦、警察、税關等，隨時稽察，違者重懲。明治二十八年三月。

●頒給獵取海狗、海馬執照規則　按制：凡呈請給領獵照之時，應將獵業種類、獵者户籍、獵船隻數及噸數、獵船泊所、獵期、獵場、獵具、獵法等，開呈地方官轉詳農商務省，查係實無違例處所，然後給與執照，並使船上張掛例定獵旗，以便稽察。其獵期既滿之後，應將所獲各物，造具清册呈報。明治二十八年十二月。

●經理獵取海狗、海馬之執照規則　按制：凡地方官接受請領獵照之文件時，應照頒給執照規則，查無違誤，然後詳農商務省請照。至遇有遺失、毁損後，呈請補給時同。明治二十八年十二月。

●照頒給獵取海狗、海馬執照准其一體請照之件　明治二十八年十二月。

第二章　度量衡

●度量衡法　按制：由農商務省製造度量衡原器存庫，復照原器製副器二，其一交文部省存庫，一存農商務省爲比較之用，並照副器製地方原器若干副，發交各府縣，以爲比較用之准則。其製度以尺爲單位，量以升爲單位，衡以貫（按即百兩。）爲單位。民間非領有農商務省執照，不得製造。非經官家查檢後，不得出售。明治二十四年三月。

〔改〕●度量衡法之施行規則　按：此規則區分四章：首章定查檢之法，次章定構造之製，三章定給照之制，四章定懲罰之制。末附雜則焉。明治三十年七月。

〔改〕●度量衡器之制限及製造、販賣、修繕等執照並一切查檢之件　按制：凡砝碼、天平等，其所用材料俱有定限，非照定限製造者，不得給與執照並給照修繕。至製造既成之後，由府縣之檢查度量衡器所查係果皆合式，方准發賣。其舖户所備用之度量衡等，每五年查檢一次。明治三十年四月。

●頒行度量衡器制限及給與製造販賣修繕等執照並一切查檢事宜之敕令　明治二十四年八月。

●定完納度量衡之牙税時註銷其印花之法　按制：凡完納度量衡等牙税之時，應以印花貨幣之用。第其完納時，不得自行註銷，必俟該管官查檢後，方准用騎縫圖章銷毁。明治三十年九月。

●制定度量衡查檢所地方原器查檢用具、查檢用之補助具，及度量衡查檢成績表等規程　按規程：凡度量衡查檢所有二：一爲常置，一爲特設，各府縣量爲設置。至地方原器係由農商務省所頒發，宜擇温度適宜、不燥不濕之區藏之。檢查用器及補助具等，亦由農商務省頒發，其檢查成績，每年報告一次。明治二十四年八月。

〔改〕●檢查度量衡規程　按：規程區分四章：其首章定所應行查檢之各度量衡種類，次章定查檢之方法，三章定證印、證書及註銷之法，四章定查檢其查檢時用之度量衡器法。末附雜則。明治三十年七月。

●查檢度量衡器之際所用印信及加盖之方法　按制：凡查檢時所用圖章記號等，其大小、字跡，俱有定例，即加盖時，亦另有方法，以防僞造。明治三十一年十月。

●度量衡之查檢規則　按制：凡尺度檢查、斗量檢查、斗概檢查、桿秤檢查、天平檢查、砝碼檢查等，俱有細則，以見其律之無微不至也。明治八年八月。

●西式權衡之檢查方法書　按制：凡西式權衡，當檢查以前，宜於權之上面略作小穴，以便灌入鉛子，使爲輕重之用。俟檢准後，用螺旋封好，上盖圖記作證。明治二十五年十一月。

●使用斗量之件　按制：凡授受穀物，其量在一斗以上授者，不以斗量受者，得峻拒之。明治十九年三月。

●委任代收度量衡器價值之件　按制：凡製造、修繕度量衡器者，其價值得照明治二十三年農商務省所布第六及第二十九兩號訓令徵收。明治二十四年九月。

●經理地方度量衡器定期查檢法　按制：准照種牡馬檢查費法辦理。明治三十一年六月。

●度量衡查檢費有關豫算者應行調製逐年累計清册　按：逐年累計清册，應照明治二十六年大藏省所定第八號式調製。明治三十二年二月。

第二十三類　鑛業　森林

第一章　鑛業

〔改〕●鑛業條例　按：例區分九章：首章總則，次章試掘、採掘之制，三章鑛區之制，四章使用土地之制，五章鑛業警察法，六章鑛工之制，七章鑛業鑛區税則，八章罰則，九章雜例。明治二十三年九月。

〔改〕●鑛業條例之施行細則　按細則：凡欲呈請試掘或採掘鑛物者，應出具節略，將鑛物種類、鑛區起訖並鑛山略測圖等，送由地方官轉詳鑛山監督署長查核，果無他礙，應行開採之處，再由監督署長限定期日，令該商人於限内試掘，以定果採與否。明治三十二年二月。

〔改〕●鑛業警察規則　按制：每一鑛坑應作坑口兩所，使隨時俱得入出，並於口邊作安全木栅。又陞降人機，宜設頂盖。其一切梯子斜面當在八十度以内。凡發火、炸裂之品，宜搜查審慎，以防濫用致誤。至鑛業帳籍，鑛山局員及監督署有隨時覺察之權。明治二十五年三月。

●照鑛業條例鑛山監督署所派吏員制定一切酬給、薪水、旅費之件　按制：凡監督署長派遣吏員臨檢之時，應將該吏姓名及薪水、旅費等，先行知照開鑛人，以便屆時交付。遇有盈餘、不足等事，亦仍由監督署知照，不得自相增減及支給等事。明治二十五年四月。

〔廢〕●徵收鑛業税之標准價格　按制：凡徵收鑛税，金銀以錢計，其他金屬以百斤計。煤則按照産地定價，而仍以百斤計也。明治三十年十二月。

●鑛業執照之式樣　明治三十二年四月。

●試掘、採掘御地、官地中鑛物一切協議之件　按制：凡於此等地中開掘鑛物，應向主管官廳協議。明治二十五年四月。

●採取砂鑛法　按制：凡非日本人民不得採取並不得傭作鑛工，並呈由鑛山監督署長轉請農商務省認可，及所採之地係屬他人者，應酌給地價或租税等，大致與鑛山同。明治二十六年三月。

●採取砂鑛法之施行細則　按細則：其一切呈請書類俱有定式，不得歧異。至停止之日，亦須一例報告。明治三十二年二月。

●製煉他人所採之鑛物及砂鑛者應行報告之件　按制：凡有收買他人所採之山鑛砂鑛

等，開爐製煉者，每年應核計工程，隨時報告。明治三十二年二月。

●鑛業及砂鑛採取者於意所擬採之地呈請該管人報告之件　按制：凡廳長、郡市長、島司府縣等官，遇有呈請報告者，應即時呈告，不得遲延。明治三十二年三月。

●呈請採取山鑛砂鑛等人應行完納費用之件　按制：凡呈請一案，應納費用以五圓至十圓爲限。明治三十二年正月。

〔改〕●經理徵收鑛業、鑛區等税法　按制：凡鑛業、鑛區等税，由鑛山監督署長將應納之税額及人名、住所等，發交各府縣官，屆期徵收。其有停業及欠解者，由地方官與監督署協議。明治二十五年四月。

●臨時鑛區調查處務規則　按：臨時鑛區調查，爲整理業經許可及業經開掘之區有無舛錯起見，故遇有誤謬之處，鑛山監督應即更正。明治三十二年正月。

第二章　森林

第一款　森林法

●森林法　按：法區分六章：首章總則，次章定營林之監督，三章定保安林之制，四章定森林警察法，五章懲罰之制，六章雜例。明治三十年四月。

〔改〕●森林法施行細則　按細則：皆府縣知事、經理、保安林及一切森林等，應行具報農商務省之事。明治三十年十二月。

●森林監督規程　按：森林監督官上承農商務大臣之命，以監察公有、社寺、私有等林之營林法，及大小林區署業務，與照會大林區署長、山林局長、府縣知事等事。明治三十一年六月。

●經理保安林事宜　按：制區分三章：首章定保安林之調查法，次章定保安林之施業法，三章定一切附則。明治三十年十二月。

〔廢〕●保安林之臺帳規程　按：保安林有御料部分、社寺、國有、公有、私有等六種，宜各置臺帳一册。其一切式樣，應遵定章調製。至遇有更動之時，隨時更正，並具報農商務省備查。明治三十年十二月。

●保安林册規程　按：大林區署長應將所轄林内之國有林及國有地之部分林，各製保安林册一編。遇有更動之時，隨時注册備查。明治三十年十二月。

●核算保安林之損害規程　按制：凡保安林在禁伐之列者，除當删翦所得之薪枝相抵造林費外，即爲損害額。其在禁伐之列而尚不能樵採者，則全年造林費皆作爲損害額算，每十年一結。按年所支給之損害額，仍以五厘之息加計。明治三十年十二月。

●照保安林規程得以施行森林法之各島嶼　按制：如小笠原、伊豆、對馬、隱岐及大島、川崎兩郡之各島嶼，俱得以森林法行之。明治三十年十二月。

●沖繩縣與敕定各島編入保安林及註銷保安林之方法　按制：凡民間於編入保安林與註銷保安林有直接關係者，將其應編入保安林與否之故，詳由地方官復覈，轉請農商務大臣酌量施行。明治三十年十二月。

●北海道之編入保安林及註銷保安林方法　按制：與沖繩縣等地方相同。明治三十年十二月。

●森林開墾之業經許可者一切報告之法　按制：業經許可者，其開墾之種類、面積、株數等，限至來年三月杪日爲止。每年報告農商務省一次。明治三十一年十二月。

●大藏省布森林開墾後地目變換之令　按：照森林法，凡經開墾以後，其地目有當變換者，府縣知事可移咨稅務局長協定。明治三十一年十一月。

●造林地呈請蠲免地租之件　按：照森林法，有欲呈請蠲免地租者，可呈請所轄稅務管理局長核奪。明治三十一年十一月。

●蠲免造林地租之時一切經理之法　按制：凡種植高木中林者，免租在十年以上、二十五年以下。種植矮林者，以十年爲斷。府縣知事當參照地之饒瘠、事之難易，與大藏省協定之。明治三十一年十二月。

●大藏省頒行造林地方應行免租之處合與地方廳協定年期令　明治三十一年十一月。

●森林施業案　按：施業册籍、圖説等，由山林局酌議程式施行。明治二十四年四月。

●林務講習規則　按規則：大林區署長於公務餘暇，可令營林主事補及森林監守等爲林務講習生，以二十人爲限。俟講習期終，試驗合格者，由署長給與文憑。明治三十一年十一月。

第二款　國有土地林野

●國有林野法　按制：凡保安國土所必不可忽之地，由政府設法保護。除爲建築公益之屋宇外，不准價賣，由農商務省十年查勘一次。每年將實在情形報告議院查核。明治三十二年三月。

●布告呈請處分國有林野者諭　按諭：以人民輕信代書、妄冀利益時，有呈請處分國有林野等事，殊覺失計，特宣示以曉諭之。明治三十一年八月。

〔改〕●處分國有林野之調查規程　按：規區分九章：首章總則，次章定調查之書類，三章調查存廢區別之事，四章查勘境界並核定實測及面積之大小，五章調查產物木材及其數量之事，六章調查價格，七章調查足爲發賣之參考事件，八章定監督之制，九章雜則。明治三十二年四月。

●給還林野之審查委員規則　按：山林局置有審查委員，專理民間申請給還林野之事。由高等官中遴選充當，以五人爲限。遇有疑案，開會集議，以多數決定可否。明治三十二年五月。

●編製國有林之事業豫定案規程　按：規程區分十二章：首章總則，次章處分主産物之豫定案，三章處分副産物之豫定案，四章貸地豫定案，五章造林豫定案之第一部，六章造林豫定案之第二部，七章造林豫定案之第三部，八章官行間伐豫定案，九章官行伐木造材及運材之豫定案，十章官行伐竹預定案，十一章定實行之制，十二章雜則。明治三十二年二月。

●國有林野地准民間牧放牛馬後報告之件　按制：每年報告一次。明治三十二年正月。

●國有土地、森林、原野給還法　按制：當整理地租及社寺土地之時，其編入官有各地，有業經完糧及價買或種刈等證據者，准其申請農商務省查核給還。惟無確證者，概不申理。至不服該省判斷者，准向行政裁判所申訴。明治三十二年四月。

●國有土地、森林、原野之申請給還方法　按制：凡申請給還者，宜報由地方長官轉詳内務省。其在森林地方者，則轉詳大林區署，由大林區署申請農商務省核奪。明治三十二年四月。

第三款　官有林野 附產物處分

〔刪〕●官有森林、原野及產物之特別處分規則　按：官有森林、原野及產物等，惟建造公共屋宇、學校、官廨、開墾、采鑛、牧畜、種植及爲災民伐材木、爲土民供薪炭等，農商務大臣得以隨意契賣及出借使用。明治二十三年四月。

●帝國大學資金所屬之森林、原野並產物等特別處分規則　按制：與官有之森林、原野、產物特別處分法同。第其事由文部主持耳。明治三十一年五月。

●臺灣之官有森林、原野、產物等特別處分令　按制：與官有之森林、原野及產物等特別處分法同，惟其事由臺灣總督主持耳。明治二十九年九月。

●以隨意契約出售原野之件　按制：照官有森林、原野及產物之特別處分法，有欲出節略呈請價買原野者，宜將願買之地畝名稱及價買後作何事業等，詳細叙明，並將該地畝測繪略圖一併交町村長，呈請地方官轉請農商務省酌核。至該地價呈請業成時再行完納者，則業成以前，不得轉貸及出售等情。業成之期，至遠以十五年爲限。明治二十三年七月。

●官有原野以開墾及畜牧故豫約價賣之價　按制：各地方官應遵據明治二十三年七月農商務省所布第三十四號訓令辦理。明治三十年十二月。

〔刪〕●官有森林、原野及產物等之特賣規程　按：區分四章：首章通則，次章定付價交物之制，三章定違約處分及損害賠償之制，四章雜例。明治三十年十二月。

〔删〕●林產物公賣規程　按：規程區分五章：首章定投票競買之制，次章定開票及再投票與售定之制，三章定納價付物之制，四章定違約處分及損害賠償之制，五章雜則。明治二一三年五月。

●官有森林、原野之公賣規定　按：照明治二十三年五月農商務省所布林產物公賣規程辦理。明治二十四年七月。

●林產物品之經理區分法　按制：除照林產物品會計規程外，惟盜伐木、末木、落葉、落枝等，須備地儲藏耳。明治二十五年正月。

●官有森林交換規程　按：官有森林有時與民有森林相易，除有特別待用之事故，不能揭載官報者外，餘皆先收官地名稱、畝數價格，登記各報，以便民間照價相換。明治二十四年九月。

●呈請官有森林、原野復歸民有之件　按制：凡業經編入官有之森林、原野，民間果持有應行給還之確證，則由地方官轉詳農商務省，限於六十日內給還。明治三十年八月。

●呈請給還御料地之件　按制：自本令施行之日起，凡御料地事盡歸宮內省經理，呈請給還者，其問宮內省呈告〔一〕。明治三十一年三月。

●社寺上地官林之委託規則　按此規則：凡社寺僧徒有呈請委託上地官林者，宜將該社寺之創立年代、事由、資格、呈請委託之地名、區域、樹林及維持之方法等，詳具節略，由該管院長呈請大林區署長裁核。至委託以後，該社寺有保護森林監察界標之責、有採取副産物、栽種竹木之利。其所栽竹木，除爲公益用外，准以半價歸公，半價酬勞。明治二十四年四月。

●社寺呈請將御料地委託上地之法　按制：凡呈請委託者，其地係御料分局與事務所所轄，則向該局長或所長處請委。係地方廳所轄者，則向該地方長官請委。其他項御料地，則悉向御料局長請委。明治二十四年五月。

●官林立木、木材等查檢及交付時所用之圖記　按：圖記三種：其一爲查檢時所用。其一爲發賣後交付時所用，俱黑色。其一爲發賣盜斫、誤伐等木，並境界木與一切特別用之，圖記印以朱色。明治二十四年七月。

●御料地之立木、木材等所用圖記　按制：凡二種：其一爲檢查用，但平時以黑色鎚記於盜斫、誤伐之根，株上則用朱色鎚記。其一俟發賣後之交付圖記也。明治二十六年正月。

●經理自御料林採取之木材法　按：自御料採取者，其上加盖圖記。其下另加年月日戳記作識。明治三十一年三月。

●府縣管理之官有山林、原野授受於大林區署之件　按制：自本年十二月二十五日爲限，凡官有之山林、原野，悉交大林區署管理。明治三十年十月。

●官有山林、原野一切處分委任之件　按此細則：凡經理樵採、保護、種植、出售等事，無不立有定制。明治三十年十月。

第四款　部分木

〔删〕●租種部分木之條例　按：官有之童山出貸民間，使種植成林後，按部分利故，謂之部分木條例，皆借貸經理之事。明治十一年三月。

〔删〕●呈請租種部分木者之應行事宜　按：租種部分木者，不得轉借於人，亦不得於一年以内不加栽種，並不得任意栽種他項樹木，改與原約不同。違者，地面掣回，而仍令完納租賃。明治十一年六月。

〔删〕●諭頒布租種部分木條例之命意　按：諭謂森林爲經國要務，即今工藝日進，需材尤多。特恐有志栽種者，無土地以展其長，用特頒行租種條例，以爲補救之方。其各體斯旨無違。明治十一年三月。

第二十四類　特許　意匠及商標

第一章　特許

●特許法　按法：凡民間有發明新理、製成新器新品者，准將製造方法及器物細圖，送交特許局審查。俟審查確實後，酌定年限，給與特許執照，限内他人不得製作、販賣，以保其發明之權利。其有發明自保護工業所有權之同盟各國之百姓者，但令發明人呈請特許，在其呈請本國特許之時，而後至七箇月者，一例給與特許執照。惟由主務官廳移咨該新發明之器物於公益上或軍事上不應秘密者，則不聽其專利。又凡飲食物、嗜好物、醫藥及調劑法，與有傷風化及未經呈請特許以前已爲大衆所共知者，概不得呈請特許云。明治三十二年三月。

●特許法施行細則　按制：區分五章：首章爲施行之總則，次章定呈請特許之方法，三章定審查之制，四章定審判之制，五章定特許時之辦理法。要之維持發明者之專利，即以獎勵人民之發明。故於外國人有發明，必須日本人代爲出具呈請特許願書，方准審理。明治三十二年六月月。

第二章　意匠

●意匠法　按法：凡工業之形狀、彩色、模樣及結構等，有能製出新式者，准其呈請特許局登録二號專用之權利。第有類似菊花紋及紊亂風化而未經登録以前爲他人所習用者，不得呈請登録。至登録者每年應納税六七圓。有冒其式樣者，官爲懲辦，所以保護工業也。明治三十二年三月。

●意匠施行細則　按細則：凡呈請登録意匠者，官爲按次審查。至認可後，應將登録之號次、種類、物品及登録之姓氏詳註登録册中。遇有出押轉售等事，均應報局存案。明治三十二年六月。

第三章　商標

●商標法　按法：凡商之有標，所以表彰其商品或商號也。故凡遇有與他人類似及爲他人所已用者，不得再行用爲商標。凡商人有欲定一商標者，准其自製式樣，並將所售之商品種類、産地及物質等，呈交特許局查鑑，果無影射及違例之處，准其登録專用。按年納税，以二十年爲限，限内有影射者，官爲懲辦。明治三十二年三月。

●商標法施行細則　按制：凡欲呈請商標者，宜將所用之處及商標之圖式三通、木印一方，一併送交特許局存查。至業經外國特許，於日本重請登録之時，應將外國之登録執照及登記年月，一一詳叙，限滿續請時同。如有轉售於人者，一例明白呈報備查。明治三十二年六月。

第四章　雜

●特許法、意匠法及商標法施行於臺灣之件　明治三十二年六月。

●特許局審判事務章程　按章程：凡審判官俱由特許局長指定，復由審判官中擇其官階尊者爲審判長，事非經審判評議及審決過半者，不得決議。明治三十二年六月。

●特許代理業者之登録規則　按：特許代理業者爲他人代理其特許、意匠、商標等事而因而爲業者，也與我國之官代書等然。欲以代理特許爲業呈請登録者，必須有足爲高等文官及判檢事之資格，或領有帝國大學校之畢業文憑，或有充律師之資格，或曾經任特許局之高等官在二年以上者，素無遵犯情事，方准開具履歷及調狀等，不復考試，准其登録。至遇有廢業及物故等情，應即呈報特許局註册。其有所爲不正、不敦品行者，察出註銷，仍按罪懲辦。明治三十二年六月。

●呈請特許時之應備明細節略及圖面一切調製格式　按式：凡節略圖面之紙張，數行、字數、尺寸大小、四圍空白等，無不詳細周至。盖用以存案，須能經久者，方不至無可稽查也。明治三十二年六月。

●呈請特許、意匠、商標者之應納費用額　按：凡呈請特許者，每一件納費五圓。呈請登録商標及意匠者，每一件納費三圓。其呈請審判一件十二圓，呈請抄給副本及圖者，按事之難易，酌收費用。惟檢閱原册，則每次納費一角云。明治三十二年五月。

●爲特許、意匠、商標等事因而呈遞節略及進章者之應納費用額　按：每事一件，納費自一角起至一圓止，然其輕重仍視其所請之事爲斷，固非如家國之任書吏需索也。明治三十二年六月。

●完納特許、意匠、商標等印刷書類之價值並各種謄本之費用以及呈請方法　按：印刷書類如明細書及特許商標，各公報均有定價。至謄本費用，則由特許局長隨時酌定。明治三十二年正月。

●農商務省公布發行特許公報與商標公報者之姓氏及其價值示　明治三十年四月。

●農商務省公布改正特許公報及商標公報之價值示　明治三十一年三月。

第二十五類　運輸　通信

第一章　運輸

第一款　鐵道

〔改〕●定修筑鐵道制　按制：共四章。其首章爲修筑鐵道總則，豫定中央北陸、北越、羽越及岩越、奥羽、總武及常磐近畿、山陽、山陰、四國、九州以及山陰與山陽聯絡等十二綫路。次章定第一期修筑工事及募集公債之法。三章定處分私立鐵道公司之法。四章定鐵道會議事件。蓋當初修鐵道之時，日本政府查綫路之輕重、工程之緩急，酌定期限，分別募款興修。此不數年而所以鐵道遍通於國中也。明治二十五年六月。

●定私立鐵道公司於政府豫定之綫路中准其籌款興修制　頒定姬路生野間之鐵道，准私立鐵道公司興修律。明治二十六年三月。

●頒定自直江津至新發田、京都至舞鶴、五條至和歌山、佐倉至銚子、水户至岩沼、奈良至上拓植、笹山至福知山以及山形縣下之酒田等鐵道，准私立鐵道公司籌款興修律　明治二十七年六月。

●頒定千葉至曾我町及山鹿至植木等支路鐵道，准私立鐵道公司籌款興修律　明治二十七年六月。

●頒定新津至若松以及生野至下綾部、飯塚至原田等鐵道，准私立鐵道公司籌款興修律　明治二十七年六月。

●頒定甲府至岩淵、曾我町至木更津、舞鶴至敦賀、姫路至下園部、多度津至松山、柳浦至大分等鐵道，准私立鐵道公司籌款興修律　明治二十九年四月。

●頒定石巻至鍛冶屋澤鐵道准由私立鐵道公司籌款興修律　明治二十九年四月。

●頒定和田山至湯島之鐵道准由私立鐵道公司籌款興修律　明治二十九年四月。

●頒定米子至今市之鐵道准由私立鐵道公司籌款興修律　明治二十九年四月。

●頒定熊本至大津以及大分至竹田等鐵道准由私立鐵道公司籌款興修律　明治二十九年四月。

●頒定山田野地至須崎以及德島至川田等鐵道准由私立鐵道公司籌款興修律　明治二十九年四月。

●頒定海田市至吳之鐵道准由私立鐵道公司籌款興修律　明治三十年三月。

●頒定多治間至岐阜鐵道准由私立鐵道公司籌款興修律　明治三十年三月。

●頒定太田至富山、富山至直江津、黑澤尻至横手、國包至谷川、廣島至濱田、大分至宮崎、久留米至山鹿等鐵道，准由私立鐵道公司籌款興修律　明治三十年三月。

●修筑鐵道中央豫定綫中決定比較綫路之件

●頒行自八王子以至名古屋之鐵道決爲中央豫定綫中之比較綫路律　明治二十七年六月。

●頒行自篠井以經松本之鐵道決爲中央豫定綫中之比較綫路律　明治二十七年六月。

●決定北越豫定綫中比較綫路之件　按：所決定之綫路，即自直江津經新瀉以至新發田之綫路也。明治二十七年六月。

●決定近畿豫定綫中比較綫路之件　按：所決定之綫路，即自京都以至舞鶴之綫路也。明治二十七年六月。

●頒定近畿豫定綫中比較路綫律　按律：所決定者，即自高田經以至和歌山之綫路也。明治二十七年六月。

●決定山陰、山陽聯絡綫中之比較綫路　按制：所決定之綫路，即自姬路經鳥取之綫路也。明治二十七年六月。

●定北海道中之鐵道敷設法　按：凡先是政府勘得北海道鐵道，當分旭川到網走、利別至根室、旭川至宗谷雨龍、原野至增毛、奈與呂至網走、小樽至函館等六綫，然後酌量緩急，籌集公債，分別興修。至經費以三千三百萬圓爲度。一俟綫路實測以後，製有確實豫算，再求議會協贊，方准工動，不容造次也。明治二十九年五月。

●定北海道之豫定鐵道綫路中准由私立鐵道公司籌款興修之件　按制：所稱准由私立鐵道公司籌款興修者，僅指自小樽以至函舘之綫而言。明治三十年三月。

〔廢〕●定鐵道略則　按：旅客行李貨物及牲口之數，均有一定章程。至乘坐不如法與付金不及格，當罰。若病酒惡瘡及傳染病者，不准登車。如託送物件遇途中毀損及遺失者，除係車夫該事責令賠償外，概由國家撥款賠償。盖鐵道雖由政府設立而攬載，與商人無殊，所以昭信於衆。明治五年五月。

〔廢〕●定鐵道犯罪罰例　按：管理鐵道事務人員醉酒滋事者，當罰。所爲不法者，亦當罰。如疎忽職守致令旅客危險者，當罰。至乘車與送貨人等不守規例以及所交貨單不實並陰圖誣賴等，亦當分別懲罰。輕則贖鍰，重則禁錮。明治六年三月。

〔廢〕●定鐵路略則與鐵道犯罪罰例於私立鐵道公司中一體施行之件

●定鐵道中運送火藥類之條規　按：凡運送火藥之車，除係兵員隨帶者外，不得與客車相接續。且當裝載之時，應於兩日前知照車棧，由車棧酌定時刻。或當在日出以後日入以前，按時裝赴。一切起火之物，不得相近，並不得將藥桶橫櫺，以致暴發。明治十八年四月。

●定幌內鐵道運送火藥類條規　按：除遇有異尋常事變急切運送外，一切規例均與前條同。明治十九年正月。

●定神户鐵道棧橋繫船規約　按：凡欲停泊於棧橋側之船隻，除經税關長許可外，應先時詳報神户鐵道局運輸課長。至一切繫泊方法，均須遵該局長所定，不得將爆發物及灰泥等抛棄橋側，與棧橋鎖閉時强行開放。明治十八年七月。

●定幌内鐵道於宫棧橋繫船規則　按：該棧橋除遇大風雨及禮拜日放假外，以日出始，以日没終，非小樽船政局許可，不得於夜間裝卸貨物。其他件與神户棧橋同。明治十八年七月。

〔廢〕●定私設鐵道條例　按此條例：以運送旅客貨物爲之起意創立鐵道公司者，宜先將公司名稱、資本金額、集股與興筑之方法，並鐵道起訖及經過地方等，繪圖立説，詳請地方官允准後，始得動工。至工竣之時，又必須禀請遞信省派員查驗，果係堅實無虞，方准開行。若裝運貨物、代送郵便、收受車價等事，除遇有兵亂專事裝運陸海軍與平時警察、陸海軍兵及公務人等，執有憑照，准給半價外，餘均照官立鐵道規例。明治二十年五月。

●定私設鐵道調製綫路圖面及工事方法書、工費豫算書等細則　按：綫路圖有實測平面、横斷面、縱斷面、河川等圖。凡綫路兩傍之山川、林樹、房屋、街市等，均宜繪入工事方法書。凡筑堤、造橋、挖溝、穿隧道、填斜面以及鐵道附屬之物，均宜詳記。至豫算書按照各圖及方法書外，綫路之高低、曲直，須一併核計。明治三十年十二月。

●定創立私設鐵道時於估計工程册中應坿略圖細則　按則：凡估計工程之册，應加踏測平面及踏測縱斷面兩圖。明治三十年四月。

●定私設鐵道於綫路中所有事故應行報告件　按制：凡私設鐵道，遇有車輛出軌、車輛衝突及綫路中一切障礙危險等事，應行呈報該管府縣。明治三十年八月。

●據私設鐵道條例定電氣鐵道之管理電氣規則　按：此規則係防範電流爆發觸動漏洩有害居民之事。至構造電綫，應距地面在十六尺以上、距房屋六尺以上所立電桿。除電氣鐵道外，一切桿柱不得竪於街心。遇有電流障礙及停止等事，均當隨時報告遞信省備查。明治三十年七月。

●定陸軍中委交鐵道、船泊輸送規則　按：凡陸軍軍隊及軍需物品，由鐵道、船泊輸送之時，分大輸送及單獨旅行兩種。大輸送所有費用，由陸軍運輸通信部供應，各將校第派運送指揮官監督而已。但各運送指揮官，仍不得參與鐵道吏員及船長之職務。至單獨旅行，由運輸通信官衙發給執照，驗照搭載。明治二十九年四月。

〔廢〕●定私設鐵道乘車規則　按：此係爲軍人乘車而設，凡軍人乘車，由陸軍官衙製成車票據，填明路程後，給與該行旅者，以便驗據搭載。其攜帶行李之製限，與尋常旅客同。至輸送物品，則但填明物名、件數、斤量而已。明治三十年十二月。

●定海軍人、軍屬等於私設鐵道中乘坐車輛輸送物品例　按制：凡海軍人等乘坐汽車及運送物品之時，其起行在東京地方，則由各本省官吏給與乘車執照。如在他處，則由各所管鎮守府給發執照，憑照搭載，以杜假冒。明治三十一年三月。

●定海軍新兵入營之時坿給搭坐私設鐵道、汽車執照制　按制：凡海軍新兵由新兵受領員發給執照。其志願兵由地方官發給，各自徵集之地至營，尚途均可搭載。明治二十三年三月。

●定五十英里以上之汽車票通用期限　按：汽車票每五十英里以上、未及百英里者用二日，百英里以上、未及二百英里者用三日，逾二百英里外，再增一日，以次遞加。明治三十一年四月。

●定鐵道綫路中因天災故致生阻礙時之經理旅客及僱賃汽車制　凡汽車因天災之故，致生阻碍不得前进者，该车中所載旅客及行李等，准照下車時所經程途核算車價，餘金給還。惟旅客有欲返至上車時之車站者，概不再取車價。明治二十九年十二月。

●定保護臺灣鐵道會社之件　按制：凡臺灣鐵道會社修砌綫路、筑堤架橋、建造車站必不可少之房屋等，有須占用官地與占用官鐵道之地畝及房屋等，准由臺灣總督撥給，不取價值。明治三十年六月。

●定軌道條件　按例：凡當衝要之區，應設馬車鐵道及電車鐵道者，官街准其敷布民地照土地收用法價買。明治二十三年八月。

第二款　船舶法

●定船舶法　按：凡日本官民之船舶，俱稱爲日本船舶。建造時，應申請管海廳，測量大小，頒給執照，方准張掛國旗，航行内港。其外國船舶，除有特別條約與經内務省許可外，概不得駛行内港。至未經申請測量，冒用國旗或未曾登載船舶、與登載所報不實者，均須分別嚴罰。明治三十二年三月。

●定船舶施行細則　按：細則區分七章。首章總則。次章測量體積之制。三章登録船籍之制。四章呈請頒給國籍執照及副照之制。五章張掛國旗標示船名及體積之制。六章船舶税與登録船籍之費用及檢查船舶者之旅費。七章罰則。明治三十二年六月。

●准於西式船中裝置大小砲位　按制：專爲防範盜賊起見，故大砲口徑不得過四寸，小銃不得過三十桿。至位置取舍，一任其便。惟當報官存案，以備稽查。明治八年五月。

●定建造船隻凡在五百石以上者，禁止用日本形式制　按制：定於明治二十一年正月施行。明治十八年七月。

〔改〕●定船舶檢查法　按檢查法：分遠洋航海、近海航路、沿海航路、平水航路四種。凡船隻在百五十石以上者，均須照遞信省定章查檢後，定其客員役之額制等，方准其給照，裝載生意。明治二十九年四月。

〔廢〕●定船舶檢查規程　按：規程區分四章。首章總則。次章西式船體部檢查法，分檢查之准備與檢查船體、檢查屬具、檢查客位等細目。三章檢查日本式船隻法。四章檢查機關部法，亦分檢查准備、檢查汽機、汽罐等。盖檢查之法，大而船體，小而纜索，無微不至。誠保衛之至意也。明治三十年六月。

〔廢〕●定檢查船舶之順序　按：凡檢查之官吏，經遞信大臣認可後，應將事由報於檢查官廳，然後臨檢。至兩檢查官同檢一船之時，各員所擔承部分，應於報告書中將各人所擔承者一一分注，然後須給船户，以業經檢畢之執照。明治三十年六月。

〔廢〕●定司檢所檢查船舶之場所　按制：凡船舶司檢所有四，即東京、大阪、長崎、函館。明治三十年五月。

●定船舶執照規則　按規則：除不航運之船舶及容□不滿五十石與僅以櫓櫂運行之船隻外，均須請領執照。凡船名、船式、船質、建造地名、年月及造船工長之姓氏、船户姓氏、住所、噸數、馬力等，均須詳載照中。遇有損壞、傷失等事，呈明該管官廳，按例處罰。明治二十九年十二月。

●定施行船舶執照之順序　按制：凡地方官廳，應置備發給船舶執照册籍，每年於正月杪、七月杪兩日，將所發執照及收回執照之號數及其事由等，報告於遞信省。明治二十九年十二月。

●定測算汽船之公稱馬力法　按制：凡測量之法，俱以汽箭吸鍔之徑爲准，則於不備冷汽關與備冷汽關是否聯成汽關等，俱有定式測算。明治十七年五月。

●定船中裝載危害品之法則　按：此大率皆火藥、硫黄及易於損害船之品，當先言明船長，俟其允諾後，方可裝載，否則察出嚴罰。明治六年八月。

●定登載國中郵船之船客法　按：凡每次搭客之姓名、籍貫、來踪、去跡等，均須詳記備查。明治九年三月。

第三款　船員

●船員法　按：法分以船員、船長、海員名册及費用罰則等件，大率皆船員向管海官廳申請登記之事。明治二十二年六月。

●定海員雇入、雇止公認事務繼行之件　按：自船員法施行後，雇入、雇止之公認事務，理應停止。兹以海務署未盡建設故，仍繼續行之。明治三十二年六月。

●定船舶職員法　按制：凡船長船運士機關司等，除海軍職員領有商船學校之文憑外，均須照遞信省所定考試規則考試後，實係學問優長、精神充足，並無殘廢衰弱等病，又無故犯情事者，始准給予執照，充當前項職司。可見彼國之重航海也。明治二十九年四月。

●更換海技文憑規程　按規程：凡在明治二十六年十一月一日以前連有兩種海技文憑者，准其呈請更換新憑。否則呈繳舊憑，以資考覈。明治三十五年五月。

●定自船舶職員法施行之日起一年以内准其暫行攝理職務、減省職員之件　按制：於一年之内，其近海航行之船，容積不滿五百噸者，准其用二等機關司，暫攝機關長事。明治三十年五月。

●指引海道者制　按制：非日本臣民不得充指引海道之職。至指引海道怠其職業，致船舶受損，以及沉没與夫傷人命及不守規則、粗暴躁作、酗酒妄爲者，由海員審判所分别嚴罰。明治三十二年三月。

●定懲戒海員法　按：法爲海員審判所創設，其所轄一切權限，審判時之順序、地方海員審判所之審判及高等海員審判所之審判等情，並處分罰則方法。明治二十九年四月。

●定一切審判海員之件　按制：凡遇有應照懲戒海員法審判之事，宜將關係人或海難情事詳細調查。明治三十年六月。

●定海員試驗章程　按：其應考履歷、報考順序、考試方法與不准應試諸事，俱定細章於航海之事，不容率爾。明治三十年五月。

〔廢〕●經理海技文憑規則　按規則：曾經考取者，應由考取之船舶司檢查所官吏出具考結。其向在軍艦供職者，出具詳細履歷。由商船學校卒業者，驗看卒業文憑後，然後由遞信省頒給文憑。明治三十年五月。

第四款　海上衝突豫防

●豫防海上衝突法　按法：凡船燈則有單行、拖帶、追越之別。信號則有霧中、航路、難船、晝夜之殊。除停泊、坐礁、陷砂外，無論汽船、帆船，俱宜一律遵守。明治二十五年六月。

第五款　航路標識附船燈救命具

●定航路標識條例　按例：凡航路標識係由遞信省建設，然有時有由地方稅中籌款建造者，但須經遞信省認可，亦得一例安設。凡故意破損、毀壞及遮蔽、搖惑等事，察出分別嚴罰。明治二十一年十月。

●經理私設航路標識條例　按：航路標識係由個人私立者，則標識位置及性質等，意欲更變之時，宜先呈報遞信省後，然後始能遷改。明治二十二年三月。

●看守北海道廳府、縣區、町村立之航路標識條規　按規則：凡航路標識，係由地方稅中籌款建築者，其看守人等，須熟習遞信省燈臺事務，方准充當。明治二十二年三月。

●定航路標識之設置、變更、停廢等事申明及報告方法　按制：凡建築航路標識之位置，及傍實測地圖與構造方法、每年經費及入港船隻等，均須隨時呈報遞信省備查。明治二十一年十月。

〔改〕●定航路標識看守業務傳習生規程　按此規程：凡欲充當看守航路標識之業務傳習生者，須身家清白，無徵兵遇犯情事，而又體力合格、年紀在二十以上、三十以下，然後准與投考録用。明治三十年四月。

●禁船隻纜繩繫於浮標及礁標之階梯上　按：浮標、礁標係爲往來船隻易於入險所置。若任漁舟、小艇隨意繫纜，使標質損壞，船隻無從認識，故出示以禁之。明治六年八月。

●定徵收港務局所屬繫船浮標費用規程　按：凡繫船於浮標用至一晝夜者，納費三圓。即未滿一晝夜，亦以一晝夜起算。明治三十一年十月。

〔廢〕●辦理船燈信號器及救生具規則　按規則：凡欲製造及販賣船燈及救生具、信號等，均須將製造方法與業經製就之器，呈請遞信省驗看給照後，方准開業。明治二十八年四月。

〔廢〕●定試驗及檢查船燈信號、救生具等器之順序　按制：凡船燈信號、救生具等，必驗得實係質地堅固、形式中度、浪光綫合格者，然後加盖戳記，准製造及販賣人等發售。明治二十八年四月。

●禁止私設標燈之件　按制：凡所有私設標燈，業經徵收酌量年限，俟年滿後停止。其未經徵收費用之處，一律於二十八年廢止。明治十八年五月。

●定徵收私筑標燈經費之件　按：私筑標燈之經費，准由軍艦及燈臺視察船徵收。明治十九年六月。

第六款　港則

〔改〕●定開港港則　按港則：其許外人通行者，僅横濱、神户、新瀉、吏港、大阪、函舘六處。港中置有港長，督理一切事務。凡船隻入口，必須懸掛一定之旗幟。夜則以燈示之，且高鳴信號，俟港長指定泊所後，就所停泊，出具進港書册。出口亦如之。遇有應行驗疫之時，暫停港外，俟驗畢後，方准入港。其有將病屍及塵芥、煤灰等抛棄港中者，分別懲罰。此日本治外之法權也。明治三十一年七月。

〔改〕●定開港港則之施行細則　按此細則：凡船舶入港避災及修理與所帶燃料爆裂等物，除通常應用外，俱當呈報港務局。至船中遇有時疫等，尤宜急行報告。明治三十二年九月。

第七款　航海獎勵

〔改〕●定航海獎勵法　按制：凡汽船在千噸以上、每點鐘能行十海里以上者，照所行海程按里給獎。蓋其獎勵航海之法至善，所以日本汽船横行於五大洋也。明治二十九年三月。

●定航海獎勵法施行細則　按：此細則區分十項。首定航海獎勵總則。次定檢查船舶之事。三定頒發允爲給獎執照。四定航海一切事宜。五定經理航海修業生事宜。六定傭聘外國人之制。七定裝載郵便信件。八定船舶之供給官用。九定給與獎勵之法。十定一切雜例。明治二十九年九月。

●照航海獎勵法凡受國家保護之船舶定應行運送郵便物之規則　按此規則：凡寄帶郵便信件，應謹慎保護，勿使有遺失、污損、滲濕等。至遇有意外災殃，宜即設法交近岸郵局，或轉交他船保護寄帶。但每次所運信件及物品等，須分别造具清册備查。明治三十一年十月。

第八款　造船獎勵

●定獎勵造船法　按制：日本臣民設立船廠，有能建造七百噸以上之船隻，而建造一切方法，俱照遞信省所定規則者，即可分别給發獎賞。若以欺蔽從事及構造不如法者，則處以禁錮、罰鍰。明治二十九年三月。

〔改〕●定獎勵造船法之施行細則　按此細則：凡船廠呈請給獎，應中廠中所造之船隻，繪圖立説及廠中技師姓名、履歷等，一併送地方官轉呈遞信省，俟遞信省派員查驗後，果係所報屬實，確有可獎之處，然後給獎。明治二十九年五月。

〔改〕●定造船規程　按：此規程分別兩編。其首編定船體之制：凡艦首舵尾、鋼鐵、木材、繩纜、帆檣以及螺旋、鉸釘之屬，俱分條詳舉。次編定機關之制：凡汽機、汽鍋以及坿屬各器與試驗檢查之事，無不縷晰瞭然，可見彼國之重工藝也。明治二十九年九月。

●照造船規程將證明書呈請權作試驗執照限　按制：凡業經編入船籍，頒給證明書之船隻，於三十三年三月以前呈驗證書，請免查驗者，即照送船規則應允許，第不得逾限。明治二十九年九月。

第二章　通信

第一款　郵便

●郵便條例　按：制區分十五章，凡郵便物郵便税、郵便印花、封皮明信片、來往明信片、免税郵便物、給付收條之郵便物、郵便物分局投遞法、郵便物特別投遞法、郵便局中特設之信箱、存局俟收信人自行收取之郵便、郵便中封入金銀貨幣法、照信面無可投遞郵便、郵局匯兑貨幣法、郵局存金法、外國郵便例等，條分縷晰，蓋於慎之又慎也。明治十五年二月。

●定郵便條例施行於臺灣之件　按制：除特別投遞法、郵便中封寄貨幣法以及特別投遞電報法外，餘皆一律遵照郵便條例。明治二十九年四月。

〔廢〕●第三種郵便物認可規則　按制：其所謂第三種郵便物者，指日報、旬報。凡一切新聞報章之類，得以將印刷式樣呈請遞信省認可，照尋常郵便減税投遞，蓋以助報章之廣佈也。明治二十五年二月。

●徵收第三種郵便物之號外郵税法　按制：凡業經認可之新聞報章所出號外，除報告緊要事務不能待期者，准照第三種郵便物外，餘皆作第四種郵便物算。明治二十五年正月。

●辦理遞送民間所購官報書法　按制：凡民間所購官報、官書等，准作第三種郵便物核算。惟分量過重及逾額者，則作第四種郵便物算。明治十六年十一月。

●辦理遞送加記之公債證書及印刷物等郵便法　按：公債證書及印刷物等，雖未加入姓名、住址而業經有筆墨字跡，與純然印刷物不同，應作第四種郵便物算。明治十七年十二月。

●辦理郵便印花明信片以及各種印紙證券法　按制：凡遞送印花明信片、匯票以及一切貴重票據，則作第一種郵便物。明治二十四年十一月。

●第三、第四、第五種等郵便物所有紙包等應照規定書寫件　按制：凡此三種郵便物之封皮，除姓名、住址外，有另寫他語，含有音信意義，則作第一種郵便辦理。明治三十二年二月。

●郵寄各種樣本貨樣第例作第四種郵便物　按制：凡發寄及收受人之姓名、住址、職業並何樣，均須封皮書明，備查。明治二十四年九月。

●郵寄蠶種業經郵便局認可之法　按制：凡郵寄蠶種，應交郵局查驗後，面同封緘，方准作第四種郵便物辦理。明治二十三年三月。

●郵寄銀錢及掣有收條之郵便物至期不到向郵局查問法　按：自發寄後核計應至之日，尚未寄到，可持收條向局查問。倘逾一年後始行查問者，則郵局不與聞焉。明治二十五年十月。

●郵便明信片等不加蓋到局發送印記之件　按制：每年正月一日至七月一日止，所有郵便明信片等，除自外國寄到者，餘概不加蓋發送印記。明治三十一年十二月。

●明信片上郵税印成一分五厘之件　明治三十二年五月。

●改正郵便明信片式樣之件　按：制分四種。一角者濃青色，四分者紅色，二分者緑色，共二分往復明信片用赭色。明治三十一年十月。

●改正三分、一分及五厘之郵便樣式並刷色之件　按制：凡三分者，嬌票色。一分者，赭色。五厘者，用淡墨色。明治三十二年三月。

●發寄郵便電信之心件　按制：凡遞送電報，除素有略號者外，其姓名、住址，應注和文字母。明治三十一年三月。

●改正郵税後應行着意之件　按：制皆係申明自明治三十二年六月以後，一切郵税如何加納之法。明治三十二年三月。

第二款　小包郵便

〔廢〕●郵便中遞寄物件法　按：除書信及危險爆製物外，均准遞寄。每包長、闊、厚均有定例，如遇有途中損壞、遺失等情，果非天災及物品自行腐壞者，則由政府照額賠償。惟以少報多者，察出有罰。明治二十五年六月。

〔改〕●郵寄物件之郵費、保險費、賠償金額、容積、重量及價額登記之件　按制：凡郵費、保險費，俱按里程核計。每包容積不得過二尺，重量不得過百五十兩，價額不得過百五十圓。遇有損壞，泥定細章，酌量賠償。明治二十五年六月。

〔改〕●郵寄各物託郵局代取物價規則　按此規則：凡郵局代寄物件，並託隨時收回物價者，該物件能抵收回之價，方能代寄。如照封面所書無從投遞者，其寄返之費，須由發寄人照數付納。明治二十九年九月。

第三款　郵局貯金及爲替

●郵局存金條例　按制：凡存儲利息，由敕頒定存儲事務，由遞信省經管。至一切存儲及支取細章，均須有本人之印花筆記爲證，方准由郵局支取，以杜冒領。明治二十三年八月。

●郵局存金之利率　按制：自明治三十一年四月以後之存金，按年照本金百分之四分八厘算給利息。如在二十三年以前所存之金逾千圓者，則按年以三分六厘核算。明治三十一年四月。

〔廢〕●郵便匯兑金例　按：凡郵局匯兑匯票及電匯等付畢後，仍須報告原局。明治十八年九月。

〔廢〕●郵局匯兑小額金銀規定　按：列匯票一枚金額在三圓以下者，遇有損壞、遺失及過期等事，均准支取，但須覓保證並更付匯費，方得允行。明治二十年六月。

●郵局匯票過期後應匯交原局之件　按例：凡由他國郵局匯交日本之匯票，自寄到之日起逾月後，應行寄回原局。明治二十七年五月。

第三章

第一款　電信　電話

●電信條例　按：電報稿紙接後，如内有疑義，不解字樣，應由收報人向電局查閱原文。明治十八年五月。

〔廢〕●辦理電信規則　按：規區分十三。首定電報總則。次定電報寫法。三、核計字數。四、電報費及一切費用。五、發送電報住址遠近之規費。六、急電費。七、追尾電報。

八、同文電報。一稿於數處遍遞者。九、照校電報。十、受信電報。即取收條之謂。十一、要回條者，其費用應於發電時一併付給。十二、發電後更電改正等。十三、原信更正事件。明治十八年五月。

●付給電信費及一切費用應以郵票代作費幣之件　按制：自明治二十一年四月一日以後，電信上一切費用，均給以郵票金。明治二十一年二月。

●向電報局領收電報規則　凡時有電信往來、與時有密電託電局暫存，俟本人到局領取者，須先向電局呈請准其由本人領取之執照，然後得以攜照領收電信，其費用每年六圓。明治二十三年八月。

〔廢〕●發電囑託送電信者規程　凡須回條或在局候覆與電報，須送至六里以外之地及送至島嶼、船上等處，送電信人均須特別囑託，並按難易酌收囑託費用。明治二十三年十一月。

〔廢〕●由電話中領受電報之規則　按：凡家中置有電話機器而電報每日時有來者，可商電局將所來電報由電話機中傳示。明治三十年十二月。

●於電話中發電報、收電報之要領　按：凡由電話中傳發電話、電信者，其地址、人名、字數、記號等，須係細說明，尤宜簡切，不得致延時刻。明治三十二年六月。

〔廢〕●指定內國電報局所收受電信之規程　按：凡有緊急電報，准由發電人指定何局遞送，以較便捷。若所指不當者，則電局代爲更正。明治二十七年七月。

〔删〕●發電報人應行注意之件　按制：凡衝要市鎮，除電費外，并不另收送費。發信人之姓名亦如之。如姓名填於格内者，即應照字數核算電費。明治三十二年三月。

●發海外電報應行注意之件　按制：凡日本發往朝鮮電報，以和文字母，七字爲一語。至發電人之住所、姓名，照内國例，不另收費。明治三十年六月。

〔廢〕●鐵道所屬之電信電話綫中徵收公衆通信費用規程　按此規程：除特别分送之囑託電報，其費用應由地方官徵收。其餘皆照電局費用三分之一核算。明治二十九年八月。

〔改〕●外國新聞電報規則　按：凡清、韓、英、法等國之新聞電報，其報費俱有一定規程。如所發電報或不載入新聞或非新聞事務，則不得照新聞電報規則。明治十六年二月。

●凡施設水底電信綫路之處禁止投錨、捕魚、採藻方法　按制：如犯者，罰鍰在二圓以上百圓以下。明治十六年二月。

●建設電信電話綫路條例　按制：凡架設電綫，除設在宅内，此外無論官地、私地，均須通知地主。如斬伐民間樹木及農圃破損，應照價賠償。若電桿建立民地中，則每年每桿償銀四分，以爲地費。明治二十三年八月。

●呈請移動電信電話綫路之方法　按制：凡欲呈請移動電信電話綫路，應稟地方官轉詳該電局核奪，須由呈請者擔任一切費用。明治二十六年十月。

〔廢〕●私設電信電話綫條規　按：凡私設電信電話綫路，遇有添設官綫之時，須隨時撤去，一切費用，由官家償給，或官綫添於私柱之上。如日後修繕，則按綫分派。明治二十二年三月。

●軍用電信法　按：凡固定、游動兩種，俱由陸軍管理。其有洩漏軍機者，嚴罰。明治二十七年六月。

●處分妨礙軍用電信者之件　按件：率照電信罰例加等科斷。明治十九年四月。

●以固定軍用電信照公衆通信經理之件　按件：凡經理固定軍用電信，應較普通信先爲分送。明治三十二年五月。

●鹿兒島至沖繩縣之固定軍用電綫准供公衆通信之用　明治二十九年十月。

●那覇至基隆之固定軍用電綫准供公衆通信之用　明治三十年七月。

●固定軍用電綫准供公衆通信用例　按：固定軍用電綫中何綫准供公衆之用，仍俟遞信省頒定。明治三十二年四月。

●軍用電綫與普通電綫均屬於遞信大臣或臺灣總督管理　明治三十年八月。

〔改〕●照電話接續規則定使用電話之費額　按：費額五則。一、加入費。二、附加使用費。三、電話費。四、接續電話費。五、移動機械費。明治三十年十二月。

●定電話所傳話之時候　按：自午前七點鐘起至午後十點鐘止。明治三十年十二月。

●定電話區域變更之時將加電號併入他區之件　按制：凡設置電話機者，或移住他處，或讓賣與人，其電綫應行更換之時，准其申請電局移往他綫，其費用仍歸設置電話機人給應。明治三十二年六月。

校　記

〔一〕問　疑當作「向」。

二集

第一類　帝國會議　官報

●衆議院議員選舉法　按：此法區分十三項。首定選舉區域，次定選舉權及被選舉權，三定選舉人名册，四定投票及投票所之制，五定經理投票所之制，六定開票及開票所，七定選舉會，八定當選人，九定議員之任期及補缺選舉法，十定選舉訴訟及當選舉訴訟之制，十一項罰則，十二項補則，十三而其大要。國中臣民，凡男子二十五歲以上，俱有選舉權。三十以下，方有被選舉權。至華族户主以及陸海軍人並僧道等，不能選舉。明治三十三年三月。

●施行明治三十二年法律第五十號條件　按：外國人署名、簽押、無資力者，呈報之法。明治三十二年七月。

●頒販賣法令全書以及職員録之件　按：凡法令書及職員録等，爲頒發官報販賣所專賣。明治三十三年三月。

第二類　裁判　行政訴訟

●更改裁判所管轄地方制　按：以前定千葉地方裁判所管轄區域未盡妥善，茲改歸水户地方管轄。明治三十三年二月。

●公布設立裁判所及更改管轄區地之件　按：新令連設裁判所八處及改换管轄地方數區。明治三十三年三月。

●改止辯護士法　按：照原定辯護士法，未能妥善處，茲特删改。明治三十三年二月。

●改止行政訴訟豫納金規則　按：訴訟法中原告人呈請出差、喚問證據、犯人等一切費用，裁判所可先令原告人繳納。明治三十二年十一月。

第三類　民法

●照民法規則中承認遺言事件　按：陸海軍人有臨終遺言者，即可禀請當隊軍法會議之理事處，就近承認。明治三十三年二月。

●育嬰堂中孤兒之後見職務事件　按制：凡公立育嬰所以□長爲後見人。私立育嬰所，則以地方長官理後見人之職務。明治三十三年三月。

●定一切有關遺兒、棄兒以及迷兒之後見事件　按：迷棄、迷失等兒，凡年未成丁，而其父母不能行其親權者，俱照以育嬰所有後見職者理之。明治三十三年三月。

●改定民法施行法　按：租借他人地土者，有永小作權，以五十年爲期。過期後，田主不將此權贖回，則借主得以出資購買，即占爲己有。明治三十三年三月。

●施行地上權事件　按：使用他人土地，而該土地上具有材木、工作物件，皆可任意任之有地上權者。明治三十三年三月。

●頒定外國人以及外國法人得取地上權及賃借權之件　按：外國人以及外國法人在日本國租借田土，其田土若爲國有者，則不得有其所有權。若不屬於國有者，始得出資買取其地上及賃借等權。明治三十二年七月。

●定外國人及外國法人以得一切不動産爲權利之件　按制：凡外國人於居留地内置有不動産等，雖准外國人管理，然須報告於本國領事，由該國領事轉告地方官登記後，方可。明治三十二年七月。

●定登記外國人及外國法人以不動産爲權利者之經理事件　考制：凡外國人得有不動産權利之時，應先就近在本國領事之登記册，用兩國文字，照登記式一一詳載，然後由該國領事轉咨地方官登記。明治三十二年七月。

●文部省所屬之法人等一切設立及督理章程　考：法人分社團、財團兩種。創設時，應將社團中之定則、財産社員之額數、財團中之寄附行爲以及資産總額等，禀明地方官長，由地方官長就其監督人徵取社團、財團之報告，並檢查其職業及財産後，隨時報告文部大臣。明治三十二年八月。

●保存外國人之遺産規則　按：條約有外國人死亡者，即須通報地方官長，由地方官長查驗後，將其所遺産業嚴加封鎖，一面派人妥貼管理，一面將遺産數目移咨該國領事，設法經理。明治三十二年七月。

●定登記一切殖林起見之地上權事件　按：於不動産登記法施行以前，有爲種殖林木起見登記其地上權者，自本法施行之日起，一年以内仍准呈請登記，惟須將業經登記各案一一敘明。明治三十三年三月。

●改正不動産登記法施行細則　按：有不照本法登記之各不動産，准他人申請登記。其所有之不動産，概作消滅論。惟一切事件俱登記於舊登記册中。明治三十二年十一月。

●定爲施行内務省直轄工程故呈請登記一切不動産之權利取得制　按：以内務省之工程故呈請登記一切不動産之取得權利者，准由内務省備文登記。明治三十二年九月。

●照國有森林原野給還法定給還土地之登記規則　考：以土地給還民間者，一切登記細章，由地方官酌行。明治三十二年十月。

●經理大坂區裁判所之上町分所所管轄法人及夫婦財産契約之登記法　按：上町分所之登記事務，自後均由大阪裁判所經理。明治三十年十二月。

●經理京都區裁判所之下京分所所轄法人及夫婦財産契約之登記法　按：下京所所轄登記事務，自後均由京都區裁判所經理。明治三十三年十二月。

●經理高知地方裁判所所管之商業登記事務制　按制：向由韮生分所經理者，改歸大櫪分所經理，向由半山分所經理者，改歸檮原分所經理。明治三十二年八月。

●經理大阪區裁判所天王寺分所所管之商業登記處　按：天王寺分所登記，改歸大坂區裁判所經理。明治三十二年十一月。

●經理京都區裁判所下京分所所轄之商業登記事務制　按制：向由下京分所登記者，改歸京都區裁判所經理。明治三十三年二月。

●改正公證人規則之施行章程　按：照原章外，再加『日本勸業銀行發行勸業證券』等十二字。明治三十三年二月。

第四類　商法

●定商法中應行簽名之件　按：商法中應行簽名之處，准填注名姓後加盖圖記，以代簽字。明治三十三年二月。

●定小商人之一切範圍　按：商業資本不滿五百圓者，例爲小商。明治三十二年六月。

●外國人合開公司及外國公司之分舖與入行等法　按：外國人在日本設立公司及合股等事，自頒定商法後，以六個月内，限將本國代表人出名呈請裁判所登記。違者，地方官得封禁之。明治三十二年六月。

●照商法定各種帳籍式　按：商賈船隻應照法律備製船員名册、船具目録、航海日誌、旅客名簿等帳籍，呈請海軍局認可。明治三十二年五月。

●照商法施行所定湖海港灣以及沿岸行船規範　按：内國沿岸航路分爲四綫。至湖川港灣，均以平水航路爲限。明治三十二年五月。

●布告股份公司於商法施行以前有未曾登記者速行登記之件　按：各合股公司自本法施行日起，應照農工銀行法速行登記。明治三十三年三月。

●定取引所法施行規則　按此規則：凡開設取引所者，應將合股開辦情形，由發起人將合股人數、資本以及營業種類與設立原由，稟請地方官轉請商務大臣給豫執照，方准開設。明治三十二年七月。

●定施行銀行章程細則 按：開設銀行，須將牌號、資本、本行、分行開設之地方以及此銀行係一人創辦，或係股份合辦，或係外國銀行之分行等，均須一一詳請大藏大臣許可後，然後得以開設。至遇有更動及資本增減時，均須隨時一例報告。明治三十二年六月。

●定外國公司凡於新條約實施以後仍欲續辦銀行事業應行稟請允許規則 按：新條約實施行以後，外國人欲在日本續開銀行及分行者，須請地方官轉呈大藏省大臣許可。明治三十二年六月。

●定日本興業銀行法 按：此法區分七則。首定興業銀行之總則，次定經手人之制限，三定營業之制，四定債券之制，五定准備金之法，六定政府之監督及補助法，七定懲罰之例。末附細則。明治三十三年三月。

●定保險業法 按：法區分五章。首章定保險總則。次章定股份公司之制。三章定各公司互相交通之制，又內分九小項：首設立之事，次各經手人之權利義務範圍，三、會社機關，四、會社之計算，五、更改章程之事，六、更換經手人之制，七、各公司分折之事，八、清算之事，九、補遺各節。四章定核算之制。五章定懲罰之例。末附細則。明治三十三年三月。

●定外國保險公司之制　按制：凡外國保險公司在日本設立代理店時，宜將代表人之姓名、住所等，呈報政府立案。至財産目録、貸借對照表、營業報告書、損益計算書、利益分配法等帳，俱應隨時呈報日本政府。如日本政府查有違例情事，得以勒令閉業。明治三十二年六月。

●定保險公司細則　按此細則：凡保險公司所在地方及營業人之姓名、住址與各式帳目，並保險執照之樣紙等，均應呈交農商務省立案備查。明治三十二年六月。

第五類　民事訴訟法

●改正民事訴訟費用法　按：日本審查官及繙譯官等，辦公過煩及另須他種技師之時，照定章按時酬費外，另酬相當費用一款。明治三十三年正月。

第六類　刑法

●改正刑法附則　按：原制中加日本審查官、繙譯官等，辦公過煩及另須他種技師之時，照章酬費外，應再酬以相當之費一款。明治三十三年正月。

第七類　刑事訴訟法

●重罪訴訟豫納金規則　按：明治二十三年法律第七號所定重罪訴訟先納費用之例，今裁廢。明治三十三年三月。

●輕罪訴訟規則　按：明治十八年第二號所定輕罪控訴規例，今裁廢。明治三十三年三月。

●廢止罰金及追徵等案上告先納費用之件　按本制：於明治十九年第四十六號所定上告罰金及追徵等案，應先行繳納費用規例，自是一律裁撤。明治三十三年三月。

第八類　官制

内閣所管

●改正印刷局官制　按：印刷官報等件及郵政印花諸項，添設技師、技手人數。明治三十三年三月。

宫内省所管

●改正東宫職官制　按：照原制改東宫亮一人爲東宫主事二人。明治三十三年正月。

●改正皇族附陸軍武官官制　按：照原制中改各兵科大尉爲各兵科佐尉官。明治三十三年三月。

●改定皇族附海軍武官官制　按制：改海軍大尉爲海軍佐尉官。明治三十二年十一月。

●定日本專管租界中之經營事務所官制　按制：凡日本於外國境内得有租界，應設事務所一處，以該處領事爲事務所長，技師一人、技手、書記各若干人，辦理租界内之一切工程。明治三十三年三月。

●定日本國專管租界内置經營事務處之臨時職員之件　按制：遇有日本租界内應設經營事務所之時，當由外務、大藏兩省遴派高等官三人，充事務所之監督官。明治三十三年三月。

内務省所管

●定土木監督署之辦理規則　按：監督署中設署長一人，上則禀承内務大臣，下則統率僚屬，有稽察工程、黜直員役之權。凡前年竣工之事，於本年六月報告内務省。未經告竣之事，則於二月杪報告，並申明。自此則發布以後，明治二十三年内務省所頒監督署細則作廢。明治三十二年十一月。

●改正明治二十七年所定施行内務省直轄之臨時土木工事職官制　按：照原制所定員額改十五人爲二十三人，改八十八人爲九十八人，改十七人爲二十六人。明治三十三年三月。

●改正警察監獄學校官制　按：照原制中加奏任通譯官三人，上承校長，指揮辦理繙譯事件。明治三十三年三月。

●定衛士長、衛士副長、衛士等服務規則　按：衛士長、衛士副長統轄所屬，以稽察勤惰。衛士則保衛宫廷及神地之事，遇有失禮及污穢等事並傳染病、路斃人等，均宜隨時設法安置。若事情重大，則禀請衛士長處置。否則，僅報告衛士長而已。明治三十二年十月。

●考試醫術開業者之委員官制　按：考試醫術開業之委員者，即考查行醫及藥舖之委員也。明治三十三年三月。

●改正臨時海港檢疫所官制　按：照原制添設門司海關檢疫所一所。明治三十三年三月。

●定臨時海港檢疫所官制　按：臨時海港檢疫所者，遇當惡病流行之時，由内務大臣酌地設置檢疫所，以防進口船隻之雜有病疫其間也。所中置所長一人、檢疫官補、書記、醫生以及海港檢疫員若干人。明治三十三年三月。

●定開設臨時海港檢疫所制　按制：於函舘、小樽等處，自四月朔起分設十二所。明治三十三年三月。

●定日本藥局方調查會官制　按制：凡調查會會員，俱爲内務大臣所轄督理。日本藥局事務會中置會長一人、委員十六人，由内務大臣奏調幹事一人，每年給公費五百圓。書記一人，給公費百圓。其一切章程，應經内務大臣認可。明治三十三年三月。

大藏省所管

●改正大藏省官制　按制：添設鑑定官補二人，辦理各種品評事務。技手四人，辦理電信及建築事務。明治三十三年三月。

●定神户税關、長崎税關臨時增補職員之件　按制：於兩税關中添置判任之技師二人、書記二人、技手二人。明治三十三年三月。

●改正明治二十九年第三百四十六號所定税務管理局、税務署及管轄地方令　按令：於札幌税務管理局、根實税務管理局、大阪税務管理局、東京税務管理局、石古屋税務管理局〔一〕、廣島税務管理局、熊本税務管理局等所部，俱有更改。明治三十三年三月。

●定臨時秩禄處分調查局官制　按：局中置局長一人、敕任事務官二人、奏任屬五十人。判任官皆專任其局長，由大藏省之敕任官兼任之。明治三十三年三月。

陸軍省所管

●改正陸軍衛生材料廠條例　按：衛生材料廠，所以製辦審查及購買各種衛生之材料者，廠中置廠長、廠員、軍吏、藥劑監、藥劑官、獸醫等若干員。明治三十三年十月。

●定陸軍獸醫學校章程　按：校中置校長一人，以佐官充之。隸軍務局長、副官及教官，以尉官充之。軍醫、軍吏、下士、判任、文官各若干人，其生徒分士官與候補生兩種。除工步隊外，各隊均須送派學習。有不敦品行及屢犯軍律、身體孱弱並屢試落第者，由校長詳叙事由，呈請軍務局長認可後，命其退校。蓋此校專爲講習獸醫、蹄鐵及軍馬、衛生之事。明治三十二年十月。

●定陸軍砲兵工料學校章程　按：此章程專爲講求火工術及鞍工、砲工、木工、鍛工等事，中置校長一人，以佐官充之。隸於東京砲兵工廠提理之下。學校附若干人，尉官充之。軍醫、軍吏、下士及陸軍助教各若干人。學生以下士及新兵之學問優長者，由各師團考送。凡屬火工學生，學期以一年爲斷。至養爲砲兵工廠者，則年倍之。遇有不敦品行、不守軍律、身體孱弱及屢考落第者，由校長申請提理斥革。明治三十二年十月。

〔廢〕●改正教育總監部條例　按：照原例删去陸軍教導團，删去教導團騎兵生徒隊，删去教導團砲兵生徒隊，删去教導團工兵生徒隊等。明治三十二年十月。

●改正考試陸軍將校生徒之委員條例　按：加第一師團長得與近衛師團長協議，將近衛師團中之將校團長，或佐官若干員，以充臨時委員。並第一師團長得與近衛師團長協議，將近衛師團中之大尉或中尉若干員，充作補助員當語。明治三十三年三月。

●改正陸軍地方幼年學校條例　按：將『大被服』三字改爲『帽子、絨衣袴、外套、夏衣袴』等字樣。明治三十三年正月。

●改正陸軍軍藥學校條例　按：原制中改樂生爲樂生補，改一等軍樂長爲樂長，改二等軍樂長爲樂長補，削去『命樂生』三字。明治三十二年十月。

●憲兵練習所條例　按：憲兵練習所所以教育憲兵之實務也。置所長一人，佐官充之。隸憲兵司令官副長一人，尉官充之。教官若干人，以佐尉及高等文官充之。下士及判任文官若干人。其學生由各憲兵隊遴選士官、下士及上等兵充之。學期以六個月爲斷。明治三十二年八月。

●定管理東京陸軍監獄並監獄長所屬之件　按制：設立於東京之陸軍監獄，由第一師團長管理。故該監督長於第一師團下。明治三十二年七月。

●改正水路部條例　按：照原例於別表中加備考一則。明治三十二年十月。

●常設海軍軍法會議中之主管及録事等職員定額制　按：置常設海軍法會議所者，東京、横須賀、吴佐、世保等四處。每主管之人，録事之人，其東京主管係專職。餘皆兼理他務。明治三十三年三月。

●改正海軍兵學校條例　按：照原例於校中職員大加陶汰，其亦日本辦理學校之精進處。明治三十二年九月。

●改定海軍機關學校條例　按：照原例於校中職員重爲釐定，計六十三人中，具兼職者六人。明治三十二年十一月。

●頒定海軍主計官練習所條例　按：原制加備考一條，於定額員名之外有本職者，准其兼職。明治三十二年九月。

〔廢〕●改正要港部條例　按制：於原定中加附近之海岸海面警備職加司令官，隸於司令長官之下，統率部屬，維持風紀，總理防禦及警備時宜，臨陣則有獨立指揮之權。如司令官不能任事之時，准由首席將校暫行兼攝。明治三十二年七月。

●定直轄舞鶴團港水處團之件　按制：舞鶴鎮守府所設之水處團，由吴鎮守府管轄。明治三十三年正月。

●定海軍監獄官制　按制：凡設立海軍監獄以拘禁海軍軍人及海軍生徒之犯有輕罪者，置奏任官三人爲監獄長，判任官十六人爲書記及看守長。明治三十二年七月。

●改正海兵團條例　按：制中加先任將校准代理長任事一款，而削去先任將校代副長行事之項。明治三十三年三月。

●改正海軍造船廠條例　按制：改『造船大技士』爲『造船技士』，於佐世保廠中加中少軍醫一人。明治三十三年二月。

●改定文部省官制　按：制中詳記官房通則言文部之職務也，又添設實業局、專門學務局之職掌，並詳定實業學務局之職。明治三十三年三月。

●諸學校之職員加額　按制：於高等師範學校、札幌農學校、高等商業學校、大阪工業學校、東京音樂學校、東京外國語學校、東京盲啞學校及山口高等學校之教授、職員俱行增加，此以見日本教育之日新也。明治三十三年三月。

●定臨時緯度觀測所官制　按：臨時緯度觀測所，掌理日本政府與萬國測地學協會結約後，遇緯度更變，應行觀測之時，設局於巖手縣膽澤郡。局中置奏任官一人爲局長，技師、技手各二人，判任官一人掌理書記事務。明治三十二年九月。

●定教員檢定委員會官制　按：教員檢定委員會屬文部大臣，職掌檢查各學堂教員之事。會中置會長一人、主事一人、常任委員及臨時委員各若干人。每年給薪水在百圓以内，書記三人，薪水每年給五十圓。明治三十三年三月。

●改正農商務省官制　按：原制商工局内添置保險事務官一人，係奏任官專理保險事件。明治三十三年二月。

●加定林野整理支局長職務章程　按制：於明治三十二年頒布林野整理支局長職務，章程中於競賣契約下加『准延約價值』字樣。明治三十二年十二月。

●定種牛牧場官制　按制：設種牛牧場以研究牛種改良及蕃殖育成，並配布種牛之事。

場中置場長一人、技師一人、技手三人、書記二人，均隸於農商務省。明治三十三年二月。

〔改〕●定水産講習所傳習規則　按：水産講習所傳習水産學理及技術之事，分本科及現業科。本科三年畢業，現業科一年畢業。有漁具製造、養殖等課。明治三十三年正月。

●會計檢查院事務章程　按制：内設三部，各部置課員若干員，分掌檢查之事。明治三十二年十二月。

●改正明治二十三年敕中所定行政裁判所評定官並書記員額及其職務　按制：凡評定各員，俱改爲專任官。明治三十二年七月。

●改正臺灣總督府官制　按：原制中技師，俱改爲專任官。明治三十二年八月。

●公布改正臺灣總督府官制敕　按：照原制加繙譯官，並改專任繙譯官爲奏任官。明治三十二年八月。

●改正臺灣總督府評議會章程　按：制中加事務官一人、參事官任兼職者，祇准二人。又加兼任參事官若干人。明治三十二年七月。

〔廢〕●定臺灣總督府税關官制　按制：分設淡水、安平、基隆、打狗四港，置奏任鑑定官二人、判任屬四十八人、判任監吏百三十四人、判任候補鑑定官十一人，皆不得兼職。置奏任税務長二人，分轄淡水、基隆、安平、打狗四關。明治三十二年八月。

●定臺灣關税及出口税訴願審查委員會規則　按此規則：凡一切報官投訴事件，會中置會長一人、委員五人，以府中高等官及判官充之。明治三十二年九月。

●改正臺灣總督府師範學校官制　按：以前所置各校官吏，俱改爲專任官。明治三十二年十一月。

●定臺灣總督府警察官及司獄官練習所中得設置巡查及看守員之件　按制：於練習所中，得由總督府派遣巡查及看守員弁等嚴加保衛。明治三十二年十月。

●定臺灣總督府鐵道部官制　按：制係管理條筑鐵道並運輸保護以及一切私筑鐵道之事，部中置部長、技師長各一人，爲敕任官。事務官五人、技師十二人，爲專職奏任官。繙譯、書記、技手各若干人，爲判任官。明治三十二年十一月。

●定臺灣總督府電話交換局官制　按：制專爲掌理臺灣地方之電話通信事務局，置局長一人、技師、技手、文案各若干人。明治三十二年三月。

●定臺灣總督府海港檢疫所官制　按制：凡船進港，須檢疫有無瘟疫。所中置所長、檢疫醫官各一人，爲奏任官。候補檢疫、候補醫官、調劑手、書記等若干人，爲判任官。基隆分設所，亦置所長、書記及候補醫官、檢疫官等若干人。明治三十三年三月。

●定廳府縣中置臨時檢疫官之件　按：臨時檢疫官遇有惡病流行之時，由内務省核定，分設臨時檢疫所，歸地方警察部督理。至醫師、藥劑師等，則由警視總監遣派。明治三十三年三月。

●改正明治三十年敕令所布北海道廳支廳之名稱、位置及管轄區域表　按：表中改函館支廳爲龜田支廳，並改函館區元町爲龜田郡七飯村。明治三十二年九月。

●改正北海道廳之森林監守規則　按制：由森林保護費豫算定額內，改置森林監守，定森林監守爲判任官，定森林監守之月俸在十五圓以下。明治三十三年正月。

●照地方官官制指定島地之件　按制：於東京府下置大島島廳，並置八丈島島廳，兼轄小島、青島、鳥島等地。明治三十三年三月。

●照地方官官制指定設置參事官二人之縣分　按制：神奈川、兵庫、長崎三縣，各置參事官二人襄辦事宜。明治三十三年六月。

第九類　官規

高等俸給

●改正高等官俸級令　按令：於文武高等官等級表及高等文官相當之俸級，表中加海軍監獄長，俸例自六等至八等，凡三級。明治三十二年七月。

●頒行改正高等官俸級令之敕諭　按敕：於高等官等級表及文武高等官俸級表中，加商工局保險事務官，自四等至八等，凡五級。明治三十三年二月。

●頒行改正高等官俸級令之敕諭　按敕：於文武高等官品級表及俸級表中，加內務省警察監獄學校幹事五職。又俸級表中，加警察監獄學校通譯官，俸則五等。明治三十三年三月。

●頒行改正高等官俸級令之敕諭　按敕：於文武高等官品級表及俸級表中，加臨時秩祿處分調查局事務官，自四等至八等，凡五級。明治三十三年三月。

●改正文武判任官等級表　按：判任官等級表中，加陸軍各兵特務曹長及相當官一職，改稱陸軍各兵一、二、三等諸工長，並相當官六職。裁去陸軍軍樂長、曹長以及砲工兵監護、監守，並火工軍曹等九員。明治三十二年十月。

●頒行改正文武官等級表之敕諭　按敕：於文武判任官等級表中，加府縣通譯官，凡五等。明治三十三年三月。

●定各等官吏應外國政府延聘之事　按：凡受外國招聘之官吏，朝廷均視爲額外員，自被聘之日起至歸國之日止，不能支領一切官俸旅費。明治三十三年正月。

●定給與逾期辦公之技手薪水事　按：技手在工場辦公，每日有一定時刻。若逾時辦公者，准於豫算薪俸額內，按時添給薪水。明治三十二年十二月。

●定警察監獄學校之通譯官俸給　按：警察監獄學校之通譯官，位居高等官五等之下。其年俸自千八百圓至五百圓，凡十級。明治三十三年三月。

●改正陸軍武官品級表　按：表准士官七人、軍樂部准士官一人、軍樂部士官一人、軍樂部下士三人、各兵科下士四十八人、衛生部下士三人、軍吏部下士一人。明治三十二年十月。

●頒改陸軍給與令　按：給與令内現役下士以下職員，因本令改正後，其俸額有較前減少者，着陸軍大臣照其俸級定特别增給月金，每員在六圓以内，以示獎勵。且别立職俸表，自大將以至准士官止，凡十八職。分甲、乙、丙、丁、戊五級，年俸自三千圓以至二百一圓。曹長及相當官以至二等縫工，月俸自十五圓至九角。衛生部獸醫部之學生及砲工科軍樂部、測量部各校生徒等，學資約自十五圓以至十圓。其外宿料，則自曹長至諸工卒定額，月給八圓一角至七圓三角。諸外加俸，則自曹長以至工長等，分年功外宿在隊各款，約月加一圓五角至二角四分止。諸工長之因工藝加薪者，定月加三圓以至七角。憲兵及憲兵通譯官等，月加七圓以至三圓。宅料則自大將二十五圓以至工卒一圓，俱按月給發。此外如營内之下士兵卒及營外兵卒、陸軍各學校生徒、病院各兵卒等，所用被服、靴帽、衣袴、背囊以及消耗物等，均由官家供應，無微不至。明治三十二年十一月。

●定陸軍所屬之特别文官俸額令　按令：凡敕任及奏任等官，年俸自三千以至六百圓，分十三級。判任官以下月俸七十五圓以至九圓，分作十級。試用理事官，年給五百圓以下。而臺灣衛戍監獄官之月俸，則特定三級以上，每月自十五圓至十三圓。陸軍教授以及測量師，則年給六百圓云。明治三十二年七月。

●定陸海軍准士官以下曾經領有恩給而叙用在判任文官以上者之年俸　按：陸海軍軍官叙用文官時，除軍官俸銀不再給與外，一律照現任之官階給俸。明治三十三年三月。

●改正海軍之人俸額　按令：皆爲獎勵軍士起見，至准士官以上職員，有陞用海軍省之文官者，着特加重俸，惟准士官以上，凡候補生及下士卒生，遇生死不明等情者，礙難照給俸銀，暫行停止，以明條例云。明治三十二年七月。

●頒行改正海軍軍人俸額敕　按：敕係加俸、停俸之事。明治三十二年九月。

●定海軍監獄官官俸之件　按：本令施行之際，並無辦職公文移遞本省者，則其俸銀照常給發。令中特詳載一表，定自海軍監獄長始，至看守官止，年俸自八百圓至六百圓，分三級。月俸四十圓至九圓，分七級。明治三十二年七月。

●改正判事檢事官官俸令　按：照原令加部長二人，又判事員額諸多增損。明治三十二年十月。

●改正文部省直轄諸學校高等官官俸令　按：札幌農學校教官及農事部長、植物圓長、博物官長等，俱按年加俸，百五十圓以内。明治三十三年三月。

●改正臺灣總督府職員等級及俸額令　按：於原令改一等郵便電信局長、醫學校奏任舍監以及繙譯官，官俸照第三表給發。又高等文官官内類表内，醫學校舍監以及學校助教授之次，加繙譯官四職。明治三十三年三月。

●定臺灣總督府法院職員官等俸秩及員額令　按制：分覆審法院、地方法院兩種。其職員，定覆審法院長一人、部長一人、判官六人、檢察官長一人、檢察官二人。地方法院長三人、判官二十一人、檢察官長三人、檢察官八人。其官級俱自高等官一等至八等，各官俸額分敕任者爲三級，自四千圓至三千圓。奏任者爲十三級，自二千八百圓至七百圓。明治三十二年八月。

●定臺灣總督府税關監查吏俸級之件　按：税關監查吏，定月俸三十圓至十二圓，分作七級。第事務練達堪受一級俸者，亦准遞加至三十五圓云。明治三十二年八月。

●定臺灣總督府鐵道部職員官制俸級令　按：臺灣總督府鐵道部技師長爲二等。高等官定年俸三千圓至四千圓。其事務官爲四等以下之高等，官俸額照總督府俸級令第二表給發。判任各官同。明治三十二年十一月。

●定臺灣總督府海港檢疫所職員官俸令　按：海港檢疫官以及檢疫醫官，官級在高等官四等以下、七等以上，俸銀照總督府職員官俸令第二表給發。明治三十三年三月。

●定臺灣總督府警察官及司獄官練習所各練習生給俸之件　按：練習所中之練習生，所以備該地縣廳與總督府之巡查看守之用也。一切薪水，俱照明治三十一年所頒第百十八號敕令。明治三十二年十月。

●改正明治三十一年所頒第百十五號敕令辨務署長俸額之件　按：照原敕於定辨務署長，年俸自二千圓至八百圓，凡八級。然惟指定地方之辨務署長，得特給年俸二千八百圓。若指定地方以外之辨務長，則年俸不得過千四百圓也。明治三十三年二月。

●改定地方高等官俸額之令　按：地方高等官、知事、書記、警部長、視學參事、典獄、島司、郡長，凡八職，年俸自三千六百圓至六百圓，分爲六級。又衢繁府縣，其知事、書記、警部長三職，有年加四百圓或二百圓。視學、參事、典獄半之。明治三十三年三月。

●定警察署長指定各區之俸給　按：警察署長俸額以警務之繁簡定其厚簿，故麴町等十五區定爲一級至四級俸，四谷等五區定爲三級至五級俸。明治三十二年十月。

●改正巡查看守官俸令　按：巡查看守役月俸在五級以下，惟職在判任官以上及現充看守職者，准照四級、五級給俸。然非經歷半年以上，不得陞遷。至警部長特擢者，不在此例。明治三十二年九月。

〔改〕●改正神宫司廳職員俸額　按：神宫司廳職員，分敕任、奏任、判任三種。祭主宫司屬敕任官，權宫司權稱，宜屬奏任官，主典、宫掌等，屬判任官。其官俸自三千圓至百八十圓，分十二等。明治三十三年三月。

●定市町村小學校教員加俸令　按：凡小學校正教員、副教員等供職五年以上，地方長官察係確爲良師，按年加俸自十八圓至二十四圓。惟考驗成績旋至劣敗者，仍行停給。至其全額，由地方支應。明治三十三年三月。

試驗

●改正呈請試補理事與呈請練習實務職員以及練習實務之考試規則　按規則：凡於各則師團法官部之下，均加臺灣陸軍法官部一款，並於師團法官部理事，以及部長各官之下，加臺灣陸軍法官部理事及部長等語，盖初定臺灣之陸軍規則也。明治三十二年十月。

●定録用海軍水路少技士候補生之試驗規則　按則：凡欲充當海軍水路少技士候補生者，照補充海軍高等武官例，先於大考前十日，將履歷書、願書等送交海軍省軍務局。至期自行到局廳憑檢查身體後，再行考試。學術果爲合格，方能録用。明治三十三年三月。

●改正執達吏登用規則　按制：於公債證書中，加日本勸業銀行發行之勸業債券一款。明治三十三年二月。

任用

●改正特別任用税關事務官監視及監吏令　按：凡候補税關事務官，得任爲税關監視。而税關監視，亦得用爲候補税關事務官云。明治三十三年正月。

●定特別任用臨時秩禄處分調查局事務官之件　按：判任文官供職在十年以上、現在受二級俸銀久辦秩禄事務者，不必考試，得由高等文官之試驗委員逕保爲臨時秩禄處分調查局事務官。明治三十三年三月。

●頒海軍監獄官特別任用令　按令：凡海軍監獄長與海軍監獄官、書記，久於其職、才力優長者，得以擢任爲海軍監獄官。蓋如我國之大計卓異者，得不須超遷也。明治三十二年七月。

●明治二十九年所頒第百三號敕語定文官於同一官職之内得以轉任之制　按制：如警部長、辦務署長、税務官、典獄、一等郵便電信局長，以及警部監獄、書記等，在任已久者，可於同一官職之中轉任之。明治三十三年正月。

●改正明治三十一年所頒第百九十三號任用臺灣總督府職員之件　按：於原令中加警部監獄、書記以及看守長三職。明治三十三年正月。

〔改〕●定特別任用臺灣總督府警部監獄書記、看守長等職之件　按制：凡特別任用警部監獄書記、看守長，准照臺灣總督府任用警部監獄書記、看守長之例。惟考試規則，由臺灣總督隨時酌定。明治三十三年正月。

●定特別任用臺灣總督府鐵道事務官之件　按制：鐵道技師、技手與辦理鐵道年久之判任官，其受俸在四級以上者，無庸考試，准由高等文官之試驗委員遴保爲臺灣總督府鐵道事務官。明治三十三年十一月。

●定特別任用臺灣總督府海港檢疫官之件　按制：凡現充判任官，受俸在四級以上，從事衛生事務在三年以上者，無庸考驗，准由高等文官之試驗委員遴保作臺灣總督府海港檢疫官。明治三十三年三月。

●定任用北海道鐵道部鐵道事務官之件　按制：凡現居判任官，受俸四級以上、從事鐵道事件在三年以上者，與北海道鐵道技師等，均無庸考試，准由高等文官之試驗委員遴保爲北海道鐵道部鐵道事務官。明治三十二年十月。

●改正明治二十四年内務省所頒第二十號訓令之採用巡查規則　按令：凡供職在判任官以上及照文官任用令有判任文官之資格者，與業經充當巡查而退職未滿三年者，均准擢用。明治三十二年十月。

●定施行地方官官制中之郡視學規則及簡用郡視學之件　按制：凡簡用郡視學官，必其受俸每月在二十五圓以上，而於官立、公立各中學校、高等女學校、實業學校等充當校長或教諭與助教諭等，歷任六閱月者，或充當官公立小學校在三年以上者。明治三十二年十二月。

●頒定公立學校之職官教員以及辦理教育事務之文官等互相遷轉之件　按：由公立學校職員任爲教官與辦理教育事務官，及由公立學校之教官與辦理教育事務者，任爲公立學校之教員、職員等，均照轉任例辦理。明治三十二年十二月。

補充

●改正陸軍補充條例　按：照原例中削去樂生一則。明治三十二年十一月。

●改正海軍高等武官補充條例　按：照原例候補生有傷痍、疾病、生死不明、品行不正、材力不足、成蹟過劣等情，均准其開去本職。明治三十二年十月。

●頒行改正海軍高等武官條例敕　按：照原敕加高等學校法學部一項。明治三十二年十一月。

進級

●定臺灣總督府及所轄官廳之進級事件　按：照本令增俸各官，或轉任他職，或連任本職之時，其官俸悉照明治二十九年所布第二百三十號敕令。惟七級俸以下各官，均改照六級俸例。其四級俸以下之技手，則不得照判任官俸級令。明治三十三年三月。

分限

●定陸軍參謀以及高等官銜副官補職之年限例　按：於明治三十二年十二月陸軍大學校畢業之各將校，不必照陸軍參謀條例所定年限，得以補授陸軍高等官銜副官之職，所以示優特也。明治三十三年三月。

懲戒賞罰

●定會計檢查官懲戒法　按：法區分四章。首章爲懲戒總則。各官之怠職、失信、喪威等事，有譴責、罰俸、開缺等。次章設懲戒裁判所，以裁判應罰各事。所中置長官一員、裁判官及豫備裁判官各六員。三章定裁判方法。先由會計檢查院長查明有應行懲戒之員，乃移咨懲戒裁判所，定期審判後，詳具事由，上報内閣總理。四章罰則。蓋以防懲戒裁判所之裁判不當也。明治三十三年二月。

●布行政裁判所長官懲戒評定官之令　按：區分五章。首章□□□□則。次章定懲戒裁判所制。三章裁判方法。四章罰則。五章□□。六一切懲戒規例與檢查官懲戒令同。明治三十二年七月。

●定懲戒公立學校職員之件　按：公立學校職員，除小學校外，其品級等於奏任文官者，照文官懲戒令之高等官規則等，於判任文官者，照文官懲戒令之判任官規則。明治三十二年七月。

●定神官神職之懲戒令　按：神官懲戒時，由其本屬長官執行。惟敕任、奏任各官之開缺等事，則由内閣總理具奏。明治三十三年三月。

●定臺灣總督府税關監吏之賞罰條件　按：臺灣總督府中所有税關監吏之賞罰章程，悉照税關監吏之賞罰章程辦理。惟應由大藏大臣執行之事，悉由臺灣總督施行。明治三十三年。

恩給　扶助

●改正官吏恩給法　按：照原制，凡官吏因充當議員及市村區長故，退其官職者，仍不失恩給資格。第不受朝廷俸禄得以經營商賈之官，以及各候補高等官等，均無領受恩給之例。明治三十三年二月。

●改正官吏遺族扶助法　按：扶助法定於本年四月一日施行。明治三十三年三月。

●改正官吏恩給法及遺族扶助法補則　按：照原則，改郡書記爲郡判任官，定於本年四月一日施行。明治三十三年二月。

●頒定稟請恩給及扶助費等具領者向須生存證書之件　按：自此制頒行以後，凡稟請恩給及扶助等費，其具領之時，無須呈遞生存證書。明治三十三年三月。

●廢止明治二十三年大藏省所布第二十四號及三十年大藏省所布第十二號訓令　按令：凡恩給及扶助退隱等費，具領者必須加具生存證書，自是以後概行停止云。明治三十二年十月。

●定臺灣供官官吏之恩給及遺族扶助費之件　按：臺灣官吏文職自判任以上、在官三年者，例有恩給及扶助遺族等費。至任内因水土不服染疫去官者，加恩給與撫惜。因而病故及不能任事者，並准照官吏遺族扶助法，給與扶助遺族費。明治三十三年三月。

●定供役臺灣之軍人恩給及遺族扶助費事件　按制：凡軍人在臺灣服役滿六個月以上者，照恩給法按月加算恤銀。至遇有役中染病、身故等事，按章給與。增加恩給料及扶助遺族等費，其支給法俱照服役年限核定。明治三十三年三月。

●定由臺灣地方税中支給薪俸之文官，在判任以上充當學校職員者，其退隱及扶助遺族等費均由地方支應之件　按制：凡臺灣學校職員應給遺族及退養等恩俸之時，該款項須由該地方府縣廳官長籌給。若定爲市、村町負擔者，即以地方税支辦之。明治三十三年三月。

●改正軍人恩給法　按：照原制内，加准士官以下任爲文官判任上者一則。明治三十三年三月。

●廢止明治二十九年十一月二日陸、海軍兩省所頒照軍人恩給法以從軍年月加算事件示　按制：定於明治三十三年三月三十一日停止。明治三十三年三月。

●定呈領退隱及扶助等費無庸加具生存證據及領狀之件　明治三十三年三月。

●加止明治二十六年宮内省所布甲字第一號停止恩給事件示　按：於明治二十六年三月宮内省所布甲字第一號示中，加『官吏任爲皇族之家扶、家從而領有官俸者』一句。明治三十二年十二月。

旅費及各種費用

●改正支應内國徵收費及支辦旅費之令　按制：凡普通旅行，准照内國旅費規則及明治三十年大藏省所頒二千零十二號支給額辦理。

●大藏省頒行改正支應内國徵收費及支辦旅費令　明治三十二年十二月。

●追加陸軍旅費規則　按：照陸軍省所頒第十六號旅費章程中旅行臺灣者，准給車馬、船舶、食料、止宿等費。又加正第十一旅費表内分敕任、奏任、判任等官，其一切費用，大約敕任者倍於判任，奏任者則折敕任、判任之中。明治三十二年七月。

●改正海軍内國旅費規則　按：照原則增製兩表於旅行者之官階，及所至地之遠近，無不條分縷晰。驟觀之如汽車之價目表也。明治三十三年三月。

●頒定至難交通之各島嶼中所有裁判所、檢事局等官吏應行給與報酬之件　按制：於交通至難之島嶼中，充當判事、檢事，每月加給在十圓以内。充當書記及雇員者，每月在五六圓以内。至一切細則，由司法省核行。明治三十三年三月。

●改正林區署及林野整理分局等所轄之旅費規例　按：本則業已廢止，不復贅録。明治三十二年九月。

●農商務省頒行改正林區署及林野分局所轄之旅費規則令　按：照原令經删改者，凡四則，皆指大區署與林野整理分局中，各官吏因調查國有林野、測量國有林野及辦理林産事務起見，應由農商務省給與旅費。若赴任時，不在此例也。明治三十三年二月。

●改正公使舘、領事舘費用章程　明治三十二年六月。

●定支給日本專管居留地中之經營事務監督官及經營事務處之職員等薪水、旅費之件　按制：凡經營事務監督官及技師、技手等，照領事官及外務書記生例，給與俸銀。至因公他往及歸國時，按月加給三百至百五十圓。其在職時，一切費用俱照領事官費用例。明治三十三年三月。

●定辦理豫防傳染病及救治傳染病者薪水之件　按制：凡辦理傳染病事務職員，非判任官吏因感染病毒以致受病者，給與療治費，每日三圓以内。並給補助費以贍其家，費額半其薪水。倘因此身故，則復給奠資，以慰其靈；給撫恤，以慰其家。仍按薪水酌與，約千圓以至百圓云。

●改正駐紮臺灣澎湖等海之海軍軍人、軍屬給與規則　按：照原則中改准士官以上之軍人屬及候補生等，由駐紮地方起程回國，給與一月薪水。明治三十二年十二月。

服制

●頒定皇族家吏中之别當、家令小禮服制　按：别當者，皇族家吏之長職。居家令以上家令者，皇族家人之長，下有家扶、家從等官。但皇族家吏職居陪貳，不得與官家同。特定制服，以崇體制。明治三十二年十月。

●删正侍從職、式部職以及主獵局等，敕任、奏任官之兩大禮服、徽章表，並改殿主、馬頭以下大禮服制，及删正明治二十二年所頒第十九號與二十號敕定之東宫職員，凡敕任、奏任各官之大禮服、徽章表　按：删改者，俱屬服式、徽章等制，凡六表。明治三十二年十一月。

●頒定海港檢疫官、海港檢疫醫官及檢疫官補、檢疫醫官補與檢疫員、檢疫醫員等服制　明治三十二年七月。

●頒行辦理間接國税之檢查官吏服制　明治三十三年正月。

●頒定税關官吏以及水夫服制　按制：除事務官補、鑑定官補等服，其施行之日由大藏省核示外，餘俱於本年十一月十五日施行。明治三十二年十一月。

●頒定税關官吏及水夫服制中事務官補以及鑑定官補之服制施行之件　按制：定於明治三十三年正月施行。明治三十二年十一月。

〔廢〕●改正陸軍將校服制　按：照陸軍將校服制圖例以及服制圖式略行增改。明治三十二年十一月。

〔廢〕●定陸軍一等諸工長、一等計手、一等樂手以下服制　按制：定於明治三十二年十二月施行。明治三十二年十一月。

〔廢〕●定陸軍看護卒服制　按：陸軍看護卒服制，照陸軍看護手式，但不用袖章，而用第一種帽耳。明治三十二年十月。

●定一切野戰砲兵服制之件　按制：凡野戰砲兵之山砲隊所有下士以下等卒，不騎馬匹者，准用步兵外套。明治三十三年正月。

●定駐紮臺灣之陸軍軍人夏帽用白布被日應行下垂之件　按：凡夏天用白布三條垂於帽後，以蔽日光。明治三十二年七月。

●改正海軍服制　按制：於將校飾緒及下士卒之臂章，俱行删改。明治三十二年八月。

●定臺灣總督府法院判官、檢察官以及書記等之服制　按：總督府法院判官、檢查官等臨法堂時，必須着一定制服。其服式即照明治二十三年第二百六十號敕語所定式樣。明治三十二年七月。

●改正明治三十年所頒第二十四號令中之臺灣總督府税關職員服制　按制：改税關鑑定吏爲鑑定官補，税關監吏爲監視税關，監吏補爲監吏云。明治三十二年八月。

●定臺灣總督府海港檢疫官、海港檢疫醫官、檢疫官補、檢疫醫官補并檢疫員等服制之件　按：各官服制，均照明治三十二年所頒第三百五十號之敕定式樣。明治三十三年三月。

第十類　統計報告

●頒定外國人於民刑事訴訟統計年表格式　按：統計年表之中，凡外國人之有關民刑事訴訟者，亦須倣照統計格式，特製各表與統計年表，一並進呈。惟其國籍有各不同者，應從其國籍各自爲表，使原被告俱屬外國人者，則各於表末記對訟者之國籍。至日本人與外國人訟，則統計表中但詳外國人之事可矣。明治三十二年十一月。

●定調製有關登記之統計材料法　按法：凡不動産登記、船舶登記、法人登記、夫婦財産契約登記及商業登記等件，應自元月始至歲除止，並登記費用等，開具清册，呈交裁判所核對。至一切記載之法，如畝、分、升、斗、丈、尺間數之類，具有定例。明治三十二年十一月。

●改正農商務統計式樣　查改正式中，凡表上所載之山林、水産事項，俱除出北海道廳云。明治三十二年七月。

●農商務省加正明治三十二年七月所布第三十四號令　按：照原令加正保安林名稱，專指編入保安林者而言。其於統計表中，應加具各林之區别表云。明治三十三年三月。

●改正水産事項之統計格式　按：照原式廢去漁具及新網一欄，並漁産製造地、漁船製造地、漁船廢置地等名。明治三十二年十二月。

〔改〕●指定須徑土木監督署轉詳及報告之各事　按：令中所開，皆土木事宜，如疏濬河渠溝澮、修筑鐵道橋梁之類。明治三十二年十二月。

第十一類　外交

●頒行通商航海條約以及實行各條約之敕令　按：自明治二十七年八月二十七日公布通商航海條約之後，凡二十八年八月、九月、十一月、十二月，三十年五月、九月等日所布之約，與三十年九月所布修好居住通商以及修好交通等約，均定自三十年七月起照約實行。其自三十年以後公布者，則定自三十二年八月施行。明治三十二年三月。

●下戒飭臣工於實行改正條約之時宜慎重將事詔　略曰：此次施行新條約事宜，百官有司宜體貼朕意，慎重措置，俾中外臣民咸霑惠澤，得以永結各國之好。明治三十二年六月。

●宜慎重施行改正條約令　按：自明治二十七年始，與英吉利改正條約，自後歐美各國亦於繼改訂平等條約，於國家光榮、國民福利，實多增進。然措置不得其宜，則不僅失改正之本旨，而於邦交之間所關尤巨。急不令以勉之，其亦當局之苦心焉。明治三十二年七月。

●公布日、英間裁判管轄權之議定書　按：日、英兩國所訂通商航海條約，定於明治二十七年七月實行。英國人民寓居日本國中，遇有訟事，其起訟在實行條約之日前至實行條約之日尚未判決者，仍歸英國判斷。此議定書之所由作也。明治三十二年六月。

●公布日、伊間裁判管轄權之議定書　明治三十二年七月。

●公布日、法間裁判管轄權之議定書　明治三十二年六月。

●公布日、比間裁判管轄權之議定書　按：日本自與英國訂成議定書後，意大利、法蘭西、比利時三國於繼議定其裁判管轄權，而命全權大臣捺印於東京。明治三十二年七月。

●與我國甯福道楊、補用道陳協定福州之日本專管租界書　按：是書協約俱劃界、徵租、警察、判斷、管轄、道路、租價、年限之事。又別約俱處置我國居民之事，要之自劃定地界以後，一切布置均照專管租界章程辦理也。明治三十二年九月。

●與我國福建按察使周興泉、永道延協定厦門之日本專管租界書　按是書：其大略與福州之協定書相同。明治三十二年十二月。

●日本與希臘立修好通商航海之約　按：兩國之船舶往來、貨物進出以及人民旅居、船隻遇難等事，俱各照最優國之人民相待。明治三十二年十月。

●公布萬國同盟保護有關文學、有關美術之板權約　按是約：其云著作者之權利，各照其本國之法律而定云。所謂文學上、美術上之板權者，指文詞之小册子、演劇脚本、樂譜、圖畫、油畫、雕刻、銅板畫、石板圖解、地圖地理學、地文學、建築學、一切圖畫模型而言云。著作者於發行之日起，十年以内該著作人有繙譯之特權云。定期刊行物非有禁止轉載字樣者，不在保護之内云。凡教科所用及有理學性質者，其著作權各照其本國或將來之特利條約而定。盖其所保護者，僅屬文學及美術之著作而已。其全權委員之追加條款七則，除添入保護照相之板權外，俱經營萬國事務局於瑞西之事也。明治三十二年七月。

●宜布萬國同盟保護有關文學、有關美術之板權示　按：示中言同盟者，十三國締盟者三次。明治三十二年七月。

●公布萬國同盟保護工業所有權之條約及萬國同盟加入有關保護工業所有權之事務所議定書　按：千八百八十三年三月，與法蘭西國結保護工業所有權之條約。千八百九十一年四月，復與西班牙國立維持工業所有權之保護同盟。事務局並將保護條約及保護同盟事務局加入議定書中，計約章凡同盟之十四國，俱派全權委員簽字於巴里〔二〕。明治三十二年七月。

●加入萬國同盟保護工業所有權諸國之名　按：千八百十三年締約於巴里者，比利時、珀拉西、羅鄧馬克、讀彌尼坑、西班牙、亞美利加、法蘭西、英吉利、意大利、呶喊、荷蘭、葡萄牙、塞爾維亞、瑞典、瑞西、突尼斯等十六國也。明治三十二年七月。

●外務省宣布保護工業所有權以及有關文學、有關美術之著作權與追加規定示　明治三十二年七月。

第十二類　賑恤

●定救災金額中每年實行賑恤之報告期　按：救災金額中，其業經賑濟之數與現存之數，每年當於四月十日報告内務大臣及大藏大臣。明治三十二年九月。

第十三類　地方制度

●定府縣郡行政無待主務大臣許可之事　按：府縣郡行政例須主務大臣許可，始得施行。

至是詔府縣郡凡補助、教育、衛生、勸業、土木、慈善諸事以及勸用警察費，均免請示。明治三十二年六月。

●行府縣費之分賦及不均一賦課法　按法：凡府縣中有臨時之小額費用，但經府縣議會決定，再得内務大臣許可，即得照租税加徵。惟其費雖取於府縣治中，而府縣郡之財力與市中財力迥異者，亦得照其財力情形，市中較爲加重。此分賦與不均一賦之名所由起也。明治三十二年七月。

●立府縣費得以分賦於市町村之限制　按制：凡府縣費用向市町村分賦，照本年豫算額以十分之一爲限。明治三十二年六月。

●定有關府縣會、郡會議員選舉權之納税規則　按規則：皆以證明完納所得税之多寡。明治三十二年七月。

●定有關市部會、郡部會之特例　按：市郡部會議員不得過十二人，而其權限與分担地方費用之額，均須由府縣議會決定，内務省裁可，則該會所得議者，僅市郡内部之制矣。明治三十二年六月。

●設市郡部會及市郡部參事會　按：市郡部會以該地之財政向與府縣不相統轄者而設，故惟東京、京都、大阪三府，神奈、兵庫、愛知、廣島四縣也。明治三十二年六月。

●增訂府縣制、郡制之直接國税種類　按：所釐正者，照所得税法之無記名債券所得，不列入於所得税中。明治三十二年七月。

●照三十二年法律第六十四號府縣制、三十二年法律第六十五號郡制凡有關費目流用及財政事件　按制：皆關府縣郡歲入、歲出之事，蓋其每歲出入分臨時，經常兩大部先必有豫算表，及至來年七月三十一日，其所出實數，又必作一決算表，以普告民間。此其國中之所以能踴躍輸將與。明治三十三年三月。

●定府縣税中之家屋税　按：税自三十二年七月一日徵收。其税之法，照房屋之大小、占地畝若干而定。凡未經賦課之處，須經府縣會議決與内務、大藏兩省許可，方准徵收。明治三十二年六月。

●定國庫補助災區及土木費之規則　按規則：凡災害及土木費，用照地租核計，遵於十分之三者，則發國帑以補助之。至其範圍及計算方法，與郡市町村以及公共團體等應如何分担其災害土木費之方法，則悉由内務大臣定之。明治三十二年四月。

●定發給國庫以補助災害、土木費之細則　按此細則：凡被災地方之土木工程一切費用，雖當由國庫補助，第府縣郡市町村亦應分担其責。至其所損工事，苟無礙於公衆，則國庫亦不能補助也。明治三十二年四月。

●廢岡山縣下各郡及更定郡界之事　按：是時所廢置者，非廢置郡邑，實合二郡或數郡爲一郡也。至更定後，其一切議員之選舉權等，俱照新界辦理。明治三十三年三月。

●改正市制、町村制中法律　考市制：加輕易事項得由府縣知事裁定，無俟主務大臣許可之制。村町制，亦加由府縣知事裁定輕易事件。明治三十三年三月。

●增訂明治二十一年大藏省告示第九十五號市制、町村制直接税中之種類　按：所增訂者，即照所得税法，除去無記名債券之所得税是也。明治三十二年八月。

●定市町村制之人口調查告示　查市町村制：凡其間之人口，例由内閣統計局調查而報告之。如遇有市町村廢置、分合之時，則其境界更定以後，應由府縣知事調查，揭示通衢。明治三十二年十二月。

●除東京、大阪、京都外定人口二十萬以上之市區制　按制：置區長一員，管理區内一切關於國及府縣之行政事務。至區域之境界，當由内務省裁可云。明治三十三年三月。

●將主務大臣之市町村中行政許可職權委任於府縣知事令　考令中凡市長之代理員與町村之帮辦以及公告及學務瑣事，第均准由府縣知事裁定，不必内務省許可，以專府縣知事之責成。明治三十三年三月。

●改正北海道區制　按：公布北海道區制改正案增改，而其所要者，僅置區長一人，由區會推薦，仍須内務省上奏候旨，不受北海道廳之監督而已。明治三十二年八月。

●實行北海道區制令　按：改正北海道區制後，即定於三十二年十月一日實行。明治三十二年八月。

●實行北海道區制之要件　按制：皆徵收區税位置役所公告規則之類。明治三十二年九月。

●内務省結算區費令　按：所徵區費，每當結算之時，餘與不足，俱須區會決議，然後照議施行。惟其地有新併入區者，則餘資歸入下期報告，不足得以徵之於新併入區者，以歸劃一云。明治三十三年三月。

〔改〕●指定北海道區制之施行地　考北海道區制其指定施行地，分函館、小樽兩區，内合之三郡一村。明治三十二年九月。

●照北海道區制改定會議及傍聽紀律與一切應行監督之規則　明治三十二年九月。

●照北海道區制定公民之名譽、職員故意推委及不能執行職務者之處分規則　按規則：凡有名譽職員之稱及任有職務者，非疾病、年老、出仕與營業之故，不能久居區内因而不就職者，北海道廳有停止其公民之權，并得於停止公民資格之期限内，加税示罰。明治三十二年九月。

〔改〕●定北海道區制直接税、間接税之種類及其徵收方法　按：直接税之關於國税者，即地租税、所得税、營業税、北海道水産税是也。關於區税者，直接國税之附加税及所得税之附加税是也。此外則悉爲間接税。明治三十二年九月。

●定選舉北海道區町村會議員總代人及沖繩縣區會議員等罰則　按：北海道區町村會議員總代人及沖繩縣區會議員，其選舉之時，一切罰則，均照選舉市町村會議員例辦理。明治三十二年十二月。

〔改〕●改正北海道一級村町制　按制：凡經更改者，俱係官制及職務之事。明治三十三年三月。

第十四類　土地　河川　砂防　下水〔三〕

●改正陸地測量標施行條例細則　按：照二十八年陸軍省令第十七號陸軍測量標施行條例細則中，『郡市』改作『郡市、町村』，並加附圖一頁。明治三十二年九月。

●實行耕地整理法之規則　按：規則内分四十子目，凡有願整理耕地者，宜將整理之意趣、方法、地段及其姓氏呈告町村長裁可，然後由農商務省遣派委員督同整理。明治三十二年十二月。

●耕地整理法之施行日期　按：本令定於三十三年正月十五日施行。明治三十三年正月。

●登記整理地之規則　按規則：除有特别事故者，俱照登記不動産例。惟未擬整理以前業經登記者，不必復行登記。明治三十三年正月。

●登記整理地之次序及辦法　按：登記整理地之次序，與登記不動産之細則相同，故其登記册籍中，有换地號數、换地符號及未换以前之號數與登記之號數等類。明治三十三年三月。

●改正明治三十年法律第三十九號所頒土地中區劃改良後之價格　查本律：按照三十年法律第三十九號加子目四款。除正當開墾與尚在免租期内不計外，凡開墾經十年以後或動工滿五年以上者，地主均得申請政府酌議地上利益。明治三十三年三月。

●改正明治三十年大藏省令第十九號土地區劃中呈請改良之事　按本令：於變更區劃之形狀下，增『事業着手之期限』一語。明治三十三年三月。

●土地收用法　按：法分十綱十章。（一）總則。（二）事業之准備。（三）事業之認定。（四）事業之次序。（五）收用之審查會。（六）損失之賠補。（七）收用之效驗。（八）負擔費用。（九）監督制度及罰則。（十）訴願及訴訟也。大致謂必明言其地係爲公衆之利益，如衙署、道路、橋梁、鐵道、學校、隄防、軍需之類，方能呈請行政廳給照收用。然仍須償地主以相當之利益。凡二十二年法律第十九號土地收用法、二十三年法律第五十四號土地收用協議會規則及三十二年法律第七十二號，概行廢止。明治三十三年三月。

●施行土地收用法之敕令　按本令：凡行改廳之職權，准由市町村長執行。至遇有陵寢公地及廟宇、古墓之所，應於事前詳請官長酌核。凡官長所派審查官之旅費、酬勞，俱有定額，不得需索。明治三十三年三月。

●照土地收用法發布闡明敕令　按：照土地收用法，凡期間之計算法、通知法以及一切書牘往來之法定代理人等，俱由敕定，以免借端延誤云。明治三十三年三月。

●照土地收用法定合同收用審查之事　按：設立合同收用審查會時，須與地方長官協議，經内務省認可，方准開辦。至合同收用審查會長，以開會地之地方長官充之。其開會費用，除高等官以下之委員，須由所屬府縣供應旅費外，餘概由有關係之府縣分任之。明治三十三年三月。

●照土地收用法闡發之令　按：凡土地收用審查會費用，除審查會會長及高等官充當之委員，旅費由所屬宦廳支應外，凡鑑定人事實參考人之旅費等，以及書手、雇工、郵費之類，俱由公司支應。明治三十三年三月。

●定設建妓院之所　按：建設妓樓，由官家勘定地段，不得自由搬動。若有新設、遷移及添筑等事，均須詳叙事由，奉請酌核。明治三十二年十月。

●照河川法定淤河漲地之處分法　按：凡淤河漲灘，除偏入官地外，由府縣設法處分。大率其修理河道，係由公司及個人出費辦理者，則其土地即爲彼等所有，否則歸沿岸居民管理。至若河道忽徙他處者，即以淤漲之地償現在河道流通之地主。明治三十二年九月。

●照河川法發布之件　按：水所經流之處，必由府縣河川法勘定。經内務省認可者〔四〕，方得稱爲河川，得照河川法辦理。明治三十三年十月。

●照河川法應行補償之制　按：照河川法遇有市町村及市町村中之所結團體與水利公司等，應行設法補償之時，凡補償之種類、金額、期限及應受補償者之姓名、住址，詳告於府縣知事，復由府縣知事知照於應受補償者。明治三十二年七月。

●照砂防法一切地租及其餘公課應行減免制　按：土地有禁止其自由動用者，則地租免徵，其餘雜税亦免，或地租輕減，則雜課亦照減。第至解禁之日止，仍須一律完納租税。明治三十二年八月。

●照砂防發布之件　考砂防法凡治中隄防由鄰縣團體出費修筑者，地方官須與鄰縣協議。其償費之時，亦須經鄰縣通知。有個人出費者，則地方官獨議可也。至治下民人有代鄰邑修筑隄防者同。明治三十二年七月。

●定溝渠法　按：溝渠所以排洩淤穢，有關衛生不淺。故其一切工程由地方官辦理，而其費用仍由居民分擔。第動工之前，必須先示居民，且遇有無力建築者，則由地方公費中支應，以見衛民之無微不至也。明治三十三年三月。

第十五類　區域

●改正郡市中警察署所轄區域表　按：自郡市區役改正逡其警察署所轄之地多有與郡市歧異者，特揭示以改正之。明治三十二年十月。

●内務省發有警察署管轄區域示　凡警察設立之處有與郡市區域不同者，咸揭示以更正之。明治三十三年三月。

〔改〕●定獎賞警察規則　考制：凡警務中有特功者，由府縣警費中撥款獎賞。其因他功而須獎者，則發國帑以酬之。故彼國警務之所由日盛。明治三十二年十月。

●定獎賞警察規則之施行細目　考制：應賞者四，而捕獲逸犯，祇居其一，餘俱衛生及保護之事，於以見罪人惟輕之意焉。明治三十二年十月。

●定治安警察法　按法：凡秘密結社有傷風化者，明管轄警察、官吏得能散之。至攜帶軍器及爆發藥與毀人名譽及有害公衆之事，得以按照事之輕重，科以罰金、禁錮等律。明治三十三年三月。

●改正督理質舖之制　按：本制得以『收沒入官』句改作『可以還付於被徵收者』。明治三十三年三月。

●定督理銃砲及火藥等法　考制：凡銃砲、火藥販賣，非受官廳委託不可。然官廳委託者，俱隸於陸海軍，惟給照營業者隸內務省，得以自由製造、販賣，而仍須受憲兵及警察之稽查。明治三十二年八月。

●定督理銃砲、火藥等法之施行規則　按規則：凡非製造、販賣銃砲、火藥營業須有地方官執照者，其製造、販賣之際，俱須具報警察。至火藥庫與暫時儲藏所之建築修繕等，須受警官檢查。舟車裝載俱有一定制度，須遵遞信大臣規定。明治三十二年八月。

●定督理銃砲、火藥等法之施行細則　按細則：除給照營業者買賣之時，許以照示人外，凡以銃砲、火藥等受授及遺棄之際，均須報明警察。至執照被失之時，亦應於二十四時內報明警察。明治三十二年八月。

●督理武官所有之軍用銃砲買賣規則　查明治十三年太政官所布第二十二號令，自此以後，詔不復遵守。明治三十二年九月。

●定銃砲商及火藥商員額　查：銃砲商大縣不得遵三十人，小縣不得遵十二人，火藥商分甲、乙兩種。甲種除北海道廳四十五人外，餘俱二十人左右。乙種除兵庫縣二十五人外，餘俱十人上下而已。明治三十二年八月。

●火藥等定類頒發制限外之特許買入執照及特許買入儲藏執照法　按：自明治三十二年以前，督理銃砲、火藥等法之施行細則，尚未布發，有得内務大臣之許可以營業者，至是頒發兩種執照以易之。明治三十二年十月。

●制定砲兵工廠給發軍用銃器及火藥等之細則　考制：除陸海軍官吏及在役兵丁，暨官、公私立學校以上之學校，與領有廳府縣長官或警察官所頒之執照者，不准給發銃彈、火藥，以昭慎重。明治三十二年八月。

●照督理銃砲、火藥法制定軍用銃砲種類　按：軍用銃砲，指口徑在五米粒邁當以上、腔綫在儈的邁當以上者言，若臘用及打靶用者，不在此例。明治三十二年。

●改正移民保護法之施行細則　按：照明治二十九年外務省所布細則中，加入担承移民之職者，其外國住址，應由外務省指定一條。明治三十二年十一月。

●改正明治三十一年二月内務省告示第九號北海道移住民之案　查是案於中越鐵道減價軍裝之次，加入北越、岩越兩鐵道一律遵照之條。明治三十二年八月。

●定水災救護法之施行細則　按：則分三章。其首章言船長報告被難與市町村長定酬謝救護者之事。次章言處置被難物品之事。三章言市町村長會同船長將被難品拍賣之事。明治三十二年七月。

●定辦理水災救護法之規則　按：則分二章。其首章言遭難船舶當詳記其港籍及救護時首重人命，次郵便物，次貨物等事。次章言市町村長將拾得之物還之於被難者，或無人領受，發交拍賣之處分法。明治三十二年七月。

●改正三十二年六月敕令第二百七十七號救助旅中抱病及收葬死亡等費用之件　按：照原敕加救助、收葬等事，如行於臺灣時，則一切費用悉歸臺灣總督定之。明治三十二年八月。

●定管理旅中抱病及旅中死亡法施行於臺灣之件　按：本令定於三十二年八月四日施行。明治三十二年八月。

●公布感化法　按：各府縣設立感化院以羈留八歲以上、十六歲以下無親族管束之惡少年。其院務由地方長官管理，經費則除北海道、沖繩縣外，悉歸府縣支應。明治三十三年三月。

●立監護精神病者之法　凡遇有精神病者應行監護之時，由親族、家主等具報官府，發交公、私立病院療養。其經費仍由親屬支給，其拘禁方法，由官府監察拘置。不如法及診視不實者有罰。至外國人之精神病者，應行如何監護之處，另由敕定。明治三十三年三月。

●照條約及習慣上不能自由居住之外國人敕定其居住及營業法　查自本令施行之日

起，其二十七年第百三十七號所布敕令，應即廢止。蓋惟勞動者不得行政廳之許可，不能遷出租界外。雖約章及習慣上不能自由居住之人，亦准一體雜居營業。明治三十二年七月。

●定條約及習慣上不能自由居住之外國人應如何居住及營業等細則　照明治三十二年七月第三百五十二號所布敕令，凡農業、漁業、鑛業、土木建築、製造、運載、挽車等業，皆屬勞動之人，不准雜居内地外，至若僕從人等，仍不在此例。明治三十二年七月。

●廢傭聘外國人一定之規則　考明治十年第二十七號公文有各官廳傭聘外國人之一定規則，自是以後，令悉廢棄。明治三十二年七月。

●廢被傭之外國人具報外務省之規例　考受聘之外國人，向例須具報於外務省，自是以後，悉令捐免。明治三十二年七月。

●定投宿之報告書法　按：旅人投宿與逆旅留宿之際，俱當隨時將旅人姓名、年齒、職業及來跡、去跡等，一一報告於該管警察署。外國人加本國住址及入國年月，所以資保衛，防宵小也。明治三十二年七月。

●定通知登録事項及保存登録之册籍法　查警察署接得居民移徙之報告後，即當將該居民所呈報告移交於該管户籍吏登録而保存之。此明治三十二年内務省令也。明治三十二年七月。

●禁止未成年者之喫煙法　按法：凡未成年者所持煙草及吸煙器等，除代人備辦外，查出收没入官。其父兄及販賣與煙草者，亦各分别科罰。明治三十三年三月。

●定書籍出版後之報告書式　按：書籍出版後，例宜報告内務大臣。至報告書類區分四式：（一）標明著作者之姓氏及編輯、演説、講義、繙譯之種類。（二）再版式其所載與初版同。（三）學術雜誌之報告式。（四）學術雜誌出版之略式。明治三十二年七月。

校　記

〔一〕石　似當爲「名」。
〔二〕巴里　即「巴黎」。
〔三〕原「類」下文字缺，據目録補。
〔四〕經　原作「徑」，誤，徑改。

第十六類　監獄

●改正監獄制　考制中經改正者，皆關於教化囚人及豫防疫病之事。此以見文明之國教先於誅焉。明治三十二年七月。

〔改〕●改正監獄中之施行細則　按：細則十章。其首章爲獄中總則。次章工業之事。三章工金之事。四章發給衣被之事。五章衛生及死亡之事。六章書信及接見之事。七章飲食之事。八章教誨及教育之事。九章獎賞之事。十章懲罰之事。明治三十二年七月。

●定特赦、免禁赦宥出獄之告誡式　按：照監獄制施行細則，凡遇特赦、免禁赦宥出獄之時，典獄、看守長、教誨師、獄醫等，俱應齊集教誨堂，告以遷善改過之旨。明治三十二年七月。

●定府縣監獄費由國庫支給之件　按：府縣監獄中所有房屋、器具、製作品等，俱屬國庫。故於獄中一切費用，皆從國庫支取。明治三十三年正月。

●改正明治三十年八月内務省令第二十三號所定警察署及警察分署中拘禁者之飯食費　按：本令照明治三十年八月第二十三號每五十文者，改作百文。明治三十二年七月。

●定軍衙間遞解囚人及刑事被告人之規則　按此規則：凡囚人起意脱逃及不遵約束等事，可就近囑憲兵及警察等帮同管理。惟除緊急命令外，日出前、日入後不得路行。並遇有囚人患病及其他危難事故，俱應切實囑醫調治，無得疎忽。明治三十二年十月。

第十七類　衛生

●改正傳染病豫防法之施行規則　按：照明治三十年五月内務省令第十一號傳染病豫防法施行。規則中加患者所住之地及死亡後宜用藥水消毒，速行二十日，以防傳染。明治三十二年十二月。

●定豫防傳染病時應行禁止入口之物　按：當傳染病發生之時，所有易於傳染之物，由内務大臣查明種類，發令禁止入口。明治三十二年十一月。

●定豫防傳染病時禁止廢布、廢綿等入口　按：從印度、支那、香港、臺灣等處運到之舊衣、廢布、廢綿、破紙、爛皮、羽毛、麻袋等類，俱易傳染病毒，悉行禁止。明治三十二年十一月。

●定驅逐家鼠法　按：家鼠爲傳播黑死病之媒介，故凡交通繁盛之地，一例設法驅逐。明治三十二年十一月。

●定海港檢疫法施行規則　按規則：凡船隻進口，必先受檢疫所診察，實係無病或微病，業經施行消毒法後，分別與以准與陸路執照，然後得以登岸。明治三十二年七月。

●定船舶檢疫法施行之件　按：本令定於三十四年八月四日施行。明治三十二年七月。

●定船舶中檢疫次序　考規則：當近港之時，未經檢疫先須查明出發、停泊各地及途中有無患病等事，然後命其停船受驗。明治三十二年七月。

●定給發業經查驗實無病人之執照例　按例：凡船隻行駛他國之時，當其出口之際，得以向檢疫所呈請檢驗須於執照，以爲人口之證據。明治三十二年七月。

●照海港檢疫法定船舶消毒之件　按：海船查係由傳染病流行之地駛來者，須令其駛赴消毒所各法施治。惟驗係實無病毒者，不在此例。明治三十二年八月。

●廢止明治三十一年九月内務省所布第八十五號告示，凡駛入及停泊開港於港，則施行之地所有一切船舶檢疫之件　明治三十二年八月。

●改正明治二十一年九月内務省所布第一號告示夜間檢疫信號　按：原示夜間檢疫信號用赤色球燈兩個，兹改爲緑色、赤色球燈各一個。明治三十三年正月。

●定自海外諸港及臺灣駛來之郵便船等於日没後請求檢疫法　查日没後急欲進口之船舶，宜發長汽管三聲，以示請求檢疫之意。明治三十二年十月。

●定產婆規則　按規則：凡產婆須修學在一年以上，經方考試後，方許懸牌營業。至擅用藥餌及行墮胎等術，查出有罰，於以見慎之至焉。明治三十二年七月。

●定考試產婆規則　按規則：凡產婆非得有產婆學校及產婆養成所之卒業證書者，不能投考。考時又分學説、實驗兩項。其學説及第而實驗者不取者，仍須下年補考實驗後，方准懸牌。明治三十二年九月。

●定産婆名簿之登録規則　按規則：凡族籍、名氏、年齡、住所，皆須一一註明。至停止或别就生業之時，均須向該管地方官申明。明治三十二年九月。

●定檢查飲食物以及一切物品之事　按：飲食物以及飲食器、割烹具等，俱須驗得實無危害衛生之處，方准販賣。至若抗不遵驗與有驗之責而不實力查驗者，俱有應得之罰。明治三十三年二月。

●定檢查飲食物以及一切物品按律施行之件　按：當檢查之時，檢查人員宜着用制服、攜當查驗執照，以免無故擾累商販。至檢查事務大者，由警視總監及地方長官管理。小者，得以委之於警察署。明治三十三年三月。

●定糞除污穢法　按：地主與占有地土及使用地主之人，俱有糞除義務，地方長官有監視糞除之責。至民間所不能糞除者，由地方官撥款清理。明治三十三年三月。

●定糞除污穢法之施行規則　按規則：其一切細章，由地方官派監視員酌定。居民於溝渠、房屋，俱應隨時清理。門首各置塵箱一具，每日由公家夫役收取，以免堆積。明治三十三年三月。

●定監視糞人員之權限　按制：定監督長一人，監督及巡視若干人，其應行事宜及月俸，俱由定地方官核定。明治三十三年三月。

●改正獸疫豫防法　按：照獸疫豫防法中，加自疫地輸入之獸以及物品豫防法。明治三十三年正月。

●改正獸疫豫防法之施行細則　按：照本則，凡獸疫發生之地地方長官，每七日宜調查實況，俱報農商務大臣。明治三十三年正月。

●改正獸疫豫防法中注意之事　按：照明治三十年農商務省所布第四號告示，獸疫豫防法中注意之事，而於消毒方法尤加意焉。明治三十三年正月。

●定豫防馬疫之件　按：照獸疫豫防法中所定鼻疽、皮疽等病，凡馬之患有假性皮疽者，令一體遵例豫防。明治三十三年正月。

●定檢查牛疫規則　按規則：凡從朝鮮、支那、西比利亞諸地運到之牛、羊並皮骨等，易於傳染牛疫之物，未經檢查不得起岸。餘與檢疫章程相同。明治三十三年三月。

第十八類　社寺　宗教

●定呈請宣布宗教制　按制：凡宣教者之姓氏、住址與宗教名稱、宣布方法，以及一切屋宇、會堂、講教所等，皆須報明地方長官備查。至有遷移、變更、中止等事，亦宜一律報告。明治三十二年七月。

●定神社之陞降及加列等制　按：神社分大、中、小之級，其陞降加列之時，俱由内務省揭示。明治三十二年七月。

第十九類　財政

●准以日本勸業債票充作會計規則　按：日本勸業債票者，照日本勸業銀行法行之，謂之勸債票也。明治三十三年十一月。

〔改〕●定大林區署之會計事務章程　按：章程分爲九章。首章總則。次收入之事。次付出之事。次歲入、歲出以外之現金出納。次工事及物件之買賣、借貸事件。次品物。林產品物不在此限。次官吏出納之事。次簿記。次雜則也。其林野整理支局之會計同。明治三十三年三月。

●定承辦官設鐵道工事之一部者得以隨意設立契約制　按：承辦官設鐵道工事，除當關聯之處有不得不中止之情事外，俱得隨意結立契約。明治三十二年八月。

●定政府辦理造林及伐木事業之時，所僱夫役與買賣種苗等事，皆得隨意結立契約制　明治三十二年十月。

●定政府修筑水道、隄岸工程時，承購塞門汀者得以隨意結立契約制　按：水道隄岸工程，凡屬政府修筑之時，其承購塞門汀者，皆得隨意結立契約。明治三十二年十一月。

●定以埋藏之物出售於宮内者得以隨意結立契約制　按：本條係照遺失物例，凡埋藏物之屬於國庫者，出售於宮内省時，得以隨意結立契約。明治三十二年十一月。

●定承辦臺灣總督府修筑鐵道用之工料品，無論買賣、借貸均得隨意結立契約制　按：臺灣總督府修筑鐵道時，其需用之車輛、器具、機械以及一切應用之品，無論向私設鐵道會社購入，或出售下貸等事，均准隨意結立契約。明治三十二年七月。

●定修繕利根川時爭相承辦汽機、汽鑵以及一切附屬品者之資格制　按：承辦者之資格，分内國、外國兩等。其在内國人員，須每年納直接國税在二十五圓以上，且有製造汽機、汽鑵之經歷者。至外國人員，則需每年納直接國税在四十五圓以上，而又歐美等洲有分舖者。　蓋以慮承辦者之不勝任也。明治三十三年七月。

●定小樽修筑港口時爭於承辦小輪船者之資格制　按制：凡建造二十噸以上之船所，須工場、船臺、機械具備，與實係專門承辦此等工程已歷有二年者，方准承辦。明治三十三年正月。

●定承攬建築名古屋税務署廳舍工事者之資格制　按制：必其人納直接國税每年在十五

圓以上、而公司中之資本又實在五萬圓以上者，方准承造。明治三十二年九月。

●定承辦臨時税關工程部所用外國製各種船舶器械者之資格制　按本制：照會計規則，凡承辦之件在五萬圓以内者，須公司資本五萬圓，每年納直接國税二十圓，並歐美各洲有支店者，至承辦價格愈重，則承辦之身家亦當愈殷。明治三十二年十月。

●定承辦陸軍中所用輪船者之資格制　按本制：照會計規則，必須照造船奬勵法領有奬勵金之船廠，方准承辦。明治三十二年十月。

●定承辦製鐵所中所有礦山採掘、骸炭製造以及廢舊生財出售等事得以隨意結立契約制　按本制：限三年以内一體遵行。明治三十三年二月。

●定担承結立大林區署工程以及一切物件買賣、貸借等契約之官吏制　按：本制施行後，凡明治二十四年五月中農商務省所布第二十四號訓令，一律廢止。明治三十三年正月。

●定外國國界中所有日本專管租界之特別會計法　按：日本政府每年將外國國界中所有之專管租界，製成歲入、歲出之豫算表後，交議院提議。遇有入不敷出在百萬圓以内之時，准向國庫暫行挪用。明治三十三年二月。

●下外國國界中所有之日本專管租界，應照特别會計法辦理之處分别核行勅　按本勅：所指僅我國天津租界，定於明治三十三年照勅施行。明治三十三年三月。

●加定二十六年大藏省所布第五十三號訓令若作業鐵道會計以及倉庫出納事務規則　按：照二十六年所布訓令中，加入『海軍造兵廠、鎮守府兵器部、海軍火藥製造所』等十八字。明治三十三年三月。

●定北海道官設鐵道中所用品物承攬購買之件　按本件所定：凡由資金會計購入者，准先付定金，並結算後，應即付訖，以示恤商之意。明治三十二年十二月。

●定專賣局及作業會計規則　按規則：凡歲入、歲出之豫算表以及決算書等，均由該管大臣調製後，送交大藏大臣，有一定期限。餘皆收支瑣務。明治三十三年二月。

●改正明治二十三年法律第二十一號所載中央備荒儲蓄金儲金局、儲金郵便、儲金處所以及儲金郵便局中所發之匯票金等特別會計法　明治三十三年三月。

●定海軍造兵材料之資金會計法　按：此即以現在之海軍造兵所與鎮守府兵器部所存之材料，加每年津貼之款，共積至三百萬金爲止，爲海軍造兵材料之資金。至其歲入、歲出，仍須交帝國議會提議。明治三十三年正月。

●定海軍造兵材料之資金會計規則　按規則：俱照作業及鐵道會計規則。如豫算、決算照第二章例，管理收支照第三章，出納官吏照第七章例是也。明治三十三年三月。

●改正煙葉單之出納順序　按：照明治三十年十月大藏省所布第六十四號訓令中改制一

條、書式三種。明治三十二年八月。

●改正印紙類之出納規程　按：照明治三十二年三月大藏省所布第十三號訓令中俱加改竄，蓋一以定管理損傷及染污之印紙，一以定税務管理局中出納，印紙類之命令官當將印紙類之出納數目，具報於大藏省印紙類之出納命令官。明治三十三年正月。

〔廢〕●廢管理大藏省所管之出納官吏應行呈交保證金法　按：制係明治二十六年大藏省所布第四十三號訓令，自本令施行之日起，一體廢止，不復遵行。明治三十二年七月。

●照會計規則凡以土地契據呈交遞信省權作保證金者一切抵當權之登記事項俱照本令指官代理　按：凡以土地契據抵當作保證金者，其一切抵當登記事件，俱委大藏省各局長、大臣官房、會計課長、電信燈臺用品製造所長、鐵道作業局長官、一等郵便電信局長、電話交換局長、郵便爲替儲金管理所長、航路標識管理所長、海事局長、港務局長、東京郵便電信學校長及商船學校長等，代爲經理。明治三十二年七月。

●改正明治二十二年大藏省所布第十三號令中凡出納官吏管理現金之規則　明治三十三年三月。

●增改明治三十一年大藏省所布第四十一號及第五十三號令　按：照第四十一號及第五十三號，原令中銀幣一圓之下增加『及臺灣銀行券』六字。明治三十二年九月。

〔改〕●照國税徵收法指定公同團體之件　按本制：所謂公共團體者，即北海道區制中所載之國税徵收法以區内爲公共團體云。明治三十二年三月。

●改正明治三十年所降第百九十五號勅令中所定徵收市町村國税之件　按：照原敕加北海道地方税一則。明治三十三年三月。

●定府縣税徵收法之件　按：府縣税除地租之附加税外，以百分之四存之府縣爲地方公費，遇有災害，准查驗酌免。至徵收期限及一切細則，由府縣知事酌定。明治三十三年三月。

〔改〕●定辦理關税、噸税及税關中雜課規則　按規則：凡分任徵收官吏，每月將實收款目，限於下月五日前送交主任官吏，由主任官吏限於下月望前，將實收款目彙送大藏省。明治三十二年七月。

〔改〕●改定報告租税之現況書式　按：照會計規則所載有關租税之事，俱應造册報告。至明治三十一年大藏省所布第二十三及七十號訓令，一律廢止。明治三十二年八月。

●整理徵收採取砂礦税法　按：照明治二十六年採取砂礦，其徵入之礦税，應歸入經常部之歲入項下，另列細目核算。明治三十二年十月。

●定整理專賣煙草所得資金歸入歲入與歸入未經實收之法　按：每年三月爲止，應得資金未曾實收者，歸入專賣局，作業歲入之確定額中。至實收者，於四月朔起至八月中止。

確能收得後，納交金庫者，倶歸入本年分專賣局之作業歲入項中。明治三十三年三月。

●改正動用税關經費及管理之順序　按：照明治三十一年三月大藏省所布第十八號訓令，多有增改。明治三十三年三月。

●加定明治二十六年大藏省所布第三十二號令中所載各種計算給發收單及各種賬簿格式　按：照原令僅於第六號册樣中略爲修改。明治三十二年九月。

●增改明治二十三年大藏省所布第十七號令中給領俸禄清册及金額姓名表之式樣　按：照原令僅於第六款金額、姓名表中，略行修改。明治三十二年九月。

●定呈送由府縣設立之師範學校長所支領之俸食計算書法　按：凡由府縣設立之師範學校，該校長所支俸食，應造成計算清册，由地方官呈送會計檢查院查核。明治三十三年三月。

●定管理現金官吏之付據等書類之件　按：此專爲林野局而設，凡林野整理支局中所有付給現金申報會計檢查院之時，應將付給之據呈清總局局長轉遞檢查院也。明治三十二年七月。

●改正辦理儲金章程及辦理保存物件規則　按：照明治二十六年大藏省所布第十九號儲金章程中倶有增改，並於同年大藏省所頒辦理保存物件規則中，削去書式一條。明治三十二年七月。

●改正保存金銀規則　按：照原則滿三十年者，改爲滿五年。明治三十三年二月。

●改正金庫出納事務規程　按：照明治二十六年大藏省所布第三十九號訓令，金庫出納事務規程之第七號及第二十四號書式中，俱有增損。明治三十三年三月。

●改正儲金及保存物並交官看管物之金庫出納事務規程　按：明治二十六年大藏省第三十二號所頒儲金及保存物，並交官看管物之金庫出納事務規程中，俱有增改。明治三十二年七月。

●准免府縣、郡市、町村與一切公共團體中所有地之地租及各種雜税　按：地面既爲公共團體所有，則自供公用之，次年起至公用停止之年止，准免地租及一切雜税。所以示國家保民之意。明治三十二年九月。

●增加土地臺帳規則之施行細則　按：照明治二十六年大藏省第六號所頒土地臺帳規則之施行細則中，加入臺帳副本，准以郵信求請發寄。第寄送副本之郵費，仍須本人給付。明治三十三年正月。

●定允爲蠲免地租及輕減地租規則　按：照明治三十二年第三百七十四號敕中所載情事，因而申請蠲免及輕減者，准俟地方官廳協議後，酌量蠲免及輕減等法，分別施行。明治三十二年九月。

●定施行登録税法於臺灣之件　按：照登録税法中，凡土地登記之事，臺灣地方一律施行。明治三十二年七月。

〔改〕●改定司法省所屬之一切登録税及辦公費造具清册之式樣　按：自本令施行之日起，其明治二十九年十二月司法省所頒第三百八十六號訓令，一律廢止。明治三十二年十一月。

●改正造酒税法　按：照原律中，凡製造酒類之工廠、舖户，其屬於一税務署管内者，准其設立會舘經理酒税，至會舘中之一切細則，仍由命令頒定，不得擅改。明治三十三年三月。

●定造酒業之會舘規則　按：規則會舘中，公選舘長一人、評議員若干人。其决議之事及一切行爲，苟有違背法令及妨害公益等情，地方長官有勒令更改及更選役員之權。明治三十二年七月。

●改正出口酒類之返還税施行細則　按：照原則凡運赴外國進口之酒類，須得有本國領事官或貿易事務官，或名譽領事官之進口文憑，並與出口税關之憑單相證後，方准呈請返還造石税金。然其奬勵出口貨物之意，於兹見矣。明治三十二年九月。

●定家用醬油税法　按税法：凡家用醬油，每年在五石以内者，得以向政府請領執照，就家中製造。每年所製在二石以内，納税二圓以上。每一石加税一圓。惟將家製醬油運至居宅區域以外，及有販賣情事者，察出重罰。明治三十三年三月。

●定家用醬油稅法之施行細則　按：製造者之姓名、居所及所製石數、方法等，俱宜呈報稅務管理局長。至遷徙位所與變更方法之時，亦應一體申告。明治三十三年三月。

●改正煙草專賣法施行細則　按：照原則於內國債證券之下加入地方債證券，及受政府監視與保護者之各種株式會社中所有株券及其債券等字樣。明治三十二年十一月。

●定煙草專賣法中之賠償金　按：煙草産地、其品類、價值，專賣局俱製有定價表，共分十八級。每種煙草按照表價賠償，惟遇有表中未經定明品類者，則照該管局中同等之貨給賠。明治三十三年三月。

●改正明治三十二年第九十八號法律所載一切違犯煙草專賣法條例之件　按：違犯煙草專賣法者，一切處分，悉照違犯間接國稅例，由收稅官吏、稅關吏及賣支局長懲治。明治三十三年三月。

●定臺灣地方有告發違背關稅及專賣規則者給以獎賞之件　按制：有將違犯臺灣阿片令關稅規則、輸出稅及出港稅規則、樟腦及樟腦油專賣規則，並樟腦油製造規則等事告發者，照没入官之貨價，以半額賞給告發人。明治三十二年十二月。

●定法人違犯租稅及煙草專賣事件制　按制：凡法人之雇人及一切從事業務之人，有違犯此等條例者，罰及法人罰金，遷延者照民事訴訟法例。明治三十三年三月。

●改正督理煙草收納、出售及保管等事者之細則　按：照明治三十年十月大藏省第六十三號訓令所載及第四、第六、第八、第九等號書式中，俱有增改。明治三十二年八月。

●定製造煙草輸出交付金法律施行之件　按：輸出交付金，按照輸出煙草價額以百分之二十爲度。明治三十二年七月。

●定應行納付於税關之費用　按：所謂應行納付之費用，蓋指例不辦公之時，欲其特别辦公而言。故除休息日外，午後四點鐘以降，始應納之。明治三十二年七月。

●定税關中暫寄貨物之棧租規則　按規則：所載棧租以十日起算。至其租賃之輕重，視貨物而定。關中定有明細價目表，以免勒索。明治三十二年七月。

●照關税法及保税倉庫法定途中運輸之制　按制：凡商販以貨物寄存税關及倉庫後，凡運輸之時，應交何鐵道運送，俱有一定規則。明治三十二年九月。

●照税法及關税施行規則定交關看管執照與出納簿書式樣單　按：商販將貨物交關中看管以暫執税銀之時，關中應將收到貨物實數給登執照作准，並另製出納清册，以備查核。明治三十三年八月。

●指定港口及港口中應行輸出之物　按：查日本税關法，除通商口岸以外，所有各港，其應行出入之物，俱有一定。此所謂指定港口也。明治三十三年七月。

●指定由寶蘭港出口之物　按：查由寶蘭港出口者，僅八種貨物，如麥粉、木炭之類。明治三十二年七月。

●定税關官吏之文憑式樣　按關税法：凡税關官吏，應持有文憑，以杜假冒。至其式樣，縱二寸，横一寸五分，用象皮爲之。明治三十二年七月。

●定違犯間接國税者之處分法　考制所謂間接國税者，係指定之税而言。至收税官吏及必查有實據，方得以違犯之處分處分之。明治三十三年三月。

●定處分違犯間接國税之施行規則　按規則：凡得信搜查之際，日出前、日没後，不能向違犯者搜索。並搜得之贓品，無論直接、間接收税官吏，俱不得自行購回，蓋其防範之心固且至也。明治三十三年三月。

●有關於明治三十三年法律第六十八號施行規則之件　按：制中施行規則，准照違犯間接國税者處分法之施行規則。明治三十三年三月。

●處分違犯間接國税者施行上之必要法　按：考制，凡調查犯則事件，非確有可疑及證人俱備者，不能向商販搜索，及其搜獲以後不得無故遲延。明治三十三年三月。

●照違犯間接國税者處分法定收税官吏應行攜帶之文憑式樣　按：憑用原質白紙爲之，

縱四寸，幅二寸五分上，蓋税務管理局印信。明治三十三年三月。

●定明治二十六年外務省第一號令實於韓國郡山之件　按：本令於三十三年五月一日施行，凡駐紮清國、朝鮮之日本領事官所徵公費，得以將指定之登記印紙完納。明治三十三年三月。

●加正明治三十年十月内務省第二十八號令所開以登記印紙完納公費之種目　按：照原例加明治三十二年内務省第二十六號所開之閲覽目録公費。明治三十二年七月。

●定發布新幣條例以前之舊金銀貨幣國庫中概不通用制　按：明治四年五月始，發布新幣條例。明治三十二年八月。

●改正督理造幣地金及支付業經造成之貨幣順序制　按：照原制改爲以地金交於大阪局者，俟分析後越五日，得以向阪局支取金銀貨幣。東京則再越五日，若以地金交東京局，則俟分析後越二十日，始得向京局支取金銀貨幣。大阪則准減十日。明治三十二年十一月。

第二十類　軍事

●加正徵發事務條例按所載諸表式樣　按：照徵發事務條例所載名表，加瀛表一則。明治三十二年十月。

〔改〕●定徵發馬匹事務細則　按：則區分三章。首章言徵發之總則，次章言徵發後之准備，三章言徵發之實施。按：自本則施行後，一律廢止。明治三十二年十月。

●改正海軍軍醫學生、藥劑學生、造船學生、造兵學生及主計學生條例　按：原制『主計學生』之下，加『東京帝國大學、法科大學、京都帝國大學、法科大學等』二十一字。又於『主計學生』之下加『法科大學學生等』七字。明治三十三年三月。

●定陸軍砲工學校員外學生在學年限增長之件　按：照陸軍砲工學校條例，凡學習緊要科學之額外學生准照定期外，另加二年半之年限。明治三十三年三月。

●定陸軍之召募規則　按：規則八章。首章論召募總則。次章論召募士官候補生及地方幼年學校徒。三章論召募見習醫官、見習藥劑官、衛生部依託學生並衛生部依託生徒及軍醫學校生徒。四章論召募獸醫部依託學生並獸醫部依託生徒。五章論各兵科下士候補生、蹄鐵工長候補生及衛生部下士候補生。六章論召募砲兵工長候補生。七章論召募縫工長候補生及靴工長候補生。八章論召募軍樂學校生徒。明治三十二年十一月。

●改正明治三十一年陸軍省第十六號令所頒憲兵分隊配置及警察區域制　按：照原制之屯紮區域詳加分布。明治三十三年九月。

●改正陸軍服役條例　按：照原例改正及削除之條，定於明治三十二年十月一日施行。明治三十二年十一月。

●改正海軍下士卒服役條例　按：照原例改通計豫備役及下士之服役期限，每員須滿十六年。明治三十三年二月。

●定陸軍召集條例　按：條例區分九章。首章召集總則。次章充員召集之例。三章實施充員召集之例。四章召集國民兵之例。五章演習召集之例。六章教育召集之例。七章補缺召集之例。八章簡閲之例。九章陸軍罰則。明治三十二年十月。

●定陸軍召集條例施行細則　按：細則區分七章。首章總則。次章充員召集細則。三章補充召集細則。四章召集國民兵細則。五章演習召集、教育召集等細則。六章補缺召集細則。七章簡閲細則。俱於三十二年十月二十日施行。明治三十二年十月。

●定支給陸軍召集諸費之規程　按規程：凡充員召集、補充召集諸款，從臨時費項下支給。定期演習召集、教育召集及補缺召集諸款，均從經常費項下支給。明治三十三年正月。

●定支給海軍召集諸費之規程　按規程：凡充員召集及大演習召集諸款，由臨時費項下支給。小演習召集與簡閲之旅費等，均由經常費項下支給。明治三十二年七月。

●定軍機保護法　按保護法：凡探知軍事上秘密事情及收集圖書、物件之類，處重懲役，輕者減等。第本律與刑法及陸軍刑法、海軍刑法等所定刑律，絶不相關。明治三十二年七月。

●增加横須賀軍港規則　按：照原則加入鎮守府司令長官入軍港境域内，視察兵備之狀況及地形等畢，須即退出軍港域外，不得逗留。明治三十二年七月。

●增加吴軍港規則　按：所增加者，與横須賀軍港規則相同。明治三十年七月。

●增加佐世保軍港規則　按：所增加者，與横須賀軍港規則相同。明治三十二年七月。

●增加舞鶴軍港規則　按：所增加者，與横須賀軍港規則相同。明治三十二年七月。

●增加竹敷要港規則　按：所增加者，與横須賀軍港規則相同。明治三十二年七月。

●定要塞地帶法　按：法區分四則。首言防範要塞地之總則。次言禁止出入及其制限之事。次言闖入者之罰則。次一切雜例。明治三十二年七月。

●定要塞地帶地及要塞司令官之職務　按制：凡要塞司令官之職務，如在非要塞司令官所轄地界，即由警備隊司令官、衛戍司令官及筑城部支部長等執行其事。明治三十二年七月。

●定要塞地帶法施行規則　按規則：定於明治三十二年八月二十日施行。明治三十二年八月。

●定於要塞地帶之各區内凡有新設及變更事件之報告例　按例：與本年陸軍省所布第八

號告示，解除建造房屋、倉庫及一切新築變更等之禁止制限，不相關涉。明治三十二年八月。

●定要塞地帶法施行規則　按規則：凡府縣、郡市、町村水利公司並一切公共團體及社團法人等，均准由各代表者申請核奪。明治三十二年八月。

●定海軍喪葬式　按：制區分七章。首章總則。次章定半旗致哀之例。三章定分時炮、分時鎗之例。四章定差遣儀仗隊之制。五章定吊炮、吊鎗之例。六章定表喪之制。七章雜則。並令於三十三年二月十六日實行本例以後，所有明治十二年太政官所頒海軍葬式一律廢止。明治三十三年正月。

●定海軍喪葬細則　按細則：於本則施行以後，凡明治二十一年海軍省所頒第十三號葬式細則及十三年十二月所頒第百三號二十一年九月所頒第八十八號等例，一律廢止。明治三十三年正月。

第二十一類　教育　學校通則

〔改〕●定公立、私立學校之認可規則　按規則：凡公立、私立各學校，其程度與府縣設立之中學校相等，有欲呈請文部省認可者，公立學校准由管理校事者，私立學校准由學校代表者，將該學校之沿革、規則、校長履歷、教員姓名及分擔學科與專任、兼任等事，以及生徒定額、學年制限、現在入學員數、以前卒業員數及其情況並校舍寄宿舍等圖面及經費籌措、教科書目、教授用具等，開具詳細節略，送請文部省查核。果係有益於教育事宜而一切章程並無違背學制之處，方准認可。每年六月三十日由該校校長出具辦理情形之報告册，交地方官轉呈文部省查核。其有更變章程之時，一例隨時報告。惟查有不按章辦理及成績不良者，文部省有撤回認可之權。明治三十二年六月。

●頒定一切寄附財産設置官立、公立學校之件　按制：凡有將財産寄附於地方之官、公立各學校者，校中會計每於調製豫算表時，其支應方法，宜與寄附人協議。遇有學校中止之時，其寄附款中之餘剩金額，宜還之寄附人。寄附有子弟入校之時，准不收脩贄，以示優待。明治三十三年三月。

●當實行改正條約之時一切學校之風紀規律宜格外整頓示　按示：設條約實行之始，内地雜居外國人，必有來我邦内地者，曩曾恭奉明詔，凡我子弟有不守禮儀、粗野奇矯者，恐貽他國之笑，爲邦家之恥，各教員其深體此意，以潛移默化焉。此以知彼國之風俗，固自學校始也。明治三十二年七月。

●支部省頒行整頓校風令　按：令中所載，亦整頓民俗之語，與前示意同。明治三十二年七月。

●定一切教育特立於宗教以外之件　按：日本初時，國中各學校亦有自教會中設置者，茲特明定規則，無論公、私學校，其於一切教育，不得攙雜宗教課程，宜使學問成一獨立之事，方爲不背文部省之學制。明治三十二年八月。

●禁止學校生徒之吸食煙草之件　按制：凡小學校、中學校、師範學校等學生，無論已未成年，一例禁吸煙草。明治三十三年三月。

日本教育基金

〔改〕●頒行教育基金令　按此令：凡鄉間小學校，有修筑校舍等事，准其申請地方官撥借教育基金。惟該基金仍按年償還，以十年爲限。每年付息五厘。除北海道廳、沖繩縣由文部省直轄外，餘俱於地方官轉給。明治三十二年十一月。

●定管理北海道廳、沖繩縣等照教育基金令支給配當金額之件　按：支給北海道廳、沖繩縣等教育基金時，應由道廳長官或縣知事設定規則，呈請文部省認可後，方准支給。明治三十三年二月。

●照教育基金令定支給北海道廳及沖繩縣之配當金額規程　按制：凡教育基金之配當金額，本爲設置校舍及購買地皮而設，然以金額中之一部充公立小學教員之獎勵金，其餘以充普通教育之經費，亦無不可。明治三十三年二月。

帝國大學

●改正明治二十六年敕令第九十三號所定帝國大學各分科大學講堂種類及其席數　按制：於法科加四講座，醫科加一講座，文科改一講座，農科加一講座。明治三十二年十一月。

●定京都帝國大學法科大學及醫科大學講座之件　按制：於法科設二十三講座，醫科設二十七講座，分兩年設置。因新招學生，學課非同時可以領受故也。明治三十二年十一月。

●文部省令頒行京都帝國大學設置法科及醫科　按制：於本年九月十一日開校授課。明治三十二年七月。

●改正明治三十年敕令第二百十九號所定京都帝國大學中設置理工科大學講堂座件　按制：於化學課程中增一講座。明治三十三年三月。

●改正高等師範學校規程　按：照原制經删改者，皆分科教科書之事。明治三十三年正月。

●改正高等師範學校招考生徒規則　按：照原則，改本科生爲豫科生、研究生之上，加『私費』二字，兹删去。明治三十三年正月。

●定調查女子師範學校、高等女學校等一切生徒學業成績之件　按制：謂年紀與心身之發育極有關係，校中宜隨時考察，萬勿以調查成績故，一時考試其所學全科科目。至女生身臨月經之際，尤不宜課體操習，以見外國師長於生徒無微不至也。明治三十三年三月。

中學校

〔廢〕●定中學校生徒於入學、退學之時應行詳註學册之件　按制：凡學校招集生徒，應有定期，不得隨時增損。其志願入校之人，係領有高等小學校二年級之卒業文憑者，准其不與考試，即行歸入一年級中。惟擬入二年或三年級者，必須試以一年或二年級之課程，果係學力相等，方准編入。有以遷居及各種事因之故擬改入他校者，須將移校事由呈告校長，由校長將其年籍、成績等開呈新入之校，以便按級編入再校中，一切教育考試及徵兵等事，均宜各備嵩册，以便地方官隨時察核。明治三十二年六月。

小學校

〔廢〕●定小學校之設備准則　按制：凡設立學校，如擇地、盖屋、置器具、藏書籍、延請教員、編製科目等，均有定制，大率每小兒一名，校中應用地面五方尺。至所用書册，非經文部省查檢者，不足供教科之用。非領有文部省執照者，不能聘作教員也。明治三十二年七月。

實業學校

〔改〕●定實業學校教員於轉任、退職、休職時一切任命之件　按制：凡由教員養成所中以官費育成之教師，其於轉任、退職等事，均應先將事由呈報文部省候裁。明治三十三年正月。

●定市、町村立小學校教育費由國庫補助法　按：凡國家於豫算出入各款之時，將小學校教育費歸入豫算額中，即由國庫將此項經費分交各地方官存儲，以爲小學校教員年幼加俸及特别加俸之用。明治三十三年三月。

私立學校

●定私立學校令　按：私立學校其一切章程地方等事，均須地方官認可後，方准開校。至遇有更改章程或停辦教育之時，亦須隨時申報。其校中之校長及教員等，尤須經地方官承認後，方准充當。若遇有校中職員或品行不端，或犯國憲者，官長得停止之。校中章程有不守文部省制度及傷害風俗等事，官長得封閉之。此所以慎重教育之一端也。明治三十二年八月。

●定私立學校令之施行規則　按此規則：凡設置學校之時，應將校地、講舍、寄宿所之圖式及該校之宗旨、名稱、位置、教科規則、經費由來、修業年限、授業時間、考試及入學、退學規則、束脩贄儀等金額、寄宿舍細則、校長與職員之履歷等，均須繕呈該學校監督官查照。明治三十二年八月。

●定業經認可者之私立學校應將修業年限及學科課程等隨時報告之件　按制：除小學校、盲啞學校外，凡私立之各種學校，應將修業年限、學科課程及生徒之入學資格等，隨時報告於學校之監督官。明治三十二年十月。

幼稚園

〔廢〕●定幼稚園之保育及設備規程　按制：凡幼兒滿三歲後入幼稚園，每日五點鐘之久，有保姆爲之保育。每保姆所保幼兒不得過四十人，每園不得過百人，所以助幼兒小發育，保心身之强健故。其中有游嬉、説話、唱歌等事，不得强幼兒難解之事，致傷腦筋受病。明治三十二年六月。

圖書館

●定圖書館令　按令：凡有搜集圖書以供衆覽，因設圖書館。明治二十六年，由公衆創立者，應請文部省認可。私立者亦須具文報告。館中設館長一人，書記若干人，俱照學校例判任文官相待，以示高尚。明治三十二年十一月。

●定須給教員文憑令　按令：除文部省特聘之教授及領有東京師範學校文憑外，凡經考取教習，不得給與文憑，即不得充當教員。明治三十三年三月。

●加正給與師範學校、中學校、高等女學校等教員文憑規則　按原則：加東京美術學校圖畫科卒業者，一例給與文憑。明治三十二年七月。

〔廢〕●定中學校教員之件　按制：遇教員缺額無從聘請有文憑之教員之時，准其將該教員之履歷呈請文部省認可，暫攝教職，惟不得充當公學校之教諭。明治三十二年十一月。

〔改〕●定檢查學生生徒之身體規程　按：校中每年於四月間，由校醫檢查學生之身體一次。凡身長、體重、胸背、脊柱、體格、視力、聽力、齒牙等，除素有疾病外，均宜詳造清册。如年滿二十歲者，准其每年於十月中檢查一次。小學校生徒不查視力、聽力，故體育之事，各國均重視之。明治三十三年三月。

●改正調查學事年報條款及各表格式　按：照原制於徒弟學校、中學校、高等學校、女學校、實業學校之應查條款及各學校之統計表中，俱再增改。而於巡視學事之中增置校醫一款，以調查各學校之教舍及生徒之身體有無傳染病症。明治三十二年九月。

第二十二類　農會

●定農會法　按：農會專爲改良農事與擴張農事而設，故由農商務省給以補助金額，第所補助者，一府一縣每年以四千圓爲限，合計全國農會不得過十五萬圓。至一切規程，仍由農商務省頒定。明治三十二年六月。

●農會令　按：農會有市、町村、郡、府縣之別，其市、町村農會，則擇區内之專營農業者編之，郡會合市、町村之農會而編制之，府縣會合市、郡會而編制之。至其會員，則擇地方之有功於農業或有學問、閱歷而熱心於農事者充當之。凡該會之名稱、事業之事務所、會員職務權限與選期任期以及會議分配、徵收財産、會計入會退會、更改會規、解散本會等規則，均宜載入章程。明治三十三年二月。

●定農會令施行規則　按：凡會員之農會選任、變更以及設立農會、解散農會等事，均須知照地方官，由地方官呈報農商務大臣。明治三十三年三月。

●定交付農會補助金之規則　按：農會欲請頒給補助金者，每年以十二月三十日爲止，由地方官將補助之年限、事業書、財産目録、收支總算書、稟請理由書、府縣農會中之市郡農會收入總算書等，呈送農商務省。至其補助金額，每年分四月、十月兩季交付。所有一切開銷至翌年之六月三十日止，仍由地方官報銷農商務省。明治三十三年三月。

●定府縣農事試驗場之施行國庫補助金規則　按：府縣農事試驗場欲請頒給補助金者，應將試驗場之收支總額開送地方長官，轉呈農商務省，俟該省大臣將前年之豫算書較核明確後，按照四月、十月兩季給發。蓋地方長官於給發補助金期限以内，每年當以十二月爲止，將翌年分之收支豫算書，開呈農商務省也。明治三十二年八月。

●定府縣農事試驗場規程　按：每一府縣祇准設立農事試驗場一所。若添設分場，固屬無礙，然其設立及廢止之期限，每年以五月爲止，由地方長官報告農商務省，一切經費由府縣供應。至其會計報告，每年以三月三十日爲止。所有場中之巡迴講話、頒布苗種、蠶種、分析土壤、肥料、農産物以及鑑定苗種、肥料等事，俱爲應行事業。明治三十二年八月。

●定府縣農事講習所規程　按規程：每一府縣祇准立農事講習所一所，亦准添設分所，惟經費均由府縣支應。凡丈量、氣象、物理、化學、博物等補助科目以及獸醫、蹄鐵等學，均由地方官臨時酌定。講習年限以兩年爲斷。至講習所之名稱、位置、規則、實習用地之種類、面積、房屋、地畝之種類、職員姓名、人數、薪水以及收支豫算書等，均於每年三月三十日呈報農商務省。明治三十二年八月。

●定府縣水産試驗場規程　按規程：爲改良水産起見，每府縣准立水産試驗場一所，亦准酌設分場，惟一切費用均由府縣支應。以試驗漁具製造、養殖等法，每年將試驗成績報告農商務省。至巡迴講話、頒布魚兒貝苗、分析及鑑定水産製品、講求水族蕃殖法等，均爲場中應行之事。凡設立、廢止以及更改規則之時，均宜隨時具報農商務省。明治三十二年八月。

●定府縣水産講習所規程　按此規程：每一府縣由其勸業經費中，設立水産講習所一所，以講求漁具製造、蕃殖之法，内設數學、物理、化學、動物、植物、氣象、地文、圖畫諸科目，招生修習以兩年爲斷。所有講習所之名稱、位置、規則、實習用地之種類、面積、房屋之種類、地畝、職員姓名、人數、薪水額以及收支豫算表等，均至來年之五月止，每年應報告農商務省。明治三十二年八月。

蠶桑蠶種檢查法

●定蠶種檢查法　按法：凡遇有兩蠶以上共製一繭與繭層薄弱失其本形，或繭層全量含一化性者不及百分之十、含二化性不及百分之七、含多化性不及百分之六，或蠶兒之發育不良、收繭稀少以及非精於養蠶者所製之繭，均不能留爲原種與製絲用種也。故原種宜擇其繭、蛾、卵俱佳者。製絲用種，但擇其繭及卵可矣。明治三十三年三月。

●定豫防及驅除桑蠶害毒之件　按：濃霜最易殺桑，蠁蛆足以斃蠶、破蠶繭。從事蠶桑者，固不得不先事豫防也。明治三十三年二月。

●定蠶室、蠶具消毒之件　按：蠶之病毒，或根於蠶室，或根於蠶具，傳染蠶兒，以致育蠶受虧。無論製造蠶種、飼養蠶兒者，所以當設法以消其毒與。明治三十三年正月。

茶業會館

●改正茶業會館規則　按：照原則加入從事茶業者，果以製造精良擴張販路爲本之商人，宜例入會館。若以製造家用茶葉、獲有餘茶兼以販賣者，則不必加入會館。明治三十二年七月。

重要物産同業會舘

●定重要物産同業會舘法　按：凡以經營重要物品之生産、製造、販賣爲業者，宜設立同業會舘一所。其會舘設立何處，與創立總會、議定款項等，均許經同業三分之二認可後，再行稟請農商務大臣許可。每會舘中設總長一名，副長及評議員若干名。遇有欲聯聲氣，准其設立分舘。惟停止、解散及更改規則等，均須經衆議後，方准施行。明治三十三年三月。

●定施行重要物産同業會舘法規則　按：凡設立會舘，宜由發起人將會舘之所在地方以及營業種類、會舘人數、會舘宗旨、業務概目、創立經費、出入預算等，知照同業集議。一俟經衆議准後，然後稟請農商務大臣認可。明治三十三年三月。

産牛馬會舘

●定産牛馬會舘法　按制：凡從事牛馬生産者，宜設立會舘，以講求牛馬改良之法。至果設與否與設於何地，仍須同業人議定後，再行公議規則，呈請地方官轉稟農商務省。明治三十三年二月。

産業會舘

●定産業會舘法　按：法區分九章。其首章爲會舘之總則。次章定設立之制度。三章定同業之權利及義務。四章定管理會舘之法。五章論定出入會舘之制。六章定督理之法。七章定解散之法。八章定清算之法。九章定懲罰之制。盖其大旨，無非令資本家聚集一處，庶得同心協力、共圖遠大而已。明治三十三年三月。

度量衡

●改正度量衡法之施行規則　按：照原則改度量衡器，經檢查以後合格者，烙以檢定印記，或於檢查證書中加盖檢查印信。至不合者，則於原器上剥去印記，或抹去證書云。明治三十二年十二月。

第二十三類　鑛業　森林

●照鑛業條例定呈請特許採掘之法　按制：凡欲呈請特許者，應將事業現狀之清册及圖畫類並理由書等，一併送案備核。明治三十三年三月。

●定呈請採鑛者於其採鑛之地、或業經許可之地區中、呈請試掘或採掘、業行准採之物以外之鑛物法　按法：遇有呈請此等鑛物者，俱照新規呈請法辦理。明治三十三年三月。

●定一切有關鑛業之重要書信俱於信面上朱書作記制　按制：凡鑛務清册及圖畫等，准於封皮上朱書『鑛務清册』及『鑛務圖畫』字樣，以示鄭重。明治三十二年七月。

●改正足爲鑛税標准者之鑛製産物價格表　按制：除煤及煤油按所産之地明細立表外，他如金、銀、銅及安質模尼之類，俱有定價。明治三十二年七月。

國有林野

●定國有林野法施行規則　按：規則區分十一章。首章定社寺境内編入法。次章查定界址。三章言國有林野之關係者。四章定豫約販賣之制。五章定借貸及使用之制。六章定交换法。七章定讓與法。八章定保管法。九章定委託法。十章定部分林。十一章雜則。盖俱保護山林，令山林得生殖之利。明治三十二年八月。

●定國有林野及産物指官家物。等發賣時隨意立契一切收納代價之件　按制：凡賣給之材木，係供公益事業與罹災後重行造筑，及修盖社寺並一切緊要房屋者，均得隨意締結契約，均以見官家不私其産物之意。明治三十二年八月。

●定國有林野及産物等發賣後准其延付代價之件　按制：凡購買國有林野及産物者，其價值在五百圓以上，准其將公債證券及地方債券暫行作信，一年以内償清。至購買者係爲公衆團體及社寺之用，則准其延至二年，再付價值。

●定國有林野及産物發賣以後所有價值之延納規則　按制：凡購買國有林野及國有物産者，所有價值或作一次納付，或作數次納付，均無不可。即一時不能付價，亦准將公債證書作抵，俟其付訖後，仍將公債證書發還。明治三十二年十一月。

●定國有林野及産物發賣以後經理延納價值者之物件擔保法　按：國有林野及國有物産發賣以後，買主一時不能給付價值，准其將國債證書及地方債券作抵。至一切經理之法，俱遵大藏省令第二十號經理保管物件章程。明治三十二年十一月。

〔改〕●定發賣國有林野及産物規則　按：規則區分四章。首章爲發賣通則，皆言物件之面積、數量、品質等事。次章定競爭之契約，盖使數人競買，擇其價之最優者賣之。三章隨意契約，不論何人，均准購買。四章定物件之交付、搬運等，皆賣定後之事。明治三十二年八月。

●定發賣國有林野及産物等規則中保證金之經理法　按法：經理官吏分司保證金及司收支兩種。凡納以作信者，無論現金、票據，均歸司保證金者執掌，不入收支清册。迨至期滿作價值論時，方移交司收支者，作賣價論。明治三十二年八月。

〔改〕●定發賣國家之無用林野規則　按：凡國家認爲無用之林野，可由各林區署及各林野整理局標明林野所在地方，及其面積與産物種類、數量等，立一發賣期限，榜示通衢，招人購買。明治三十二年八月。

●定國有林野之部分規則　按規則：所謂部分林者，於國有之林野中，使民間造林與公家分利之謂也。與其分獲之法造林者，不得過十分之八。自承攬造林之後，所有植樹、補植、修林等，均由造林者經理。倘期滿一年仍未種植，或稍有種植不及面積二分之一，與轉限後仍未種植，及種植已過五年而仍無成林之望，或有背部分林章程者，均不准充部分林之造林人。明治三十二年八月。

●定委託國有林野規則　按：凡市町村受有保護國有林野之委託者，宜豫防火災、盜伐、誤伐、冒認、侵墾、害蟲等事，及保存境界標識、保育稚樹，均應照大林區長之命，分置看守人役，妥爲經理。明治三十二年八月。

●定國有林施業編成規則　按：規則區分六章。首章總則。次章森林之區劃。三章森林之調查。四章收獲之豫定。五章造林之豫定。六章調製施業案之説明書。明治三十二年九月。

●定社寺保管林之規則　按：其保管區域由農商務省酌定，保管期限不得過十五年。至遇有火災、盜伐、誤伐、冒認、侵墾、害蟲、毒獸以及境界標識、稚樹保育等事，均宜極力豫防，遵照大林區長之命，分置看守夫役，妥爲經理。明治三十二年八月。

●布栽培保護漆樹者應行獎勵之件　明治三十三年二月。

第二十四類　特許　意匠及商標

●定特許代理業者之試驗規則　按：凡欲充特許代理業者，須由特許代理業之試驗委員，將特許法、意匠法、商標法、民法、刑法、民事訴訟法、刑事訴訟法、數學、物理、化學諸科目中擇題考試，果能合格，方准授以執照，於以見國家之重工商焉。明治三十二年十一月。

●定一切有關特許、意匠、商標之事書信往來宜將所事用朱書明記於信面之件　按制：凡一切呈報書信及送交博覽會、共進會之品物，其得有特許、意匠、商標等字樣者，均宜將所得字樣明載信面，亦所以勸工商也。明治三十二年七月。

第二十五類　運輸　通信

鐵道

●定私設鐵道法　按制：凡起業之估工册籍、估價款目、起業證書、綫路豫測圖、綫路説明書、舖設費用概算書、運送營業收支概算書、收支説明書等，均須由私設鐵道股份公司之領袖者，編成清册，呈送遞信省，俟遞信省許可後，方准建築。明治三十三年三月。

●定鐵道營業法　按：法區分三章。首章論鐵道之設備及運送事務。次章論鐵道職員之事。三章論旅客及公衆之制。條分縷析，凡營業諸法，靡不用備。明治三十三年三月。

船舶

●定海路指引法施行細則　按：此細則區分十章。首章定海路指引人之登録及執照之制。次章定指引之區域。三章定引導之費用。四章定指引人之旗幟信號。五章定指引船之執照及裝載各件。六章定指引人之法令書。七章定嚮導之證明狀。八章定指引人公衆結合法。九章定指引之雜則。十章定指引之罰則。明治三十二年七月。

●改正檢查船舶法　按：照原制於第一、第二、第三、第五、第十、第十一、第十六、第十七等條中，俱有删改並加增。明治三十三年三月。

船員

●追加明治三十二年遞信省所頒第二十六號令　按：於原令中，加照船員法規，例市町村長得行管海官廳事務。明治三十二年九月。

●削去明治三十二年六月遞信省所布第二十六號令中所載遵船員法第七十九號規定、指定得行管海管廳時務之各市町村長　按：照原制凡削去二十有四所。明治三十三年三月。

●定海路指引人之試驗規程　按：規程分筆記、口述兩種。至試驗期日與試驗處所，均由遞信大臣酌定。試驗科目有航路、標識、潮流、地勢、水路、港灣、錨地、危險物、船舶嚮導及運航方法、羅針差度之檢定法、船舶衝突之豫防法、水路港灣之管理、外海路指引人之職務中之法規等事。明治三十二年七月。

●定海路指引法施行之件　明治三十二年七月。

●定經理海技執照規則　按規則：凡欲呈領執照者，須將試驗證據、學校卒業之文憑、從事駕駛之履歷呈交管海官廳，並靜候遞信省檢查體格後，果係海技精明，方准給與執照。其遺失呈請補給時同。明治三十二年十月。

●定海員名簿等類呈請認可之法　按制：凡海員名簿等類，欲呈請認可者，先請可於該管之海事局中。明治三十三年六月。

海上衝突豫防法

●定海上衝突豫防法施行於臺灣之件　明治三十三年二月。

郵便

●定郵便法　按制：凡郵便事務，俱由政府經理。除運送貨物外，民間概不得代爲遞送。至其郵便之法，分郵便書信、郵便物件、郵便匯票、郵便儲金、電信、電話等六門。而於郵便書信之中，分信函及明信片兩種。物件之中，又分旬報、新聞紙爲第三種。書籍、圖畫、照相片、商品樣本、博物學標本爲第四種。農産物之種子爲第五種。其運費較通常物件爲廉，以第三、第四、第五俱有益於民生也。電信則國內極廉、國外較昂。限於本國之海底綫不多，故不能不增其費用耳。明治三十三年三月。

●定鐵道、船舶郵便法　按法：凡私立鐵道公司、汽船公司，俱應備有郵便車、郵便艙，以裝載信件。至其裝載費用，仍由郵局貼還。第按里給價，以容積論，有一定之規則也。明治三十三年三月。

●定發行往返明信片之件　明治三十二年九月。

●改正郵便印票之色樣　按：自五分至一圓止，共分八色。明治三十二年九月。

〔改〕●定日本郵便印票在中國及朝鮮發賣者之記號　按制：凡日本郵局在中國及朝鮮發賣之印票，俱以赤色或黑色之支那、朝鮮兩字加入紋中作記。明治三十二年十一月。

●發行角形及長形之郵便封皮　按：此種封皮專供封寄商品樣本之用，有三分郵票花紋，每頁售洋三分五厘。明治三十二年十一月。

〔删〕●定日本郵局在中國及朝鮮地方發賣之收入印紙符號　按制：俱於印紙中，加『清國』或『韓國』二字，以赤色或黑色印之。明治三十二年十二月。

小包郵便

●加正明治二十五年所布第五十七號敕令　按：小包物件重量二十兩者，郵寄六十里一角。六百里一角六分。六百里以外三角二分。以次每重二十兩約加三分之一。明治三十二年十二月。

●改正小包郵便法施行細則之遞信省令　按：照原則，於韓國物件添記重量一款。明治三十三年三月。

〔廢〕●定東洋參以小包郵便遞於韓國以外之時應將特許執照謄本一併交局之件　按：日、韓兩國立約，凡以洋參郵寄，不將特許執照附寄者，郵局不得代寄。明治三十三年三月。

郵便儲金及匯票

〔改〕●定郵便印票儲金規則　按規則：凡以郵便印票交郵局存儲，作存款論者，每人每月不得過一圓，過額不收。明治三十三年三月。

●定郵便匯票法　按法：凡分通常匯、電匯、零匯三種。除零匯以兩月爲限外，餘俱以三月爲限。逾限不取，匯交原人。其原人呈請匯歸者，聽。明治三十三年三月。

〔廢〕●定郵局匯票匯交收款人之家中之規則　按制：有欲將匯款呈請郵局送至家内者，每一款加費五分，兩款以上，每款加費二分。零匯減半。蓋以便以信購物者，各舖户免向局支款之煩也。明治三十二年十一月。

電信

●定電信法　按制：凡電信、電話，俱由政府管理。除遞信省認可後，准邸宅、衙署、軍營、鐵道、公衆團體中私設電綫外，官綫之工役人等，沿途僱用舟車，均照官價，並不得拒絶工役設立電桿設施工事。至託寄電信，例有定價，納價不足額者，加倍徵收。電署舞弊者，照例嚴懲。明治三十二年十一月。

電話

●加正電話加入登記費及電話使用費之件　按令：加札幌、小樽兩處，加入費五圓，每年使用費四十八圓。明治三十二年七月。

●遞信省改正明治三十年十二月所布第三十二號令　按令：加四日市、桑名兩處，每加入費五圓，使用費每年四十八圓。明治三十二年九月。

●遞信省改正明治三十年十二月所布第三十二號令　按令：加函舘加入費金五圓，每年使用費四十八圓。明治三十二年十月。

●遞信省改正明治三十年十二月所布第三十二號令　按：照原令於兩電話加入區域間，應納費用表中之東京、横濱間，東京、大阪間，兩表俱有增改。明治三十二年十一月。

●遞信省改正明治三十年十二月所布第三十二號令　按令：於兩電話加入區域間之應納

費用，表中俱有增改。明治三十二年十二月。

●遞信省改正明治三十年十二月所布第三十二號令　按令：加門司之加入費五圓，使用費四十八圓。明治三十三年三月。

●遞信省改正明治三十年十二月所布第三十二號令　按令：於兩電話加入區域間，應納費用表中，加入名古屋至桑名、名古至四日市及桑名至四日市一表〔一〕。明治三十三年三月。

●遞信省加正明治三十年十二月所布第三百五十七號示　按：照原示之電話加入區域中，增門司及門司市兩區域。明治三十三年三月。

校　記

〔一〕『名古』下似缺一『屋』字。

三集

第一類　皇室婚嫁令

●定皇室婚嫁令　按：令區分兩章。首章爲大婚之禮。皇帝滿十七歲，新后滿十五歲以後舉行。其婚約告成與婚期擇定之日，俱敕使告廟，並由宮内大臣布告臣民。禮成之日，親謁先陵，降立后詔書，由圖書頭載之皇族譜牒。次章爲皇族婚嫁之制。凡一切典禮與大婚同。第婚約將成之際，宜奏請敕許，禮成以後，無謁陵之典耳。至遇有離婚等事，亦應請旨定奪。明治三十三年四月。

●衆議院議員選舉法施行令　按：此令專制定衆議院議員選舉之方法。明治三十四年十月。

第二類　裁判　行政訴訟

●定裁判所及臺灣總督府法院共助法　按法：各咨送訴訟書類、證據詞狀及執行令狀等事，得互相囑託。惟其助費及押解罪囚及刑事被告人之規則之應請敕定。明治三十三年五月。

●定裁判所與臺灣總督府法院中共助費及押解罪囚並刑事之件　按制：凡共助費用，由原案地方供給，押解費用照經過之地方向例支應。惟内地與臺灣互相押解犯人之時，其航海費用歸國庫支應耳。明治三十三年五月。

●定試補司法官實地修習之期　按制：凡試補司法官，其實地修習以一年零六個月爲限，不得再短。明治三十四年三月。

●改正地方裁判所之分局及其管轄區域表　按：照明治二十三年司法省令第三號所定之宏前分局管轄區域中，删去五所川原一則。明治三十三年十一月。

●司法省告示　按示：於各村裁判分局中暫理豫審事務。明治三十三年十一月。

●照行政裁判法定其組織及分配事務之件　按制：凡行政裁判所分爲第一、第二兩部。每部各置部長一人，另設所長一人、遣派部長及評定等官，並分配一切事務。明治三十四年四月。

第三類　民法

●改正民法　按：照原制於債權中增加一則。明治三十四年四月。

●定設立宣布宗教及執行宗教儀式之法人規程　按制：凡有設立法人爲宣布宗教及執行宗教上之儀式起見者，除將定章及寄附行爲送呈地方官認可外，應將宗教名稱統派於宗教儀式及布教之方法，並布教者之資格、信徒與法人之關係、信徒員數、布教屋宇等，一併開呈地方長官。遇有更變之時，一例隨時報告，蓋防教案於未前也。明治三十三年八月。

●定司法省所屬之社團、財團呈請認爲法人之件　按：社團、財團有欲呈請司法省認可者，應呈請地方長官轉詳司法省候覆。明治三十三年八月。

●定在外國婚姻之時呈請給與證明書之件　按制：凡日本人民在外國婚娶，呈請給與不失本國國籍之證明書者，應將婚娶事由加具户主父母、親族等保結，送交本籍之户町村長查核無户後，轉詳司法省給與證書。明治三十三年七月。

●定執行救育所中孤兒之後見職務特例　按：凡執行孤兒之後見識務，除内務省有特定之訓令外，公立救育所中，以公共團體之行政廳當之。私立救育所，以所在地之市町村長當之。惟所中有並非孤兒而其父母之踪跡可尋者，則一切關於身分之事，仍應得其父母之允許，方可執行。明治三十三年四月。

●定無嗣續之時所有財産應行提歸國庫之件　按制：凡無嗣續接理之時，其所遺財産，應由管理人攜交國庫，不得遲延。明治三十三年十二月。

●定代理遞信省登記不動産之職官　按制：凡遞信省中所有之一切當應行登記之時，可由總務局會計課長、電信燈臺用品製造所長、鐵道作業局長、一等郵便電信局長、電話交換局長、郵便儲金管理所長、航路標識管理所長、海事局長、港務局長、東京郵便電信學校長、商船學校長等代理登記事宜。明治三十三年九月。

●定行原區裁判所之西條及白市等分局管轄區中經理之商業登記事務之件　按制：凡向由西條、白市兩分局經理之商業登記事務，改將上上三永及造貨兩大字之商業登記事件，歸乃美分局經理。明治三十三年六月。

●定經理横濱區裁判所一宮分局管轄境内之商業登記之件　按制：將向由一宮分局經理之下寺尾、行谷兩大字商業登記事件，改歸藤澤分局經理。明治三十三年十月。

●定經理横濱區裁判所神奈川分局管轄境内之商業登記之件　按：向由神奈川分局經理之神奈川町、青木町、淺間町、岡野町、久保町等商業登記事務，改由横濱區經理。明治三十四年三月。

●定經理杵筑區裁判所瀬户田分局管轄境内之商業登記及夫婦財産、契約法人登記等件　按制：向由瀬户田分局經理之横城、多田兩大字境内一切商業登記、夫婦財産、契約法人登記等事，俱改歸杵筑區裁判所經理。明治三十四年四月。

●定經理相互保險會社之登記規則　按此規則：凡相保險會社呈請登記之時，應將申請登記書、收單總清册、決算清册、登記執照、印鑑證明書之副本、登記册、社員姓氏册、見出簿、受坿簿及登記謄本等，送交登記所存查。遇有新員入社及社員更動之時，亦應呈請登記所註册。至各册式樣，俱有定例，不得參差，以防弊竇也。明治三十三年六月。

●定徵收外國保險會社登記册之謄本、抄本費用額　按制：與内國相互保險會社例同。明治三十三年九月。

●定經理相互保險會社登記事件之公署　按制：由經理商業登記之登記所承辦。明治三十三年七月。

●定經理外國互保險會社登記事件之公署　按制：亦歸經理商業登記之登記所承辦。明治三十三年十月。

●定經理公所之産業登記規則　按：凡有將各人産業設立公所呈請登記者，其一切經理之法與經理相互保險會社之登記同。明治三十三年七月。

●定徵收産業公所登記册之謄本、抄本費用額　按：徵收費用之法，亦照明治三十二年司法省令第十四號例規同。明治三十三年七月。

第四類　商法

●定保險業法施行規則　按：保險有火險、水險、人險及損害險之別，凡設立股份公司之時，經理及監查人當未經招股以前，應呈請農商務省頒給執照。至一切票據及呈請方法，俱有定章，不得參差。明治三十三年七月。

●定外國保險會社之一切規則　按：凡他國人民在日本設立保險會社之分舖及其代理店等，均應由代表者呈請農商務省給與執照，由農商務省酌提保證金若干，存儲省中作信。遇經理人及職司等不守日本法律與營業不當者，分別罰鍰。其營業事務，每年彙造清册報告一次。至呈請頒結之法，與日本保險會社一例。明治三十三年九月。

●農商務省頒行外國保險會社令　按令：凡外國保險會社在日本呈請給與執照之時，除照例呈送各種册簿外，尚須加本社分社及重要之事務所等證書，一併送呈察核後，方准給與營業執照。明治三十三年十月。

第五類　民事訴訟法

●大藏省頒行專賣局及分局等於所司職務中有民事訴訟之時准爲國之代表令　明治三十三

年七月。

●遞信省頒行鐵道作業局於所司職務中有民事訴訟之時准爲國之代表令　明治三十三年十一月。

●永代借地權所關之法律　按：此法律凡外國人或外國設立之公司會社欲借用日本土地者，以日本政府之永代借地券施行，謂之永代借地權。明治三十四年九月。

●永代借地權所關之件　按：此事件專制定永代借地所關之一切章程。明治三十四年九月。

●日本之臣民或公司會社等以政府之永代借地券而取用爲外國人或外國公司會社所設定之永地借地權者所關之件〔一〕　明治三十四年九月。

●政府與私人之債務相抵所關之件　明治三十四年六月。

第六類　刑法

●定續職法　按法：凡業經選舉或任用之議員、會員、委員及一切總代之職有收受賄賂者，處重禁錮刑，賍没入官。明治三十四年四月。

第八類　官制

宮内省所管

●改正宮内省官制　考所改：凡一於原制主獵局監守之次，加主獵局鷹匠長一節，定主獵局鷹匠長之月俸也。明治三十三年十月。

●定帝室博物館官制　考制：東京帝室博物館，置帝室博物館總長一人，敕任主事一人，奏任總理各帝室博物館事務部長四人，奏任部次長四人，判任分掌部務評議員五人，學藝委員七人及書記、技師等，皆判任。京都及奈良帝室博物館，各置館長一人，奏任部長三人，部次長三人，評議員二人，書記、技手各若干人，亦置學藝委員，京都五奈良七。其餘各帝室博物館，則各置部長一人，奏任部次長一人，書記、技手各一人。明治三十三年六月。

各省官制通則

●改正各省官制通則　考此次改制，係改原制中之次官爲總務長官，各省置大臣官房及總務局等。今詳其各省之職員如左：總務長官、官房長、局長、參事官、秘書官、書記官屬。明治三十三年四月。

外務省所管

●改正外務省官制　考此次改制，係改原制中之大臣官房爲總務局，改專任參事官二人爲三人。明治三十三年五月。

●定領事官職務規則　按規則：其重要者，即各領事官應受外務大臣之指揮監督，並受駐紮同國之本國公使監督，有保護本國臣民、維持通商航海之責任。明治三十三年四月。

●定領事官職務規則施行期日　考此規則：實自明治三十四年正月一日始見施行。明治三十三年九月。

●定領事官徵收公費及出張費用之規程　考規程之公費者，即人民因煩勞領事，因而酬報之也。出張費用者，即人民因事請領事至領事館所在之地以外，因而支應之旅費也。最初一小時納費二圓，其後每一小時加費一圓，全日八圓，以此定例。於官吏不至賠累，亦不敢濫索，人民自得與官相親。此日本在外之官民所以能通情也。明治三十三年八月。

●領事官徵收公費及出張費用可使人民以收入印紙納之特須指定其可徵收之地方　考領事官徵收公費及出張費用，大抵使人民以外國貨幣納之。惟外務大臣特行指定之地，則得以收入印紙納之。其指定各地，皆在清、韓兩國。明治三十三年九月。

内務省所管

●改正内務省官制　考制敕令四次，明治三十三年四月第百六十三號、明治三十三年四月第百六十六號、明治三十三年五月第百九十二號、明治三十三年五月第百九十二號。所改大抵皆局數、人數之多寡與官局之名號等。明治三十三年四月。

●改正明治二十七年敕令第八十五號（施行内務省直轄臨時土木工事之職員）　考所改者，係原令中之九十八人改爲百零一人也。明治三十四年四月。

●改正造神宮使廳官制　考所改者，即原制中之社寺局長改爲神社局長也。明治三十三年四月。

●改正明治三十一年敕令第百八十九號關於神宮衛士長、衛士副長、衛士之件　考所改者，即原令中之宮司改爲大宮司也。明治三十三年九月。

●定神部署官制　考神部署屬於神宮大宮司之監督。舉凡關涉大麻歷之製造、頒布及臣民之奉賽等事，悉由執掌署内職員計署長一人，奏任待遇，掌理一切署務監督，所屬職員神部二人，奏任待遇，承署長之命，分掌署務。神部補十四人，判任待遇，承署長及神部之命，從事庶務，又得置參務員。明治三十三年九月。

●改正血清藥院官制　考所改者，即原制中之專任一人，改爲專任二人，專任五人改爲專任六人。明治三十四年四月。

●定港灣調查會規則　按：此會受内務大臣之監督，調查一切關涉港灣制度者。倘承各省大臣諮詢，必以所見聞者報告。會中置會長一人，以敕任官充之。委員十六人，以内務省高等官三人、大藏農商務省、遞信省高等官各二人、外務省、陸軍省、參謀本部、海軍省、海軍軍令部、水路部、高等官及東京帝國大學、工科大學教授各一人充之。幹事一人，以内務省高等官充之。書記若干人，以内務屬充之。明治三十三年六月。

●改正明治三十一年敕令第二百六十八號（設置臨時檢疫職員之件）　考所改者，即原令中之技手專任二人，改爲技手專任三人，書記專任二人，改爲書記專任一人也。明治三十三年五月。

大藏省所管

●改正税關官制　考所改者，即原制中之事務官補三百十二人，改爲三百十三人。監視七十七人，改爲七十八人。鑑定官補百十七人，改爲百十八人。監吏六百八十人，改爲六百八十二人。明治三十三年五月。

●改正明治三十二年大藏省令第十四號（税關監視署設置）　考於原令中浦賀税關監視署之次，加三崎税關監視署一項。福江税關監視署之次，加小倉税關監視署一項。八重山税關監視署之次，加土崎税關監視署一項。並削除上宮田尾道及能代各税關監視署一項。明治三十三年十二月。

軍事參議官

●改正軍事參議官條例　考原例中之監軍，改爲教育總監也。明治三十三年五月。

陸軍省所管

●定陸軍省官制　考制：陸軍大臣管理陸軍軍政，統督陸軍軍人、軍屬，并監督所管諸部。陸軍大臣之下置副官兼補秘書官。陸軍省内共分六局：一、總務局。内置機密課，執掌一切機密事項。庶務課，執掌一切庶務，如公文書件之類。二、人事局。内置補任課，執掌將校等進退、任免、補職、增俸等一切事務。恩賞課，執掌叙位、叙勳、記章、褒章等一切事宜。三、軍務局。内置軍事課，執掌一切關涉建制、編制、演習、檢約等事務。步兵課，執掌兵役、召集、解兵及各將校之補充等事務。騎兵課，執掌騎兵、輜重兵下士以下之補充及飼養軍馬等事務。砲兵課，執掌野戰砲兵及要塞砲兵下士以下之補充及供給兵器等之事務。工兵課，執掌工兵下士以下之補充及工兵會議及筑城部等事項。獸醫課，執掌獸醫部人員之補充及部内一切職務及教育等。四、經理局。内置主計課，掌執一切關於度支之事。被服課，經理檢查被服等。糧秣課，執掌一切關於兵糧等事。建築課，執掌陸軍用地及諸建築事宜。五、醫務局。内置衛生課，執掌衛生部之職務及教育等事。醫事課，執掌檢查身體及病院等。六、法務局。執掌軍法之事。明治三十四年四月。

●定陸軍兵器監部條例　考例：監部設於首都，屬於陸軍大臣之管轄，經理一切關涉兵器之事，並檢查兵器。所置職員：一曰兵器監，隸陸軍大臣，統轄砲兵工廠及陸軍兵器廠，檢查兵器之優劣。二曰部員，受兵器監之命，襄理部務。三曰檢查官，受兵器監之命，檢查軍事製作品。四曰軍吏，掌會計事務。明治三十三年四月。

●定砲兵工廠條例　考例：廠設於東京、大阪二處，製造陸軍所需之兵器及海軍所需之火藥。東京砲兵工廠，有小銃製造所、銃砲製造所、砲具製造所、目黑火藥製造所、板橋火藥製造所及岩鼻火藥製造所六所。大阪砲兵工廠，有火砲製造所、砲架製造所、彈丸製造所、火具製造所、宇治火藥製造所及門司兵器製造所六所。廠内所置職員，有提理、廠理、製造所長、所員、軍醫、軍吏、技師等名目。提理總理廠務猶中國之總辦也。此雖係公家製造廠，然官廳或人民有時亦可託造物品，惟以無妨軍用之製造事業爲限耳。明治三十三年四月。

●定陸軍兵器廠條例　考例：廠設於東京、大阪、門司及臺北各處，凡購買、貯藏、保存、修理、支給、交換兵器及要塞之備砲工事，悉歸執掌。廠有本廠、支廠之别。本廠置本廠長、廠員、軍吏等。支廠置支廠長、廠員、軍吏等。比外又置准士官、下士及技手等。本廠長隸兵器監，支廠長隸本廠長，各總理其廠之事務。廠員以下，則受該本、支廠長之命分擔廠務。明治三十三年四月。

●定軍馬衛生會議條例　按例：會議所設於東京，屬陸軍省軍務局長之管理。荀承諮詢一切軍馬衛生之事，必詳議以對。內置議長、議員、事務官、臨時議員。又置判任文官、議長，隸陸軍省軍務局長。餘皆從議長之命而行事。其議事，以贊成或反對者之多寡決可否數，均由議長決之。明治三十三年五月。

●定教育總監部條例　考例：總監部設於東京，規畫陸軍全體教育之齊一進步。教育總監以陸軍大將或中將親補之，直隸天皇，統督各兵監，管轄陸軍砲工學校、陸軍士官學校、陸軍中央幼年學校、陸軍地方幼年學校、陸軍户山學校，並陸軍將校生徒試驗委員。總監部中又分置幕僚及騎砲工，轄重兵監部。明治三十三年四月。

●改正陸軍將校生徒試驗委員條例　考所改，其重要者即言教育總監部內之常置委員，以常置委員長、常置委員及常置委員主事組織之，並原例中陸軍大臣改爲教育總監。明治三十三年七月。

●改正陸軍士官學校條例　考所改者，即除去原例中『請陸軍大臣認可』數字。明治三十三年五月。

●改正陸軍户山學校條例　考所改，其重要者即言射擊科學生以步騎、砲工、輜重兵士官充之，及更定戰術科及射擊科學生之學期各爲四個月，射擊他科爲二個月，體操、劍術科爲七個月。明治三十三年八月。

●改正陸軍地方幼年學校條例　考例：一除去原例中『請陸軍大臣認可』字様，一『其區分』三字下，改爲教育總監、陸軍大臣協議定之。明治三十三年五月。

●改正陸軍野砲兵射擊學校條例　按：改其重要者爲分學生爲甲、乙二種。甲種者，自各野戰砲兵隊分遣之大、中尉學生；乙種者，砲工學校卒業而入校之中、少尉學生也。又改定甲種學期爲三個月，乙種爲二個月。明治三十三年八月。

●改正陸軍要塞砲兵射擊學校條例　考例：即分學生爲甲、乙二種。甲係自各要塞砲兵隊分遣之大、中尉學生。乙係砲工學校卒業而入校之中、少尉學生。及改定甲種學期爲三個月，乙種爲二個月。且更定校内職員爲校長、副官、教官、教導大隊長、教導大隊副官、教導大隊中隊長、教導大隊附軍醫、軍吏、准士官、下士、判任文官等。明治三十三年八月。

●改正陸軍軍樂學校條例　考所改，依教育總監之上申，改爲教育總監定之是也。明治三十三年五月。

●定防務條例　按例：專指防禦海岸各要地而言。陸海軍協同擔任之，故防務有甲、乙二種之擔任，一即陸軍，一即海軍也。陸軍所擔任者，在警戒防禦陸地及諸砲臺並砲壘、通信等事務。海軍所擔任者，在警戒防禦海上、海中船艦並海上通信等事務。明治三十四年正月。

●定都督部條例　考例：置本部於東京，其所管區分有東部、中部、西部三都督部。都督以陸軍大將或陸軍中將親補之，直隸天皇，任所管之防務，且參與國防之事。明治三十三年四月。

●定要塞司令部條例　按例：要塞從其大小區分爲三等，各要塞置司令部一，要塞司令官管掌要塞之防務，監視要塞砲兵隊之教育訓練，且又管理要塞所備之兵器、器具、材料及防禦營造物，並整備軍需諸品之責任。司令官之下又有要塞參謀、要塞副，皆隸司令官，准士官及下士則受上官之指軍，從事庶務。明治三十四年三月。

●廢止明治三十二年敕令第三百四十六號（東京所設陸軍監獄之管理及監獄長所屬之件）明治三十四年四月。

海軍省所管

●海軍省官制　按制：海軍大臣管理海軍軍政，統督海軍軍人、軍屬，監督所轄諸部。其次置副官，承大臣命掌總務局事務。置編修，掌繙譯、編纂事務。省内又分爲軍務、人事、醫務、經理及司法各局，各置局長。明治三十三年五月。

●海軍艦政本部條例　考例：置本部於東京，掌兵器艦營需品及艦船之船體機關等。細别爲第一、第二、第三、第四四部，分司各事。職員有本部長、副官、第一部長、第二部長、第三部長、第四部長及部員等。本部長隸海軍大臣。明治三十三年五月。

●水路部條例　考例：置本部於東京，測量水路，調製水路圖誌、保安、航海管理、測水路官之勤務及教育，皆其職也。部長隸海軍大臣。部中有測量科、圖誌科、測器科及會計課之區别。各科皆置科長、課長及科員、編修。明治三十三年五月。

●海軍採炭所官制　考制：置本所於新原，管轄海軍炭山，執掌採掘石炭。其職員有所長、主計長及書記、技師等。明治三十三年八月。

●海軍教育本部條例　考例：置本部於東京，以圖海軍軍事教育之統一及其進步。有第一部、第二部之别。分掌其所管之事務。職員則有本部長、副官、第一部長、第二部長、部員、海軍編修等。本部長隸海軍大臣，總理部務，管轄海軍大學校、海軍兵學校、海軍機關學校、海軍砲術練習所、海軍水雷術練習所及海軍機關術練習所。明治三十三年八月。

●改正海軍下瀨火藥製造所條例　明治三十三年五月。

●海軍軍醫學校條例　考例：海軍軍醫官以高等之學術兼教海軍少軍醫候補生以軍醫必學之學科。校内職員有校長、副官、監事、教官、主計長等。明治三十三年五月。

●鎮守府條例　考例：各軍港各置鎮守府，鎮守府置司令長官，直隸天皇，統率麾下之艦隊、艦船部團隊，統監麾下之軍紀、風紀及教育訓練。其幕僚有參謀長、參謀及副官。鎮守府分置艦政機關、醫務經理及司法各部、艦政機關、醫務司法四部。各置部長、部員。經理部因又分置第一課、第二課及衣糧科、建築科四者。故職員較多，有部長、第一課長、第二課長、課員、衣糧科長、衣糧科科員、建築科長、建築科科員等。明治三十三年五月。

●海軍港務部條例　考例：各軍港置海軍港務部，掌軍港水域之警衛，艦船之碇泊、出入，河渠浚渫船隻之使用，海標、運輸、救難、防火等之事。職員有部長、副官、部員、軍醫長、主計等。部長隸鎮守府司令長官之下。明治三十三年五月。

●豫備艦部條例　考例：本艦部亦置於各軍港中，統轄、保管豫備艦。職員有部長、副官、部員、機關長、軍醫長、軍醫、主計長、主計及海軍兵曹長、同相當官並准士官、下士卒等。明治三十三年五月。

●海軍兵器廠條例　考例：廠設於各軍港，凡准備、保存、供給、備裝修理兵器，皆在執掌之内。廠内置砲銃庫、水雷庫及工場。分掌事務之職員，有廠長、廠員、砲銃庫主管、水雷庫主管、工場主管、軍醫長、主計長及海軍兵曹長、同相當官，並准士官、下士卒及書記、技手等。廠長隸於鎮守府艦政部長。明治三十三年五月。

●海軍需品庫條例　考例：庫設於各軍港，凡准備、保存、供給艦營需品，皆歸庫中執掌。各置主管庫員及海軍兵曹長、同相當官、准士官、下士卒及書記等。主管隸於鎮守府艦政部長。明治三十三年五月。

●海軍測器庫條例　考例：本庫亦置於各軍港中，執掌測器及一切關涉航海之圖書，並觀測氣象。其職員有主管及書記、技手等。主管隸於鎮守府艦政部長。明治三十三年五月。

●海軍望樓條例　考例：樓設於沿岸諸要所，觀測氣象，並執掌海上通信等事。職員有望樓長及望樓手等。望樓長隸於鎮守府之望樓監督官。明治三十三年五月。

●要港部條例　考例：部設於各要港、防禦要港及其附近之海岸、海面。凡艦船中配給軍需品及小修理兵器，皆歸是部執掌。職員有司令官、參謀長、參謀副官、知港事機關長、工場主管、軍醫長、主計長等。司令官直隸於天皇之下。凡麾下之軍紀、風紀及教育、訓練，均歸統監，故其責任甚鉅。明治三十三年五月。

●改正海軍病院條例　考例：即言海軍病院，分置療品庫、試驗所及看護術練習所。療品庫置主管。試驗所置所長、所員。看護術練習所置所長、教官。明治三十三年五月。

司法省所管

●改正司法官制　考所改條例，即言司法大臣有監督裁判所及檢事局等之責。省内置局刑、監獄二局，其職員除大臣外，有專任參事官三人、專任書記官三人、專任監獄事務官二人、專任技師二人、專任技手六人，及司法省屬三百人。

●議院建築調查會廢止之件　明治三十四年十月。

●東京工業學校及大阪工業學校改稱之件　明治三十四年五月。

●漁業法施行准備所關之臨時職員　按：此項職員屬於水産局，技師四人、屬員二人、技手六人。

●臨時博覽會事務局官制廢止　明治三十四年五月。

●漁業法施行准備所關之府縣臨時職員　按：此項職員，各府縣得設署臨時屬員及技手等，統共各府縣制定五十五人爲定額。明治三十四年六月。

文部省所管

●改正文部省官制　考所改即原制之大臣官房改爲總務局，及改定文部省專任參事官以四人爲定額、專任書記官以三人爲定額。明治三十三年五月。

●定理學文書目録委員會官制　考制：本會屬文部大臣監督，專司一切有關萬國理學文書目録委員之事務。會中職員有會長、幹事各一人，餘皆委員。悉從文部大臣之奏請後，始就内閣命之。明治三十三年十二月。

●改正東京帝國大學官制　考所改者，即原制中之百一人改爲百十一人，四十二人改爲四十八人。明治三十四年四月。

●改正京都帝國大學官制　考所改者，即原制中之二十四人改爲二十六人，三十七人改爲四十四人。明治三十四年四月。

●改正明治二十六年敕令第八十七號（文部省直轄諸學校職員定額）　明治三十四年三月。

●改正中央氣象臺官制　考所改者，即原制中之三人改爲四人，十四人改爲十五人，三人改爲四人。明治三十三年七月。

農商務省所管

●定臨時調查工場職員之事　按：職員有專任書記官一人、專任技師一人、專任屬三人，專事調查工場及職工等一切事項。明治三十三年四月。

●定臨時調查油田職員之件　考職員有專任技師三人、技手十四人、屬二人，專事調查油田。明治三十三年六月。

●定關於臨時國有林野設特別經營之職員之件　考職員有山林局書記官二人、山林局監督官四人、山林局監督官補十六人，皆奏任。營林技師四十四人，判任。山林局書記、營林技手四百九十五人，專司國有林野之處分，實測施業圖案之編製事務。明治三十三年九月。

●定林區署事務章程　按制：分爲二章。第一章爲大林區署章程。第二章爲小林區署章程。大林區署分置林務課、林業課、庶務課及主計各課。明治三十三年十月。

●改正鑛山監督署官制　考所改，即原制中之十九人改爲二十四人，百十人改爲百三十人，十六人改爲二十一人。明治三十四年四月。

●定肥料礦物調查所官制　考制：職員有所長一人、技師三人、技手五人、書記二人，皆專任，掌理調查試驗肥料、礦物事務。明治三十四年四月。

●定肥料礦物調查所處務規程　考制：專事調查及試驗肥料、礦物并計畫原料之如何雇出、如何應用等事。明治三十四年四月。

●定工業試驗所官制　考制：職員有所長一人、專任技師四人、技手八人、書記三人，受農商務大臣節制，專事試驗分析及鑑定工業。明治三十三年六月。

●定分析鑑定肥料之職員　考制：置專任技手二十人，於農事試驗場專司是職。明治三十四年四月。

●定種牛牧場處務規程　考制：專言辦理種牛、牧場之辦法。明治三十三年六月。

●定第五回内國勸業博覽會事務局官制　考制：職官有總裁、副總裁、審查總長、事務官長、審查部長、事務官、審查官、書記等。總裁自皇族中敕命之，副總裁以農商務大臣充之。明治三十三年六月。

遞信省所管

●定遞信省部内官吏當戰時或有事變之際於所屬部局外從事臨時遞信事務又從事陸海軍特設事務者之補闕事件　明治三十四年二月。

●改正明治三十一年敕令第百二十七號（鐵道書記補、通信書記補缺員時雇員使用之件）　明治三十四年三月。

●定監督有關官廳之用並私設電信、電話事務制　明治三十三年八月。

●改正郵便及電信局及外郵便電信局郵便匯劃存儲管理所及電話交換局職員定員　明治三十三年五月。

●定在外國郵便及電信局官吏之賞假規則　按規則：凡在外國之郵便局及電信局官吏服職滿三年者，當賞假歸國三月。滿三年以上者，則每一年增假一月。往返日數不計。惟假期極長不得逾六個月。其假期中，仍照常給以月俸，且另給川資。明治三十四年三月。

●改正航路標識管理所官制　考所改者，即原制中之二十四人改爲二十六人是也。明治三十三年五月。

●改正東京郵便電信學校官制　考所改者，即原制中之八人改爲九人，六人改爲七人。明治三十三年五月。

會計檢查院

●定關於會計檢查院屬之員額　考定以二百十人爲定員。明治三十三年三月。

●廢止明治二十九年法律第九十二號（即會計檢查院設置臺灣支廳之件）　明治三十三年四月。

行政裁判所

●改正行政裁判所處務規程　明治三十四年四月。

臺灣總督府所管

●改正臺灣總督府地方官官制　考制：經此更改，各廳職員遂有廳長、書記官、警部長、技師屬、技手、警部通之稱。明治三十三年九月。

●定臺灣總督府税關官制　考制：職員有關税長、事務官、鑑定官等，皆奏任。屬四十八人、監視二十人、鑑定官補十五人、監吏百三十四人，皆判任。稅關長受臺灣總督之節制。明治三十四年四月。

●臺灣總督府稅關管轄區域　按：全臺由淡水、平安兩稅關分管。明治三十四年四月。

●定臺灣總督府監獄官制　考制：各監獄置典獄三人，奏任。監吏、通譯四十八人，判任。更置醫員及技手等，臺灣總督管理。明治三十三年九月。

●臺灣樟腦局官制　考制：職員有局長一人、事務官三人、技師二人，皆奏任。書記六十九人、技手三十五人，皆判任。屬臺灣總管理，專司收納、買賣、檢查及製造樟腦與樟腦油等事務。明治三十三年七月。

●臺灣土地臨時調查局官制　考制：職員爲局長一人、次長一人、事務官六人、技師五人、監督十七人，皆奏任。屬及技手七百八十人，判任。屬臺灣總督管理，專掌調查地籍、測量圖根及調製地圖、臺帳等事務。明治三十三年八月。

●臺灣總督府度量衡司檢所官制　考制：其職員爲所長一人，奏任。技師一人、書記及技手七人，判任。屬臺灣總督管理，專事檢定度量衡器。明治三十四年四月。

●臺灣基隆臨時筑港局官制　考制：其職員有局長一人、事務官一人、技師六人，皆奏任。書記十五人、技手二十人、通譯三人，皆判任。均屬臺灣總督管理，司一切關涉基隆筑港之事。明治三十三年八月。

●臺灣總督府臨時海港檢疫所官制　考制：其職員有所長、臨時海港檢疫官補、檢疫所書記、檢疫員、檢疫醫員等。明治三十三年十一月。

道廳府縣

●改正北海道廳支廳名稱、位置及管轄區域　明治三十四年三月。

●臨時需用職員以管理北海道採取砂金者之事務　考制：其置警部五人以管理之。明治三十三年五月。

●審查北海道廳府縣恩給顧問醫之醫術上事項　明治三十三年六月。

●關於府縣中之警視事件　考例：凡警視器屬於警察部中，第大阪府不得踰二人，他府縣不得踰一人。其俸給，凡分五等，自千圓以至五百圓，有差。明治三十三年五月。

●臨時防疫事務局官制　考制：局設於大阪市，其職員有長官一人、次官一人、檢疫醫六十人、監吏六十人，及事務官、書記等若干人。明治三十三年十二月。

●軍機保護法施行於臺灣之件　明治三十四年六月。

●臺灣保安林規則　按：此規則專制定臺灣海岸、航路標記及衛生、勝地所有之森林，禁人採伐、開墾，稱之爲保安林。明治三十四年九月。

●政府之工事及物件於臺灣收買、借用所關之隨意契約 明治三十四年五月。

●因臺灣關税規則並臺灣輸出税及出港税規則訴願所關之件 明治三十四年十月。

●砂糖消費税法施行於臺灣之件 明治三十四年八月。

●臺灣糖業税則廢止之件 明治三十四年八月。

●由臺灣本島輸送砂糖、糖蜜、糖水於内地時所關之件 明治三十四年八月。

●臺灣砂糖、糖蜜、糖水課税所關之件 按：此事件專制定臺灣砂糖、糖蜜、糖水課税之事。明治三十四年九月。

●臺灣汽船職員規則 按此規則：其汽船職員分爲五種，即船長、一等運輸士、二等運輸士、機關長、一等機關士是也。依船員試驗規程試驗後，則給以海技文憑，分爲十種，即得從事職務。明治三十四年九月。

●臺灣刑事訴訟定章所關之律令 按：此律令專制定臺灣刑事訴訟章程。明治三十四年五月。

●臺灣總督府專賣局官制 按：此官制專制定臺灣所有樟腦、樟腦油、阿片及食鹽等專賣之事。其專賣局設局長一人、奏任官二十人、判任官二百零九人。明治三十四年五月。

●臨時臺灣舊慣調查規則 按：此規則專調查臺灣所有舊日習慣，設會長一人、委員十五人。明治三十四年十月。

●臺灣總督府職員官等俸給官　按此俸給令：臺灣總督年俸六千圓，民政長官年俸四千圓或四千五百圓，參事官及鐵道部技師長年俸三千圓或三千五百圓，敕任警視總長及敕任局長年俸三千圓。此外一切高等文官另有文官俸給表。明治三十四年十月。

●臺灣總督府廳參事月俸支給之件　按：此項官每月三十圓。明治三十四年十一月。

●臺灣總督府警部補給俸令　按此令：警部補之月俸分爲五級，自十五圓至二十五圓。明治三十四年五月。

●臺灣總督府巡查補待遇之例　按：此係待以判任官之禮。明治三十四年五月。

●臺灣總督府巡查補俸給令　按此令：巡查補之月俸分爲九級，自六圓至十四圓。明治三十四年五月。

●臺灣總督府事務官特別任用令　按：此係不必試驗而即任用者。明治三十四年十一月。

●臺灣總督府地方職員特別任用令　按：此係不必試驗而即任用者。明治三十四年十一月。

●臺灣總督府警視特別任用令　按：此係不必試驗而即任用者。明治三十四年十一月。

●臺灣總督府警視特別任用令　按：此係不必試驗而即任用者。明治三十四年十一月〔二〕。

●臺灣總督府警部、警部補特別任用令　按此令：凡巡查服務精勤及試驗學問有成蹟而得優等者，得任用爲警部或爲警部補。明治三十四年五月。

●臺灣總督府專賣局事務官特別任用令　按：此令專制定臺灣製藥所、樟腦局監務官，在高等官職及受判任官三級俸以上者，並會計事務人員受判任官三級俸以上之人，均得爲專賣局事務官。明治三十四年五月。

●巡查看守退隱料及遺族扶助料法施行於臺灣之件　明治三十四年七月。

●巡查看守療治料、給助料及吊祭料給與令施行於臺灣之件　明治三十四年七月。

第九類　官規

●改正秘書官之再任及轉任事件　按：照明治三十年敕令第百九十七號所定，奏任文官改爲高等事官。明治三十三年五月。

●改正文武判任官等級表　按：照原定文武判任官等級表中於消防機關士之次，加警視廳通譯官一職，凡五等。明治三十三年九月。

●改正屯田兵給與令　按：照原令，改區畫馬匹保續費五圓爲十圓，改區畫飼養費中甲額五圓爲八圓。明治三十三年六月。

●改正陸軍所屬特別文官俸秩令　按：照原令，千住製絨所長之一級俸二千圓者，改爲二千四百圓，並定二級俸二千二百圓，三級俸爲二千圓。明治三十三年四月。

●制定准士官以下應受恩給者轉任判任以上之文官時其給與及俸秩之支給法　按制：以俸秩爲基礎，照俸酌加恩給。惟休職俸秩及遺族扶助費，則於俸秩中減去恩給，以餘俸爲基礎，照額酌給。明治三十三年六月。

●定陸海軍准士官以下曾受恩給者轉任判任以上之文官時其俸秩之支給法　按制：無論高等判任各官，俱於應給之俸秩額中按月減去恩給年額十二分之一。明治三十三年四月。

●定海軍特設船舶中一切額定人員之航海加俸事件　按制：於海軍運送船、信船、病院船及工作船之額定人員中，照其官職大小、航海遠近，酌加俸秩，另立加俸表。明治三十三年七月。

●定帝國圖書館高等官官等俸秩令　按制：凡帝國圖書館館長，以高等官三等以下、六等以上者任之，司書官以高等官六等以下、八等以上者任之，其俸秩另立細表，自二千五百圓至六百圓，凡七級。明治三十三年八月。

●定地方測候所一切職員之件　按制：凡地方測候所，置所長、技師、技手、書記等若干職，皆奏任及判任官。明治三十三年六月。

●定工業試驗所長、技師之俸秩制　按制：凡工業試驗所長及技師等，每年俸秩不得逾三千圓。明治三十三年六月。

●改正會計檢查院中高等年俸及候補檢查官年俸之件　按：照明治二十九年敕令第百六十一號所定之檢查院高等官年俸，分爲八級，自六百圓至一千六百圓止，每級增加百圓。明治三十三年六月。

●改正臺灣總督府之職員官等俸秩令　按：照原令，加國語學校舍監、警察官及司獄官練習所之奏任舍監等職。明治三十三年七月。

●改正臺灣總督府之地方高等官官等俸秩令　按：照原令，改分知事俸秩爲三等，廳長、縣書記官、縣警部長、廳書記官、税務官、廳警部長等爲五等。明治三十三年九月。

●定臺灣總督府之税關職員官等俸秩令　按制：定税關長之年俸爲六級，事務官、鑑定官等，年俸十級。明治三十四年四月。

●定臺灣總督府之監獄職員官等俸秩令　按令：凡臺灣總督府之監獄職員，其官等俸秩，俱照臺灣總督府職員官等俸秩令支給。明治三十三年九月。

●改正臺灣樟腦局之職員官等俸秩令　按：於原令略爲删削，至其俸秩，俱照臺灣總督府職員官等俸秩令支給。明治三十三年七月。

●定臨時臺灣土地調查局之職員官等俸秩令　按令：定臨時臺灣土地調查局副長，以高等官三等、四等者任之。事務官及技師官以高等官之四等以下八等以上者任之。監督官以高等官之六等以下八等以上者任之。其俸秩除監督官分爲八級，另列細表外，餘俱照臺灣總督府職員官等俸秩令支給。明治三十三年八月。

●定臺灣總督府中陸軍幕僚及佐尉官等兼任臨時臺灣土地調查局之高等文官者俸秩之件　按令：凡此等職員，俱照臨時臺灣土地調查局職員官等俸秩令及臺灣總督府職員加俸支給規則辦理。至其俸銀，亦由臨時臺灣土地調查局俸秩豫算内支給。明治三十三年七月。

●定臺灣總督府度量衡司檢所之職員官等俸秩令　按令：凡此等職員，俱照臺灣總督府職員官等俸秩令支給。明治三十四年四月。

●定臨時臺灣基隆筑港局之職員官等俸秩令　按令：凡此等所員，俱照臺灣總督府職員官等俸秩令支給。明治三十三年八月。

●定臺灣總督府海軍幕僚判任文官等轉任、再任及轉職時支應俸秩之件　按令：凡此等職員，無論轉任、再任及臺灣總督府以外之海軍官等，俱照明治二十九年敕令第二百三十號所定俸秩辦理。至明治三十年敕令第三百九十一號所定規則，一律廢止。明治三十三年八月。

●定警視廳高等官之俸秩令　按令：除警視總監年俸四千圓外，其警視主事、警察署長等，年俸自二千四百圓至一千四百圓，分爲六級。典獄年俸自千六百圓至千圓，分爲四級。警視、補警察署長者。典獄補監獄署長者。等年俸，自千四百圓至六百圓，分爲七級。明治三十三年五月。

●照警視廳俸秩令定各區警察署長之俸秩制　按制：麴町等九區，定爲一級至五級俸。本鄉等十區，定爲二級至六級俸。小松川等五區，定爲三級至七級俸。皆以事之繁簡爲別。明治三十三年十月。

●改正巡查看守俸秩令　按：照原令，改定年俸，甲號自十五圓至二十五圓，分爲六級。乙號年俸，自七圓至十五圓，分爲七級。明治三十四年四月。

●改正明治二十七年内務省訓令第一號所定經理女監及押丁等俸秩之件　按制：凡經理女監者，定月俸自六圓至十五圓。押丁月俸，自五圓至十圓半。其能辦理辯通及技藝者，准加至月俸至二十五圓。明治三十四年四月。

●定神部署職員俸秩之件　按令：除參務員外，概不給與俸秩。至俸秩之支給法，則由内務大臣核定。明治三十三年九月。

●改正明治三十三年敕令第九十號所定神官司廳職員官等俸秩之件　按：照原制，改宮司爲大宮司，權宮司爲少宮司、權禰宜爲禰宜、主典爲權禰宜。明治三十三年九月。

●改正明治二十二年宮内省所布第十一號示中皇族職員官等俸秩之件　按：照原制，改親王等邸爲諸王邸。明治三十三年五月。

●改正海軍少主計候補生等之録用試驗規則及海軍水路少技士候補生等之録用試驗規則　按：照原則於履歷書外，加具户籍册之謄本。明治三十三年五月。

●海軍省頒行改正録用試驗令　按令：改經理局及軍務局爲人文局。明治三十四年十一月。

●定録用海軍少軍醫候補生及海軍少藥劑士候補生採用規則　按規則：凡録用此等候補生時，應照定則，各科一一考試，果份學問優長者〔三〕，方爲録取。明治三十三年十一月。

●定考取望樓長、望樓手規則　按規則：凡讀書、作文、算術、電信術等，一一考試後，並能識别各國旗號、軍艦旂幟等，方能録用。至明治二十九年海軍省令第三號所定考取望樓長、望樓手規則，一律廢止。明治三十四年三月。

●改正考取海軍筆記規則　按：照原則，加具户籍册之謄本，而删去市區町村長之裏書一件。明治三十三年五月。

●改正考取郡區長之條規　按：照原制，於考試委員改由内務省簡派。明治三十三年五月。

●規定内圖書記官長及各省官房長之任用及其權限　明治三十三年四月。

●改正領事官特别任用令　按：本令中二等領事改爲副領事。明治三十三年九月。

●改正望樓長望樓手之任用令　按：照原令，删去「望樓長」三字。明治三十四年三月。

●改正海軍准士官下士之任用進級條例　按：照原令，改以海兵團「在籍之區，别屬所管鎮守府司令長官」句爲「在籍鎮守府司令長官」。明治三十三年六月。

●規定帝國圖書舘長、司書官及司書等任用之件　按制：凡帝國圖書舘長、歷任帝國圖書舘司書長或司書官等在一年以上者，無庸試驗，但經高等文官之試驗委員保奏後，即可任用。明治三十三年八月。

●定鐵路事務官補之任用之件　按：照明治三十年敕令第三百五十八號辦理。明治三十三年五月。

●改郵政局受取所經理人之録用規則　按制：凡明治二十一年遞信省訓令第五號中所稱郵便受取所，均一律改爲郵便電信受取所。明治三十四年三月。

●改正明治三十一年敕令第百九十三號所定之臺灣總督府判任職員之任用之件　按：於原制中，加法院書記一職，並改監督書記及看守官爲監獄監吏。明治三十三年九月。

●定臺灣總督府税關事務官之特别任用令　按令：凡臺灣總督府税關事務官，任税關事務滿一年以上者，或帝國大學法科大學卒業生任税關事務滿一年，及歷任税關事務之載而現受判任官三級俸以上之俸給者〔四〕，均無庸考試，得以任用。明治三十四年四月。

●改正明治三十一年敕令第十四號臺灣總督府警部監獄書記看守長等之特別任用之件　按：照原制，改臺灣總督府警部監獄書記、看守長爲臺灣總督府警部監獄監吏。明治三十三年九月。

●定臺灣總督府警察官及司獄官練習所之舍監任用之件　按：照特別任用規定，凡任臺灣總督府之高等行政官在三年以上，或從事警察及監獄事務現受判任官四級俸以上之官職者，均無庸試驗，得由高等文官之試驗委員保用。明治三十三年七月。

●改正臺灣樟腦局事務官之特別任用令　按制：自本令施行以後，限三年内從事於樟腦事務而實有閱歷者，其現受官職在判任官五級俸以上，則無庸試驗，得由高等文官之試驗委員保用。　其分局長，則由該處之辦務署長任用。明治三十三年七月。

●定臺灣總督府國語學校長之任用之件　按制：凡臺灣總督府國語學校長，必其有學士之稱號，而從事教育在一年以上者，或領有高等師範學校卒業文憑，其月俸在七十五圓以上之官職，經任一年，現在爲奏任官或得與奏任官一體待遇者，方准不應考試，由高等文官之試驗委員保用。明治三十三年七月。

●定臺灣總督府國語學校之舍監任用之件　按制：應遵照特別任用現例，或充奏任教官在一年以上者，或充判任教官在二年以上者，准其免與考試，由高等文官之試驗委員保用。明治三十三年七月。

●定臨時臺灣基隆筑港局事務官特別任用之件　按制：凡筑港事務官，必其從事土木事務在五年以上、現充判任官三級俸以上之官職者，方准由高等文官之試驗委員保用。明治三十三年八月。

●定臺灣總督府海軍幕僚附判任文官之轉任及轉職之件　按制：凡照明治三十年敕令第三百九十一號所任之臺灣總督府海軍幕僚附判任文官，其供職在三年以上、有勤勞者，現猶在任者，除有特別任用之規定者外，准其轉任或轉職海軍部内之制任文官。明治三十三年八月。

●廢止警部長特別任用之令　按：明治三十二年敕令第一號所布，自是廢止。明治三十三年五月。

●改正巡查採用規則　按：照明治二十四年訓令第二十一號所定規則中，改『身長五尺以上』、『胸圍得身長之半』二語。明治三十三年九月。

●改正陸軍補充條例　按：照原制删除警備隊司令官一職。明治三十三年十一月。

●改正明治三十年敕令第三百四十一號所定之衛戍病院附衛生部員並官衙學校附獸醫補

充之件　按：照原制於衛生部員等下，加『軍隊』二字。明治三十三年十一月。

●規定豫備役、後備役補充常設軍隊及官衙學校中之將校、准士官、下士等時經理其身分之件　按制：凡由豫役、後備等役，選補常設軍隊官衙學校之將校、准士官、下士時，照召集例經理其身分事。明治三十三年七月。

●規定陸軍諸官衙學校及憲兵隊所附之職員等補充動員之件　按制：凡供職於陸軍諸官衙學校、憲兵隊之將校並相當官及下士等者，當行軍時調補於各部團隊後，其所遺缺額，由豫備、後備等役選補。明治三十三年七月。

●指定免與試驗得以録用海軍少軍醫之候補生者之各府縣立之醫學校　按制：凡京都府之京都醫學校、大阪府立之大阪醫學校及愛知縣主之愛知醫學校卒業生，均准於試驗隨時録用。明治三十三年十一月。

●規定陸軍參謀及高等官衙副官補職之年限　按制：凡明治三十三年十二月陸軍大學校卒業之將校，無庸照陸軍參謀條例及陸軍高等官衙副官條例等所定年限，得以補用參謀及高等官衙副官之職。明治三十四年四月。

●改正文官懲戒令　按：照原令加遇有特別事情者，以上等官廳之高等官降爲下等官廳之委員。明治三十三年五月。

●改正海軍懲罰令　按：照原令加直隸海軍教育本部長、海軍艦政本部長、海軍省醫務局長、海軍省經理局長、鎮守府艦政部長之各廳長等職。明治三十四年四月。

●規定内國勸業博覽會事務局長、職員等懲戒之件　按制：凡高等官及應與高等官一體待遇者，照文官懲戒令中之判任官罰例懲戒。明治三十三年六月。

●規定郵政局中之執務時限　按制：分四季，照晝夜之長短，定執務之時限。明治三十三年九月。

●照明治三十三年法律第七十五、第七十六兩號所定在臺灣官吏及軍人等身故之後應行加賜恩給，並遺族扶助費者之所患各種風土病及流行病名目　按制：凡應行加賜者，以染患時疫故也。計所指定時疫，凡十五種。明治三十三年四月。

●改正支給海軍志願兵之家族扶助金規則　按：照明治三十一年海軍省令第四號所定，支給海軍志願兵家族扶助金之規則中，改海兵團長爲兵事官。明治三十三年五月。

●規明治二十九年法律第十三號所定公立學校之職員退隱費施行於臺灣之件　明治三十三年十一月。

●改正明治十九年各令第二十三號所定官吏、准官吏等因從事豫防時疫之公務故致患時疫及身故者給與治療費及撫恤費之件　按：照原制改高等官治療費日給三圓，判任官日給二圓。明治三十三年四月。

●陸軍省頒行經理從事清國北京事變以致傷痍、疾病、死亡等事者之特别賜金法　按制：分戰死及傷後死於戰場與死於病院者三種。明治三十三年九月。

●海軍省頒行經理從事清國北京事變以致傷痍、疾病、死亡等事者之特别賜金法　按制：與陸軍省同。明治三十三年九月。

●改正臺灣並在外之陸海軍僱用人等之死傷者給與治療與撫恤等費規則　按制：凡派赴臺灣及外國者，雖未到所派處而半途患病，其身故者，其給費治療及給費撫恤等，與至所派處所後患病或死傷者同。明治三十三年九月。

●規定豫防黑死病之臨時事務局職員等給與旅費之件　按：照明治三十年敕令第三百三十三號所定規例支給。明治三十四年正月。

●定支給警察監獄學校生徒之旅費規則　按規則：凡出京及歸里之旅費，皆分别支給。明治三十四年二月。

●改正支給内國税徵收費及支辦旅費　按：照明治三十二年大藏省訓令第二號所定規則中，改巡視供職廳之所在地内、在供職廳之所在地方，担任地域内之有税檢查及監督官、尋常巡視，其所在地内之時。明治三十四年三月。

●規定支給專賣局作業費之支辦旅費規則　按規則：分供職廳之所在區内及區外旅行費等。明治三十四年三月。

●定林區署旅費規則　按制：雖於其職務、官職、里程等，無不詳備而要。除林區署在職人員定有專則外，餘皆照明治三十年敕令第三百三十三號内國旅費規則。明治三十四年三月。

●改正明治二十八年敕令第七十一號所定從事豫防及救治傳染病之官吏、准官吏與傭員等給與薪水之法　按：照原令改傳染病豫防規則爲傳染病豫防法。明治三十三年四月。

●規定明治三十三年法律第三十號所定豫防及救治傳染病者之給與薪水法施行於臺灣之件　按制：自本制施行以後，明治三十二年敕令第四十號中之第一款，應行廢止。明治三十三年七月。

●規定從事豫防及救治傳染病者之療治費　按：照明治三十三年法律第三十號所定規例支給。明治三十三年四月。

●規定從事豫防及救治傳染病者之陸軍僱用人員與其遺族等呈請給領治療費之法　按制：凡呈請給領一切治療費者，准照明治三十年陸軍省令第十二號辦理。惟呈請給領醫藥及補助費者，應呈請所屬官長審查後，挨次送交陸軍大臣查核。明治三十三年七月。

●明治三十四年敕令第六十四號定給與供職島嶼者之月俸細則　按細則：分判任官、巡查、雇員，蓋專爲秩定也。明治三十四年四月。

●規定供職東京府下及沖繩縣下之各島嶼地方之判任官與巡查雇員等給與月俸之件　按制：分判任官、巡查、雇員等，蓋專爲地方官廳之僚屬定也。明治三十四年四月。

●改正明治三十一年敕令第三百五十八號供職於千島國之北海道廳職員給與月俸之件　按：照明治三十一年敕令第三百五十八號所加森林監守、事業手兩職。明治三十四年四月。

●改正供職於千島國諸島之北海道廳凡支廳長以下各員之給與月俸細則　按：照明治三十二年内務省令第一號所加森林監守及事業手兩職。明治三十四年四月。

●改正明治三十二年敕令第二百二十五號所定駐紮朝鮮陸軍部隊之給與規則　按：照原則於所定食料，得以將實在物件給發。明治三十四年四月。

●定豫備役及後備役中支給少尉章服之件　按：豫備役與後備役之少尉軍醫及獸醫等，向例於到任時，給軍服費五十四圓。嗣後除實任外，每供職一次，給軍服費二十六圓。明治三十三年八月。

●公布改正陸軍戰時之給與規則敕　按：照原則加短期下士軍糧、長期下士軍糧兩件。明治三十三年九月。

●改正陸軍乘馬之飼養條例　按：改陸軍省軍務局出仕各兵科士官爲陸軍省出仕之各兵科監督部、衛生部及獸醫士官。明治三十三年六月。

●照明治三十三年敕令第七十七號規定供職島嶼者之給與月俸細則　按細則：分判事、檢事、裁判所書記及雇員等四項。自五圓至十圓，以次分別。明治三十三年四月。

●改正押丁給與品及貸與規則　按：照明治三十一年内務省訓令第三十五號所定，各衣兩副，用三年者，改爲冬衣一襲一年。明治三十四年三月。

●定女禁役之給與品及貸與品規則　按規則：凡貸與各品有毁損遺失等事，因疎忽過失所改者，責令賠償。明治三十四年三月。

●農商務省頒行改正明治三十二年第二十五號所布林區署及林野整理支局之給與順序　按：改林區署及林野整理分局之給與順序，爲林區署給與順序，及各文件中俱有增改。明治三十四年三月。

●規定千島、大隅、琉球諸島所設之二等郵政電信局之職員等給與在職月俸細則　按細則：凡職員有轉任他廳者，其月俸以事務交割之日爲止。明治三十四年四月。

●規定駐在清國之製鐵所職員月俸之件　按制：分高等判任二等，自四十圓至七十五圓，由農商務大臣酌定。明治三十三年九月。

●定駐在清國製鐵所職員之月俸給與規則　按規則：除新任時以奉命之日爲始，餘皆自到廠之日起，離廠之日止。明治三十三年十月。

●改正明治三十一年遞信省令第十號所定在清國之領事舘附司檢官以下之月俸給與方法　按：照明治三十四年四月遞信省令第二十號所布千島國之後島等處所設之二等郵政電信局職員在職給與月俸法相等。明治三十四年四月。

●定在外國之郵政電信局官吏給與月俸規則　按規則：分局長、書記、技手、書記補三等，年俸自千五百圓至六百圓，加給自三百七十五圓至百五十圓，特別加給自二百圓至九十圓。明治三十四年三月。

●規定在外國之郵政電信局官吏之月俸給與細則　按細則：各供職人員，其月俸計算俱以任事之日起至卸事之日止，按日支給。明治三十四年四月。

●改正明治二十九年敕令第百八十一號所定之臺灣總督府雇用人員之食費補給之件　按：照原制刪去巡查、看守而在職務教習中者。明治三十三年七月。

●改正臺灣總督府巡查及看守等之月俸支給規則　按制：遵照明治三十二年敕令第四百號所置之巡查及看守等，不得照此則支給。明治三十三年七月。

●定侍從武官之徽章　按：侍從武官徽章，縱長一寸六分，橫闊一寸二分，周邊繩形菊花章，旗地右日左月，綰以風帶，懸於右側之胸部下。明治三十四年二月。

●改正警察官及消防官之服制　按：警視廳之警視及警部長，其帽緣與袖章俱用小綫四條。其府縣警察部之警視及警察署長，則帽緣與袖章皆小綫三條。明治三十三年七月。

●改正明治二十二年敕令第百二十二號所定警察官及消防官佩劍之制　明治三十三年七月。

●規定臺灣總督府之監獄監吏服制並提燈徽章　按：照明治二十九年敕令第三百六十六號所定看守長服制及提燈徽章，並明治三十年敕令第四百號所定看守長服制辦理。明治三十三年九月。

●制定臺灣總督府文官中之鐵道停車場譯長並助役車長等服式　明治三十三年八月。

●改正明治二十九年敕令第二百七十八號所定之臺灣總督府所屬税關監吏補、巡查及看守等攜帶銃器之件　按制：改税關監吏補、巡查及看守等爲税關監吏、巡查看守及燈臺所看守與各種特定人員。明治三十三年六月。

●制定臨時臺灣土地調查局職員及其他文官之特別徽章　按制：凡遇有應行特定徽章之處，著臺灣總督擬定圖式施行。明治三十三年八月。

●規定陸軍服制　按制：其自將佐尉官以至下士兵卒，各有定式，不得紊亂。明治三十三年九月。

●改正海軍服制　按：海軍中自將校以凡造兵機關、軍醫、藥劑主計、造船、水路等官，無不有一定色樣。明治三十三年七月。

●定海港檢疫所及臨時海港檢疫所之職員准用警察禮式之件　按：照明治二十四年内務省訓令第十五號所定警察禮式辦理。明治三十三年五月。

●定水上警察禮式　按制：大致於船舶之中，以使所乘船隻止而不前，而船中坐員一齊起立爲最敬。明治三十三年五月。

●巡查、看守退隱料及遺族扶助料法　按此法：凡巡查、看守等人，服役十年以上，與退職之法律相合者，則給以退職恩金。若受傷、疾病、於在職中死亡者，則給遺族以扶助料若干圓。明治三十四年七月。

●巡查、看守退隱料及遺族扶助料法施行令　按：此令即制定退隱料及扶助料金額之等差。明治三十四年七月。

●巡查、看守退隱料及遺族扶助料辦理規程　按：此規程即制定退隱料及扶助料，請求給與之一切辦理章程。明治三十四年八月。

●巡查、看守療治料、給助料及弔祭料給與令　按此令：凡巡查、看守受傷及因公致疾者，則給以療治料。疾愈而不能在職、治療經二十日以上而此後仍可服職者，則給以給助料。死亡者，則給其家屬以弔祭料。明治三十四年七月。

第十類　統計報告〔四〕

●改正經理人口統計料及統計小票之方法　明治三十三年十一月。

●定監獄報告中之統計小票調製法　按：照明治三十一年内務省訓令第三十六號所定，凡刑事被告人之出入，以至别房留置人與攜帶乳兒出入等，均照統計法，調統計小票。明治三十三年十月。

●加正明治三十二年内務省訓令第三十九號所定應行禀明土木監督署及報告等件　按：照原令加明治三十三年敕令第三百號所載之件，一例辦理。明治三十三年七月。

●内務省頒行訂正明治三十二年十一月第三十九號訓令之第二號所定規　按令：凡修筑水道及溝渠等，均應禀由土木監督署報告。明治三十三年十一月。

●加正登記統計年表之式樣　按：照明治三十二年司法省訓令第三則百號定登記統計年表式樣中〔五〕，加整理耕地登記、互相保險會社登記及産業集合登記等之表。明治三十三年十二月。

●定整理林野分局之統計報告調製法　按制：當調製報告册十四號，其第一、第二兩號爲棄置之林野處分離權總括表，第三、第四兩號爲棄置之林野處分編入總括表，第五、第六兩號爲棄置之林野主産物賣棄總括表，第七號爲棄置之林野處分調查功程一覽表，第八號爲賠償表，第九號爲補償表，第十號爲國有林施業案編成成績表，第十一號爲國有林施業案編成成績表附録經費内譯表，第十二號爲國有林施業案編成成績表總括表，第十三號爲造林實行第一部總括表，第十四號爲造林實行一覽表。明治三十三年四月。

●規定工場災害事故之報告法　按制：凡一切工場，其工人在十人以内，其所罹災害僅至傷損，而三日傷痊復業者，無庸報告。惟工人在十名以上之工場，或因失火，或因煙囱，或因汽鍋，或因機器等災，致遭大損者，雖未傷人，亦限於三日後報告農商務省。至工人受傷旋至殞命，或成殘廢，或三日内不能醫痊者，一例報告。明治三十三年九月。

●規定造林成績表式樣　按：該表記載體例及説明書等，均由林野整理局長酌定。明治三十三年八月。

第十一類　外交

●定朝鮮京畿道之沿岸漁業之件　按示：據日、韓兩政府締結漁業規則，限於三十三年十一月一日以後，凡二十年之間，但期不害朝鮮漁民向占之業外，日本人約以於京畿道沿岸一常隨意業漁〔六〕。明治三十三年十一月。

●日、英間締結保護死亡者之財産條約　按條約：兩國政府允准自千九百年四月至千九百十一年止，凡十年間，兩國均照林約保護民人。明治三十三年十一月。

●加正日本在厦門之專管租界協定書　按書：其最注意者，他時外國租界中一切權利或有優於日本租界之時，日本租界須利益均沾云。明治三十三年五月。

●日、西兩國訂立特別通商條約　按：以千九百年三月二十八日調印爲兩國通商及課税事宜。明治三十四年四月。

●日本與孔戈國修好及居住之宣言書　按宣言書：其意在兩締監國互收通商航海自由之益〔七〕，並兩國人民之居住及財産等，互以最優國相待云。明治三十三年七月。

●規定旅游外國之護照規則　按：護照中應將姓名、籍貫、身分、門閥、年齡、職業、游歷地名、游歷宗旨等，一一詳記，由地方官起文至所游地後，呈交該處官吏查核。明治三十三年六月。

●定國際紛爭以平和處理之條約　按：此約於千八百九十九年七月在和蘭國之海牙地方萬國和平會議時締結。分爲四章。首章載務以維持萬國和平之旨。次章定周旋及居中調停之法。三章定國際之審查委員。四章定萬國裁判公廷之制。明治三十三年十一月。

●定陸戰法規慣例之條約　按：此約亦於海牙地方萬國和平會議時議訂，分爲九章。首章定交戰者之資格。次章俘虜之制。三章處理病者、傷者之制。四章殺敵手段及攻圍砲擊之法。五章間諜之制。六章軍使。七章降伏規約。八章休戰之制。九章留置中立國内之交戰者及救護傷者之事。明治三十三年十一月。

●照維也納條約原則訂海戰時應用之約　按：此約亦於海牙地方之萬國和平會議中，經各國協定，以千八百六十四年維也納條約之原則爲本。明治三十三年十一月。

●禁止乘於輕氣球投下爆裂物及擲射物之宣言書　按：此宣言書亦於海牙地方之萬國和平會議中，經各國協訂。凡同盟之國於五年内設有開戰情事，須遵是約，不得乘用此等物件。明治三十三年十一月。

●禁止使用毒氣投射物以散布毒氣之宣言書　按：此宣言書亦於海牙地方之萬國和平會議中，由各國公定。凡同盟各國遇有戰事，應遵守是約。明治三十三年十一月。

●禁止使用尖利平扁及入於人體内易爲開展者之各種彈丸之宣言書　按：此約亦於海牙地方之萬國和平會議中，經各國協定。凡同盟各國之全權大臣，應各奉本國政府之命，遵照千八百六十八年聖彼德堡所布之宣言書原意辦理。明治三十三年十一月。

●萬國和平會議之最終決議書　按：萬國和平會議始於千八百九十九年五月十八日，終於七月二十九日，爲俄羅斯國王所提議，務使博愛仁慈，勿以殺戮殘暴爲交戰之利器。其後經協贊者凡二十六國。然我國亦與其列，而團匪之役，英國竟用毒氣炮矣。明治三十三年十一月。

第十二類　位階　華族　賑恤

●改正叙位條例　按：照原例改爲叙有品位者，除犯有禁錮以上之刑律及有特別之規例者外，概爲終身錫典，不得褫奪。明治三十三年四月。

●修正學習院學則　按：照原則於五學科之教課目中，其大學科課程之課目一表，略行删改。明治三十四年正月。

●定決算救災基金每年年終將實存款項造册呈報之件　按制：應照三十二年九月大藏省訓令第六十五號所定之格式，於每年十二月朔造册，呈報大藏大臣。明治三十四年二月。

●海軍下士卒善行褒章行狀條例　按此條例：凡海軍下士卒品行方正、勤務精勵者，則授以善行褒章，或給以行狀等級。其善行褒章及行狀共分九級，由海軍大臣施行。明治三十四年八月。

●庚子年清國事變所關一時賜金給與之例　明治三十四年八月。

第十三類　地方制度

●規定府縣出納吏及郡出納吏之身元保證並賠償責任之件　按制：凡府縣郡出納吏之身元保證並賠償責任事件，着府縣郡知事隨時分別種類定奪。明治三十三年五月。

●定由府縣郡領俸及加給之吏員、職員等所有退隱費、退職給與金、遺族扶助費等一切支給方法　按制：除法律命令中有別項規定者外，應由府縣會或郡會議決後，呈請內務省許可後支給之。明治三十三年四月。

●改正北海道之區制　按：照原制，經改正者，皆賦稅之事。明治三十四年三月。

●改正明治三十三年內務省令第八號所定北海道區制當施行時一切緊要事項之件　按：照原制加遇有特別事情之時，應請內務省認可。明治三十三年九月。

●改正明治三十二年內務省令第四十九號所定照北海道區制會議及傍聽之紀律並一切經理規則　明治三十三年五月。

●改正明治三十二年內務省告示第九十六號所布北海道區制直接稅、間接稅之類別及徵收法　明治三十三年五月。

●內務省頒行明治三十二年告示第九十六號所布北海道區制直接稅、間接稅之類別及徵

收法　按：照原示於各税種目重行更正。明治三十四年四月。

●指定北海道一級村町制之實施地方　按制：定於明治三十三年七月一日施行。明治三十三年五月。

●定辦理實施北海道一級町村制之事務之件　按制：照明治三十二年九月内務省令第四十五號及三十三年三月内務省令第八號所定規則辦理。明治三十三年五月。

●定北海道一級町村中之公民有不擔任名譽職及不實際執行者處分法　按制：凡遇有此等不願奉職及不實行之公民，准照明治三十二年内務省令第五十號所定規則辦理。明治三十三年五月。

●定北海道會法　按制：北海道會由各選舉區所舉之議員組織之，但選舉議員之員額，則俟敕令頒定。明治三十四年三月。

●定北海道會法中之直接國税種類　按制：直接國税分爲三種，地租税、所得税、營業税是也。明治三十四年四月。

●北海道會議員選舉令　按令：凡議員選舉事宜，俱由北海道廳長、分廳長及區長等管理。明治三十四年三月。

●規定北海道會議員選舉令中以選舉權故呈報納税之件　按制：凡一切呈報法，准照明治三十二年内務省令第三十一號所定府縣會議員及郡會議員之選舉權中呈報納税規則辦理。明治三十四年四月。

●定北海道地方費法　按制：凡關於地方費者，如警察、土木、衛生、病院、教育、勸業、補助、預備等費，均由地方税及他項地方雜税中支應。明治三十四年三月。

●布北海道地方費令　按令：凡關於北海道地方費之行政權，俱由北海道廳長官擔任。明治三十四年三月。

●照北海道地方費令定調製豫算式並各項費種目及一切財務之件　查俱照明治二十四年内務省令第十二號及明治三十三年内務省令第七號所定規則辦理。明治三十四年四月。

●布北海道水産税税區令　按令：准北海道廳長官設立税區，由區中設立税區會選舉議員，以議定區中水産税賦課細目。至税區會議員，則以三年一舉爲定。明治三十四年三月。

第十四類　土地　河川　砂防

●定呈請給還御料地及立木竹之規程　按規程：凡當地租改正時，與府縣設置以後、地租改正以前之土地處分，並社寺土地處分等，編入官有地者，但令土地、森林、原野並立木竹之類，有分收之事實及所有之實證者，准其向宫内省呈請給還。明治三十三年五月。

●改定官有財産之管理規則　按：照原則加『以國防故，所有一切防禦建造之物，不在此例』一語。明治三十四年四月。

●改正明治二十四年内務省訓令第十四號所定官有土地及水面等處分與委任之件　明治三十四年正月。

●定交付一切國有土地、房屋等物之件　按制：照内務大臣所定北海道一級村町制及二級村町制，凡國有之土地、房屋等爲户長、役場等用者，當不用時，准其轉交後任，並不得索取費用。明治三十三年六月。

●定給與屯田兵及屯田兵村之土地免課登録税之件　按給與屯田兵土地規則：凡屯田兵及屯田兵村，自受領之日起，六個月以内，應請登記土地臺帳，可無庸完納登録税。明治三十四年四月。

●改正札幌農學校資金項下之土地出借規程　明治三十四年四月。

●定耕地整理法與耕地整理法之施行規則中所有參加土地原簿權利者名簿及圖面等調製法　按制：參加土地原簿分甲、乙、丙、丁、戊五部。其參加土地之權利者，名簿分爲土地所有者、工作物所有者及第三權利者等三部。餘俱照耕地整理法規則。明治三十三年四月。

●定耕地整理於施行認可之時應行申告之件　按耕地整理法：凡施行認可之時，整理委員當未曾動工以前，應將整理地之所屬市町村番號及整理方法與動工、完工之豫完日期等，申告於所轄税務局長。明治三十三年六月。

●照耕地整理法申請將國有地編入整理地區之時其應否編入准地方官廳定奪之件　按：照明治三十二年法律第八十二號所定耕地整理法，凡屬於内務省之國有地畝，遇有申請編入整理地區中者，准該管官廳核行。明治三十三年六月。

●因改良土地區劃故定經理地價規則　按規則：大約皆經理明治三十年法律第三十九號所頒施行之事。明治三十三年四月。

●定土地收用法中一切稟給處分報告之件　按制：皆於土地收用法中，有不能不照常例者，特定其處分報告及稟請之方法云。明治三十三年四月。

●照河川法頒布命令之件　按制：皆屬徵收航海運費之事。明治三十三年五月。

●照河川法頒行命令之件　按制：皆以河川附近之建築物有害及河川時，勒令設法更改及修繕之事。明治三十三年七月。

●照河川法懲罰之件　按罰則：照河川法所定施行工役之際，其所申請者，或係全然揑造，或並未申請而擅自占用河道及流水，或未經官府許可而徵收航運之船舶費者，俱應分别懲罰。明治三十三年四月。

●定改修河川之時須用官地之件　按制：當修繕河川之際，有須用及官地者，其官地係爲内務省所轄，則直用之而已。至爲林野管轄，則須與大林區署協議後，咨照所轄之地方長官。明治三十三年六月。

●定改修河川之時，須用及官地者，應移知地方長官。其於地種互易等事，須由土木監督署移咨地方官廳，再由地方官廳報告於内務省云。明治三十三年六月。

●定由國庫支給補助費之砂防工程於竣工時應行稟報之件　按：照明治三十年法律第二十九號砂防法，凡砂防工程領有國庫補助費者，於工事完竣之時，應將竣工節略送由土木監督署，領請内務大臣認可。明治三十三年七月。

●定自東京以達大分縣之國道支路表　明治三十三年十月。

第十五類　警察

●定行政執行法　按制：凡行政官廳於日出以前、日没以後，除見有確爲生命財産及一切危害迫切與傷風敗俗之事外，不得擅入民間室宇。明治三十三年六月。

●行政執行法施行令　按令：凡廳府縣長官於等行政執行法一切生命、財産、身體、交通等事，有危害之虞者，俱應極力設法防範。其有疎忽失事者，按職懲罰。明治三十三年六月。

●定郡市區域外之警察署　按：福岡縣屬之小倉、門司兩警察署區域，內務省於明治三十三年六月頒定。明治三十三年六月。

內務省頒行郡市區域外之警察署示　按：郡馬縣之高崎警察署區域，於三十三年制定。明治三十三年九月。

內務省頒定郡示區域外之警察署示　按：德島縣屬之德島、板野兩警察署區域，於三十四年制定。明治三十四年三月。

內務省頒定郡市區域外之警察署示　按：靜岡縣屬之見付、森町兩警察署區域，於三十四年制定。明治三十四年三月。

內務省頒行郡市區域外之警察署示　按：福岡縣屬之門司水上警察署區域，於三十四年制定。明治三十四年三月。

內務省頒行郡市區域外之警察署示　按：神奈川縣屬之伊勢、佐木町、户部壽町、山手本町、神奈川等五警察署之區域，於三十四年制定。明治三十四年三月。

●改正警察賞與之規則　按：照原則加臺灣地方，其內務大臣之職務，由臺灣總督執行；至府縣之職務，則由臺灣地方之縣或廳執行之一款。明治三十四年三月。

●定狩獵法　按：狩獵法區分四章。首章定獵具、獵法。次章狩獵執照。三章定鳥獸保護之制。四章罰則。明治三十四年四月。

●改正移民保護法施行細則　按：照原則於『漁業』字下，加註『除韓國沿岸照日、韓通漁規則得以業漁外』等語。明治三十三年五月。

●改正明治三十一年内務省告示第九號北海道移住民減取汽車、汽船賃金規則　按：照原則，於減取執照改内務大臣官房北海道課之印，爲内務省總務局爲北海道課之印。明治三十三年五月。

●内務省頒行改正北海道移住民減取汽車、汽船運賃規則　按制：凡九州鐵道株式會社之減取執照，以三十五年終爲止。山陽鐵道株式會社之減取執照，以三十四年終爲止。明治三十三年六月。

●内務省頒行改正北海道移住民減取汽車、汽船運賃規則　按制：定日本郵船株式會社之減取方法。明治三十三年十月。

●照水難救護法中其收入及支出等金額之經理人應委任於地方長官之件　按制：凡此等出入款項及照會計規則歲出計算書等，應委任北海道廳長官及府縣知事辦理。明治三十三年四月。

●改正明治三十二年內務省訓令第十九號所定工場中遇有負人員當入院治療之時應行申報警察官署之件〔八〕　明治三十三年四月。

●定掩埋死産火葬執照上應加記特別號碼之件　按：照經理墓地及埋葬規則，凡遇有死産給付土火等葬執照，當順序填記號碼。明治三十三年六月。

●定消防組之檢點規則　按規則：凡消防組員之集合、整頓等法，俱照檢閱巡查規則。明治三十三年六月。

●定精神病者之監護法施行規則　按規則：凡行政廳之執權，由內務大臣、地方長官及警察官署行之，並除府縣立之病院外，其公私立之精神病院與設置病院之精神病室等，一切構造設備管理諸事，均須請地方長官認可。明治三十三年六月。

●照精神病者之監護法所定一切監護之件　按制：照監護法，市區村町長當監置精神病者之時，須由地方長官認可，又云遇有精神病者應行監護之時，地方長官得令警察署送交市區村町長妥置。若遇迫不及待之時，准警察官署直請地方長官指揮。明治三十三年六月。

●定經理形像規則　按制：凡遇官地及公衆往來之大路中，設置人物及他式形像，以作久遠之計者，當建造、遷移、改造時，除東京、京都、大阪三市應申請內務省認可外，餘俱當呈地方長官認可。明治三十三年五月。

●定督察妓院規則　按規則：凡自願業娼者，當將其姓名、籍貫、年歲稟請官吏註册，以杜騙誘。至未滿十八歲者，雖稟請亦不得允准，所以衛幼稚也。明治三十三年十月。

●定監督彩票及一切類於彩票者之規則　按制：凡以射倖之法製成票籤等類者，俱有害風俗者，聽府縣長官禁止。至禁而私賣或知而故賣者，嚴罰。明治三十三年五月。

●定浴堂營業之於風紀規則　按制：凡男、女自十二歲以上，不得混浴。明治三十三年五月。

校記

〔一〕永地借　應爲「永代借」。
〔二〕此條與前條同，疑衍。
〔三〕份　疑爲「係」。
〔四〕以下至第十五類標題原缺，據目録補。
〔五〕則　疑爲衍字。
〔六〕一常　似當爲「一帶」。
〔七〕監　疑作「盟」。
〔八〕「負」後疑缺「傷」字。

第十六類　監獄

●改正監獄則　按：照原則，改内務大臣爲司法大臣。明治三十二年四月。

●定施行明治三十三年所定之法律第四號時定國庫地方費之一切區分法　按制：一切區分之法，皆由日期核定。明治三十三年七月。

●廢止明治二十三年内務省令第五號所定刑事被告人及囚人等費用之件　明治三十三年九月。

第十七類　衛生

●改正明治三十年内務省令第十八號所定傳染病豫防法補助之件　按：照原制，更改皆精算款項之事。明治三十四年四月。

●改正交付健全憑單法　按：照内務省所布明治三十二年第四十號令，外國通行之船當其出港時，由横濱、神户、長崎、下關、門司等港之檢疫所中發給健全憑單，遇該處有疫之時，地方官應將該處疫病流行及終息等事，知照該船所到之各港檢疫所長云。明治三十三年五月。

●内務省頒行改正明治三十二年第四十號令　按令：於檢所接到疫病流行之報以後、終熄之報以前，不得將所定健全憑單交付於通行船隻。明治三十四年三月。

●規定死亡診斷書、死體檢查書及死產證書、死胎檢查書等記載事項之件　按制：凡死亡者之氏名、職業、出生年月日、罹病年月日與死產證書、死胎檢查書、父母名氏、應載之職業、死胎之爲嫡出、庶出、男女以及姙娠數目，皆須一一詳載。明治三十三年九月。

●規定醫師、產婆之職分、應行出具之死亡診斷書、死體檢查書、死產證書、死胎檢查書等之記載法及其式樣　按：此等書式，俱照明治三十三年內務省令第四十一號所定辦理。明治三十三年十月。

●規定陸軍醫醫之職務中應行交付報告死亡者之死亡診斷書、死體檢查書等之記載事項及其式樣並交付方法　按：應遵照明治三十三年內務省訓令第四十一號、明治三十三年陸軍省訓令第二十八號等規例辦理。明治三十四年三月。

●規定獄斃之死亡診斷書、死體檢查書、死產證書、死胎檢查書等應行記載事項及其式樣之件　按制：應遵照明治三十三年九月內務訓令第四十一號及明治三十三年十月司法省二十八號所定規則辦理。明治三十四年正月。

飲食物

●定監督飲食物所用之器具規則　按規則：由地方長官督查，其有違制者，准照明治三十三年二月法律第十五號懲治。明治三十三年十二月。

●定督理清凉飲水之營業規則　按規則：凡清凉飲用之水質製造廠，其構造、設備、管理等法，俱有一定規則，違者處罰。明治三十三年六月。

●定督冰雪之營業規則　按規則：大致與清凉飲水營業規則相同。明治三十三年七月。

●定督理牛乳之營業規則　按規則：凡牛乳之榨取以及製造乳品等，均須經衛生技術員檢查後，呈地方長官認可。明治三十三年四月。

●規定乳牛服藥後得移至牛乳中之毒藥、劇藥等藥方之件　按：照明治三十三年內務省令第十五號所定督理牛乳營業規則所載，凡乳牛受病、服用毒藥、劇藥之時，獸醫應將藥性移至乳牛之事，詳告養牛人，以免誤取牛乳。至知而不報，致牛乳與獸醫不知照牛乳榨取人者，均應懲罰。明治三十三年十月。

●規定牛乳之比重及脂量檢查法　按：照牛乳營業規則所定，凡比重及脂量，均以攝氏表爲准。明治三十三年五月。

●規定有害性顔料之督理規則　按規則：凡顔料之具有害性者，共分爲二種，均不得使用於飲食物及飲食物之器具上，違者處罰。明治三十三年四月。

●定畜牛結核病之豫防法　按豫防法：凡乳牛、外國種牛及雜種牛等，其有無結核病症，須由行政官查檢。明治三十四年四月。

第十八類　社寺

●照古社寺保存法指定特別保護之建造物　按：應行特別保存之建造物，曾於明治三十三年四月内務省出示曉諭。明治三十三年四月。

●照古社寺保存法指定國寶物件　按：照古社寺保存法，指定各種國寶物件。明治三十四年三月。

●改正明治二十年閣令第四號所定及國幣社中之神職之件　按：照原制改爾宜主典於臺灣總督府及北海道府廳縣中一體設置。明治三十四年三月。

●改正神官、神職之服制　按：自神官祭主之係由皇族及公爵充當者，以至末秩，凡七等。明治三十三年九月。

第十九類　財政

●農商務省頒行改正明治三十三年所布第十一號大林區署之會計事務章程令　明治三十三年五月。

●規定鑛山監督署、生絲檢查所、農事試驗場等會計事務規程　按：章程區分六章。首章總則。次章收入之制。三章支出之制。四章工事及物件之買賣、借貸等制。五章物品之制。六章出納官吏之制。附則有牴觸本章程之訓令，概自三十三年十月以後廢止。明治三十三年九月。

●定直接政府承辦政府僱用之工匠、夫役等得以隨意立約之件　按制：凡政府之僱用工役與民間等，是以隨意結立契約。至明治二十八年第八及第二百八十、三十年第四百六十、三十三年第四百號等敕令，一律廢止。明治三十四年二月。

●定帝國大學文部省直轄諸學校及帝國圖書舘等資金項下之不動産一時並不使用者得以隨意立約出借之件　明治三十三年八月。

●定政府創辦工程及購辦物類時有應行指名競賣之件　按制：凡由指名競賣而定者，應由承辦官吏詳具事由，呈請各省大臣知照會計檢查院查核。明治三十三年六月。

●定承辦維持橫濱港灣工事用之浚渫船隻及附屬器械等物之競爭者之資格　按制：大抵須資本充實、製造有經驗者，方准承攬。明治三十四年二月。

●定承辦淀川改良工事用之煉化石者之競爭資格　按：照會計規則所定之資格外，當須工廠宏大、匠人衆多者，方准承辦。明治三十三年六月。

●改正承辦利根川改修工事用之浚渫船、拖船、小汽船等競爭者之加入資格　按：照明治三十年内務省令第十號所定之資格中，更須技師衆多而又確係大學校理工等科卒業者，方准承攬。明治三十三年六月。

●規定承攬北海道鐵路工程者之競爭資格　按制：凡承辦工事，須納税多額、資本豐足者，方爲合格。明治三十三年十二月。

●定北海道鐵路工程之需用品者之競爭資格　按制：與承辦鐵路工程之資格例相同。明治三十三年六月。

●定承辦北海道鐵路工程中所用之外國製造品競爭者之資格　按：照會計規則，尚須於日本及本國之通都大邑中設有公司而又製造有經驗者，方准承辦。明治三十三年六月。

●規定承辦工程及物品之競爭者之資格文憑之件　按：照會計規則，欲呈請承辦者，日本人須有市町村長之資格文憑，外國人須有該國領事官之文憑者〔一〕。明治三十三年六月。

●定臨時税關工事部購入小汽船等件時之競爭製造者之資格　按：照會計規則所定，須在日本設有宏大工廠而又有製造之經驗，其技師爲人人所推重者，方准承辦。明治三十三年四月。

●定承辦臨時税關工事部所用之汽機、汽鑵等競爭者之資格　按：照會計規則，其製造汽機、汽鑵等類，須備有相當之機械，並確有經驗，而其技師爲帝國大學機器學科卒業者，方准承辦。明治三十三年十月。

●定承攬神户税關在加納町地方建造海關碼頭者之競爭者資格　按：照會計規則所定外，須資本殷實、製造精緻者，方爲合格。明治三十三年七月。

●定承造京都税務管理局及上京税務署之廳舍工程者之競爭資格　按：照會計規則外，須家道殷實、資本充足、精於建築者，方准承攬。明治三十三年七月。

●定承辦陸軍省中一切印刷工程者之競爭資格　按：照會計規則第一款外，須東京市内設有印刷工場而職工三十人以上、器械齊備、家資裕如者，方准承辦。明治三十三年九月。

●定承造宮原水鑵式汽鑵等件之競爭資格　按：照會計規則外，須確實專門而又製造船舶之用水管式汽鑵及軍艦之用汽鑵實有經驗者，方准承造。明治三十四年三月。

●定承辦鎮守中所用之白米、麥粉者之競爭資格　按：照會計規則外，復須家道殷實而在鎮守府地方有寬大之倉庫及舂米製粉之大工廠者，方准承辦。明治三十三年五月。

●定承辦採煤事業規則　按規則：率照明治二十三年海軍省告示第九號承辦工事規則辦理。至明治二十四年海軍省第六號告示，一律廢止。明治三十四年三月。

●定承辦官設鐵道中所須之外國製造品者之競爭資格　按：照會計規則外，須在日本與歐美之都市中，均設有公司而又曾經爲日本承辦鐵道用之外國品者，方准承造。至明治二十九年遞信令第二十八號令，一律廢止。明治三十三年五月。

●定承攬營繕鐵道、船舶並廳舍工程者之競爭資格　按：照會計規則外，更須資本充實、技藝精熟者，方准承攬。至明治二十九年遞信省所頒第二十六號、三十年所頒第二十二號及三十一年所頒第十號令，概行廢止。明治三十三年五月。

●定承攬製造鐵道作業局之車輛者之競爭資格　按：照會計規則外，更須工廠寬大、製造久遠而其技師確係大學校之機械工學科卒業者，方爲合格。明治三十三年四月。

●定承辦工程及物品者之於呈請競爭時證明其資格之法　按：照會計規則，凡日本人須有市町村長之資格文憑，他國人須有該國領事官之資格文憑，方爲合格。明治三十三年五月。

●改正作業及鐵道會計金庫等出納事務規程並官立學校、圖書館、會計金庫等出納事務規

程　按：照明治二十六年大藏省所布之作業及鐵道會計金庫出納事務規程，改在其官立學校及圖書館、會計金庫出納事務規程改正。明治三十三年四月。

●大藏省頒行改正作業及鐵道會計金庫出納事務規程並官立學校圖書館會計金庫出納事務規程令　明治三十三年四月。

●大藏省頒行改正出納事務規程令　按：照原制，於作業局等規程中，於官立學校等規程中改正。明治三十三年五月。

●大藏省頒行改正官立學校及圖書館會計金庫出納事務規程令　明治三十四年三月。

●改正明治二十三年大藏省令第九號所定作業及鐵道會計規則中諸報告書表及帳簿等式樣　明治三十三年四月。

●定清國事件時一切經費於財政上有急宜處分之件　按：照帝國憲法，所有清國事件之虧累經費，准由軍艦水雷艇之補充基金與災害准備基金及教育基金等項下支用。明治三十三年六月。

●改正陸軍兵備品之會計規則　按：照原則内加軍隊輸送用之補助物件一款。明治三十四年二月。

●規定海軍被服條例　按制：自將校以至兵卒，無不詳略。明治三十四年二月。

●規定内務省及所屬管廳等之經理物品規則　按：規則分爲六章。首章總則。次章物品之出納及其帳簿式。三章定保管及責任之件。四章定計算書之制。五章處分不用品法。六章雜則。至明治二十二年内務省訓令第三十六號及二十九年拓殖務省訓令第四號等，俱行廢止。明治三十三年十月。

●規定物品出納之證明規程　按：照明治二十八年會計檢查院達第二號所定物品出納證明規程重行更正，而於舊定規則限自新例施行之日起，一律廢止。明治三十四年四月。

●定經理大藏省所轄之出納官吏等身元保證金規則　按規則：凡出納官吏，其職任出納百圓者，應呈交身元保證金十四圓，按數增減。明治三十三年十二月。

●改正經理農商務省所轄之出納官吏等身元保證金規則　明治三十四年三月。

●廢止明治二十六年陸軍省訓令甲第七號所定之出納官吏身元保證金代用土地登記之件　明治三十四年三月。

●改正明治二十二年大藏省所定出納官吏之經理現金規則中保管金交清憑單及監守憑單之式樣　按：照原制於第七號憑單中，重行更正。明治三十三年四月。

●規定官設鐵道、郵政、電信、電話等官署中之出納員一切現金出納之件　按：照明治三十三年法律第五十號所定之出納人員等，制定收付細則，俱由遞信大臣監督指揮。明治三十三年十一月。

●照明治三十三年法律第五十號所定之官設鐵道、郵政、電信、電話官署等出納現金之件施行於臺灣地方示　明治三十三年六月。

●改正照明治二十六年大藏省訓令第七十六號所定北海道廳所管之諸收入項下由收入官吏交付金庫之經理收入規金法　按制：凡此等官吏，俱應另造清册備查。明治三十三年四月。

●規定警視廳北海道廳府縣等收入官吏之配置法　按：照明治二十六年大藏省訓令第五十號所定規則，此項官吏宜隨時報告大藏省查核。明治三十三年四月。

●規定税關税務管理局之收入官吏配置法　按制：以關長及税務管理局長爲主任收入官，以分局長爲分任收入官。至不設税務署之市町村，則以市町村長爲收入官云。明治三十三年四月。

●定出納官吏所經管之現金遇有遺失由主任官吏命其賠償及相與訴訟時之報告法　按制：遇有此等事件，應速行報告内務省。明治三十三年六月。

●定出納官吏於存儲銀行及個人之款項上收有利息時之經理法　按：照明治二十二年大藏省令第十三號出納官吏之現金經理規則，應將此項利息付交金庫存儲。明治三十三年七月。

●改正明治三十一年大藏省訓令第五十三號所定政府盖印之銀幣一切出納、計算、整理之方法　按：照原制，盖以爲臺灣之陸軍所轄出納官吏設也。明治三十三年五月。

●規定歲入徵收官之移交方法　按：照明治三十三年第四十五號大藏省所頒訓令，遇有歲入徵收官卸任之時，金庫出納應將庫款檔册中將移交年月詳爲填註。明治三十三年五月。

●内務省頒行歲入徵收官之移交方法　按制：照大藏省所頒訓令辦理。明治三十三年五月。

●農商務省頒行歲入徵收官之移交方法　按制：照大藏省所頒訓令施行。明治三十三年五月。

●廢止明治二十六年大藏省訓令第七十九號所定收入官因轉職、致仕、死亡等情，因而交卸之時，一切知照金庫與金庫之計算經理方法，並明治二十七年大藏省訓令第十三號所定分任收入官吏之所屬主任收入官吏交卸之時，一切事務之繼續方法　明治三十三年五月。

●照國税徵收法指定公共團體之件　按制：凡北海道之一級町村，應由國税徵收法所載公共團體。明治三十三年六月。

●改正明治三十年敕令第百九十五號所定徵收市町村中之一切國税之件　按：照原制，於第三號中自製家用醬油税一款。明治三十三年四月。

●改正明治三十年大藏省訓令第三十九號所定市町村制未施行之地方所有國税徵收事務制　明治三十三年四月。

●改正明治三十年大藏省訓令第四十號所定國税徵收事務之經理法　明治三十三年四月。

●改正明治三十一年大藏省訓令第十一號所省國税徵收事務之經理時調製諸帳簿及報告書法　明治三十三年四月。

●改正明治二十七年大藏省訓令第三十七號所定之北海道地方自户長及水産物營業人之組合納税委員交與金庫之規金經理法　按：照原令於收入官吏改爲歲入徵收官。明治三十三年四月。

●農商務省頒行各項賦税之收納經理法令　按制：照大藏省經理出納規則辦理。明治三十三年四月。

●内務省頒行改正明治二十八年第五百四十五號所定之各項賦税之收納經理規則令　按制：皆各局等徵收之事。明治三十三年四月。

●廢止明治二十三年大藏省訓令第七十一號所定自甲廳問乙廳收納之賦税現金經理順序　明治三十三年四月。

●廢止匯票納金之經理順序　按制：由明治二十三年大藏省訓令第百三十四號所定。明治三十四年三月。

●改正官吏遺族扶助法中納金之收入規則　按：照原則，於加金庫餘額，應記入歲入徵收官之計算書中，一併報告。明治三十三年四月。

●改正官吏遺族扶助法納金收入規則中之經理順序　明治三十三年四月。

●大藏省頒行改正明治二十三年所布第百十三號官吏遺族扶助法納金收入規則中之經理順序　按制：改收入官吏爲歲入徵收官。明治三十三年四月。

●改正明治二十四年大藏省令第十一號所定發見年度謬誤時之訂正方法　明治三十三年四月。

●改正税關噸税及税關雜項之經理規程　明治三十三年四月。

●改正明治三十二年大藏省訓令第六十號所定租税之現況報告式　按：照原制改正之報告書式，凡十二種。明治三十三年六月。

●定補助軍費之貢獻金收入法　按制：凡民間有貢獻貨幣以補助軍費者，當送交大藏省保管。明治三十三年九月。

●定收單規程　按規程：皆收入官吏與金庫吏員等授受之際所用。明治三十三年五月。

●定内務省所轄歲出臨時部土木事業費中所有修筑信濃川河口等費餘額移入下期之件

按制：以該項工程原定於明治三十三年修竣，嗣以金款支領後，工事不能如期法竣，特令歸入下年併計。明治三十四年三月。

●定北海道鐵路部支部局及分工場等設置預付現金官吏之件　明治三十四年四月。

●改正明治二十六年陸軍省訓令甲第四號所定陸軍召集旅費預行給付之時一切出納檢查責任解除及委任之件　按：照原令改陸軍召集旅費爲陸軍召集諸費。明治三十三年十月。

●定併合給付令、發布給付令之經理法　按法：凡遇當給付之時，應於給付之前一日知照金庫吏員，其併合數款，一起給付時同。明治三十三年四月。

●改正明治二十六年大藏省訓令第四十號發布給付令請求書與合併給付令請求書時之經理方法　明治三十三年四月。

●改正明治二十三年大藏省令第二十七號所定自會計主務官送付金庫之給付令請求書中，當現金未付以前發見誤付、過付等事時之經理規則　明治三十三年四月。

●規定經費之經理規則　按規則：凡豫算額餘額、豫備費、預支費、預付費、修繕費等，俱有一定規則。明治三十四年三月。

●廢止税關經費之配賦與經理順序以及税關事務之計畫規程　明治三十四年三月。

●改正森林事業以及收支預算概定之順序　按：照明治三十一年十一月農商務省訓令第

三十六號所定順序中，於第一、第二、第三等條，俱有更改。明治三十三年五月。

●改正臺灣經費之經理順序　按：照明治三十年拓殖務省訓令第五號所定順序，改爲臺灣總督向各給付命令官徵取支出報告書後，核造清册，以翌月二十爲限〔二〕，送交内務大臣查照。明治三十三年七月。

●改正明治二十三年大藏省令第十七號所定給領俸銀時一切給付令及金額、姓名表之格式　按：照原令改正書式一件。明治三十三年四月。

●大藏省頒行改正明治二十三年所布第十七號書式令　按：照原令改歲入之調定官及收入官吏等爲歲入徵收官。明治三十三年四月。

●改正明治二十六年大藏省令第三十二號所定諸計算給付會領收證以及各種帳簿式樣　按：照原定式樣於甲之二及乙之二兩號書式，重爲更定。明治三十三年四月。

●大藏省頒行改正明治二十六年所定之第三十二號書式令　按：照原制改正其第七號書式。明治三十三年四月。

●規定普通教育費之支出計算書及交付法　按：照會計規則，所有普通教育費之支出計算書，應由道廳長官及縣知事送交會計檢查院查核。明治三十三年六月。

●改正預金保管物及供託物等之經理規程　明治三十三年七月。

●規定救恤寄附金等保管出納之件 明治三十三年八月。

●照供託法指定營業倉庫 按制：凡指定之倉庫五十四所。明治三十三年八月。

●司法省公布遵供託法例指定營業倉庫示 按制：指定宮山縣之營業倉庫一所。明治三十四年四月。

●指定倉庫營業者之定款規則應行隨時呈報之件 按制：凡司法省之指定倉庫一切定款規則，遇有更變之時，地方裁判所應隨時呈報司法省查核。明治三十三年八月。

●照供託法規定供託書式 明治三十三年八月。

●定金庫檢查規程 按規程：分定時檢查、臨時檢查二則。明治三十四年四月。

●改正金庫出納事務規程 明治三十三年四月。

●大藏省頒行改正明治二十六年第三十九號所定金庫出納事務規程令 明治三十三年四月。

●大藏省頒行改正明治二十六年第三十九號所定金庫出納事務規程令 按：照原制經改正者，書式七號。明治三十三年五月。

●照金庫出納事務規程定金庫送到雜部金及月計對照表等件時之調查並證明法 按制：凡金庫送到雜部金及月計對照表後，查核無誤，應即掣付收單，於三日內寄還。明治三十三年四月。

●改正儲金保管物、供託物及金庫出納事務規程　按：照明治二十六年大藏省訓令第三十二號規程，改正其附屬之第一號書式。明治三十三年四月。

●大藏省頒行改正明治二十六年第三十九號所定金庫出納事務規程令　按：照原制經改正者書式兩號。明治三十四年三月。

●大藏省頒行改正明治二十六年第三十二號所定之儲金保管物、供託物及金庫出納事務規程令　明治三十三年五月。

●改正明治二十七年大藏省訓令第十八號所定金庫歲入金登記各廳内譯簿之件　按：照原制改主任收入官吏爲歲入徵收官。明治三十三年四月。

●定金庫出納之證明規程　按規程：其證明書類，以定時檢查之檢查吏所頒給者爲准。明治三十三年四月。

●改正金庫位置及出納區域　按：照明治三十年大藏省告示第七十三號所定區域，改鳳山支金庫爲打狗支金庫，並改臺中支金庫之區域爲屬於北港辦務署云。明治三十三年八月。

●改正明治二十六年大藏省令第三十七號所定會計規則中之各種報告書式　明治三十三年四月。

●大藏省頒行改正明治三十年第七十三號告示所定之金庫位置及出納區域示　明治三十三

年十一月。

●大藏省頒行改正明治三十年第七十三號告示所定之金庫位置及出納區域示　明治三十四年二月。

●大藏省頒行改正明治二十六年所定第三十七號書式令　按：照原制於第三號書式重行更正。明治三十三年四月。

●規定大藏省所屬之建築規程　按：規程分爲八章。首章通則。次章廳舍之制。三章藏庫之制。四章税關屋宇。五章保税倉庫。六章煙葉草倉庫。七章官舍。八章附屬物制。明治三十三年六月。

●大藏省所屬工事之經理規程　按規程：除因災破損隨時修繕外，其改造建築等事務，於前一年之正月望前，由局長估計工價，繪作圖説，送交大藏省編入預算後，方能核定。明治三十三年八月。

●加正土地臺帳規則之施行細則　按：照明治二十二年大藏省令第六號所定規則，於中加土地所有權之轉移、質典等事。未接登記所之知照，能不登録一款。明治三十三年七月。

●定開墾年期、新開免租年期、地價據置年期等延長之件　按：照地租條例，此等土地期滿未能成熟者，准其呈請延期，第至長不得逾七十年耳。明治三十四年四月。

●規定宅地互易之件　按制：將市街宅地與郡村宅地對易，其新成之宅地，一例稱爲郡村，以期與町村制一律云。明治三十三年五月。

●定開墾地、開拓地、新開地等年期繼續之件　按制：凡初經開墾未逾九年之土地，與在鍬下年期新開免租年期，及地價據置年期中之土地，以及荒地免租年期、低價年期中之土地，均不得歸入地租條例之十年期中云。明治三十四年四月。

●定災地方免除地租之件　按制：凡遇水旱災歉、毫無收穫者，准於一個月内呈請主務官廳申報蠲免該年分之地租云。明治三十四年四月。

●定水災地方擬請免除地租之呈報法　按：照明治三十四年法律第二十七號所定規則，凡呈請免除地租者，須將被災種類、時日及絶無收穫之寔據等，呈報所轄税務署查核施行。明治三十四年四月。

●改正明治三十二年大藏省令策第十七號照所得税法施行規則調製書式之件　明治三十三年四月。

●定第二種所得税誤行完納之時呈請給還法　按制：當由公債、社債等之給付利息者，於利息給付地方之所轄税務署中呈請給還。明治三十三年十二月。

●改正司法省所屬事項之登録税及登録費等調製報告表式　按：照明治三十二年司法省

訓令第五號加登録費用表一則。明治三十三年十二月。

●改正酒造税法　按：照原制改正者。明治三十四年三月。

●定酒精及含有酒精之飲料税法　按税則：其試驗酒精成分之多寡，以攝氏驗温器爲准。每當驗温器十五度而比重在零點下七九四七者，則爲純酒精，以此類推。明治三十四年三月。

●規定酒精、酒類及含有酒精之飲料等輸出後給還酒税之件　按制：凡酒類由日本製造輸出他國之時，祇須有他國之海關進口捐單，則於前時所徵之製造税准其請還。盖今時各國之商務專以販賣消耗品爲務也，危哉！明治三十四年三月。

●規定醫藥用及工業用之酒精給還酒税法　按制：無論自造、輸入，但令酒精確爲醫藥及製造所用，則前時所徵之税，准其給還。第量數不滿一石者，不在此例。明治三十四年三月。

●定麥酒税法　按制：凡開設麥酒工廠，應呈請頒給執照。至課税之法，每麥酒一石課銀七圓云。明治三十四年三月。

●定砂糖消費税法　按制：凡製造及運至之砂糖，係爲内地人飲食之用者，則徵其消費税，以糖之優劣而定其最下者，每百斤税銀一圓。上者則二圓二角云。明治三十四年三月。

●定煙葉草專賣法之施行細則　按制：凡耕作、製造、出口等事，均須呈請專賣局長或分局長認可，方得開業。至一切儲藏經營之法，亦應遵專賣局指揮。明治三十四年四月。

●規定煙葉草耕作地之區域　按煙葉草專賣法：另立耕地區域。明治三十三年十一月。

●定郵政局發賣印花税用紙規則　按規則：凡三等。郵政局並代理所及郵便印紙發賣所等處，向所轄郵政本局購買印花税用紙之時，約以四折或六折賣之。其染污破損者，准其退回原局，以九折算。明治三十三年九月。

●規定發賣郵政票規則　按規則：郵政總局其發賣郵票有一定時刻，然各分局及代賣處則晝夜不息也。至賣與分局及代理所時，約減百分之五或百分之三零五作算，餘與税花税用紙同。明治三十三年九月。

●改正沖繩縣酒類出港税則　按制：其所謂出港税者，由沖繩運至日本内地之税也。日本造無税，而沖繩既爲日本所併，其於税則則仍不同。亡國者之見欺若是。明治三十四年三月。

●改正關税定率法及定率法之附屬輸入税表　按：照原則，煙酒税則大爲更加，日增一日矣。明治三十四年三月。

●改正關税定率法之附屬輸入税表　按：照原定税率表微有更改。明治三十四年四月。

●定明治三十四年法律第三十二號所改關税定律法之附屬輸入税表施行之件　按制：定

於明治三十四年十一月一日施行。明治三十四年四月。

●制定免除原料之輸入税　按制：凡進口物品，係供工業原料之用，於一年内製成後，仍須出口者，則其進口時，但照應課税銀交税關作質，准其運貨出口時，申請給還，蓋以興工商也。明治三十三年八月。

●制定原料品之輸入之件　按制：凡未經雕刻之玉石、未經彩畫之磁器、未經染印之布帛、未經刺綉之綾絹等，但須於一年内，確係加工後輸出者，俱准其開具詳細節略，將應納税銀暫抵。明治三十三年十一月。

●定外國輸入之鹹魚、燻魚及魚糟等税則　按：照明治三十年法律第十四號關税定率法，此等物品應課進口税，在原價百分之五十以下。然究須若干，由敕令隨時核定。明治三十三年八月。

●禁止馬匹出口之件　按制：凡有將馬匹出口者，罰金二百、重禁錮一年。明治三十三年七月。

●大藏省頒行禁止馬匹出口示　按示：凡馬匹未經禁止出口以前，業經定約，而出口在禁止令下之五日内者，不在此例。明治三十三年七月。

●定税關假置場法　按制：凡客商貨物，但令申告税關後，准其儲入場中。第遇有損害，税關不任賠償之責，並不得存儲逾三個月云。明治三十三年四月。

●定税關假置場法之施行規則　按規則：凡横濱、長崎、神户等關之管轄區内，均設有税關假置場。其夜間及休日等一例關鎖，所有存儲費用，由大藏省核定曉示。明治三十三年四月。

●定税關假置場之使用費及雜費規則　按制：凡貨物大一立方尺者，每存儲一月徵費自五厘至二錢。須倉庫一五方尺者，月徵費用自四角至七角五。按物品之原價酌收。其有深夜呈請啟庫者，每一點鐘納費元半。明治三十三年四月。

●定税關所屬之土地房屋使用費　按制：凡地面五方尺，每月納費五角以上二圓以下，半月起算。洋油存置場，每區按日納費二角五分。明治三十三年十二月。

●指定横濱及長崎税關之假置場地區　明治三十三年五月。

●規定税關貨物經理人之法則　按法：則凡於税關所在地方，爲客商經理貨物因而爲業務者，應呈請税關長認可，並呈交保證金在五千圓以上，存大藏省作信。其一切業務，胥由管税關長監督云。明治三十四年四月。

●改正明治三十年内務省令第二十二號所定府縣税、地方税、市町村税滯納者之處分及囑託法　按制：凡有滯納府縣税、地方税、市町村税者，而身處滯納税銀之地方以外之時，該府縣及市町村等，得以移文囑託於所住之地方官，代爲處分。明治三十三年四月。

●實施明治二十六年外務省所頒第一號令於清國福州之件　按制：定於明治三十四年五月一日實施。明治三十四年四月。

●改正明治三十二年大藏省令第九號所載應課發行税之兑换券每月調查其平均發行實數之報告式　明治三十三年五月。

●改造兑换銀行券中之百圓紙幣式　按制：照明治十七年第十八號布告兑换銀行券條例，日本銀行發行之百圓紙幣，應行改造。明治三十三年十二月。

●改正事業公債條例　按：照原例改一億三千五百萬圓爲一億五千萬圓。明治三十四年。

●改正臺灣事業公債法　按：照原制中改一年爲三年。明治三十四年四月。

●改正明治三十二年法律第百一號所定募集國債於外國時之件　按：照原律略有增損。明治三十四年四月。

●麥酒税法施行規則　按：此規則專制定製造麥酒者之税項。明治三十四年八月。

●酒精及酒精含有飲料税法　按：此税法專制定酒精及各種酒中含有酒精之原料者税項。明治三十四年八月。

●酒精及酒精含有飲料税法施行規則　按：此規則專制定酒精及各種酒中含有酒精原料

者施行其税法之章程。明治三十四年八月。

●酒精、酒類及其他含有酒精飲料者輸出請給之金額　按此章程：凡日本所製之酒精、酒類及其餘含有酒精原料者，輸出外國時，皆得分別金額之多寡，請政府給付。明治三十四年三月。

●酒精、酒類及其他含有酒精飲料者輸出外國時請給金額規定之施行規則　明治三十四年八月。

●醫藥用、工業用酒精給還其税法　按此法：凡製造酒精者，已完納各種税則以後，其酒精若供醫藥用或工業用者，則可稟請政府給還其所税之金額。明治三十四年三月。

●醫藥用、工業用酒精給還其税法施行規則　明治三十四年八月。

●砂糖消費税法　按：此税法專制定砂糖所關之消費税。明治三十四年三月。

●砂糖消費税法施行規則　明治三十四年八月。

第二十類　軍事

●改正徵發馬匹事務細則　按：照原則中加郡市長及吏員等所用旅費，並郵便、電信、工役等費，概向師團司令部支給。明治三十三年九月。

●廢止明治二十三年陸軍省訓令甲第十六號所定徵發物件表中之船舶事件　明治三十三年十一月。

●調正馬匹調查及檢查之施行規則　按：照原則加各徵馬管區馬匹調查一覽表，及各調查表等，呈送陸軍省查核一則。明治三十三年六月。

●陸軍省頒行改正馬匹調查及檢查之施行規則令　按：照原則改正委員長及委員之資格。明治三十三年十一月。

●定徵兵事務條例施行細則中有不能行於北海道、沖繩縣、大島、小笠原島、八丈島等處地方之件　按制：皆徵兵時猶豫，不即入隊及屯田兵卒之事。明治三十三年十月。

●改正明治二十八年敕令第百二十六號北海道徵兵令施行之件　按：照原敕中加移住占守島者，其年在三十二歲以內，應在徵兵猶豫之列，遇此則爲國民兵，又加從事兵村事務者，准其免入營隊充當現役兵丁。明治三十三年八月。

●定補充陸軍現役兵之缺額之件　按：照徵兵事務條例補充軍丁，由各司團長徵集，第一補充員，發各隊充補。明治三十三年十一月。

●改正志願編入國民軍呈請註册者之規則　按：照原則俱有增改，皆屬年限之事。明治三十三年五月。

●改正陸軍兵籍規則　按：於原則中加第二補充兵，應募之時，當更註第二種兵籍。明治三十三年十一月。

●改正海軍之醫學生、藥劑學生、造船學生、造兵學生、主計學生規則　明治三十三年四月。

●海軍省頒行改正海軍軍醫、藥劑、造船、造兵、主計等學生規則並造兵生徒規則　按：照原則中加呈具履歷時，須將户籍謄本一併送核。明治三十三年五月。

●海軍省頒行改正海軍軍醫、藥劑、造船、主計、造兵等學生及海軍造兵生徒規則令　按本令：改海軍省軍務局長爲海軍艦政本部長。明治三十三年六月。

●陸軍省頒行改正陸軍召集規則令　按：本令爲第二次更正時所布，凡删改變遷者甚夥。明治三十三年十一月。

●陸軍省頒行改正陸軍召募規則令　按：本令爲三次更正時所布，凡删改者，皆期日之事。明治三十四年三月。

●改正憲兵條例　按：憲兵條例由敕令更正删改。明治三十三年五月。

●布改正憲兵條例敕　按：此爲第二次改正時所布，經删改者，皆官制之事。明治三十四年四月。

●改正明治三十一年陸軍省令第十六號所定憲兵分隊之配置及憲兵警察區域　按：此爲

第一次改正之時所布，改第十二憲兵隊之栁原町爲瑩川町。明治三十三年四月。

●陸軍省頒行改正明治三十一年第十號所定之憲兵分隊配置及憲兵警察區域令　按：此爲第二次更正之時，改第十二憲兵隊之竹崎町爲新地町。明治三十三年四月。

●陸軍省頒行改正明治三十一年第十六號所定憲兵分隊配置及憲兵警察區域令規則　按：此爲第三次更正之令，改第十憲兵隊之東二陛町爲鍛冶町。明治三十四年四月。

●陸軍省頒行改正明治三十一年第十六號所定之憲兵分隊配置及憲兵警察區域令　按：此爲第四次更正之令，改青森市爲筒井村，青森市米町爲東津輕郡筒井村。明治三十三年五月。

●陸軍省頒行改正明治三十一年第十六號所定之憲兵分隊配置及憲兵警察區域令　按：此爲第五次更正之令，於第六、第十二兩憲兵之區域，俱有更改。明治三十三年五月。

●陸軍省頒行改正明治三十一年第十六號所定之憲兵分隊配置及憲兵警察區域令　按：此爲第六次改正之令，改第二憲兵隊之名掛町爲東七番町。明治三十三年六月。

●陸軍省頒行改正明治三十一年第十六號所定之憲兵分隊配置及憲兵警察區域令　按：此爲第七次更正之令，改第八憲兵隊之代官町爲富田町。明治三十三年七月。

●陸軍省頒行改正明治三十一年第十六號所定之憲兵隊配置及憲兵警察區域令　按：此

爲第八次更正之令，改第十憲兵隊之舞鶴町爲餘内村。明治三十三年八月。

●陸軍省頒行改正明治三十一年第十六號所定之憲兵分隊配置及憲兵警察區域令　按：此爲第九次更正之令，改正第七憲兵隊區畫。明治三十三年八月。

●陸軍省頒行改正明治三十一年第十六號所定之憲兵分隊配置及憲兵警察區域令　按：此爲第十次更正之令，改第十二憲兵隊之東本町爲莊司。明治三十三年十月。

●陸軍省頒行改正明治三十一年第十六號所定之憲兵分隊配置及憲兵警察區域令　按：此次爲第十一次更正之令，改櫻田本鄉町爲飯倉片町。明治三十三年十一月。

●陸軍省頒行改正明治三十一年第十六號所定之憲兵分隊配置及憲兵警察區域令　按：此爲第十二次更正之令，改第一憲兵隊之半島村爲鎌倉町。明治三十四年三月。

●陸軍省頒行改正明治三十一年第十六號所定之憲兵分隊配置及憲兵警察區域令　按：此爲第十三次更正之令，改第四、第五、第六、第十、第十一等憲兵分隊之統轄區。明治三十四年四月。

●定調查報告掌理陸軍豫後備役、補充兵役等之官吏至戰時不能倩人頂代之件　按制：將其官名、住所、籍貫及兵役之種類等，每年調查一次。明治三十三年五月。

●改正海軍下士卒服役條例　按制：凡改正者，皆兵籍之事。明治三十三年六月。

●廢止明治三十年陸軍省令第十六號所定在鄉之陸軍軍人及補充兵役等於寄留地方呈請應募之件　明治三十三年五月。

●定臺灣寄留者之演習召集規程　按規程：凡當演習之時，先期二十日，由各隊長交辦務署分報各兵員人等，其有疾病及不得已之事故者，須有確實證書，方准告假。至信到之時，該兵役等適值他出，則由其家屬轉報，務以必到爲期。所有一切旅費自應由營中支給。明治三十四年三月。

●定將校之演習旅行條例　按：條例區分四章。首章總則。次章將官之演習旅行。三章參謀之演習旅行。四章幹部之演習旅行。末附雜則。明治三十三年七月。

●定將校旅行之條例細則　按：細則區分二章。首章爲人員、馬匹之制。次章爲報告之制。明治三十三年七月。

●定海軍檢閱條例　按：條例區分四章。首章爲檢閱之總則。次章爲特命檢閱之制。三章爲恒例檢閱之制。四章爲臨時檢閱之制。明治三十四年二月。

●定軍港、要港規則　按規則：分軍港、要港爲三區，區中主權爲鎮守府所獨有。凡外國軍艦離港區三海里以外，應張掛本國旗幟，以明來歷。其有願入港區及椗泊中發放禮炮等事，均須得鎮守府之許可，方准施行。此亦彼國之主權矣。明治三十三年四月。

●陸軍省頒行改正要塞地帶法施行規則令　按制：凡府縣郡市之中有爲要塞地域者，無論建築、種植、樵採、漁獵等事，均須由警察官許可後，方准施行。否則，隱匿不報及擅自使用之人，均應懲罰。明治三十三年六月。

●海軍省頒行改正要塞地帶法之施行規則令　按制：凡於海軍要塞地域内修筑、漁獵、椗泊等事，均應呈請鎮守府認可，否則按律懲治，與陸軍之要塞地同。明治三十三年六月。

●定陸軍奥國大湊地方之海軍防禦營造物之地帶及區域事件　按：照要塞地帶法第三、第六兩條規定，界畫區域。明治三十三年十一月。

●改正陸軍埋葬規則　按：照原則俱有增改，皆供職臺灣者在營身故之事。明治三十三年八月。

●改正海軍下士卒之旅行執照規則　明治三十三年五月。

●定下士卒當轉職轉勒之際在途因事不能如期到職之件　按制：遇有必不得已之故，在汽船由船長出具證書，在陸上由市町村長出具證書。其因疾病者，由醫生出具證書，報告所屬長官。明治三十三年五月。

●定陸軍軍用運送船之旗幟式樣　按式：長方、色白、紋黑地以雲齋。明治三十三年五月。

●定輸送軍馬規則　按規則：每馬匹六頭，夫役一名。三十頭合添技手或助手一名。汽車、汽船之運費，俱照實價報銷。至馬糧、繩索、厩舍及飼養工食等，俱有定制，按里程核算，不得增減。明治三十三年七月。

●定軍隊教科書之檢閲規程　按規程：凡關於陸軍教育之書，其刷印時，應由陸軍官憲檢閲，加盖戳記，以防蒙混。明治三十三年六月。

●定經理陸軍之恤兵金品方法　按制：凡有將金圓、物品等呈爲慰恤兵役之用者，當送交恤兵部，設法頒給。至遇有不應送贈之品，恤兵部得以照例辭却。明治三十三年八月。

●定經理海軍之恤兵金品方法　按制：凡贈恤海軍之金圓、品物，當送交海軍經理局長分給。至其餘各款，與陸軍同。明治三十三年八月。

第二十一類　教育

學校通則

●定一切學校之名稱之件　按制：除師範學校及小學校外，凡一切學校，俱由其經費所從出，加府縣廳立、郡立、市町村立、私立等字樣。其有以前設立者，自本令施行之日起六個月内，一體更正。明治三十四年四月。

●照教育基金令定明治三十四年分之應行給付基金額之准則　按制：凡明治三十四年分

之應行給付基金額，以現在之學齡兒童作准。明治三十四年四月。

帝國大學

●改正明治二十六年敕令第九十三號所定東京帝國大學各分科大學之講座種類及其席數　按制：於法科、醫科、文科、工科、理科等各科講座，俱有增加，於以見日本文教之日進。明治三十四年四月。

●高等學校　定高等學校大學豫科之學科規程　按制：分高等學校之學科爲三部。法科、文科屬第一部。工科、理科、農科屬第二部。醫科屬第三部。誠以所志不同，即豫備之學問不同，故不得不區而分之也。明治三十三年八月。

●諭改正高等學校大學豫科之學科理由　按諭：以高等學校爲豫備大學校之專門學問而設。科目過多，轉覺博而不精，誠以一人之精力有限，與其泛涉，何如精專？用特改正科目如前。至德育爲立身之本，外國語爲修學之階，尤不容忽。各高等學校校長暨教授等，其善體斯意焉可。明治三十三年八月。

●制定第六高等學校一體設置大學豫科之件　按制：定於明治三十三年九月十一日授業。明治三十三年四月。

●定高等學校之醫學部改定名稱之件　按制：凡第一、第二、第三、第四、第五高等學校之醫學部，俱改稱醫學專門學校，而廢去第三高等學校之法學部及工學部。明治三十三年四月。

高等師範學校

●改正高等師範學校規程　按制：改撰科生之在學期限爲二年以上、三年以下。明治三十四年三月。

●定中學校令之施行規則　按：規則區分八章。首章定中學校之學科及其程度。次章定學年及教授日數與開校式日。三章制定編制。四章設備之件。五章設置及廢止之事。六章定入學、退學、在學及懲戒之事。七章補則。八章附則。明治三十四年三月。

高等女學校

●定高等女學校令施行規則　按：規則區分八章。其每章制度與中學校等。第其命意所在，則在造就校中女生成中等以上之女子，必使智德兼進、情操不悖而後已。明治三十四年三月。

小學校

●定小學校令　按：令區分九章。首章總則。次章定設置之制。三章定教科及編制之法。四章定設備之制。五章定就學之制。六章定職員之制。七章定經費及束脩之制。

八章定管理及監督之法。九章附則。明治三十三年八月。

●定小學校令之施行規則　按：規則區分十章。首章爲教科及編制之事。内分教則、學年、編制、補習科、教科書等五節。次章爲設備之准則。三章定就學之制。四章定檢查教員及給與文憑之事，内分考試及給憑兩節。五章定校中職員内校長及教員之進退、校長及教員之職務、懲誡、罷職、褫憑、給發月俸、旅費及一切給與之制，並代用教員等凡五節。六章束脩之制。七章學務委員。八章代用私立小學校。九章定幼稚園及類於小學校之各種學校制度。十章附則。明治三十三年八月。

●諭改正小學校令及發布小學校施行規則之意趣　按諭：設幼童精力未裕，務以淺近簡略爲主。其徵引不出目前，其講習不離日用。至精神活潑、德性純粹，實教育要旨，萬不可忽。若所課漢字，不過千二百字足矣。我國之徒事誦讀者，其亦知所返哉！明治三十三年八月。

●調查學齡兒童及親兒童數　按：照市町村立小學校教育費之國庫補助法，其謂當以學齡兒童及就學兒童之近三年平均數，分配其教育補助費云。明治三十三年五月。

實業學校

●增加實業學校之教員養成規程　按：照明治三十二年文部省令第十三號所定實業學校

教員養成規程中，加『文部省查當緊要之時，應令員從事他項教職之義務』一語。明治三十三年五月。

●改正明治三十三年文部省訓令第一號所定就實業學校之教職者當轉任、退職及命其休職之件　按：照明治三十三年文部省訓令第一號，改實業學校教職爲實業學校及其他教職一語。明治三十三年六月。

實業教育費

●改正實業教育之國庫補助法　按：照國庫補助法中，改爲以奬勵實業教育故，由國庫核定豫算照額支給。明治三十四年三月。

教員

●定教員之檢定規程　按規程：除領有師範學校、中學校、高等女學校等卒業文憑者外，應將修身、倫理、數學、博物、圖畫等分科考試後，方准給憑充當。明治三十三年六月。

●照教員檢定規程指定得以不應試驗受檢之各學校　按：照明治三十三年文部省令第十號教員檢定規程所載，帝國大學、分科大學等，凡二十六學校之卒業生，俱准不與考試受檢。明治三十三年六月。

●制定無教員執照者得以充當教員之件　按制：凡師範學校、中學校、高等女學校等，遇持有執照之教員，無從延聘之時，准以無執照者暫攝教職，但不得稱教諭、助教諭、訓導等名目。明治三十三年九月。

●定中學校倫理科教員執照之效力　按：倫理科教員執照，自明治三十四年四月一日以後，准與中學校修身科教員執照一律相視。明治三十四年三月。

教科書

●定小學校教科用之圖書檢定法　按：教科用書分兒童用、教員用、教授用三種。必於所用者有密切之評註，方爲合格。明治三十三年八月。

學校衛生

●改正明治三十一年文部省令第七號所定之學校醫資格　按：照明治三十一年文部省第七號所定，於第一、第二中，俱有删改。明治三十四年正月。

●改正學生生徒身體檢查規程　按：照明治三十三年文部省所定，於地方長官受各校報告後，限於兩個月中，申報文部大臣。明治三十三年三月。

外國留學生

●文部省定派遣外國留學生章程　按章程：文部省以研究學術技藝起見，由官立學校之卒業生及教員中遴選留學外國學生。其研究學科等，俱由文部省指定。每年學費以千八百圓爲定。其臨時旅費，照判任官例支應。遇有考察學問費不敷用者，准其酌與增加。明治三十四年三月。

●文部省定派遣外國留學生規程細則　按細則：凡旅費、學資及監察學生之勤惰、學修之進退等事。明治三十四年四月。

●遞信省改正外國留學生規程　按：照原則俱有增改，率係經費之事。明治三十三年五月。

外國委託生

●定文部省直轄學校之外國委託生規程　按規程：凡外國委託生，由駐日本之公使咨送者，得免入學試驗，並准選科講習。明治三十三年七月。

氣象

●改正中央氣象臺之氣象通報規程　按：照明治二十九年文部省令第二號所定，氣象通報規程費用金額，更爲核正。明治三十三年九月。

統計報告

●定學事年報之取調條款及諸表式樣　按：照原制廢去第三號表。明治三十四年二月。

●增加明治十九年文部省第二十號所定府廳縣令申報學事之件　按：照原令於廳府縣令之下加『訓令』二字。明治三十三年十月。

●因市町村之廢置、分合等故所有學校、幼稚園及兒童教育事務在當廢之例者應接續委託所關之件　按：此等教育事務之委託存續，由府縣知事定之。明治三十四年十月。

第二十二類　勸業博覽會

●公布第五回内國博覽會開設之件　按制：定第五回内國博覽會，自二十六年三月一日至七月三十日止〔三〕，在大阪府大阪市南區天王寺今宫開設。明治三十三年五月。

●公布第五回内國勸業博覽會附設水族舘之件　按制：於大阪府界市大濱通公園内，設置水族舘。明治三十三年十二月。

●定第五回内國勸業博覽會規則　按：規則分爲五章。首章總則。次章出品之制。三章觀覽之制。四章審查之制。五章褒賞之制。明治三十四年四月。

●定第五回内國勸業博覽會中之出品部類目録　按：分農業園藝品、林業水産品、採礦冶金業、化學工業、染織工業、製作工業、機械品、教育學術衛生、經濟品、美術及美術工藝品等十部。共成五十九類。明治三十四年四月。

●定北海道中應行組織之郡農會及各種農會數　按制：凡設立北海道郡農會，應於郡下之町村總數中，其三分之一以上，俱有設立之意，方得開辦。設立北海道農會，須北海道之郡農會中，其三分之一以上，俱有設立之意，方准開辦。明治三十三年六月。

●定農會所呈之經費豫算書、概算書及決算書式樣　按制：於豫算書中，有本年豫算額、上年豫算額，兩年相較及説明等款。明治三十三年六月。

農事講習

●改正設置農事及水産巡回教師之應行事宜　按：照明治二十七年所布二十八號訓令中，於農事之下加『工業』二字。明治三十四年二月。

工業試驗場及講習所

●定府縣郡工業試驗場及工業講習所規程　按規程：設以爲講求工業之地故，地方長官應於府縣郡之工業試驗場及工業講習所等，隨時調查，將其所有功程，每年至五月杪，申報農商務省。明治三十四年二月。

馬匹

●定馬匹去勢法　按法：每於春、夏二季，除種馬與年齒不合者外，一律割治。其去勢致斃者，由官家給賠。不願去勢者，有罰。明治三十四年四月。

害蟲豫防

●布驅除及豫防害蟲法之訓令之件　按：蟲蝗之類，每於春期發生，先事豫防及當事驅除，尤爲易事。若致成長以後，必致荒歉。特一再諭之。明治三十四年四月。

●定蠶種檢查法施行規則　按規則：凡檢查製絲用種與原種等，均有一定方法。非蠶業講習所、農事試驗場之卒業生及農務局之試驗及第人員等，不得檢查蠶種。至其所用戳記，例有定制。其檢查成績，由地方官報告農商務省。明治三十三年七月。

●定無庸施行蠶種檢查法之各地　按制：如北海道之北見、根實、千島，東京府之伊豆、七島、小笠原島及沖繩縣等處，無庸施行蠶蟲檢查法。明治三十四年三月。

●定明治三十四年分製造蠶種者之呈報事件　按：照明治三十三年七月二十六日農商務省所布第十七號規則，凡製造蠶種者，應先向地方官呈明。明治三十三年八月。

產牛馬組合

●定產牛馬組合法施行規則　按規則：凡地方長官於組合及聯合會等認可以後，應將其定款與報告書呈送交農商務省。明治三十三年五月。

產業組合

●定產業組合法之施行期日　按制：於明治三十三年九月一日施行。明治三十三年七月。

●產業組合法之施行規則　按規則：其出資有定制，准備金有定額，一切規例，俱應呈請地方長官認可，所以防流弊也。明治三十三年七月。

●定北海道中農業者所設立之產業組合之件　按制：凡產業組合，非在二十人以上，不得設立。至出資方法，准以勞力相代其創業經費。不足之時，得由農商務省籌款借給。第以三年爲限。至其他規則，與產業組合同。明治三十三年六月。

漁業

●定漁業法　按制：爲在官有之水面上業漁者設。至其漁業種類、漁獵方法及漁具等，俱應呈請地方官認可。明治三十四年四月。

●改正遠洋漁業練習生規程　按：照原制加派至外國留學一款。明治三十三年六月。

度量衡

●改正度量衡法施行規則　按：照原則重加更正，蓋保證金之事。明治三十三年四月。

●改正明治三十年敕令第百十六號所定度量衡器之制限及製造、修繕、販賣等執照並一切檢定之件　明治三十三年五月。

●照度量衡器之製造、修繕、販賣人應行納付元身保證金時，准以勸業債券作抵之件　查日本勸業銀行法，凡勸業債券，准供製造、修繕及販賣度量衡器者之元身保證金。明治三十三年四月。

●改正度量衡檢定規程　按：照明治三十年農商務省訓令第十九號所定，加檢查二斗以上之容器一款。明治三十三年六月。

第二十三類　鑛業　森林

●增加礦業條例之施行細則　按：照原則加增坑内實測圖式及石油柱狀圖式兩件。明治三十三年十二月。

●規定鑛業及砂鑛採取業之呈請開辦時所應行完納之一切費用　按：費用十八種，自五圓至十圓爲限。明治三十三年四月。

●改正明治二十五年大藏省訓令第二十二號所定鑛業税及鑛區税之徵收規則　按：照原則改收入官吏爲税務署長。明治三十三年四月。

森林法

●改正森林法施行細則　按：照明治三十年十二月農商務省令第十九號所定森林法施行細則，於第一、第六、第十一等條，俱有增改。明治三十四年二月。

●定營林監督之應行事宜　按制：皆營利監督之辦理及調查等法。明治三十四年二月。

●定辦保安林之應行事宜　按：制區分四章。首章爲調查保安林之制。次章爲保安林之施業法。三章編輯保安林之施業案法。四章附則。明治三十三年十月。

●定造林之臺帳格式　按：制分三式，其一爲人工植栽臺帳，其一爲苗木養成臺帳，其一則林道開設臺帳也。明治三十三年五月。

●定無主之森林原野當歸入國庫時交付及登録之件　按制：凡遇無主之森林原野，地方官當即交付於該管之大林區署。大林區署當即時登録臺帳。明治三十四年正月。

●定國有林野測量規程　按規程：凡當測量國有林野之時，查勘官應會同四鄰地主及市町村長與地方長官等，面照森林之三角測量及周圍測量法，詳細測定後，繪圖登册，送交該管長官查核。明治三十三年九月。

第二十五類　運輸　通信

鐵道

●改正鐵道敷設法　按：照原則中改金陸千萬圓爲金九千萬圓，並除去其年限云。明治三十四年四月。

●制定私設鐵道法及鐵道營業法施行之件　按制：定於明治三十三年十月一日施行。明治三十三年八月。

●定私設鐵道法之施行規則　按規則：凡私設鐵道擬辦之時，應將資本及工程之概略，並沿路豫測略圖等，送請地方官查核。俟地方官頒有草照後，隨將實測詳圖、工程豫算、營業方法等，一一詳具節略候查。其有更變工程及呈請加長與發起人中途身故之事，均宜速爲呈報。明治三十三年八月。

●定鐵道失事之呈報規則　按規則：凡鐵道、汽車、客車、貨車等，遇有相衝、顛覆、出軌破壞、火災以及工人死亡、受傷等情，該公司宜速向遞信省呈報。明治三十三年八月。

●定鐵道臺帳規程　按制：鐵道公司應設置地面、橋梁、隧道、汽車、貨車、客車等六種臺帳。至一切記載之，俱有定例，不得歧二。明治三十三年八月。

●定鐵道統計規程　按規程：製表十二種。私設鐵道，一律按例調製。至調製之主任姓氏，應開呈遞信省備查。明治三十三年八月。

●定私設鐵道股份公司之會計准則　按准則：凡鐵道公司，除會計年度照定章調製外，應備資本帳、利益帳、堆金帳、雜帳等四種。一切記載之法，俱有定例，不得任意更改。明治三十三年八月。

●定私設鐵道工程之報告式　按：照私設鐵道法施行規則，凡鐵道公司，應修測量地面、土工、車站、隧道、軌道、綫路、電綫和橋梁，須甲、乙兩表，共計凡十表。明治三十三年十月。

●定私設鐵道工程之報告期日　按：照私設鐵道法施行規則，其報告期日當分春、夏、秋、冬四期，不得逾限。明治三十四年二月。

●定私設鐵道之竣工圖及諸表式樣　按：照私設鐵道施行規告竣後，應製綫路平面、綫路縱面、車站、橋梁、隧道、車輛等六圖，並表十二種。明治三十三年十月。

●定私設鐵道之乘車方法　按制：凡陸軍將校以至士卒等，乘坐私設鐵道之汽車時，俱有該管之營壘票據，其所帶行李與尋常車票同。有逾限者，按重量加收運費。明治三十三年八月。

●定私設鐵道之營業報告式　按：照私設鐵道法，凡營業報告中所應行記載者，如公司總況、工程、運輸、會計之類，凡九款。明治三十三年十月。

●定專用鐵道規則　按規則：凡個人或公司中，專設鐵道一條，爲運貨物等用者，應將事由及圖面呈請地方官認可。一切未經呈請認可之貨物，概不得擅自運送。明治三十三年八月。

●建設鐵道規程　按：規程區分二章。首章爲綫路章。次章爲車輛章。綫路章包含：曰建築定規，曰曲綫，曰勾配，曰施工基面，曰排水及綫地，曰軌道間隔，曰軌道之負擔力，曰軌條，曰軌間及外方軌條之高度，曰轉轍器及轍叉，曰護輪軌條之間隔，曰橋梁，曰車站内之綫路勾配，曰避災之設備法，曰聯絡之車站，曰聯絡所及信號所、鐵道聯絡及交叉，曰升降所，曰轉轍器及轉轍標之位置，曰待避側綫，曰信號機，曰電氣信器，曰各種設備，曰貨物積卸場，曰汽車庫及客車庫、跨綫橋及地下道，曰儲水器，曰轉車臺及遷車臺，曰貨車積載之定規及計重臺，曰簡易車站，曰修繕工場，曰待避所，曰標識及車止，曰綫路防備等是也。車輛章包含：曰車輛之高幅，曰輪軸距，曰車重，曰車輪直徑，曰車軸大小，曰輪鐵，曰輪緣，曰緩衝器及聯結器，曰汽車之裝置法，曰客車，曰緩急車等是也。明治三十三年八月。

●定鐵道之運轉規程　按：規程區分三章。首章定綫路中之一切事務。内含綫路狀態、綫路監視、轉轍器、逵路監視、掃除障礙物、車站等。次章定車輛中之一切制度。内有車輛狀態、檢查汽車、檢查客貨車、車輛標記、修理器具等。三章制定運轉方法。中有列車前進、列車推進、後部補助、汽車、例車、軸數、列車制動、機數貫通、制動機、客貨車之裝備、列車之構造、列車警報、列車運轉、運轉速度、列車混合、排雪車、入換車輛、停止汽車及車輛運轉報告等。明治三十三年八月。

●鐵道列之車保安規程　按：規程區分四章。首章總則。次章閉塞式。三章票券式。四章指導法。

●定鐵道信號規程　按：規程區分九章。首章總則。次章常置信號。三章車站外之綫路信號。四章轉轍標識。五章手合圖。六章發電信號。七章入換車輛合圖。八章列車乘務員合圖。九章列車信號章。明治三十三年八月。

●定鐵道運輸規程　按：規程區分八章。首章總則。次章運送旅客。三章託送手攜行李。四章運送小貨物。五章運送死體。六章運送貴重品。七章運送動物。八章運送大貨物。明治三十三年八月。

●定鐵道職員制　按制：有運輸長、車輛長、保綫長、驛長、車掌、司票、剪票、貨物司、小貨物司、電信司、信號手、轉轍手、機關手、火夫、注油夫以及一切夫役等，共二十四職。明治三十三年八月。

●定患傳染病者之乘火車規程　按規程：凡火車搭載患傳染病者時，其車門之進出處，必揭示『患傳染病』四字。至患者死於車中，則當速報警察。明治三十三年八月。

●定日本公司在外國敷設鐵道律　按：日本公司有敷設鐵道於外國地方者，其一切規則當由敕定。明治三十三年九月。

●定日本公司敷設鐵道於外國之件　按制：凡日本臣民敷設鐵道於外國地方以經營運輸

業者，必於日本國中設立一本公司。明治三十三年九月。

●日本國與德國訂立互認船舶積量條規　按制：凡德國船隻，無論曾否經德國測度，但須領有德國船照者，其船照所載之登簿噸數，即爲日本之登簿噸數。明治三十三年九月。

●定遞信省頒行日本政府與德國政府立約互認船舶積量示　按示：凡日本船隻領有船籍照、船籍副照、船照、船隻登簿照者，無論至德國何港，均無庸再經德國測度船舶積量也。明治三十三年九月。

●定明治三十三年法律所改正之檢查船舶法施行期日　按制：定於明治三十四年正月一日實行。明治三十三年十一月。

●定檢查船舶法施行細則　按：細則區分十二章。首章總則。次章檢查種類。三章申請檢查法。四章檢查。五章一切檢查書類。六章航路定限。七章旅客定額。八章汽壓制限。九章航行期間。十章再檢查。十一章雜則。十二章罰則。明治三十三年十二月。

●制定檢查船舶規程　按：規程區分三編。第一編總則。第二編船體部。第三編機關部。船俸部分六章。首章檢查准備。次章檢查。三章船體。四章屬具。五章旅客室及船員常用室。六章一切旅客及船員之設備。機關部分四章。首章檢查准備。次章汽機。三章汽鑵。四章吸水機瓣嘴子管及其他之屬具等器。明治三十三年十二月。

●定檢查木船規程　按：規程區分二十章。首章總則。次章材料。三章龍骨、船首、船尾、舵柱、肋材。四章肋骨及船尾之横翼材。五章内龍骨、内側厚板及彎曲部縱通材。六章梁受材、梁受板、梁壓材。七章梁及梁之配置。八章梁柱。九章船首肋材及船尾肋材。十章梁曲材。十一章外板及内張板。十二章甲板。十三章過當比例之船舶。十四章甲板室、船首樓、船橋樓、船尾樓。十五章艙口、機關室口、載貨門及一切進出口。十六章固著釘及固著法。十七章通風路及淦水路。十八章舵。十九章填隙及船底包板。二十章檣帆架及斜檣。明治三十三年十二月。

●定檢查鋼鐵船規程　按規程：無專爲鋼鐵船之檢查而言者，其一切規則大率照造船規程試驗而已。明治三十三年十二月。

●定檢查機關規程　按：規程區分五章。首章總則。次章試驗材料。三章汽機。四章汽鑵。五章鐵管。明治三十三年十二月。

●定檢查船舶之順序　按制：有定期、特別、臨時、罹災諸檢查之分，要之皆以驗其船俸之强弱，以便頒給船照耳。明治三十三年十二月。

●定船舶檢查執行地之件　按制：凡檢查船舶，皆由海事局海務署行之。日本之執行檢查處所，共二十二處。明治三十三年十二月。

●定漁夫搭載船之定員之件　按制：凡航海在二十四時以上者，每人容積四十立方尺，面積五平方尺。其未滿二十四時，容積二十五立方尺，面積五平方尺。明治三十四年二月。

●定檢查登簿噸數未滿十五噸之汽船制　按制：定於明治三十四年正月一日起至正月二十日止，執行檢查船舶法。凡此等船隻，應向所泊之該管海官廳中，將檢查報告及檢查原簿送請察核。明治三十三年十二月。

●制定檢查外國船舶規則　按規則：除係日本公司所租用而領有遞信省之執照者外，當其航行期滿，或搭載三等旅客逾百人之時，應由所泊港之管海官廳查檢。明治三十三年十二月。

●定海軍望樓中見有被難船舶時之通報法及船舶經過望樓附近地方之應行事宜　按制：凡海軍望樓中見有被難船隻，應將該船國籍、形色、方向、時刻及船名等，速行知照該管鎮守府或水難救濟會。至各船經過望樓附近時，應高張萬國船舶信號旗相示。明治三十三年九月。

●照船員法規定有將船員送歸本國者應償其費用之件　按：日本臣民流落外國之時，各國船長有照船員法將該流落人送歸本國者，其一切費用，除該家族自行理處外，遇無所歸之人，由國庫給償費用，以昭國家義務。明治三十三年十二月。

●改正明治三十二年遞信省告示第百七十七號所定船員法施行交納費用處 明治三十三年八月。

●遞信省頒行改正明治三十二年第二十六號所指定之應行管海官廳事務之各市町村長令 按：照原制加撫養町長一俸，兼理管海官廳事務一款。明治三十三年十月。

●遞信省頒行改正明治三十二年第二十六號所指定之應行管海官廳事務之各市町村長令 按：照原定地方中删除口津村長一員，而加大川町長爲一俸，辦理管海官廳事務員制。明治三十四年二月。

●公布明治三十三年遞信省令第五號所改正之應行管海官廳事務之各市町村長之施行期日 按制：定於明治三十三年八月初十日施行。明治三十三年七月。

●改正看守航路標識之業務傳習生規程 按：照原制改金六圓爲六、七圓云。明治三十三年五月。

●定船燈信號器、救命具等之經理規則 按：規則區分五章。首章總則。次章定製造及販賣者之執照。三章定販賣者之呈請認可之制。四章檢定及監查之制。五章罰則。明治三十三年十二月。

●制定船燈信號器、救命具等之試驗檢定規程 按：規程區分三章。首章船燈。内分通則、甲種舷燈、乙種舷燈、甲種檣燈、乙種檣燈、甲種兩色燈、乙種兩色燈、淀泊燈、别種船燈等九節。次章信號器。三章救命具。明治三十三年十二月。

●定船燈信號器、救命具等試驗定之監查方法　按制：凡管海官廳命檢定官吏及檢查官吏等，將試驗查檢加盖圖記後，其成績報告，每年由地方管海官廳彙呈遞信省備查。明治三十三年十二月。

●定開港港則施行於門司之件　按制：定於明治三十三年十二月一日施行。明治三十三年十一月。

●造船規程　按：規程區分兩編，其首爲船體編。内含總則、材料試驗、龍骨正肋材、肋板副肋材、中心綫、内龍骨彎曲部、内龍骨及翼内龍骨、各内龍骨梁、梁之配置、艙内縱通材之配置、特設肋骨、深式肋骨、梁柱、梁上側板、梁上帶板、船首肋及船尾肋板、外板、覆板及填板、鉸釘、支水隔板、甲板二重底及水艙區畫式二重底、肋骨上用縱通桁板、構造之二重底、内張板、車軸隧道、船首樓、船尾樓、船橋樓、低船首樓、低船尾樓、過當比例之船舶艙口、機關室口及其他甲板上之諸口、載貨門及載炭門、排水裝置、舵檣帆架、斜檣及索具等二十六章。其次機關編。内分總則、材料試驗、汽機、汽鑵、瓣嘴子及鐵管、補助汽機及補助汽鑵等七章。末附雜則。明治三十三年四月。

●定郵便法、郵便匯票法、鐵道船舶郵便法及電信法等施行於臺灣之件　按制：定於明治三十三年十一月一日施行。明治三十三年八月。

●制定郵便規則　按：規則分爲六章。首章郵便物之種別。次章郵便物之經理法。三章送郵便物法。四章郵便物之配達法。五章轉送郵便及還付郵便法。六章賠償損害法。末附雜則。明治三十三年九月。

●定第三種郵便物之認可規則　按規則：凡時報等定期發行而無書籍性質者，均作第三種郵便物論。明治三十三年九月。

●定得以照第四種郵便物交局分送者之件　按：年柬、告白等，有一定格式而無筆墨痕者，准作第四種郵便物論。明治三十三年十二月。

●定實施郵便法、郵便匯票法、電信法、郵便規則、郵便匯票規則、電信規則時應行注意之件　按：各款皆郵局收受郵便物、分送郵便物，與民間將郵便物交付郵局及投入信箱等之瑣屑事宜。明治三十三年九月。

●布分送郵便物者之應行注意之件　按款：皆經理分送郵便物者之於各種經理方法。明治三十三年十二月。

●制定郵便物包裝規則　按：各種郵便物俱有一定封裝之法，務以堅固完備，不致中途折損、毁壞爲主。明治三十三年九月。

●定私製明信片之格式　按：私製明信片，其式樣、大小、紙張，俱應與官製一律，並須於表面用不致變色之顔料印刷，方爲合格。明治三十三年九月。

●定私製明信片之紙質　按：照郵便規則，凡原料紙色、堅韌、重量，俱應與官製一律。明治三十三年十月。

●發行皇太子御婚祝典紀念郵便票　明治三十三年四月。

●定郵便、電信、電話等欠付金之徵收規程　按規程：此等欠項，例由郵便局催索。明治三十三年九月。

●定郵便私書函之貸與規程　按制：貸費每年冬、夏兩季徵收。至貸用人因過失以致遺失函鍵、毁損書函等情，應照價賠償。明治三十三年九月。

●在臺灣島内之郵便物配達費　按：在臺灣島内之郵便配達費，市中一角。離市三日里，徵一圓二角。三日里以上，每半日里加費二角。以次遞增。明治三十三年九月。

●定派遣至清國之軍隊、軍艦、軍衙、軍人、軍屬等郵便經理法　按：此等信件，俱照明治二十七年六月敕令第六十七號所定規則辦理。明治三十三年六月。

●定各官廳寄與遣至清國之軍隊、軍艦、軍衙、軍人、軍屬等之公用郵便物記載法　按制：

當於信面朱書『公用』二字。明治三十三年七月。

●定郵便規則得用於在外國郵便官署之通常郵便物者之件　按制：除郵便局中代行支收物價及賠償報酬等事外，其一切規則，照明治三十三年遞信省所定規則辦理。明治三十三年九月。

●定鐵道、船舶之郵便規則　按規則：皆汽車、汽船裝運郵便物時，與郵局結算運價之則。明治三十三年九月。

●定外國郵便規則　按規則：一切經理及分送方法，俱照萬國郵便聯合制辦理。至支匯價銀及送還原信等事，自有專則。明治三十三年九月。

●廢止明治二十五年敕令第五十七號所定小包郵便物之郵費、保險費、賠償金額、容積、重量及價額等登記制限　明治三十三年八月。

●定清、韓小包郵便規則　按規則：小包郵便，由日本內地寄至清、韓兩國者，每二十兩收費三角，以上每二十兩加收一角五分。由臺灣至清、韓兩國者，每二十兩收費四角二分，以次每二十兩加收二角一分。明治三十三年九月。

●定宇品、山海關間往來之船隻中所設之郵便所徵收小包郵費法　按：此等船所有小包郵便物徵收郵費，照船所經過之港岸或其停泊之港岸中日本郵局章程辦理。明治三十四年二月。

●改正郵票之存金規則　按：照原則中向以印花黏貼臺紙上代貨幣者，今改爲印成之印花，用時向局購買云。明治三十三年九月。

●定以證券作郵票存金者之規則　按規則：凡民間將有利之票據等送交郵局存儲，即以每年所得之息作存款者，郵局按照應得息款，除去其每年之所得税，即爲存儲郵局之存款。明治三十四年三月。

●照以證券作郵票存金者之規則中定證券及利札之件　按制：凡得以利息作存款者，祇十五種證券。其他券本逾五十圓者，不在此例。明治三十四年三月。

●定郵便匯票規則　按：規則區分七章。首章總則。次章通常匯兑。三章電匯。四章小額匯兑。五章再度證書。六章郵便匯票金請付後之通知書。七章郵便匯票之居宅付。

●定外國郵便匯票規則　按：規則區分三章，曰總則，曰通常匯兑，曰電信匯兑也。明治三十三年九月。

●定郵便匯票之綫引讓渡規則　按規則：凡郵局匯票，准其劃交銀行支取。但除不指定歸某銀行支取者外，其意欲指定某某者，應於匯票背面所畫之平行綫中，書明所指定銀行牌號，復記其名於下方可。明治三十四年三月。

●定宇品、山海關間往來船隻内所設之郵便經理處中一切匯兑費用之件　按：照郵局定章核算。明治三十四年二月。

●定日本分設清國之郵便局中每日付給郵便匯票之最高額制限之件　按制：凡日本郵局分設於清國北京、天津、芝罘等，越每日匯票支出數，一人以一日百圓爲限，不得逾額。明治三十四年三月。

●定各郵便經理所及分設清國之郵便局不能電匯之件　按制：凡郵便經理所不能電匯款項。明治三十三年九月。

●定郵便局所經理郵便匯票之居宅付之件　按制：凡經理居宅付之匯票，共二十六處。明治三十三年九月。

●定臺灣及清國、韓國之郵匯、電匯等匯費之件　按制：凡清國郵匯，每十圓加收徵費一角，電匯無。臺灣電匯，每十圓五角以上，每十圓加收一角。韓國電匯八角，每十圓加收一角。明治三十三年九月。

●定郵便電報局、郵便局中萬國聯合郵電匯兑並香港及紹介匯票處之代匯、匯付等業務開始之件　明治三十三年九月。

●定日本貨幣與萬國聯合郵便匯票進出之價格標準表　按表：凡立有定表者，僅八國。明治三十三年九月。

●制定電報規則　按：規則區分十章。首章總則。次章電報書法。三章字數及語數計算法。四章電報費。五章託致電報法。六章電綫託送。七章分投電報。八章尋問改正及停止之件。九章閱覽正寫。十章特別電報。明治三十三年九月。

●定電信法准用於無綫電信之件　按：照電信法等條，無綫電信當一律遵守。明治三十三年十月。

●制定電信法及電話官署　按：改電信官署爲一等郵便電信局，電話官署爲電話交換局。明治三十三年九月。

●照電信法定呈請損害賠償及報酬之件　明治三十三年九月。

●制定由電話機中經理代致電報之電信局　按制：凡經理此等電報者，全國共十九局。明治三十三年九月。

●定由電話機中託致電報者之心得　按制：凡電話傳語易致誤聽，故於字母、人名、地名及和歐各字母，均須仔細分明，以免舛錯。明治三十三年九月。

●定略號登記費、儘先投遞之登記費、交內登記費等金額及給付方法　按制：凡略號登記及儘用投遞登記，每登記一次，按年納費十二圓交局，證票一張。每年納六圓。明治三十三年九月。

●廢止明治二十一年敕令第六號所定電信費及雜費等以郵票代作貨幣之件，並第七十八號所定鐵道所屬之電信、電話綫經理公衆之通信規則　明治三十三年八月。

●定臺灣島内電報之特別投遞費額　按制：應照電報規則規定，加費五倍。明治三十三年九月。

●定官廳用電信及電話之件　按制：以官廳執行事務故，施設電信、電話之時，除照軍用電信法外，一切規定，俱由遞信大臣酌定。明治三十三年八月。

●定官廳用之電信、電話規程　按規程：凡警察事務、鐵道事務及與各電信局聯絡，故特行設立之電信、電話，仍須申請遞信省認可。至一切規則有與私設電信同者，蓋其大致不甚殊也。明治三十三年九月。

●定私設電信規則　按規則：私設電信，當其將設之時，須呈請遞信省許可。至其綫道有他人業已先行設置者，或各倚一側，或相距在六尺以上，務使電力不相觸犯爲要。明治三十三年九月。

●定私設電信規之費用額及其納付方法　按制：凡私設電信機一座，年納維持費百六十圓；設電話機一座，年納維持費八十圓，每年分四期完納於接近之一等郵便電信局中。

明治三十三年九月。

●定日本與日本分設於韓國之郵便電信局直接往來電報之經理規則　按規則：凡釜山、京城、仁川間之往來電報，其官報中當以日本政府及軍報爲最先投遞。此設立電綫於他國之特利也。餘與內地電報規則及萬國聯合電信約，無甚歧異。明治三十三年四月。

●定在韓國之日本郵便電信局、郵便局等互相發送之電報規定　按制：凡和文電報用片假名書寫，每七字爲一語，徵費一角。餘與經理規則略同。明治三十三年四月。

●定集合電報規則　按規則：凡日本軍人、軍屬，奉遣駐紮外國之時，因事與親族通電者，准其將電稿寄交長崎郵便電信局，每日一次，集合後，發寄外國。其外國寄回者同，電報費照通常海外電報減半。明治三十四年正月。

●定海外電報費之納付法　按制：以郵票代作貨幣，照數交納。明治三十三年九月。

●准以電信、電話託郵局發送海外之件　按制：凡民間租用電話機，均准傳話至郵便局，託其發送海外電報。明治三十三年九月。

●定內地、臺灣間新開電報之件　按制：凡新開電報經長崎、上海之海底綫以達臺灣者，准照明治三十年遞信省令，第每語報費以三角四分核計。明治三十三年五月。

●改正外國新開電報規則　按：照明治三十年六月遞信省令，外國新開電報規則，改日本、韓國間之新開電報，每一語徵費一角二分。明治三十三年四月。

●定電話交換業務用之電話不另徵使用費之件　按制：凡以電話之交換業務故，傳話於遠地時，由遞信大臣酌定，准其不另付使用費。明治三十三年九月。

●制定託局裝置電話機者准其使用之普通電話機器由該裝置者自行製備之件　按制：傳話機器雖准自備，至裝置及維持之方法，仍須與定例一式。明治三十四年三月。

●定電話例定區域外之官廳准其設置通話之件　按制：凡電話交換規則所定之區外，准官廳設綫交通。惟須經遞信省認可，且不得讓售於人。明治三十三年九月。

●定自働電話之件　按：自働電話機，其徵收使用費有一定價目，並有一定貨幣。否則，雖多亦無益也。明治三十三年九月。

●制定電話局傳呼規程　按規程：凡人有欲向他人接談之事，得以由電話囑託電話局中，將其欲談之人傳至電話局，與渠對談。第此等費用，例須先付。倘有住址遷易，無從傳呼者，局中不能給還電話費。明治三十三年八月。

●制定電話局傳呼區域　按制：區域一定，如欲談之人住居過遠，電話局不能代傳也。明治三十三年九月。

●制定電話局傳呼時限　按制：以明治三十年十二月遞信省告示第三百五十九號所定電

話局之電話通信時間爲限，如深夜、黎明，電話局亦不能代傳也。明治三十三年九月。

●船舶信號所關之件　按：日本船舶以遞信省所發行之船舶信號書爲普通信號。明治三十四年十月。

校記

〔一〕外國人　「外」字原缺，據文意補。

〔二〕「二十」後疑缺「日」字。

〔三〕二　應爲「三」字。

〔四〕三十九　疑當爲「三十三」。

東瀛觀兵紀事

東瀛觀兵紀事

辛丑秋，為日本特別大演習之期，恩培奉檄往觀。以九月朔首塗，閱兩月，蕆事回國。其間，舟車況瘁，人事紛紜，殆難更僕數。溯當演習之日，寅晷即策騎而出，子夜方獲休暇。飢餐冷炙，渴飲流泉。非馳驅豐林茂草之中，即徒步砲火衝車之側。目所親覩，或據鞍屬韃，或席地劃沙，出懷中鉛管疾書以存其實。至采訪學堂、製造，則必博覽周諮，見聞悉録，更須與其廠校各員周旋酬酢，耳目視聽，官骸並勞。故所記志在從詳，不暇修飾，積久盈楮，得如千葉，自知龐雜，貽大雅譏。然不敢以潤色之故，蹈文勝之弊。況今國勢阽危，强鄰夾處；或眈眈屬視，或煦煦市仁，跡其蠶食之心，如出一轍。神州蒼莽，來日大難，發憤為雄，庶幾有豸。故當務之急，教育為先，武備次之。蓋教育乃武備之基礎，武備即教育之見端，二者相為表裏。恩培此次追隨其戎行者凡十日，親歷其學校、廠院者凡二十一處。拉雜記之，於其根本之學，進步之由，三致意焉。非以侈域外之游觀，亦聊備當途之采擇云爾。

九月初一日　早九句鐘，偕營務處隨員鄧都司馴保、趙千總廷傑及書記官等，登宏濟丸郵船。十句鐘二刻展輪，閲一鐘時，出吴淞。午後兩句鐘過銅沙，三句鐘過大赤燈山，五句鐘過花腦山，水程表指示十九海里。八句鐘指示七十海里。其地名不暇致詳，惟默誌水程表之里數而已。同舟有皖省派往之黄軍門呈祥、李觀察光鄴等十餘人。是日下稷，風雨交作，入夕更狂。

初二日　晨八句鐘，見水程表指示二百二十八海里。十二句鐘，指示二百九十七海里。時船行在經度一百二十七度三十三分，在緯度三十二度三分，距長崎尚有一百三十五海里。三句鐘二刻過男女島，水程表指示三百四十五海里。五句鐘二刻過五島燈山，聞此處爲産魚最盛之地。八句鐘水程表指示四百十九海里。九句鐘駛近長崎口外之琉璜島，遥見燈火明滅，隱約於滄波上下間。閲二刻，過琉璜島。十鐘一刻，寄碇口外，候醫官驗視，因恐旅客有疫者傳染故也。隨有小火輪載醫官四人來，但使各人出立艙外，偏視面色，幸無疫者，遂即展行。至十一句鐘，駛入長崎口内停舶。

初三日　早八句鐘，登岸拜會領事張君子豫。便道至紅葉亭，及諏訪神社一游。皆彼都名勝之區，紅葉滿山，與青松相掩映，如入圖畫。惜爲時太促，未暇周覽。少頃，亭主進食，食四簋，湯一器，酒味酸辛，土産也。米則純白如玉，光瑩細膩，極爲適口。蓋日本近年農法大進，故産米精良如此。下稷五句鐘開行，連日海面遼闊，一望無際。自過長崎時，見群巒聳翠，砥峙中流。舟行雖遇風，亦甚平穩。由長崎至門司，計水程一百六十五海里。

初四日　早五句鐘，泊門司口外，經醫官驗視如前。七句鐘，駛入口内裝載煤炭，蓋是處産煤甚旺，又爲帆檣必經之地，裝載煤炭價廉而工亦省也。自門司至神户，不過二百四十海里。十一句鐘，駛入内海，商船往來，時見絡繹，異域風光，又换一番眼界矣。

初五日　早五句鐘，抵神户口外，亦俟醫官來驗方行。七句鐘，泊三菱公司碼頭。其碼頭，蓋支木於水中，上鋪横板，長亘數十丈；更鋪鐵軌，以人力行車其上，以使各船之載卸貨物也。十一句鐘，登岸假寓西常盤旅館。是舘居小山之上，俯瞰市廛，遠眺滄溟。雖處城市中，亦無異清涼境界。午膳後三句鐘，乘人力車至通和公司，訪舊友王鶴亭。〔乙未年，余游東瀛至神户，舘於其家。其人伉爽，亦豪士也。〕五句鐘，回寓。

初六日　王鶴亭堅約一飯，不獲辭。至則肴饌豐盛，爲粤人所設酒肆，一席之值約四十圓。散後偕鶴亭閑步，見人民、風景迥異當年。即以市面之闊綽，視乙未年約推廣三分之一，其商務之進步，亦可概見。下稷六句鐘，乘火車赴東京，計程約八百四十餘里，十六個鐘時可到。沿途車站鱗接，每站必停車三五分鐘。其穿山爲洞，車行其中者共八處，最長者約中國五里之遥。徹夜不停，是夕宿於車中。車之制有所謂卧車者，四人一艙，人各據一榻，衾枕裀褥悉備，行旅往來，尤爲稱便。

初七日　早十句鐘，火車抵東京新橋。參謀本部預派大尉一人、通譯一人至火車站迎迓，易馬車至麴區平河町三橋旅館。一切皆參謀本部先期安排，故雖人多而不擁擠也。十二句鐘，往謁駐日大臣李木齋欽使，未值。訂次日拜彼邦當軸。

初八日　早十句鐘，乘馬車拜會日本當道，如總理大臣、參謀本部大臣、教育總監部大臣、外務省大臣、陸軍省大臣，及退位之顧問官，見則先互易名刺，由通譯略致寒喧。無不殷殷於我中國振興之策，輔車唇齒，彼未必無厚望焉。

初九日　上午十二句鐘，偕齋籐及隨員等，乘火車赴千葉町，觀第一師團野外演習。三句半鐘，至千葉，假寓梅松屋，與福建派遣之孫靜山觀察道仁及其隨員等二十餘人同寓。

初十日　晨起六句鐘，攜同各員弁，戎裝策騎而出，馳騁十數里，初無動靜，嗣遇南軍偵探兵一隊，隨至一村舍少憩，主人出素紙索書，余與孫觀察各解刀脱履，入室據案，各揮一紙，匆匆而去。復乘騎行，見南軍（第一師團中之第二旅團）步隊已到，伏於田野間之小岡，暗列砲隊，蓋防北軍由此而進也。繼北軍（第一師團中之第一旅團）步隊，由對面平陽而進。北軍帽蒙白布，不但示別於南軍，其用意殆虛擬一北方强國之軍容，使其君民習見，更使其君民無忘所讐也。是時南軍開砲轟擊，北軍退伏材林間，而北軍馬隊從右馳出，復爲南軍砲隊所截，南軍先得地勢，北軍勢不能久伏。相據一時許，北軍砲隊由左而右，所佔之刑勢，左列高岡如城堞，惟砲隊衹有一路可通，須斜經南軍正面，南軍引砲於對面高岡，要擊北軍於砲隊必由之路，於是北軍車馬交馳，疾如掣電，然已受砲十餘門，未能還擊矣。時北軍入樹林少息，南軍探兵往來報警，隊官仍傳令步隊前進，北軍砲隊後到，列臺開砲，南軍隊官即令步兵散隊，與砲隊相持不下，日已沉西，兩軍援兵皆未到。師團長貞愛親王傳令停戰。是夜將校士卒，皆露宿於山岡田野之中，蓋恐黑夜之襲擊也。是役也，雖勝負未分，而始則北軍之砲隊未至，僅以鎗隊應敵，勢漸至於不支。砲隊後至，南軍又趁其急行隘路之時，猛相攻擊，故北軍之受創不少。然則南軍之所以得勢者，占先著耳。余等於六點鐘，仍策騎回寓。

十一日　昧爽四句鐘。復馳馬至昨日觀戰之地。見南北兩軍已經開戰，砲雨鎗林，勢甚猛鷙。俄而北軍勢稍弱，南軍拔隊疾馳，以輕兵由右直犯北軍之左翼，布散田野，起伏數次，遂奪北軍左翼所據之村莊。北軍大隊死守對面之茂林，以快砲分擊南軍兩翼。南軍兵皆跪伏於地，使北軍不易命中。雖北軍之右翼衝突數次，均不能前。而南軍砲隊隱身土港，猛擊北軍。午後，北軍稍卻，即鳴金止戰。

十二日　因各兵連日苦戰，勝負已分，例予休息一日，易地再戰。余等是日無事，乃至千葉町中學校游覽。由校長導引，徧觀其講堂，皆分科分年，故多至十餘處。曰修身科，教以忠君愛國，植品勵行；曰國語科，教以日本文字；曰漢文科，教以中國文字，而以國語、國策爲宗派；曰英文科，專以文字爲主，而語言次之；曰歷史科，教以各國通史；曰數學科，教以開方至微積之法，其所著意精考者，爲幾何、代數；曰博物科，動植各物〔一〕，罔弗備考；曰理化科，專習考質，而求數猶從其略；曰律例科，研求本國之科條；曰醫科，拯治民生之疾苦。此外有體操科，使學士文人，皆習練身體與戰陣之事故。其舉國通才，皆可備執殳荷戈之選，非若我華之日守一經者，訖訖窮年，老死牖下也。詢悉本校生徒，定額五百五十人，五年畢業。教習二十四人，董事二人。每年由地方籌集經費二萬元〔是乃私立學校，士人捐款爲之〕。學生每月脩金一元二角，服食、書籍或自辦，或另行給費，由校中代辦，計每人每年不過百元。是校創自明治十一年，已二十四年於兹矣。此爲中等學校。考其全國如此規模者，約數百處。講求之不遺餘力，無怪其人才輩出也。十一句鐘，又至醫學專門學校，復由校長精一君導游。各講堂生徒各數十人，室懸有人身全體分剖圖式，如頭面、手足、臟腑，並一個月至十個月胎形，皆貯之玻璃瓶中，浸以火酒，不致潰爛，以備考察。校中學醫婦女甚多，中國留學一人，名左起慶，常州人。凡一切疑難雜症，由本校醫愈者，皆有一照相片留存。至一句鐘後，茶會於稻毛海氣舘，因踐參謀本部之約。惟相距甚遥，皆乘火車往來。是舘面臨大洋，餘三面則松柏參天。坐其間，時聞風聲水聲，滌煩祛俗〔二〕。舘主復備小舟於籬外，約作游泳之戲，以天晚不果。

十三日　早六句鐘，乘火車至佐倉，易騎而行十餘里外，見南軍大隊列陣於各山巖之間，余等皆下馬觀之。遥覩對山林間有一隊〔三〕，蓋北軍之砲兵也。先以砲犯南軍之中堅，南軍還砲十餘，皆中北軍之左翼。於是，北軍右翼乃平行前進，撲及南軍左翼。南軍皆伏以待之，俟其行漸近，乃以排鎗猛進猛擊。時南軍之砲已分兩隊，將顧制北軍之右翼也。須臾，北軍之右翼來退，南軍遂以輕兵千餘人，作星散隊，由正面直犯其中權。蓋北軍左右翼皆退，故無慮其包抄也。北軍全隊退後，以左右翼補其中權所據之地而止，南軍進駐津田沼地方。余攜同各員弁，仍回千葉。

十四日　晨六句鐘，復乘火車至佐倉，易騎行。是日陰雨，泥濘載塗。款段五六里，忽聞砲聲隆隆，知已開戰，因緩轡而前。據鞍顧盼，見南、北兩軍相距約一百密達之遥，停砲開鎗，均作近攻之勢。歷一時許，交綏親王傳令停戰，是時兩軍將校方得相見爲禮，握手言歡。蓋連日苦戰皆視如敵國，至此乃合而爲一也。於是兩軍乃拔隊趨至陸軍大操場，列成合陣。親王遂約各國觀操者縱轡疾馳，繞陣一周，路約十里。將校各舉手、士卒各舉鎗以禮，是爲觀兵式。觀畢，親王面陣而立。將校由左勿右疾行〔四〕，過親王前則咸舉指揮刀以示敬，王亦舉手答。禮畢，由右折而向前，然後將校齊集，聽命親王。因先宣慰勞之語。出摺一紙，約萬餘言，立而高聲讀之。將校悉靜心側耳，如弟子之臨師保者。然其所宣言者，大旨謂近日演習進兵，某隊合法所以勝，某隊失宜所以敗。勝者全軍識之，以爲訓；敗者亦識之，以爲戒。是實驗參謀之學，欲使其將校增長才識也。宣畢，齊舉手謝其親王。乃同至兵房前隙地，列席筵宴。親王主位坐，余與孫君與之同案飲。彼邦佐尉官皆序班，據案立。散後，親王單騎先去。余等仍策馬至車棧，登火車回東京。

十五日　九句鐘時，至參謀本部，會晤福島少將。福島者，以參謀本部第三部長兼爲太子太傅，而又新由我國歸也。晤談一句餘鐘之久，頗款洽。晚間至金生舘相撲屋，拜湖南、湖北、福建各省派來閱操各員。

十六日　禮拜無事，至上野新橋，觀勸工廠、博物院。其勸工廠爲貿易陳列之所，博物院則聚環球各地動物、植物、金石等類，牧養、收藏於其中，規模不甚闊大，據地僅一方餘里。此不過備游人之觀考，無關於國計民生，故無庸詳載也。晚六句鐘，福島少將約至富士見軒公讌，座中二十餘人，余終席即先去。

十七日　八句鐘，乘馬車至成城學校，晤校長談。此校乃當年之士官學校舊地，目下改爲公立學校，定額日本學生八百名；中國留學生別居一院，講堂教習皆另設，定額二百名。現除卒業出學外，其留此者僅八人。並悉此校自明治十八年創立，至三十四年，已十七載於兹矣。管理者爲陸軍大將兒玉。總此十七年間，所造就將材計二千餘人，目前有官至軍少佐者。初專爲陸軍而設，現在亦兼文學之科。每歲國家褒獎銀一千二百元，則亦十二年矣。核計經費年約二萬元，學生每月二十五元，一切用度均在其內。如卒業後小有餘零，仍還之本人。教習束脩最優者六百元，次則三百元，火食在内。凡教習皆出自情願，報效國家，故束脩不必從豐。雖極有學問之士，亦祇五六百元而已。隨由校長導觀各講堂，歷游一周，見所訂教法章程，罔不精詳可法，因撮其科目録之：

一曰歷史；二曰國文〔即東文〕及地理；三曰英文及幾何初法；四曰理化；五曰代數、幾何法。

此外各講室章程亦略載於左：

理化學室驗視，學生功課三種。

一、鈣養變鈣養炭養；一、反酸滅火；一、反酸之重量。

學用器具庫：内貯動、植各物，及專門學機器並各地礦産，中有煙煤一種，與江西頂上煤不相上下。詢之，云：雖出日本，亦不知何地。

診視室：每晨，生徒至此，由醫生看視，稍有微恙，即行醫治。並懸有飯菜單一紙，早二味，午三味，晚四味，皆由醫生看過方給食，是爲調養生徒之至意。

其餘自習室、寢室、浴室、飯食室，各有定所。寢室前懸一日課時刻單，開列於左：

晨五點三十分中，起床。

五點四十分中，點名上講堂。

六點鐘，早飯。

十二點鐘，午飯。

三點鐘，洗澡。

五點鐘，晚飯。

六點鐘至八點鐘，自習。

九點鐘，睡。

此外，又有修身、倫理、博物、理化、圖繪五堂。本校創修之始，約在十五萬元之譜。午間，參謀本部邀請至中村樓一飯。復至陸軍户山學校，觀體操、擊劍、打靶及洋鎗小隊演習。閱畢，至待賓室叙談。校長告余云：本校創自明治七年。先是，各路營伍不能一律，因設是學校，專取各國最新兵法，使各師團之士官入此學習。所有教科，向無成書。

每一星期編一册，隨時刷印。教授者即據此講解。是蓋進步學校，非根本學校也。故其序列於諸學校之外，案教分三部：

一曰本部；二曰教諭部；三曰教導大隊。並爲略舉於後：

一、本部，總理學校執事人等。

一、教諭部，其中又分三部：兵法、射擊、擊劍體操。

兵法學問居其四，閱歷居其六。

射擊學問居其四，閱歷居其六。

擊劍學問居其二，技術居其八。

一、教導大隊部，在學練將生徒，素常練習戰陣；另調選各師團兵丁，以備隨時指揮調遣，以增其智略。

兵法射擊學生，四個月卒業，一年教兩班。劍術體操學生，以十個月卒業，一年教兩班。學校經費每年十二萬元，其餘衣服、飲食皆自陸軍省供給。學校中教習四十七人，下士七十二人，兵丁六百二十四名。講教學生三百人，下士學生一百七十人。考此校所教各術，無不臻於絶妙。然亦非一朝一夕之功，必須俟各學各軍統歸一律，已着成效，然後設此等學校，方能有益也。

十八日　八句鐘，往觀陸軍地方幼年及中央幼年學校。兩校基址毗連，惟教法略有異同耳，校長一人總之。陸軍地方幼年學校，其分科：一曰歷史及算學；一曰英、法、德、俄文字；一曰國文及代數學；其餘各講室與他學校同。生徒自十三歲至十五歲爲卒業，合中央幼年學校共六年爲率，作爲士官候補生。五個月後入士官學校，畢業後復入聯隊三個月，爲見習士官；六個月後試其學問，然後洊升陸軍少尉，此武員之正途也。其有爲國戰死各員之子弟入學者，不取學俸，以示優恤。其他入學之生徒，每月七元，入學之初先付三十元，預備衣服、飲食之用。地方幼年學生定額一百五十人，中央幼年學生定額六百人。兩校經費約計十六七萬元。聞之校長所述如此。斯時學生方去野外操習，校長與約，午後來觀諸生功課。因返旅舍少憩。午餐後一句鐘，復至中央幼年學校，觀生徒體操，作跳繩、木馬、秋千諸式。最善者立以數丈獨木横橋，疾踏而過，連縱六尺石墻兩道，樹墻兩道，高木排栅一道，躍過三四尺遠溝濠緣登高。頻以練習攻奪炮臺之術，自踏獨木橋至登台，遠約一百八十密達，不過三十六秒鐘，即躋其巔。習此者二十餘人，神乎技矣！嗣見洋鎗小隊約七八十人一隊，皆宗室世家子弟，身帶衣包軍械行軍應用之物，每日一習野外戰陣之法。彼邦例，自太子以下，學問之餘皆入行伍，閱歷戰事，一洗膏粱之習。中有其親王三人，服色規矩與單寒者無異。余等至，學生亦立而爲禮。蓋循學生之分，不敢以天潢貴胄驕人也。校長復導觀理化、倫理、圖繪、化學、博物各室，以至温習、休憩、寢興、飯廳各處。一游至體操場，見生徒十餘人，立繪場圖。以木版繫於頸項，板置紙筆，限以五十分鐘而圖成。習此備行軍畫圖之選耳。

十九日　早八句鐘，至炮兵工廠，歷觀各製造，略記於左：

一、製造軍器應用皮物等件。其法：以牛皮分别牝牡製熟，因牝牡有厚薄之分故也。蓋以樹皮煎汁，浸皮於其中，必須六月之久，方可應用（聞其將改用新法，以電氣製皮，二十日即成）。

一、配合材料汽機。須者金類體質，攙合融化，定准若干成數，鑄以成料，即如鋼、銅兩項，各分十餘等，配就剛柔，以合各器之用。

一、造子壳法處。以機車將銅壓作銅盂式，以次加增，至十二次，成爲子壳；始上引火，再裝無煙藥，較准分量，填塞其中，復上彈機車，製以成子。

一、較子彈機房。上有天秤汽機運動，以較准分兩。如有不符者，自能跌落一邊，不使子有輕重，藥有多寡也。

一、製鎳子房。先以鎳壓爲薄片，再壓如牛奶形，徑只六米粒。然後以鉛條填於其中，即成鎳子。蓋鎳性剛而輕，鉛性柔而重，以鎳包鉛，故入來復綫之力更大。

一、製造銃身房。以鋼先製爲實心柱，長粗與銃等。然後以機器鑽之，鑽身自帶油筒，不使兩剛相摩而生熱也。

一、機器細作。專製砲表、銃表，以及銃管内來復綫等用。步銃筒連機槽，長一密達遠近，表尺計二千密達，刺刀長四十五生的。馬銃筒長六十四生的遠近，表尺計一千五百密達。

一、上色法。凡槍刀器械做成磨亮，再以藥水煑成黑色，用時不致銹壞。故用槍最忌以沙土揩去表面之色。

一、修理兵器廠。凡軍用器械，遇有損壞，本隊不能自修者，均送此廠修理。

十二句鐘時，陸軍省之大臣約在後樂園宴會。園基曠闊，山水明秀，小有亭臺，布置甚雅，喬木陰鬱，得城市山林之趣。内有伯夷、叔齊像。上午所觀砲兵工廠，即在園側。三句鐘宴散，復至廠中觀較准槍法。距三百密達遠近，靶高約六尺，寬約四尺，中有圓心大六寸。又見演放機關連珠快砲，徑六米立。每一分鐘可六七百響，蓋即哈乞克司改製爲無煙子，是名野戰速射砲。砲身長一密達十生的，四十五度，表尺五千密達。又閱長身野戰砲，口徑三十五米粒，身長二密達零三分密達之二，表尺可至八千密達。落地開花子、子母彈均備，每一分鐘可放四出至六出，退力於平地上，約在八尺，洵平擊之利器也。

考此廠專爲製鎗，每日盡機器之力，可成鎗二百枝至二百五十枝之多。現因其鎗已足用，故機器之停工者約三分之一。核其價值，費僅十元以内，子則二十元可千枚耳。

二十日　十一句鐘，乘馬車至上野，游覽動物園。凡五洲以内鱗介、昆蟲、飛禽、走獸，無不畢具，各置一房籠，以資游人博覽，亦奇觀也。較之博物院，規模又稍隘矣。

二十一日　祭祀之期，學校給假，百廠停工。休息一日，無可觀覽，遂約各省人員，聚議服色禮節。

二十二日　九點鐘，至我國公使署。會同各省人員，往拜彼邦宫内省大臣。晚間，李木齊星使招宴紅葉舘。

二十三日　天長節，爲日皇萬壽之辰。日皇應赴青山操場作觀兵式，因感冒中止。晚間，外務省大臣傳彼君之命，召集各國官商，先至帝國客店茶會。到者男女千餘人，結綵懸燈，光可拾芥。至門，有接待官數人接名刺，按官職大小分室而坐。中爲跳舞廳，左爲大臣起居所，右爲佐尉官起居所。余至此，即有人導至左廳，隨員等則胥入右廳。少憩，樂奏作於内，所有男客之能跳舞與女客之作西裝者，均預爲言定跳何戲，書册以記之。齊則男女攜手同入跳舞廳，始則進退紆迴，繼則握臂挾腰，旋轉如風。地板淨洗，其滑如脂，而不虞傾跌。蓋雖小技，亦必習之有素也。其前後疾徐，一舉手足，悉合樂聲之節奏。是日跳舞者，約百餘對。要皆西人爲多，東女不過十餘人，東男衹一人而已。每跳不過兩三刻鐘，即少憩；夜至兩點半鐘始散。考其所費，約數萬元。

二十四日　至參謀本部會集，定議明日齊赴仙台觀操，並答拜彼邦各員，皆連日來訪者也。

二十五日　六句鐘，乘馬車至上野，坐火車赴仙台。自上野至仙台一百二十里，約我中國八百四十里。下午八句鐘抵仙台，由參謀本部預假高等女子學校爲公所，接待各國觀操諸人。

二十六日　大操，命令初下，大元帥車駕尚未涖止（日民咸呼其君爲大元帥），外務部大臣邀請各國觀操各員往游松島。九點鐘，乘火車至鹽灶，換小舟，以輪艇拖行，亭午至松島。沿海居民，多捕魚爲業。海中大小島嶼以數百計，外接東太平洋。憑欄縱目，一望無際；海水矗立，浪花如銀。近觀則洞壑天開，峰巒青翠，水木明瑟，地極清幽。有亭曰觀瀾，中列古圖書、刀劍及經典，皆數百年物。須臾，侍者獻食，每人兩盒。一盛麪色，一盛鵝肝、牛肉、葡萄酒之類。所食皆冷炙，問之，皆自數十里外攜來者。食後登山，見懸崖削壁間多鑿佛像，與夫隧室太古穴居之遺意，猶有存者。是時風緊欲雨，天氣驟寒。同人急返棹，歸途中雨甚，則皆衣袂沾溼，並有因此致疾者。聞午後兩點鐘時，日皇由東京起蹕，約明日可抵仙台矣。今日南北兩軍，先演說戰略，分別録之。

北軍於野邊地灣上岸南進，而南軍亦對之而前。其東北，海上有大枝艦隊，如爲敵所封鎖者，而該方面之制海權將爲敵所有矣。敵乘機從青森灣東野邊地灣上岸，擊破岸上之兵，欲向東京前進。斯時仙台第二師團爲南軍弘前之第八師團，爲北軍向野邊地方前進。南軍於仙台以南而進，若從東京之方至者，即從仙台之南，自槻木而入仙台。

北軍前日即迫巖手縣之水澤町，昨已侵入一之關。今晨乃更進攻於宮城縣栗原郡金成村，是夜即在金成村駐紮。

南軍前日既駐仙台之南槻木近旁，昨日入仙台，今日更進向宮城縣黑川郡吉岡町。兩軍相隔尚十數里，或兩軍搜索騎兵則不無衝突也。〔以上各情乃作爲探兵報稱，使將校知如此情形，當以何法守禦，何法進攻。〕

先是二十五日之夕，兩軍司令官發下特別命令。茲揭於左：

北軍命令　於一之關

一、我軍明日向陸羽衛道而前進筑舘。

二、獨立騎兵於午前七點四十分鐘，行過三之迫川綫，向吉岡前進。於小牛、田中、新田搜索前衛之步兵，於八點鐘出一之關，自瀨峰往若柳過一之關，道路中搜索。

南軍命令　於仙台

一、敵兵於四日之夕〔即我九月二十四夕〕，宿營於水澤附近。

二、我軍明日向吉岡前進。

三、獨立騎兵於明日發吉岡，而進一之關，自巖出山往真阪而過一之關，自瀨峰而過一之關，道路搜索。

兩軍之獨立騎兵，自奉命令後，俱各前進，務盡搜索，遂於今日午前十點二十分鐘，於高清水村之南互相衝突。先是北軍之騎兵約一小隊於高清水村前進入台町，南軍獨立騎兵前翼以此地爲受敵，而南軍隊長東大佐亦以其地非騎兵戰鬥所宜，不敢窮追。又以敵之前翼已近，因命本隊微作退勢，而伏於通場原之低窪森林之中，以爲誘敵之計。欲俟敵兵之至，以期一擊而退之，故設橫隊以防衝突也。而北軍之騎兵隊長長治中佐，亦以南軍已占先着，而又不見其進，欲前進以試之，且恃有步兵之援接，因令其隊直進通場原列成一字橫隊以待，如遇敵則變橫隊而爲縱隊，以相接戰。少頃，南軍直前襲擊。斯時北軍之隊部署未定，遂致受敵，兵力較優於南軍，然已陷於必敗之地。審判官急命停戰，宣言此時南軍得利，北軍須暫却退。於是北軍之騎兵，退於高清水村北之三峰山約里許。而南軍之騎兵，遂占有高清水村矣。

今以南北軍騎兵較之，則皆以三個中隊而成者也。然斯時南軍則少四十騎，而北軍之勢……惟南軍騎兵橫隊已占先着，故北軍不能得利，其變橫隊爲縱隊，亦萬不得已之勢也。

南軍之騎兵既得高清水村矣，已洞知敵兵虛實，且知其果無後援，故其事勢十分得手。然自晨至今行軍七里〔每一里約中國七里〕，軍稍疲憊，不敢追奔。北軍亦以騎兵將陷於敵，若再受襲擊，不知置身何所，且亦行程九里，與南軍同形況瘁，因亦暫行退却。又恐敵兵窮退〔五〕，則姑駐三峰山左右近，以待本軍前衛之援耳。

本日之戰略既録於右。所有兩軍各隊之指揮，今亦舉之如左：

北軍第八師團長立見尚文
步兵第四旅團長友安治延
步兵第十六隊旅團長春田景義
步兵第五聯隊長津川鎌彦
步兵第三十一聯隊長兒玉軍太
步兵第十七聯隊長岡見正美
步兵第三十二聯隊長安村範雄
騎兵第八聯隊長永治秀文

野戰砲兵第八聯隊長態谷宣篤
工兵第八大隊長太田正德
輜重兵第八大隊長齊長義
南軍第二師團長西寬二郎
步兵第三旅團長松永正敏
步兵第十五旅團長岡崎生之
步兵第四聯隊長馬場命英
步兵第二十九團隊長平田辰造
步兵第十六聯隊長谷山隆英
步兵第三十聯隊長古谷安民
騎兵第二聯隊長東常久
野戰砲兵第二聯隊長多田保房
工兵第二大隊長木村才藏
輜重兵第二大隊長鵜飼常次郎

二十七日　東方暎耿，弦月將沈，班馬嘶風，晨雞破夢。倉皇盥漱，輕裝就道。四點三十分鐘，乘馬而出於統監部。得知南、北兩軍地位之公表，即揭之如左：

南軍之地位　六日之夜〔即九月二十六夕〕

獨立騎兵至於高清水村，本隊則於吉岡附近。其前衛於平林及鹽波一帶宿營，前隊及騎兵之後隊與一小隊，出於三本木村。

北軍之地位　六日之夜

獨立騎兵至於字寫原，本隊則於筑舘及其近旁，前隊則於赤熊左右宿營，其前則亘於上照越松、長根念佛段一帶。此外尚派一部隊而至外荻字堀口。

徵此地位，則知當日之戰鬥在於陸羽衛道長岡村之附近，而以兩軍司令官所發命令觀之，則確知今日之戰鬥在於長岡矣。再記兩軍命令如左：

南軍命令　六日之夜於長岡

我軍明日向於敵從陸羽衛道前進。前衛於午前六點鐘自字座府出發，但於前隊野戰砲兵二中隊，增加衛生隊二分之一。本隊之諸隊，於午前六點鐘齊集於吉岡及柴崎附近，前隊續行。

北軍命令　六日之夜於筑舘

我軍明日以攻擊之宗旨，向陸羽衛道古川前進。

獨立騎兵於午前五點鐘三十分從字寫澤出發，向古川小牛田、中新町一帶披索〔六〕。前衛步兵之先鋒，於午前七點鐘十五分，向松長根出發。右側衛同時由高森南澤三十里原，向古川前進。本隊亦同時於赤熊東方橋果與前衛先鋒有道路上集會。

余乘馬，由瀨峰即至前夜南軍獨立騎兵宿營，則南軍已退，而高清水村已爲北軍所占領矣。其騎兵尚有南進者，因尾之而行進於長岡村字馬場之南，則見銃監之旌旗已輝耀於市中。北軍之偵探騎兵，以有左側之遮蔽而專於偵察也。於此愈知當日之戰鬥，必在長岡與字馬場荒谷蔽地水間之間矣。乃於前面展望，以進於荒谷村，則有南軍一中隊而在其北，屯於簀子川之右，而以專偵探敵情。午前十點鐘二十分，北軍騎兵忽從衛道而出，向荒谷前進，亦欲止於簀子川。南軍騎兵以火槍擊之，北軍亦開槍以應。交戰少時，而南軍前衛得北軍已進荒谷之報，其騎兵此即將簀子橋毀去以退。北軍搜索騎兵見其退而報於本隊，則獨立騎兵全部隊皆驀然而前。其前衛步兵一中隊亦繼續騎兵而來。然橋梁已毀，不能徒涉。使工兵進而架橋，約二十分鐘已竣。則騎兵與步兵渡橋，急進荒谷村而繞出其南。則南軍前衛亦已至矣。直擊之，而退於馬場。北軍之前衛比亦已至於馬場。以此地前後夾峙高山，森林茂密，兩軍皆漠然未知彼此兵力之何如也。所以姑且息戰，而專以偵察。至十一點鐘，兩軍已漸偵知彼此之兵力矣，於是戰鬥方始敢決。

南軍司令官以前衛司官已取荒谷，尚命偵察前面之敵情，而使本隊之先鋒步兵二大隊横列於荒谷之東，方字馬放而隱伏於下，命本隊從馬放之東休塚而進。於是前衛司令官使其步兵一聯隊而取荒谷；遣砲兵二中隊布陣於其東之狐塚。南軍司令官決意欲收敵軍陣地之險要，然以攻擊陸羽衛道正面不利，欲於敵軍之左諏訪山陣内以爲大攻擊，而進本隊於休塚，故爲決定之舉。

北軍司令官命其前衛司令官取馬場之高地，本隊則跨馬場之北海、老澤西南街市而進。因前衛司令官以步兵二大隊已占馬場高場，故使砲兵二中隊而排列於西方高壘之上，以掩護步兵之來，使敵不得見。北軍司令官則決於從敵之左側，即南軍前衛之所據，而向荒谷合軍并力以突攻也。夫兩軍之帷幄運籌既已定矣，至於正午，則兩軍砲兵聯隊皆已布陣於馬場之高地與狐塚、馬放、田圃之間，以備戰鬥。兩軍砲兵相距約一千六百密達，而始轟砲激戰。兩軍之前衛亦以火器相接，大部隊戰鬥，鏖陣不倦。南軍則展陣於休塚，使本隊向馬放進發。北軍亦向街市以迎敵。於是砲兵各欲掩護己軍，乃擊大砲。兩軍大隊之步兵，亦於馬場、荒谷間進攻於東方水田一帶，而交以火器相攻。聲如殷雷，勢甚猛烈，有疑於天柱之摧、地軸之折者矣。斯時，兩軍之主力各進攻不已。迨至午後一點鐘四十分，南軍之主力已接近於北軍之左側。北軍已漸形退却矣。南軍乃益加突進，正勇猛間，不料北軍忽亦突進於南軍之左，其兩軍全隊相距近及五十密達。然北軍又有退勢，南軍司令官不勝驚訝，則不無躊躇狐疑之意。但止戰之號令已從統監部頒下，時蓋一點鐘五十分也。戰鬥方酣，北軍忽作退避，欲求其故，以爲如何？則於其訓令觀之，可以恍然矣。其訓令之言曰：

今日南軍，軍已由仙台一帶增援兵二三千前來。北軍進攻非再加步兵二大隊、山砲二中隊不可。其師團於加隊未到陣以前，可行避戰。加隊於明日十一點鐘可到筑舘。

案：此皆虛設之說，所以使將校知應急之法也。

北軍司令官以此訓令，則不得不退於筑舘。然南軍司令官以未知其退軍之故，而益深回惑，故於北軍之退亦未敢追逐，即令其隊伍前進於高水村字台町宿營。

戰鬥即止矣，而統監部比移於古川。其自明日始，則日皇大元帥親爲統監也。

今日戰鬥之事，第二師團爲南軍，第八師團爲北軍。南軍守，北軍攻。北軍以白布蒙帽，以别南軍。

余於兩點半鐘，策馬回至瀨峰，乘火車到仙台。因日皇於今日四點鐘幸仙台，各國官員均須往迎迓也。迎迓之禮，各國觀操官皆戎服佩刀排列道左，其本國將校排立道右。我國首列，蓋以官秩爲序。我國所派往者，職較崇耳。日皇至此降火車，著陸軍服色，胸挂寶星，步行約數十武。前有宮内省大臣一人導引，余等皆舉手。由宮内省大臣口稱此爲某國官，日皇亦舉手答禮。始登馬車，其車亦駕以雙馬，御以二人。隨從乘馬者不過十餘人，行囊等件，僅以雙輪車十餘輛載之而去。是日雨，各國官員皆乘人力車，着雨衣尾隨日皇至行宮。所謂行宮，蓋陸軍會舘也。日皇駐蹕其中，一切仍舊，並未修葺。余等至行宮後，均於宮内省簿上自署銜名，如挂號門簿者然。所書多行草，可謂簡矣。歸時風雨更甚，仍着雨衣，不張蓋，以示軍人櫛風沐雨之意耳。

二十八日　自大演習至今，爲第三回之戰鬥。乃日皇大元帥親任統裁之第一日也。昨日兩軍於栗原郡長岡村大戰之後，秋雨飄零，蕭條滿地。私計詰朝倘值陰霾，則茶火軍容，不能生色。此則數萬貔貅與吾儕憑軾來觀者所中宵展轉也。比昧爽，披衣起，開軒四顧，則明星殘月，光麗中天，不禁喜蒼蒼者之做美矣。盥漱竟，即策馬出古川驛宿舍，踏霜而行。但聞村雞四唱，遠近相和。攬轡懸思，今日之戰當在何地？所列陣法又當何如？預爲逆臆計之，以驗己之識見能否相符。於是，北向筑舘而行。至八點鐘，乃抵高清水村。則日皇大元帥之鹵簿已肅然而從瀨峰發於筑舘，余等即於道旁舉手加額以爲禮。因尾其鹵簿以行。九點鐘，至筑舘南之松長根，遥望北方，則前日荒谷戰退之北軍，方於筑舘東北高阪之處筑造保障，以爲固守之計。然昨日北軍以攻勝，今日忽然固守，何哉？乃遵司令官訓令，以待其加隊之至，方可前進，亦不得已之計耳。而南軍以前荒谷之戰，敵已奪氣，益形奮勇，勢不可遏。至九點鐘時，則前衛右枝隊已到，松長根距敵軍不過一千五百密達，而其本隊猶陸續而來。

南軍既抵松長根，遥爲北望，知北軍於筑館之東北一帶，高阪保障，防禦爲嚴守之策。南軍遂亦擇險要之地而據之。其前隊及右枝隊，以松長根、照越、念佛段一帶，高岡可以攻戰，乃進而取之。前隊及右枝隊布隊前進。本隊亦續而繼之，以爲侵入之勢。然以砲兵取之則甚難，不如步兵之易襲，雖當砲火之中，亦不難掩襲也。至十一點鐘，乃漸得勢。以此一事，亦可見其奪險之功矣。然南軍扼險，與北軍列陣僅隔一田畔，近者四百密達，遠亦衹一千五百密達。

北軍師團以遵軍團司令官之訓令，不可不俟其加隊之至而後進於筑館，取其東南一帶高岡，以施防禦之策。今於其地勢觀之，則北軍可謂背水之陣矣。然以南軍所陣，能扼其要，則其棄松長根、筑館一帶隘路而固守此者，亦兵家戰守衛不得已者也。以是而知北軍之審形度勢，其亦慘淡經營矣。北軍既背水而陣，而其命令何如？尚以援軍未到，未敢輕發。其防禦工事則分别三段以筑造，均從最要之處以著眼也。

南軍以其軍勢可以攻擊，更以第三旅團編成右枝隊，由濱之市從瀨峰玉澤而來，以進攻敵軍前衛，與本隊同出陸羽衛道，而向敵軍北進。既抵敵，司令官按其地勢，從敵軍之左翼以攻之；右枝隊及本隊之大部，攻敵軍之左；而進攻念佛段以挾照越，而恃前衛及本隊之幾部以爲犄角；在其左者，則僅一中隊也。

北軍於前日之戰鬥，以敵軍大部隊突進左翼，而徵於其地之形勢以預防之。則今日必亦從左翼而突進，可以無疑矣。而其要者，則尤不可不預防於其左翼也。故於左翼之堡內，合新增之隊，約共步兵十六隊。以一旅團駐於後方，以爲豫備隊。其正面即沿陸羽衛道之左，及高田山駐一聯隊；其右翼則以二大隊爲配砲兵之大部，則盛列於高岡之左。是日也，北軍之砲以新增有二中隊，而大砲至於四十八門。

南軍備戰已久。自十一點半鐘，始行以槍砲爲猛烈之激戰，而漸次進攻。及至一點十五分鐘，南軍步兵九大隊之大部隊，以高屋建瓴之勢，繞北軍之左，向新田、高岡而突擊之。又於陸羽衛道所駐步兵約一大隊，比亦猛行突擊。南軍司令官以此二次突擊無功，而均被其擊退也，姑令收軍以決戰。敵雖三面受敵，而防禦有法，不難支持，故皆爲其所擊退。北軍司令官既已嚴防以待敵矣，及援軍之至，乃轉守爲攻。晝戰。斯誠猛烈之火戰矣。

策既定，亦惟固守其防禦之地，而審度敵情，於其左翼特駐重兵，如高立九天，俛視寰宇，則大千世界，罔不瞭然在目。一旅團豫備隊大開其左側之戰路，計新增之兵已達，至十大隊以上，而掩堡堅據，則敵軍之來，自不難直擊却之。旋由正面突擊而下。以一大隊之敵，已爲三段掩堡固拒之軍擊退，速乘此大勢以轉攻敵軍而逆襲之，且以豫備隊之防筑已極堅牢，不忍輕以舍去，而又不能逆料敵之援力厚薄，故遂中止逆襲之念，以俟新加隊之至，轉力前攻，併力由左而進，欲從敵之右翼以包圍之，而即以二大隊前進於敵之左也。

是日之戰事如此。北軍以前駐之勢優，固不難兩次擊退南軍，即以其餘威而包圍之，以爲必勝之計。勝負之機，在於頃刻。而休戰之令，已從錦旂之下而發矣。於時，正一點十分鐘也。

是日統監，乃日皇親任之。立於松長根之西方番小屋高壘之上，始終觀戰，約四時之久，曾無稍倦。休戰後，召兩軍司令官至御前，親爲判裁戰事。少頃，還幸行在，余等亦歸旅舍。

二十九日　侵曉，輕騎出。知昨日戰於筑舘之野，北軍以兵力增加，遂能與南軍大戰。其司令官以爲勝負未能預料，又恐近據敵軍，而全部一受追擊，必至大被損害。苦心籌畫，即於仙台發一軍電曰：後備步兵第四聯隊與第十六聯隊之第一大隊，於今夜必至古川，遲至明日九時者，則惟貴軍官之指揮是命。南軍司令官閲之，乃與後衛一聯隊退軍，於午後一點鐘陸續退至台町。是夜，全軍對壘，露營終宵。防禦敷設工事，皆與昨之在吉野川露營相同，以待援隊之至。今日午前八點鐘，而始編入豫備隊。

南軍以昨日攻擊之勢，於筑舘附近退兵，已將北軍擊退。以北軍援至，而反爲擊退，司令官與全軍大爲抱憾。遂於本日在仙台，以待援至，爲一大決戰。乃於昨夜扼台町東、西、南三面之要，建築堡壘，徹宵達旦，防守甚嚴。然台町所有民房爲戰地，極爲障礙，不得不燬，乃悉使工兵盡焚之。〔係虛作焚屋之勢，非真也。〕又其北方高清水村，與台町一帶之隘，並吉野川之橋梁，俱未建築，稍有間阻，則行軍殊有未便。急於今曉一律架設整齊，以待援至。旋以制勝於筑舘，欲以其餘威，掩北軍以追擊。遂前進於高清水村，迨及日暮，方克停戰，遂據有高清水村之地。是夜，即於此露營一宿。明日，復擊退敵軍。因南進高清水村、中里及籐里村、字町田等一帶森林中露營。

南軍於台町附近之陸羽衛道，沿西方駐一步兵大隊，其東方駐一大隊外，又有一大隊爲後備兵。更將步兵第四聯隊於台町東南角萬寺之高陂，以爲防禦。從台町通場原一路，駐步兵第三十聯隊及野戰砲兵。而獨立騎兵從瀨峰一路搜索敵情，其他諸隊則皆駐於台町之南，其相距約一千密達，則隱藏於森林茂密之中。

北軍司令官命前衛第三十一聯隊，取高清水村之南，以偵探軍情，沿東北陸羽衛道而進。

既乃知敵軍自衛道之東襲來，乃先於十點鐘十分，率第十六旅團以擊其右翼。南北兩軍之准備，與斯時之機會蓋有如此者。及至兩軍相接，已十點四十分鐘矣。先率北軍砲兵於高清水村之東平林中發砲，而南軍不應。連發擊之約十分鐘之久，南軍始出。蓋南軍所以不即應者，恐敵軍設無煙火藥，而益陷於不測。此時，兩軍相距約二千密達。砲火星飛，聲撼山谷，將二十分鐘之久。北軍步兵近約五百密達，始易手鎗。南軍司令官以敵軍於陸羽衛道之東，從水田襲右翼，與正面遮蔽而來。乃豫伏一旅團於角萬寺以後，右翼與正面之勢爲迎擊之地，更於陸羽衛道之西，將砲兵二中隊展開，而移屯其正面，復將後列之砲兵，提作右翼，齊向敵軍，振旅以俟。至十二點鐘，戰勢愈逼敵軍，涉吉野之川流，南軍遂發命令，步兵齊進。至十二點二十分鐘，而其戰鬥則愈烈，殷殷轟轟，如萬雷墮地。至二十五分鐘，敵率步兵五大隊，自陸羽衛道向南軍右翼突擊。是時，司令官已預設步兵三大隊、砲兵一中隊，横進以護。而北軍之先鋒，已突入南軍之戰鬥陣中，而遂成一場有一無二之大戰。

北軍司令官依第三十一聯隊之偵察，知敵軍左翼防備薄弱，遂注意於此。乃命第十六旅團專攻敵之右翼，與正面爲牽制之勢。司令官即親提豫備之五大隊，沿陸羽衛道台町之西，以突敵之左翼，直達北方。又先於前路各地以亂木塞之以爲防，使其敗時路無所通。

既又命工兵限十五分鐘内，將此亂木盡行撤去，蓋以突入敵陣。敵軍既不能支，必使其退有餘地，以便趁勢奪其大營。分撥既定，兩軍遂各呈威能，而勝負將決。適罷戰之令已下，於是鳴金收軍。時已十二點四十五分鐘也。

戰鬥既終，日皇大元帥親立於台町東南高岡，命饗午餐。參謀部長大山巖大將將四日以來之戰陣得失逐一評判。日皇延宴，陪觀之各員，以次序立。遂乃恭誦敕語，禮成，而諸將莫不感激奮發，肅容以謝。爰傳旨，將特别演習部隊解散。是日，由統監部參謀官來約，各國觀操官齊集。先宣日皇之命，略謂諸君遠來觀操，連日勞甚，接待未周，深爲抱歉，晚間須齊至行宫，另有厚意等語。乃相率策馬返瀨峰，乘火車至仙台。有宫内省派員導至行宫，魚貫而入。比入，則宫内省大臣已將寶星呼名發給，受者鞠躬謝之。南洋遣派提督楊軍門金龍得贈一等第三寶星，余得二等第一寶星，各省隨員所得有三等至六等之别，蓋因爵秩之榮卑而分判，繙譯所得則七等寶星也。是夕，參謀本部總長大山元帥請赴宴會，諸人均未歸旅舍，由此徑去。散後已漏轉三商矣。

三十日晨　至角萬寺平坦之地，見第二師團、第八師團各聯隊皆壁立，以候日皇之至。少頃，日皇駕臨。余等策騎隨日皇繞陣一周，遠約一由旬，疾馳而過，四十分鐘即回至原處。日皇乃按轡立於錦旗之下，各兵隊均疾行過日皇之前。其禮亦如千葉觀兵式各兵之禮。其師團長者然。禮成，日皇乃緩行至第三十聯隊之前，命聯隊長古谷安民中佐召兵卒二名進見。於是有一等卒長谷川三郎、二等卒高橋房之助，捧鎗肅容對立以待問。武官長先傳旨：問入營年次，有無父母兄弟，可厭營中之困難否？每於朝暮，不無思念父母兄弟，而有還鄉里之心否？每思鄉里之逸樂，而動退營之志否？連日疲於演而惱兵役之苦否？二卒對曰：男子而不能就兵役，是極可耻者也，何必生於天地之間？幸得以父母所遺清白健全之身，入營禦侮，則世間之光榮，豈有過於是者哉！以區區之身而當國家有事之日，上得爲皇室盡忠勇，男兒分内所當爲之事也。若能建毫末之功而後還，亦足以大慰父母兄弟之心，則演習之艱難，是此生所最樂者矣。願益勉困苦，以期奉公無誤而已。他豈所望哉！日皇又命武官長解其背囊，開視其食具所盛半熟之飯、鹽鮭之菜。日皇問以如斯粗糲，而連日苦戰，爾其有不平否？又對曰：奉一命以爲軍人，而不耐艱苦，何能爲國家以保太平？我等即此給養，已覺於身有裕矣。日皇悦之，二卒乃退。日皇遂命駕還行宮，余等亦歸。晚間，日皇筵宴各國觀操官，其本國之文武大臣均預焉。筵宴之禮，日皇中坐，親王三人陪席左右坐，餘則列案立食。賜酒者，爲大山元帥、野津大將、寺内次長等約五六人，呼名至案前，日皇温語勸酎，飲畢復斟。非固舞不獲已，觀其情如家人父子相聚言歡者然。八句鐘宴散，乃歸旅舍。

十月初一日　由仙台回東京，彼國接待官堅邀游日光，遂至宇都宮下車，而時已五句鐘矣。復易火車，至日光鎮，則已七句鐘後。連日起早眠遲，馳驅困憊，諸人無不倦甚。至此，乃得少休。是日雨。

初二日　凌晨出，先游德川氏家廟，依山臨水，廣厦千間，畫棟雕梁，極形壯麗。其尤勝者，柱宇槅屏，徧貼金葉，朝暾斜射，燦爛悦目。是蓋德川氏貴盛之時，不惜以一國之力，營此宏工，欲於有變時，彼可聚族退守於兹，刮此金葉，以爲軍餉。約其所費，非逾萬萬元不能辦。出廟沿溪而上，路皆鋪以沙礫，平坦易行，水清見底，潺湲有聲。行數里，至茗肆稍憩。過此，則右懸崖而左深澗。懸崖之上，時有小瀑布下落。水濺人衣，遠望之，幾以爲水晶簾者。又行約十里，忽聞水聲怒吼，有如雷鳴。接待官導余至溪邊觀瀑布，瀑高七十五丈，寬八丈有奇，銀海光摇，爲之眩目。又行二里許，登日光山絶頂。地忽坦平，古松參天。穿林而過，見湖光如鏡，澄碧不波，廣約十餘里，幾忘其在山巔也。山水奇特，歎觀止矣。歸途，日墮崦嵫，漸覩萬家燈火。是夕，仍宿日光鎮。

初三日　復游日光神社，有火鐘一，重可十二萬斤。沿途設肆，出售雕刻木器。其最精者，有以米一粒，鐫佛象一尊，神妙欲到秋毫巔矣。亭午，乘火車旋東京，亥末方到。

初四日　往游陸軍砲工學校，晤砲兵中佐本莊及小野君。詢之，是校創自明治念一年，常年經費十三萬元，學生薪水在外。入此校者，皆已官至少尉，初由幼年學校卒業，後乃入士官一年，卒業爲見習士官。又一年卒業，復入聯隊，一年半後由少尉而入是校，專習砲工。其以前卒業者，現已至第十班。凡立教分兩科：曰普通科，曰高等科。普通科一年卒業，方能入高等科。高等科一年卒業後，如六十人則取十人；六百人則取百人，入帝國大學校。就中更遴選數人，赴歐洲諸國游學。蓋因工夫日進，則學問日深，故復事游歷，考求外國各種學問，以增其閱歷，充其識見也。共武教習三十人，文教習十八人。普通科分三科：曰野戰，曰要塞，曰工兵。野戰砲兵百二十人，要塞八十人，工兵四十人，共二百四十人。高等科亦分三科：曰野戰，曰要塞，曰工兵。野戰砲兵二十人，要塞十人，工兵七人，共三十七人。

游覽學堂所見，臚列於左：

高等工兵學室　行軍、橋梁、圖畫；行軍、砲台、地雷、電綫等事，皆教焉。

高等野戰砲兵學室　射擊詳表及火砲圖，所講各砲拋物綫，空氣阻動差甚詳。

普通要塞砲兵學室　所講爲守地諸砲法。

高等化學試驗室　教習曾自作兩種如下：一、硝銀變鹽氣銀；一、炭氣酸變色。

理學器械標本室　中置各機甚夥。

圖書室　藏英、法、德、意四國書籍，以備平時考據。

光學室　觀電氣變色，及透光電鏡，並無綫電報。其法以電機分置兩間，以電綫圈二，遥爲相比。中隔二尺，則音隨氣而過，或以一圈稍側，則音不通矣。

砲工應用器械模範　一切新式各砲及守戰各械，皆作小形，以備考。餘如鐵道、砲台、氣球，皆備小形。

行軍隨帶德律風　凡行軍各隊，皆帶一具，隨時傳話。鈴一有聲，則音可自傳，無俟相聯絡也。

回光電鏡一座　光可鑑十餘里。

石版印書室　其本校教書、圖、表，三者皆自印之。

閲畢乃歸。晚間，赴外部大臣宴。

初五日　晨，往觀近衛步兵第四聯隊。由隊長導遊，各處營房以數十計。曰寢室，每室至多容十二人，每人毛毯四牀，厚褥一具；墻上釘一木板，衣件貯之；床頭設一木架，鐘置其上。曰飯室，曰浴室，曰廚房。曰裁縫室，料由陸軍省領，此處製而爲衣。曰修理軍械室，專修器械之微傷，大修則歸砲工廠。曰貯衣庫，凡兵丁衣服，皆預先製就，存此以備用。曰糧米室，兵丁所食之飯，皆米七分，麥三分，預合備用。其司各室事者，皆尉官兵丁充服役。其中又有長官室，蓋聯隊長所居者。士官室，則大隊長、中隊長所居者。皆一人一室。下士官室，乃曹長、軍曹所居者，三人共一室。復至校場觀其操習，乃以四中隊爲一大隊，每隊百餘人，共六百餘人。陣勢嚴整，疾徐不亂，兵丁精神勇壯，氣質充固，洵是健兒。隊長告余云：兵丁每日操習餘暇，早晚各以一點鐘，聽士官口授兵機閱歷，以增學問。凡新選之兵，每日教操五點鐘，三個月爲卒業。兵丁每月除衣食外，上等卒給洋一元五角，中等卒一元，下等卒五角，蓋衣食皆出自公家。此但零用，故不嫌其少也。午後，又至近衛騎兵聯隊，觀馬隊操演習。馬皆平時教練訓習，馳騁成列。先走圓圈，由大至小，其法甚良。而是日所觀，惜其技尚欠純熟。總計馬約四百餘匹，毛色皆尚灰黑。廐凡兩楹，均灑掃潔淨。其飼馬以米并稻草，彼亦知米食不宜於馬。然日本産豆甚少，無如何也。考其馬之所産，乃以西洋之牡，交以日本之牝。故身段雖高，而骨格不良。惟其教練合宜，始可用耳。

初六日　至陸軍士官學校遊覽。觀我國留學生共三十九人，列一小隊，頗稱嚴整。試其學問，亦復優長，校長深爲獎許。次觀彼國學生四中隊操演，雖□伍較衆，其陣法與我國生徒相等。次遊功課室，所教皆高等兵法，蓋此校卒業者即爲士官，故於帶兵用兵之法甚詳。行軍所用，皆有一小形模範，以爲生徒便於習練。如砲臺、水雷、營寨、浮橋、梅花溝、鐵蒺藜等等，無不畢具。嗣觀演試砲車，共六輛。每輛四人，各執一事。對山林間，遥置一人形靶，此不過平時練習手法耳。詢知是校創自明治七年，已二十八年於兹矣。學生定額以六百七十人爲率，每年經費約二十萬元至二十五萬元之譜，衣服飲食在外。中國學生專有教習教導，其房屋及自習室另設一處，功課亦與彼國學生同。故學問進益尚不差上下耳。晚間，亞東同文會長近衛公爵、長岡子爵招宴紅葉舘。陳列百技，急奇鬥巧，耳目一新。是日，我國各省人員及彼國大臣會者百餘人。長岡子爵乃前席演説東亞連合之意，詞氣甚長。要其宗旨，不過欲擴其商務於我國也。

初七日　禮拜。余與湖北派遣人員同作主人，請各學校長於富士見軒，蓋謝其爲我國留學生徒費心訓導也。

初八日　早八句鐘，乘火車至南千住，觀製呢廠。廠中監督内海春震，導往各廠遊覽。詳細諮訪各情，其製造氊呢皆備陸軍應用，向不商售。所用羊毛均係中國天津及印度所產。分上、中、下三等，上等取其温軟白淨，次稍遜，下等則雜色粗毛，專爲軍人外罩所用。其製法，先由女工檢選，用機池以濃鈉養水洗之。復以清水再洗兩過，當用機爐熱氣烘乾，如棉花然。凡毛烘乾猶恐不淨，復以機車風箱扇之，細淨者自然飛出，粗濁者飛過一旁。如是兩次，又拌以猪脂，攙和黑白色，連過機車三道，織爲灰色鬆絨，又如絲棉然。次復以機車紡成鬆絨綫，再織成結實細綫，繞於小木軸，再分繞於六尺長輪軸，以驗其勁健。又以輪車刮漿糊一層。即以熱箱煅乾，然後上機，織成灰色粗呢。此爲粗呢，染黑以爲兵丁外罩之用。復浸入大鐵桶，用機運動洗淨，再以牛皮膠水，用機揉結成綯，然後以清水浸淨，更用機器壓平。於是六尺寬呢縮至四尺，使其愈緊愈厚。以美國蒺藜皮製成刷板，用機運轉刷之，再用機剪，剪去其長短不齊之毛，使其平軟，如是二次方成。嗣以熱氣薰蒸，然後有光，染以各色，始可備用。其染法，以銅桶，四圍皆細碎小孔，盛呢入機池，蒸染成色。監督云：每年可出呢一百八十萬尺，（機尺較中國短一寸）氊三十萬尺，爲兵丁臥具。白晝工作，如加夜工，尚可增添。細呢每尺價五角，粗者一元半或一元。（緣粗者織成用毛較多，而製成衣物亦甚堅固）羊毛分天津、印度兩種，以印度産者較好，故天津運至日本每磅二角四五分，印度來者價倍之。製造時惟羊毛一種，餘皆未經試驗。通廠用汽爐六個，馬力共三十六匹，即足運動全廠機器。此廠開創之始，約一百三十餘萬元之譜。行本六十萬元，作爲買羊毛、煤炭之用。男女工人共一千名，如夜作，加八百名。技師十二人，寫字八人，晝夜兼作，則添執事者廿一人。章程亦頗井井有條。午後至衛戍病院一觀。院中凡分士官、兵卒各等醫室，另有手術室、調劑室（專爲配合藥水、膏散，凡配好藥水，盛以玻璃瓶，架上排列，吸以空氣，庶不致壞〕醫官非考取高等者不能充當。此院專爲近衛師團及陸軍人之在東京者而設。此外各師團均有如此病院一所。其愛恤軍人，無所不至矣。

初九日　晨，往觀赤十字社病院。院長爲彼國最高等醫生。社爲皇后所創立，以彰仁親王總理其事。詢知彼國建設此院近十三年，自開創以來，除國家捐助，善舉巨款外，各善舉約有七十五萬人，捐資不計多寡。刻下每年所入善舉銀可得二百萬元。本院開創經費約用七十萬元。目下添造各室所費不下二十餘萬元。經費雖多，皆存而不用，以備國家有事之時，軍前救人。醫藥之費，平時不得濫支。目前工價，較開創時甚費。故添造不多，而所費較巨耳。院中特虛一室，内懸日皇后像，專爲御臨時起居之所。内、外科醫生二十五人。房屋分東西兩廡，爲内、外兩科。病室計百十間，亦分頭、二、三、四等。上等可住一人，每人每日四元半；次等住四人，每人每日二元半；三等住六、七人，每人每日一元半；四等近十人一室，每人每日一元。共可住數百人。看護病人皆婦女，大概皆爲在此學習治病之法，亦有自許心願，入此行善者。此外，手術、調劑各室，亦與軍醫院相等，不過大同小異。然每禮拜三臨症之日，軍醫亦往集觀，以見規模、制度有過之無不及矣。午後，赴宫内省菊花宴會。皇后御臨接見，諸賓握手爲禮。其菊花之奇葩異種，無不悉備。最大者一本能開其大如盌之花，多至千一百二十七朵。惜是日大雨，衣冠俱溼。晚間赴總理大臣桂子爵之約。

初十日　早九句鐘，往拜福島少將，談約二句鐘之久。十二句鐘，赴大山元帥之約。午後二句鐘，至宫内省書銜謝昨日筵宴。四句鐘，赴安田銀行之約。六句鐘，假帝國旅舘招宴彼邦當軸各大臣，共約百人，蓋八省公設之局也。

十一日　早八句鐘，往觀女子高等師範學校。至待賓室稍坐，見壁間懸有楷書中庸天命章一幅，蓋彼邦各學校宗旨，當以聖經爲根本，故所造人材，無狂悖謬妄之習。校長談及此校章程。按：女子高等師範學校，内附幼稚園及高等女學校、高等小學校、尋常小學校四處。女子高等師範分爲三科：曰文科，曰理科，曰技藝。其細目爲：倫理、教育、天文、地理、數學、歷史、體操、習字、理化、音樂、縫工及各國語言等，共十餘種。此三科皆三年畢業，又有專修一科，以一年畢業後，即分入各小女學校教習。生徒每年畢業約八十人，其三年畢業者，於畢業後須入高等學校爲教習。高等科入學二年以後，乃試其學業，使之爲本校附屬之幼稚園、小學校幫教習以驗之。如是一年，乃可爲各高等女學校教習。本校女子三百三十二人，住宿校中者二百五十人，早至夕歸者八十人。多取其舉止端莊，堪爲師範者。自十七以上至念二歲以下，非畢業後不准婚配。否則，亦無人肯聘也。故學師範之女子，每念二歲以上方有嫁者。每年四校畢業女子約四百人，考取一二學業最優者，由國家給與川資，派往西洋游歷。茗譚良久。因步往各學校講堂游覽，所見地理、歷史、佛經、教育、裁縫、泰西文字諸科。又至習字室，教習索書，爲書《中庸》天命一章。次至飯廳休息室，女子按風琴低唱。又至音樂室，聽教習按風琴數闋。日已亭午，教習邀至待賓室小憩。出音樂箱，如大八音盒，不用齒軸，發音以薄銅圓板上雕音齒。每易一曲，則易一銅板，法蘭西物也。少頃，侍者獻食。食後，復至習禮室。女子十數人，一上坐，如上賓。其餘次第獻食、獻茗，以習待賓禮節。女教習居旁，誌其課程。到幼稚園一室，童子十餘人，皆四歲至六歲者。教習以泥一丸，教其製成各物形，用以引其智慧，濬其靈明。逐次漸進，遂能操學業耳。由幼稚園折而西，又一室，女子十餘人，演習柔軟體操。如中國八段錦之法。復轉而東，有十二三歲女子四十人，聚一室，列成圓陣。女子教習按風琴爲號，則口歌地理曲。盖取各處地理，由某處至某處若干里，何山何水何方向，係輪船或人力車，甚屬詳細，雖度歌行樂，仍究心輿地之學。且手舞足踏，交錯環走，不愆跬步，吴宫教戰，亦可想見當年。其附屬學校各略説並録於左：

幼稚園　三歲至六歲男女幼孩，先入此園，皆女教習教之。三四歲者，但教以泥團製各玩物，率以規矩。每日九點鐘至午後一點鐘，凡一游戲，皆女教習領之。漸次教以文字，至七歲乃入小學校。

小學校　自六歲入學，六年畢業，乃得入高等女子學校。

高等女學校　十二歲入學，五年畢業後，方入女子高等師範學校。

尋常小學校　凡幼年女子不入此校者，以四年畢業後，其餘各校聽其自願而入，國家不爲限制。故考目下通國女子不能文字者，不過十分之三。

小學校，女子十二三歲教其縫紉。每日禮操，壯其筋骨，俾可操作。休息之暇，兼習音樂，舒其意志，以暢發其學業之心。此校創自明治七年，今二十七年於兹矣。其中頗有爲命婦、爲宫官者。

每學校生徒七百餘人。

尋常小學校，每月學俸一元。

高等女學校，每月學俸二元半。

高等小學校，每月學俸一元半。

校中男女教習及執事各員九十餘人。經費約十萬元之譜。蓋女子師範者，不取學俸。卒業後爲本校作教習二年，亦無薪水。此外各縣皆設有女子各學校。考其成數，刻下已五百於所矣。

十二日　爲士官學校畢業之期，我國學生畢業者亦有三十九人，校長折柬邀往觀閱。余等於晨間九句鐘前往，到時由接待官收取名刺。即引至一室，門書華族敕授宫室。在此略坐，聞其載仁親王亦到。因是日日皇抱恙，特命親王來代也。余等隨迎至大門之外，舉手爲禮。蓋以親王今日既代日皇，即以見日皇之禮禮之，以示敬。親王入室，余等魚貫入，三鞠躬，握手爲禮。須臾，親王至大講堂。堂可容百餘人，其卒業之優等第一學生林湝入室，登講台面對親王大聲宣講，約千餘言。論其心得之兵法畢，林湝出。親王乃至操場中立，各學生舉槍示敬。復整隊，行觀兵式畢，親王入室少憩。再出至操場，由教育總監部員手捧卒業證書，立於親王之左。然後由本學校教習分領證書，散給各生。計此次卒業者，共七百二十二人。内有優等學生八名，各出隊行至親王之前，正立舉手。親王答禮，特示寵異，每人各加賞銀表一枚。禮畢，中國卒業留學生復自成一隊，正立向欽差及余等以待言。欽差亦勉勵數語，乃去。午後，往閱高等師範學校。詢其章程，知此校專爲教授師範而設。緣日本學校林立，生徒日繁，學問日進。則爲之教習，亦必精益求精。是學校中現在之生徒，即將來之教習也。其教法分三科：曰豫科，曰本科，曰研究科。

豫科爲倫理、國語、漢文、英語、理學、數學、音樂、體操各學。

本科第一科爲倫理學、教育學、心理學、國語、漢文、英語、德語、歷史、哲學、言語、生物、生理、體操等學。

第二科同前，但增法制、經濟兩門。

第三科增加圖畫、手工、化學。

第四科爲倫理、教育、心理、植物、動物、生理、礦物、地學、農學、哲學、英語、圖畫、體操。

研究科爲倫理學、教育學、教育制度、行政法、社會學、哲學、美術學、實驗心理學，學校衛生、專科教育、兒童研究、教育演習等等。

豫科一年，本科三年，研究一年。外有隨意科，所設爲語言、音樂、化學、生物、體操等類。其教法，曰單級教授法，有尋常教授之專門法。其一、二、三年生徒同一教習，惟第四年生徒學問日精，另一教習專爲教授。則此教習須學問最優者爲之。又設一幫辦教習，幫同教授受業。生徒學成，分往各師範及高等女子師範學校爲之教習。是此校之受業教習，皆各師範學校最優教習也。爲單級教授法。其尋常者，少研究科一年功。學成祇能爲學生教習，而不能爲師範之教習。此校生徒卒業後，再考取各小學校教習，或高等學校卒業之生入此學校，平時休息之暇，互相講求鼓勵生徒之法。是此校專爲教授師範而設。

今日所覽各講堂書左：

物理室　生徒只十餘人。以七十五倍之顯微鏡，察視麫包微菌；又察水中旋轉藻涵水中自動。

柔術室　生徒數十人，撲跌演習，如滿洲之摜跤然。

孔子廟　存貯圖書、圖畫、標本、博物器具、動植物。

博物室　以四百倍顯微鏡察貓臟腑，膩脂如猪肝。又有人及犬、兔、魚腦形，以石膏製成。又有以膠造成一個月至四個月胎形。

化學室　由教習驗視一事。與余觀記於左：

銀養淡養〔五〕加鹽强水變銀緑，再加淡輕〔三〕水，變消去銀鹽定質。

是校規模閎遠，法則周詳。其教育師範，尤爲中國之急務焉。

十三日　彼國長至節，休息一日。乘火車至横濱，赴領事鄒君小村之宴。晚仍乘車歸寓。

十四日　禮拜。至上野，游覽美術會社。社中陳設畫幅數百幀，又有各國及本國人創造各物。炫異爭奇，精巧悦目，故曰美術，亦勸工之良法也。

十五日　早八句鐘，至高等商業學校。此爲文學校，生徒以三年卒業。先教以英文及會計法，並環球各地物産。次則法文、漢文、德文、意文、俄文，隨人自擇，專學一國語言。惟英文則皆須學也。凡生徒八百餘人，尚擬推廣。其開創時，原係私立。逮同治二十七年〔七〕，乃改爲官立學校。計本國教習四十五人，外國教習五人。此學須由中學校卒業生然後得入。其中學漢語者分爲南、北二科。北科京語，以我中國人教之；南科吴語，乃日本自教之。講堂共十二處。學生皆外宿。入此讀書，月修一元半。講堂之外，另設一室，曰交易室。中備各種鈔票、股票，皆係見，本非真也。每日，生往聚此，爲之講解貿易之理。亦有設爲問答：謂何項商業今有變更？與何等公司有關繫？此種股票，忽有漲落，當事者以何法維持？兩人當場貿易，均如真者。我華人留學此校者，已有三人。詢之，須一年後方能卒業也。

午後一句鐘，至工業學校。此亦文學校，規模殊大。生徒學費每月一元八角，房屋火食約十六元。内有生徒約四百餘人。其中分科：曰鑄金科，以五金鑄成各物，必使豪釐無差。曰製金科，是以五金錘鍊而成，製機器鐘表者，皆麗於此。曰製木科，桌、椅、橙、榻及各種文具胥備。曰漆科，自製漆始以至上木，其光亮者，幾如玻璃；其彩繪者，均能與丹青比巧，且各色亦罔弗備。曰圖畫科，有油畫、水畫、印畫之別。最奇者爲印畫，能以古畫翻刻刷印，古色斑爛，不差釐黍。置之一區，幾不可辨。曰染科，科分二類：一爲酸類，專染絲毛；一爲鹼類，專染綿麻。二色配合套染，故一物能成五彩。考其質，皆絲綿電氣、熟革、電燈等皆屬焉。曰紡織科，綢布工藝皆屬焉。曰理化科，是各科之普通法，必使生徒先明物理，而後方能製物。其中講堂共十所，生徒先讀工藝之書，逐漸試驗，乃確有所成。畢業以四年爲期，正副教習共五十餘人。凡有託此校代製物件，其值亦不甚昂，惟得值則悉歸學校，材料亦由學校購買。如生徒平時試手之料，則係自備。故每年出入總計，不敷之數甚少，而工業又日進於精，誠莫善於此矣。

十六日　八點鐘，至第一高等中學校。此爲文學校，本校學生一千零五人，正副教習共五十餘人。經費每年約十萬元。半作用度，半作教習束脩。生徒學俸二元半，外加衣服、書籍，約十五元之譜。燈油七角，如住宿校中，加飯食一角七分。生徒以三年畢業後，再入帝國大學校。本學校自明治八年開創以來，今畢業三千餘人。先爲大學豫備學校，明治十八年始改爲第一高等中學校。所游覽各講堂：曰生物學室，見海蟹一隻，約五尺大小，形如蜘蛛。裝於板上，懸之壁間。室内生徒位次共列八排，每排十人，勢前低而後高。曰動植實驗室，中有馬骨一具，高約四尺。此外，蟲豸、飛走、鱗介之類，不一而足。我國學生二人，皆浙江留學者。又見熱度箱一座，中置微火如豆，使火氣上升，置物於中，而熱度可以常存。蓋理化中至要之物。此去過一隙地，有生徒四五十人，持鎗操演，與兵丁同。曰礦産室，中列各地礦質甚夥。曰聲學室，堂中排列洋琴、輕氣吹琴，各種樂器俱備；并見電光透骨鏡。曰化學室，教習乃以燐片少許，置炭硫二水，加以鹽强，加里，使水中發火有聲。又燒玻璃管，拔淨火氣，使變色，水入其中，頗有可觀。曰茶話室，生徒游息聚會於此，校長及教習亦時至此演説。曰柔術體操，如中國摜跤者。曰擊劍體操，極迴風掣電之能。曰陸軍操，鎗共一千數百枝，背囊亦千餘。〔以帶毛牛皮爲之，兵丁皆用此裝物。〕皆以備生徒練習時應用。另有陸軍教習一人。曰書庫，多儲中國古籍。

兩點鐘，乃復至美術學校。校中生徒三百三十人，教習并執事人等七十餘人。科分繪圖、雕漆、鑄金、鍛金、雕金、刻金、木雕、泥塑如此者。生徒每專習一科，學俸衣食、住宿各費，人約二十六七元之譜。製物材料貴賤不等，凡成一物，聽其自售。惟畢業時考取之物，存貯校中。此種材料，則亦校中所備。總計一校每年進款約七萬元，尚不敷用。是以外間託製之物，即以所入價值，補其不足也。各室游覽一周，録入夾袋記之，今坿於左：

繪畫室　每晨八點鐘至十二點鐘，生徒至此習畫。一點鐘後，相將出游，畫野外風景。凡游者，人各攜木架一具，三脚木凳一個，木箱一具，隨其所見以畫之。必求惟妙惟肖，一絲不爽。

泥塑室　捏塑各像，鬚眉面目皆奕奕如生。

油畫室　生徒習畫，由校中出貲，雇一平人，着古式衣冠，坐於台上，生徒覩此照畫。人皆東西雜坐，以畫其正、側、反、背各狀。

木雕室　或以木板雕刻，或以豎木雕成人獸各物，無不逼真。

雕金室　所製各物，生動異常，並有金類板片刻圖畫，精雅絶倫。

雕漆室　所製五光十色，燦爛可喜，非良工不辦。

鑄金室　製物先以蠟雕成模範，鑄作各物。並見爐廠製造銅臺一座，高數千丈，上覆一鷹，大亦數十尺。詢之，爲西京道上表彰小松親王之功者。

次第流覽既周，時已鐘鳴五下，隨即回寓。

十七日　至各處辭行，料理登程諸務。晚間，應新簡駐日大臣蔡和甫星使之招。

十八日　上午十一句鐘，由東京登火車行。是時，天氣甚暖。晚間十二句鐘至廣原地方，則雪深及尺，沍寒砭肌，車中人無不齒戰。迨夜半四句鐘後，抵西京。天又轉煦，海外氣候不齊，至於如此。行旅尤易致疾，可畏也。於是，覓客舍暫歇。而東本願寺僧已來迓，執禮甚恭。

十九日　七句鐘，乘人力車行。由東本願寺僧導遊蓮華王院，見佛像一千零一尊，皆作千手千眼之相。門外一泉，名夜泣泉，不審何所取義。次游帝國博物院，入門見有天王、地藏及諸佛像，各種寫經及古書畫甚多。其磁、銅、漆器等類皆數百年物。籩豆、簠簋及其古皇衣冠又數十種，頗有設裳衣陳宗器之意。又有舍利銅塔一座，相傳爲吴越王八萬四千舍利塔之一。並見八尺觀音繡像，云係吴道子畫本，而日本西村壽門手繡者。再游妙法寺，爲彼都名人豐公所建，内藏豐公遺物不少。須臾，寺中主僧出應客，命侍者獻緑茗。蓋效蒙古之俗，似甚尊崇。因至佛堂瞻拜，見暹羅國王所贈梵本經典，裝潢精雅，頗愛之。出，乘人力車以行。沿路茂林修竹，境地幽邃。至清水寺，復一登眺俛瞰，巖壑秀美，水木清華，足以騁懷娱目。轉折而西，至東本願寺下院。過祖師墳，登大鐘樓。鐘高一丈八尺，徑九尺，厚九寸五分，重可十二萬斤。上鑄寛永年號。過此則雨傘堂，亦甚壯麗。日亭午，遂至中村樓西洋飯舘一餐。始至東本願寺，寺中佛堂二所，金碧莊嚴，輝煌焜耀。柱皆梮木，數人合抱，宏規大起，亦一鉅觀。去此，則至織物所各機廠觀覽。見其所織古式、西式錦緞甚夥。且能以白黑絲織成相片，其繅絲製綫，皆以機器。而織物仍以人力爲之。問其織機，一具值可五百餘元。提花綫有多至九百餘頭者，欲織何種花色，先以硬紙刻成提綫，由硬紙中穿過織去，自成異彩。時暮靄蒼茫，日之既夕，遂登火車赴神户，九句鐘始到。

二十日　十句鐘，登西京丸郵船。十一句鐘開行，是日晴朗。

二十一日　早六句半鐘，抵馬關，下椗四時之久。因裝煤暨上下貨物，至十二句鐘始展輪，傍晚七句鐘後，風雨大作，船身顛簸，於驚濤駭浪之中，幾於一落千丈。海霧迷漫，勢難前進。而水深又無寄椗處，進退爲難。至兩句鐘後，風雨稍定，始敢開駛。

二十二日　早六句鐘，泊長崎下碇。四句鐘開行，比至口外，狂飈忽起，波浪兼天，舟身顛簸，視昨日尤甚。在船之能起立者，一、二人而已。余亦堅臥不能起，幸免於嘔吐狼藉耳。

二十三日　風仍未息，搖蕩竟日。顛簸之苦，蔑以加矣。

二十四日　午後，舟抵吴淞口外。因潮汐已退，未能直進。余乘小輪，先至上海，投逆旅而求息焉。

二十五日　午後，行李等始到客舍。知西京丸已抵埠矣。

校　記

〔一〕動　原作『勤』，徑改。

〔二〕祛　原作『袪』，徑改。

〔三〕『對』後疑漏一『面』字。

〔四〕匆　疑當作「而」。

〔五〕退　疑當作「追」。

〔六〕披　疑當作「搜」。

〔七〕同治　疑爲「明治」。

附録

附録

致榮禄劄〔一〕

程恩培

中堂夫子鈞座

敬密禀者：受業於上年奉派赴日本閲操，回浙後曾將大略情形附陳年牘，諒沐青垂。然猶有含意未申者，良以驛使傳書，浮沈莫卜，故緊要關鍵欲吐仍茹，耿耿私衷，匪伊朝夕。兹逢妥便，用就見聞所及，爲我夫子覼縷陳之。

緣自乙未行成日本，以地處同洲，極意聯絡。近又聯英保護，煦煦示仁，然遠交近攻，彼族實深喻此旨，薦食之意，究未敢信其必無。前聞叛黨孫、梁交通彼族，潛謀不軌，而以前相伯爵大隈、前文部大臣犬養二人爲之主。受業抵日後，即有我國之不肖留學生尾隨旅舍，窺伺舉動。受業見其形跡可疑，虚與周旋，借此偵探。繼又與彼都士大夫游，開誠布公，得相浹洽。始據犬養吐露機緘，恍然知孫、梁之謀，勾結内地哥匪，將先從閩、浙著手。蓋閩、浙海疆距日最近，孫、梁粤人，習知濱海情形空虚無備，處心積慮，思逞其謀。誠不解天地躍金，陰陽鑄錯於中國，而生一孫文，又生一梁啓超，之爲害如此也。受業在浙有年，亦深悉浙省防軍萬不足恃，且會匪十居七八，一旦有事，倒戈響應，變生肘腋之間，自非速練勁兵不足以捍固吾圉。

近又得一消息，稱犬養大臣將以今年四五月來華，遍歷各省，游説當途，其心至深，其機孔迫。伏願夫子思患預防，早爲之備。靖内亂必先除伏莽，聯外交亦虚與委蛇，玉燭時調，金甌永奠，此事正匪異人任耳。

抑更有進者，孫、梁煽惑之詞，多假報館論説，妄議聖母，兼及賢相，無識之徒動爲所惑。豈知庚子構兵，既極其變，辛丑議款，尤處其難。我夫子旋轉乾坤，主持至計，河山再造，成功不居，乃衆口悠悠，未能共諒，憂心悄悄，將毋相同。第思古大臣謀國之忠，往往有獨任其謗者，極知簧鼓，於盛德無損纖毫。竊擬刍蕘，爲恩門一陳梗概。惟其中情節，亦非楮墨所能宣，欲盡其詞，必須面罄。可否電咨浙撫，暫調入都，〔二〕侍坐春風，俾傾胸臆。受業感恩有素，恩圖報於一言。且東南數百萬生靈於焉系命，故不敢自安緘默。如蒙電調，畢辭之後，仍擬回浙供差，並不有所希冀，以此干進也。幸將以上各情密儲岳抱，秘而勿宣，尤所叩禱。夫鳥鳴春而蟲鳴夏，物雖微而應候，人有賤而言忠，願夫子之垂察焉。肅稟，恭請金安，伏惟鈞鑒。受業恩培謹稟。

注

〔一〕本文輯自《榮禄存札》，見《義和團資料匯編》，齊魯書社一九九六年版。此劄約作於光緒二十九年春，時任浙江候選道。

〔二〕此處批有『電調似可不必，如有要言，不妨密示』字樣。

孫詒讓學記選·交游考·程恩培

孫詒讓

傳略：

程恩培，字筱周，阜陽人，光緒三十一年，官温州道。

樂清劉之屏《盜天廬集》卷三《送温處道觀察程恩培序》云：（上略）觀察生於名門，壯游海外，英年從政，果敢邁勇之氣，冠絶群倫。莅甌僅九十餘日，倡立學務處，重整商務局，創辦警察，大開議會，爲吾甌數千年之絶舉。風聲所播，聾發聵振。厘訂章程，綱舉目張。而學務尤以師範爲急，教務尤以倫理爲先。以視浮慕歐風、舍本逐末者，相去奚啻天壤？

關係：

劉次饒『厚莊日記匯鈔』云：『九月廿八日午後一時，程少周觀察恩培，開議學務演説，錫眷臣太守綸提議師範學堂，余爲推演數語，項渭臣亦演説，大旨學務處總理公議孫仲先生，餘由先生自擇，其經費視考試經費及厘金辦捐下支撥。廿二日，學務處於辦程道憲親來探演，錫太守、楊總辦，永嘉沈太令德寬、府學朱學師壽保均來。十月初三日，程觀察收取各屬説帖，節取評完，自加條議。余於十一時謁見，面諭學務處當籌款至萬金，開費歲約二千金，餘作師範及補助金可也。午後繕定學務處簡章，全取孫仲丈十二條，爲之細分總綱、辦法、規則三目而已。』

又：『十一月初五日。程觀察電文一紙，係致孫仲容先生催周仲祥到皖也（過蠶桑學堂詢悉周仲祥安徽顧主，余力贊其行。緣程觀察聘請到其鄉教飼蠶，開創風氣也）。』

孫仲容《送程筱周觀察叙》云：『浙東諸郡，負山面海，壤接閩嶠，温處最爲僻遠。吾甌開埠通商逾廿年，財利外溢，積成貧窘。士浮而民窳，岌岌乎若不可終日。……自前觀察長沙童公邵甫履任，頗獎勵小學，廣興蠶桑，以植富教之本。然亦未遑大有所發攄，而童公遽謝賓客。今觀察阜陽程公筱周，來攝道篆。……童公嘗檄開温處學務分處，以費絀中止。公重議興復，俾兩郡教育，斠若劃一。故事，監司履任，各屬咸有參贄，公悉以移充學務經費。

某某：章句迂儒，秉資疏拙。曩者先君子承宣江左，與提督公有同官之正，兩世舊交，欽遲卅載。不意垂老得以部民敬承嘉誨，猥荷不棄，以兩郡學務相屬。顧維衰朽，無能爲役，幸公之左右而扶振之，或得藉手以觀教育之成。而不意公行之速也。故即舉公之惠我温處者，揚榷陳之。』

程恩培挽孫仲寄聯云：『著述數十萬言，闡周禮精微，允矣千年開絶學；後先七百餘日，同俞鄒殂謝，天將一旦喪斯文。』

（輯自浙江省瑞安市《文史資料》第十九輯）

送程筱周觀察序 光緒三十一年

孫詒讓

自光緒庚子以來，疆事日棘，朝廷懲前毖後，亟議更法自强，下詔興學勵商，以逮警察路礦諸大政，咸次第漸舉，而又更刑律，汰冗官，裁胥吏，以厘剔蕪穢，信曠古未有之盛舉也。然以承數千年政教之敝，達官貴人，徒驚西政之善，而未知所津逮。郡邑俗吏，或飾虚文、張空簿以塞明詔；其迂固者，則復拘常守故，陽奉而陰尼之。源之未清，而驟挹其流，本之不圖，而亟求其效，故每舉一二事，則左右牽掣阻格者萬端，斯固憂時之士所爲扼腕而長喟者也。

浙東諸郡，負山面海，壤接閩嶠，温處最爲僻遠。吾甌開埠通商逾廿年，財利外溢，積成貧窶。士浮而民窳，岌岌乎若不可終日。栝居萬山之中，交通尤艱阻，風尚樸僿，文化鬱而未暢。觀察使者，統轄兩郡，威望隆重，前之居斯任者，多雍容廉謹，委成守令，積資養望，以坐躋榮顯。自前觀察長沙童公邵甫履任，頗奬勵小學，廣興蠶桑，以植富教之本。然亦未遑大有所發攄，而童公遽謝賓客。今觀察阜陽程公筱周，來攝道篆。公爲今長江提軍程公哲嗣，挺質開敏，洞究中西政學，妙年即以任子觀政農部。時朝廷方開同文舘，以肄譯學，公以部郎入舘爲旁聽生，鋭志研綜，益精理化之奥；復以恭承庭誥，尤究心泰西海陸軍戰術。既游學東瀛回國，復選充宿衛，又以監司需次浙中，時方議開武備學堂，大吏即以屬公。會日本大治軍於櫪木，環球各國，咸遣使觀操，公奉檄往觀，皇華周咨，異域欽服。蓋文儒武俠，兼資博綜，並世罕其倫比矣。

公前嘗以治禺筴駐温，稔知地方利弊。旄麾甫莅，即招兩郡學子集官閣，爲演説中外大勢與教育普及之精理，拳拳以闓民智敦倫理爲諭，聞者感動。童公嘗檄開温處學務分處，以費絀中止。公重議興復，俾兩郡教育，斠若畫一。故事，監司履任，各屬咸有參贄，公悉以移充學務經費。又以惠商通財爲保富之要端，命重開商務會於郡以理董之。凡士民所陳有關學務、商務者，輒甄採其當者立付施行。由是兩郡士商咸聞風思奮，民氣大申，規模蔚然盛矣。

郡城廛市殷闐，户口蕃庶，公謂非舉警察不足稽盜詰奸，籌資興辦，親立程法督課之，浹旬而事舉。其他善政籌議而未及行者，尚不可僂指數。蓋公春秋方盛，精力素强，遇事踔厲奮發，若不可遏，舉凡紛錯不易治者，無不當機立斷，不爽銖黍，然亦周慎詳密，務提挈綱要，不爲苛細。景教流行，教士挾其國勢，撓我主權。公援據公法約章與各國領事條約，傳教者入内地，不得以私函干州縣。彼族亦服公威信，咸俯首願受約束。凡所籌畫，其識量閎遠多類此。

會真除賀公至，公將交代。兩郡人士議所以留公者，以格於令甲未果，則觖然若無可依庇者，知公之惠我温處者深矣。公履任不逾百日，而聲施爛然，新機遐暢，若時雨至，而勾萌畢達，繼公至者，其能蕭規曹隨，賡續增進以益厥成乎？抑亦惟是從容坐嘯，於政教之成廢，任其自然而若無慨於心乎？是皆不可逾度。此兩郡士民所爲惓惓於公之去而公於吾兩郡所爲關懷而不能已也。

詒讓章句迂儒，秉資疏拙。曩者先君子承宣江左，與提軍公有同官之雅，兩世舊交，欽遲卅載，不意垂老得以部民敬承嘉誨，猥荷不棄，以兩郡學務相屬。顧維衰朽，無能爲役，幸公之左右而扶掖之，或得藉手以覩教育之成，而不意公行之速也。故即舉公之惠我温處者揚榷陳之，以志兩郡士民感望之深與不佞私衷之欽挹，同垂紀念於無竟。彼夫燕安頌禱之文，行旅並離之感，固知不足爲公誦矣。光緒乙巳十一月。（《經微室遺集》卷六）

（輯自《孫詒讓遺文輯存》（温州文史資料第五輯），浙江人民出版社一九九〇年版）

送温處道觀察程元(恩)培序

劉之屏

需事之賊也，夬事之帥也，中國四千年之通病，人皆遇事因循。今日不爲曰明日，今年不爲曰明年。是以日言變革而國政依然，日言維新而守舊依然。爲官者，只知營身家，謀妻子；視官舍如傳舍，悠悠隨俗，苟且竊禄，此國事之所以日非，民生之所以愈困也。觀察生於名門，壯游海外，英年從政，果敢邁勇之氣，冠絶群倫。莅甌僅九十餘日，倡立學務處，重整商務局，創辦警察，大開議會，爲吾甌數千年之絶舉。風聲所播，聾發聵振。厘訂章程，綱舉目張。而學務尤以師範爲急，教務尤以倫理爲先。以視浮慕歐風，舍本逐末者，相去奚啻天壤？昔孔子攝相三月，而魯大治。敷布方略其詳，雖無可考，而以觀察之行政揣之，亦可想見其大概矣。今者，中國大吏，苟能盡如觀察之用心奉一新命，行一新政，毅然決然，不避疑謗，亦何患百事之不舉，庶政之不昌乎？雖然，凡任天下之大事，勝天下之重任者，必先有其志，復有其識以主之，有其膽以張之，有其氣以充之，而後可以有成。夫志禀於天，而氣與識與膽，則視乎其人之年力。年力苟衰，雖有其志，亦不克舉。朝廷以資格用人，壯年入仕，薦而至爲監司大吏，類皆衰髦畏葸，壯氣消亡，瞻前顧後，自託爲老成持重，反訾少年任事敢爲者爲浮動。嗚呼！天下事尚可爲乎？苟以觀察之年，與觀察之志，與氣與識與膽，或内任軍械，或外寄封疆，吾知新政之流行，如電掣風馳，不終朝而置郵廿二省矣。今吾甌之人，咸以觀察不久斯任爲憾。然之屏獨以爲，天之生一大材，必爲一國大局計，不斷斷爲僻小偏隅也。觀察既爲吾甌開新政之端，知必有士夫之賢者，以繼其後，承觀察之志，以振作吾邦也。獨之屏不佞讀書四十年，一事無成，壬寅發憤東游，困於資而中折，今髮種種白矣。因循故態，需而須不能，夬而決不得，仰附大君子之末光，竊滋愧耳。光緒乙巳十一月十一日。

（輯自杭州圖書館館藏樂清劉之屏《盗天盧集》卷三）

奏豫省礦務請由商人自借洋款承辦摺

劉樹堂

奏爲豫省礦務請歸商人自借洋款承辦謹照繕該商議定合同開具清單恭摺仰祈聖鑒事。竊臣於覆奏練兵籌餉案内，將豫省礦務現有商人自借巨額洋款前來認辦等情附陳在案。現據翰林院檢討吴式釗、分省補用道程恩培呈稱，與義大利國商人北京福公司代理羅沙第立定合同借洋款一千萬兩設立公司，請辦豫省礦務，擬名爲豫豐公司，並於原呈暨合同内聲明所借之洋款，商借商還，將來如有虧折，歸該公司自理。所得礦利以百分之三十五報效朝廷，較之官銀行以餘利百分之二十報效，實屬加增。且開辦六十年以後，所置辦礦産業全數報交。送到華洋文一樣合同三分，保交款票一紙，章程一分等因。其保交款票者，保其所借之款有著也。其合同所議，則自借洋款以迄開礦，永遠遵行之信券也。其章程則皆該公司開辦以後自行之事例。合同、保款票兩項均已由義大利公使薩爾瓦葛填蓋印押作保，臣詳加察閲，知其借洋款委實非虚，所擬合同九款大致亦尚妥協，惟其中稍有隱飾之處，臣以私意揣之，大約洋商出財，華商出力，名爲自借洋款，實則以洋商而借洋債。據吴式釗、程恩培亦直言不諱，而臣之愚見，尚以爲可行者。竊以開礦非巨款不辦，巨款非集股不成。集洋股甚易，集華股則難。而定章則以集華股爲先，集洋股爲禁。是以洋商歆於美利，欲染指而無由，華商絀於貲財，願效勞而寡助。近年言礦利者紛然，成效茫無所睹，職此之由，竊查借洋債與集洋股不同，向爲功令所不禁。而以華商而借洋債，與以洋商而借洋債情形尤爲有異。況爲洋商自借之債，託名於華商。在華商則有借洋款之名，並無借洋款之實，賠累可以無虞。在洋商雖平分開礦之利，並不總攬開礦之權，操縱依然在我，事之便利，計無有過於此者。且即以華商獨辦而論，無論貲本或集或借，而開礦、鍊礦之器具，驗礦、化礦之工程，仍須仰給於外人。是以自有之財，辦自有之礦，利仍不免外溢，況此貲本實出自洋商也。且查合同第三款，所開有該公司執事人等，除西大班、礦師、機師、工程師、化學師外，儘用華人等語。該洋商所有之權，明有限制，實與華商自辦礦務無甚懸殊。臣先後接見吴式釗、程恩培等，深知其明於大義，志在濟時，必能力顧大局。若准其承辦此項礦務，當克勝任。現在時局日殊，已准洋商在華設廠製造土貨。此項礦利尤所覬覦，若不爲先發之謀，恐難禁代庖之情。惟事關交涉，微臣未敢擅便，謹照繕該商等議定合同，呈請聖裁。如蒙諭允，再由臣將合同加蓋臣衙門關防，分別存發，俾昭信守。並發給執照，指派地方，以便開辦。臣爲開濬利源起見，所有礦務，請歸商辦。緣由並照繕合同清單，謹恭摺具陳，是否有當，伏乞皇上聖鑒訓示。謹奏。

總署議覆河南巡撫劉樹堂奏陳豫省礦務辦法摺 附片

奏爲遵議河南礦務辦法改訂合同請旨遵行，恭摺仰祈聖鑒事。光緒二十四年二月十六日，准軍機處抄交河南巡撫劉樹堂奏豫省礦務請歸商人自借洋款承辦一摺，奉朱批：『著總理各國事務衙門會同户部議奏，單併發。欽此。』查原奏内稱，據翰林院檢討吴式釗、分省補用道程恩培呈請與議商羅沙第立定合同借洋款一千萬設立公司，請辦豫省礦務，名爲豫豐公司。聲明所借之款，商借商還，如有虧折，歸該公司自理。所得礦利，以百分之三十五分報效朝廷，開辦六十年以後，所置辦礦産業全數報交。謹照繕該商等議定合同，呈請聖裁。如蒙諭允，再行加蓋關防，分别存發。指派地方，以便開辦等語。臣等正在核議間，復准軍機處片交給事中鄭思贊等奏河南礦務請飭禁借洋債一摺，軍機大臣面奉諭旨：『該衙門知道，欽此。』臣等就原定合同逐款查核，内惟第二款所獲餘利，以百分之三十分報效朝廷，雖較之山西礦利多得百分之十，而其餘各款於應征地賦及礦産落地税、出口税等均未開載，周息八釐亦嫌過重。給事中鄭思贊等請飭禁借洋債，與御史何乃瑩條奏山西路礦停借洋款同一用意。劉樹堂原奏則以華商貲本難集，成效茫然，必須借資外人，亦不爲無見。臣等共同商酌，山西礦務，既經臣等將合同章程逐加添改，奏准開辦，豫省事同一律，義、英駐京使臣，日來催詢，自應照案辦理。當即督飭義國商人羅沙第，仿照山西辦法，另擬合同章程二十條，與前定山西合同，均屬相符。惟劉樹堂原擬第一款『准該公司承辦懷慶左右、黄河以南諸山各礦地』過廣，應改爲『懷慶左右、黄河以北』以示限制。謹照録合同章程，恭呈御覽。現准劉樹堂電稱已派商董吴式釗、程恩培來京備問。擬俟命下之日，即令該商董等與義商羅沙第在臣衙門畫押，以憑開辦。所有遵議河南礦務辦法緣由，理合恭摺具陳，伏乞皇上聖鑒，訓示遵行。

再：此摺係總理衙門主稿，會同户部具奏，合併聲明，謹奏。

再：正在核奏間，准軍機處片交御史鄭思贊奏翰林院檢討吴式釗、候選道程恩培在河南攬辦礦務，借端漁利等語。軍機大臣面奉諭旨：『該衙門查明具奏。欽此。』復准軍機處片交御史李盛鐸奏河南礦務，請詳商辦法等語。軍機大臣面奉諭旨：『著該衙門查明辦理。欽此。』查鄭思贊原奏内稱，河南礦務，吴式釗、程恩培實主其事，二人朋比爲姦，從中漁利。該處不肖官員，因其擅有利權，趨之若鶩。吴式釗託故出京，擅至豫省，孳孳爲利。程恩培生長紈絝，一無所知。此等劣員，何能經理礦務？用特據實糾察。李盛鐸原奏内稱，河南礦務由總理衙門議照山西章程辦理，自係爲畫一起見，惟河南原議章程比之山西原議較爲妥善，即如由華董會同洋商辦理一語，改爲洋商會同華董辦理，則洋商有權而華商無權，事關華洋商人合股辦事，不厭求詳，可否飭下總理衙門，知照河南巡撫詳商辦理各等語。臣等查吴式釗、程恩培二員，承辦豫省礦務，是否從中漁利，此外有無劣跡。臣等無從訪查，應咨行河南巡撫劉樹堂查明復奏。至河南原訂礦務合同，於應完各項賦税，均未聲明。又臣等既議照山西章程一體征收，非將合同各款，概照山西辦理，無以折服洋商。惟合同第三款『凡調度商務，開採工程，用人理財各事』一節，既據李盛鐸指稱有妨華商利權，不厭求詳。臣等復與英、義兩國使臣論及，均以概照山西辦法，本甚公平。再四磋磨，該使臣等以爲事有波折，持之愈堅，擬就該款内添余，又出入數簿，由河南巡撫隨時派員稽查，尚不致利權旁落。總之，各省礦務，果能自集華股，自行開採，原無所招致洋商，致增轇轕。無如股本，既難猝招，礦務又未便停辦，不得已而借資異地，勢不能不予以利益，以觀厥成。現英、義使臣屢向臣衙門催促畫押，臣等以吴式釗等既經被查，當電商劉樹堂另擇妥員，來京商辦。旋准復稱，豫省官紳，拘守故轍，風氣尚未大開，强求恐滋貽誤。仍由臣等酌量辦理等語。臣等公同商酌，只令吴式釗先與羅沙第畫押。一面由劉樹堂隨時察看，如果有從中漁利情事，即行撤换，以肅礦政。謹附片具陳，伏乞皇上聖鑒，訓示遵行。謹奏。

（以上輯自《皇朝經世文新編續集》卷八，晋安甘韓、眠鋪輯，柯津楊鳳藻、蘭波校正）

題《愚園雅集圖》撫本後並序

劉鶚

泰山頽，梁木壞，龍川夫子上升於丙戌之冬；三年心喪畢闋，弟子東西南北，飄泊於天各一方，歷十有七年。歲在壬寅，黄先生希平由山東解組至海陵而與蔣先生子明會〔一〕，相攜來滬上，予亦因事至自北京。程子紹周聞兩先生聿至，自杭州來迓。毛實君適總理江南製造局事〔二〕，爲東道主人焉。邇時同學之來會者，凡十餘人。毛公曰：『自夫子去後，同人之聚，未有若今日之盛者也；於是假愚公之園，爲盡日之歡。』午飯方畢，散步園林，各適其適。吹笛於小亭之上者，楊子蔚霞〔三〕（名士晟，安徽泗州人，流寓淮安；曾官蘇州關監督，爲楊士驤兄）。過三折橋負手聽者，程子心泉也（安徽阜陽人，時長江水師提督程文炳之同族幼弟）。蔣先生取伯牙之琴，奏水仙之操。傍坐靜聽者，徐君月樓（鐵雲先生門客。一九〇八年先生自北京移居江寧，徐押送圖書、字畫二百餘箱，由京赴寧。中途聞先生得罪，流放新疆，人物皆不知所終；抱殘守缺齋長物遂散）也。侍立蔣先生後者，王子仲和（泰州人，早卒）。焚香者，蔣子元亮（蔣先生長子）也。黃先生方據大石坐，毛公實君恭敬啓請曰：『不聞先生至德要道久矣，請宣海潮之音，震我聾聵。』執拂侍立者江子月三（名泰初，江岷子），抱卷者毛子子遜（毛實君第四子）也。立毛公之側而聽道者，毛子勉初（毛實君第五子）、劉子子纘也。家兄味青（名夢熊，字渭卿，一字蔚青，或作味青，浙江候補道，未之官）與謝君平原（字石溪，揚州人），契闊良久，對坐樹之右，叙離衷也。江君子若（名岷）坐溪水之南，昂首長吟，聲出金石。吟曰：『溪水清清兮，蓮花之馨兮，周茂叔所好也〔四〕，適以契吾心兮。』李子平孫（名泰階，李龍川次子漢南之子。爲黃歸群首席弟子。歸群卒，繼在蘇州講學；爲太谷學派第五傳）釣於溪水之北。達子粹伯（名錫純）倚石而觀之。溪之上有枇杷一樹，金丸累累然。程紹周（名恩培，安徽阜陽人。程文炳子。時以道員需次杭州）曰：『此佳果也，可採可食。』援樹而取者，江子仲衡（皖人）；捧盂承之者，程子定齋（名傳厚，字鑄九，定齋其號；恩培侄）也。園之西有竹林焉，不知其若干畝也。主人以爲未足，植新篁而補之。予適任斯役，揮鋤筑之，擁土栽之。助予培土者，黃子仲素（名壽彭，歸群次子，先生長婿。李平孫逝，繼續在蘇州講學。抗日戰爭時，移住泰州。解放前逝世）也。竹園之東有茶竈，方煮茗者，王子位中也。居園之中爲廣軒數楹。軒之中立長几一。軒之西有朱欄焉。欄外石參差立，素心之蘭，群花怒發，清芳襲人。憑欄對花凝睇者，朱君蓮峰也（名未詳）。對花側其首，若聽琴，若有所構思者，趙君明湖（名永年）也。飼鶴竹籬之間者，顏子信甫（龍川弟子顏實甫弟，爲歸群草堂講舍庶務）。掃徑者，卞子子沐（先生中表兄弟，揚州人）也。諸君四鄰（名乃方）顧而樂之曰：『如此雅集，不可以無圖。』遂據東軒長几，奮筆急寫，但聞稷稷如春蠶食葉之聲。爲之振紙研墨者，諸子光和（四薌子）也。不食時頃而圖成，黄先生爲之序，傳其神也。同時諸人，皆有題詠。卷存歸群草堂。遲一年，予屬胡子仲尹圖一副本，不敢僭作後序，記其事也，俾後之人有所考焉。重綴以詩曰：

愚公園，愚公谷，黄山之南蔣山北〔五〕，有青青萬幸竹。瑶琴錦瑟張高秋，玉液金泥應丹篆，仙人如麻顔如玉。朝看素女採玄芝，夕覽青童薦黄菊。蛺蝶圖中夢可尋，希夷榻上書堪讀〔六〕。愚公園，極樂國〔七〕！

注

〔一〕黄先生希平，即黄葆年别字。本以進士在山東任知縣。時致休回泰州。後講學蘇州，人稱歸群先生。

〔二〕毛公實君適總理江南製造局　實君名慶蕃，江西豐城人。進士。時以道員總理江南製造局。不久實授直隸永定河道。官至陝西布政使，護理陝甘總督。江南製造局，設於上海高昌廟。是清末辦理新政所設製造機器軍火工廠之一。爲杭州人傅雲龍所創辦。

〔三〕詩序中所述諸人，稱先生稱公稱君者，除徐月樓外，均龍川弟子。蔚青伯祖是否龍川弟子，不詳。稱子者均歸群弟子，並多龍川弟子之子弟。

〔四〕周茂叔　宋周敦頤字。有《愛蓮説》文。

〔五〕黄山、蔣山　黄山今安徽黄山。蔣山在南京附近，以六朝山神蔣子文靈異得名。此指黄、蔣兩先生。

〔六〕希夷榻　宋華山道士陳摶字圖南，號希夷，修五龍蟄法；相傳一睡八百年。又《老子》：『視而不見名曰希，聽而不見名曰夷。』

〔七〕本文中括弧内文字及注釋爲劉鶚嫡孫劉蕙孫所作。

（輯自《劉鶚集》上册，吉林文史出版社二〇〇七年版）

關於蘇州歸群草堂

陶凌雲

今年六月十八日的『筆會』上，有王繼如先生一文，説『當年鍾鍾山在蘇州歸群草堂黄老夫子（隰朋）前盛贊馬一浮』云云。這個歸群草堂已久無所聞，鮮爲人知。我在上世紀五十年代初曾去尋訪過，因而興起提筆。説要從太谷學派説起。

太谷學派是起於清道光年間，流傳於蘇、魯、皖、浙一帶的一個民間的思想流派。創始人是安徽人周星垣，號太谷。第二代傳人，北宗是張積中，字石琴，人稱黄崖先生；南宗是李光炘，號晴峰，人稱龍川先生。都是江蘇人。

究其學術淵源，有説是『王（陽明）學左派』，有學者認爲『確有宋學痕跡，説是周敦頤，似較平實』。學派自己的説法，就很神乎了，説是周太谷直接羲、文、周、孔、周的心傳。這伏羲、文王、周公、孔子没有異解。後一個周，是周敦頤嗎？無論如何，説他屬於儒學範疇，大致不會錯，或再加上旁通佛道，大概也可以。説是儒釋道三教合一，就不實了。還有説是儒釋道耶回五教合一，就更離譜了。這學派的名稱原來也有很多叫法，眼前這個，是學者們從盧冀野先生的研究而一致起來的。

張積中聚衆講學於山東黄崖山。清同治五年（一八六六年），山東巡撫疑其行爲不軌，恐其與捻軍有染，發兵清剿。張率衆弟子兩千多人舉山自焚，無人逃走或投降，壯烈異常。但兵毁之後，也没有收繳到任何實據，成了近代史上的一大疑案，史稱『黃崖教案』。而學派北宗也便就此沉寂。

後來，南宗傳人李龍川爲承傳道統，派門弟子蔣子明（字文田）承祧北宗，再開講學。一八八七年李
去世，南宗又後繼無人，學派式微。

十餘年後，一九〇二年蔣文田南下，李龍川的首席弟子黃隰朋（字葆年）辭官到滬。時任江南製造
局總辦的毛慶藩（字實君）邀請諸同門雅集，在上海的愚園設宴高會。出席的全是太谷學派的學人，共
十九人。其中就有後來以《鐵雲藏龜》和《老殘游記》名世的劉鶚及其兄。其實，劉鶚和毛實君早在一八
八〇年就一起去揚州，同時拜從李龍川，皈依了太谷學派。此前，劉鶚曾兩度去揚州面謁李龍川，十分
虔誠。毛實君後來於光緒十五年（一八八九年）中了進士。還有一層關係是，毛的四女許配給了劉的
次子。

這是一次冀希太谷學派中興的集會。決定『南北合宗，牧馬歸群』，在蘇州設立歸群草堂，共推黃葆
年和蔣文田爲山長，由劉鶚、毛實君、程紹周承擔經費，『共襄教養』。當年開講。

『如此雅景，不可無圖』，就像我們現在會後都要照一張集體像一樣，由諸四薌（字乃方）當場作畫，
使十九人躍然紙上。取名《愚園雅集圖》，圖後各人作序、跋共十一段。此圖今藏南京博物院。

歸群草堂在蘇州葑門十全街，到我去尋訪時已經破敗。但還能看出，那是一個有一百多間房的大
宅院。此時雖已成了一個大雜院，但舊時的規模和氣勢都還在，讓我印象深刻。

問了問住户，大都還是和學派多少有些淵源關係的，其中還有黃姓、蔣姓人家。說起『劉二太爺』

（即劉鶚），大多聽説過，他們道：聽説那時劉二太爺一來，就要加餐。説起『黄二先生』，還有人見過。此黄二先生是指黄壽彭（字仲素），是黄葆年的次子，還是劉鶚的長婿。歸群草堂開講後，蔣文田先過世，黄葆年獨立支撑到一九二八年去世。弟子李泰階（字平孫）和黄仲素前後短時間主持了一段。抗戰開始後，黄仲素去泰州避難，十年不出，學派就中落了。後來他又回到蘇州，終老於斯。所以有人説見過他是可能的。聽説那時，平日開飯要十七八桌，每逢開講的日子人更多。還有帶家眷從遠道來，租住在附近民房的。我去時，里面還有兩三家山東人。因爲有孩子，聽説還辦過義塾，教孩子們讀書，像現在的子弟校吧。據説每次開講都是兩場。先是蔣先生出來，問問情况，聽聽心得，解答問題，比較隨便，也講學，相當於輔導報告吧。然後是黄先生講學，很是嚴肅，下面只能静静地聽。

現在，除了《愚園雅集圖》外，南京博物院還藏有太谷學派的典籍。泰州圖書館也有舘藏。江蘇古籍出版社已將《太谷學派遺書》共三輯十七卷全部出齊。在一些大學還有學者在做太谷學派的研究。《南京理工大學學報》（社會科學版）設有『清代太古學派研究』專欄。而歸群草堂的舊址，現在是連影子都没有了。

（輯自《文匯報》二〇〇八年九月七日）

程恩培年表

李興武

清文宗（奕詝）咸豐四年，甲寅（一八五四）　一歲

生於安徽潁州東柳溝村（今安徽省阜陽市潁東區棗莊鎮童莊行政村後海子自然村）。

父程文炳，時年二十一歲，赴亳州投袁甲三，『袁公奇之，畀以五品頂戴，授精騎百名，使爲先鋒，戰輒冠其曹』。（《程文炳事略》）

咸豐五年，乙卯（一八五五）　兩歲

捻軍雉河集會盟。

因袁甲三免官，程文炳亦回潁州。

咸豐六年，丙辰（一八五六）　三歲

太平軍連破清軍江北和江南大營。

第二次鴉片戰爭爆發。

咸豐七年，丁巳（一八五七）　四歲

九月初一日，劉鶚生。

咸豐八年，戊午（一八五八）　五歲

四月，清政府與沙俄簽訂《璦琿條約》。

五月，清政府與英、法、俄、美分別簽訂《天津條約》。

英國在上海設麥加利銀行。

康有爲生。

咸豐九年，己未（一八五九）　六歲

從長兄程焕章讀私塾，誦《千家詩》、《唐詩三百首》等。

袁世凱生。

咸豐十年，庚申（一八六〇）　七歲

程文炳加都司銜。

九、十月，清政府分別與英、法、俄簽訂《北京條約》。

十二月，清政府設總理各國事務衙門。

咸豐十一年，辛酉（一八六一）　八歲

三月，外國公使開始駐節北京。

七月，奕詝死。

十月，慈安、慈禧兩宫垂簾聽政。

曾國藩任兩江總督，並督辦江南軍務；李鴻章任江蘇巡撫，編練淮軍。

清穆宗（載淳）同治元年，壬戌（一八六二）　九歲

程文炳加副將銜。

一月,太平軍會同捻軍西進河南。

美商旗輪船公司在滬成立。

京師同文館成立。

同治二年,癸亥(一八六三)　十歲

程文炳加潛山營游擊銜。

李鴻章在上海設廣方言館。

上海英商要求建設滬蘇鐵路。

山東淄川劉德培起義失敗。

同治三年,甲子(一八六四)　十一歲

程文炳加總兵銜。

四月,洪秀全死,六月,天京失陷。

十一月,西北太平軍與捻軍合並,推舉賴文光爲領袖。

同治四年,乙丑(一八六五)　十二歲

八月,程文炳賞加提督銜。

清政府在雉河集設立渦陽縣。

英國在滬設匯豐銀行。

八月，上海江南製造局成立。

李鴻章任兩江總督，赴河南指揮剿捻。

同治五年，丙寅（一八六六）　十三歲

程文炳補貴州清江協副將。

山東巡撫閻敬銘剿黄崖山，張積中殉難。

九月，捻軍分爲東西兩路。

十一月，李鴻章任欽差大臣，進攻捻軍。

羅振玉生。

同治六年，丁卯（一八六七）　十四歲

十二月，東捻失敗，賴文光死。

李鴻章任湖廣總督。

同治七年，戊辰（一八六八）　十五歲

六月，西捻失敗，張宗禹死。

八月，曾國藩任直隸總督。

日本明治維新。

同治八年，己巳（一八六九）　十六歲

學有成就，出口成章。

同治九年，庚午（一八七〇）　十七歲

游歷京師，廣交人才。

李鴻章任直隸總督。

盛宣懷入李鴻章幕府。

同治十年，辛未（一八七一）　十八歲

同治十一年，壬申（一八七二）　十九歲

三月，曾國藩死。

英商在上海辦太古公司。

十一月，李鴻章奏請試辦輪船招商局。

同治十二年，癸酉（一八七三）　二十歲

程文炳任江西九江鎮總兵。

以任子觀政農部。

同時，以農部郎中入京師同文舘爲旁聽生，『鋭志研綜，益精理化之奥。』（見《孫衣言孫詒讓父子年譜》第三二八頁）

一月，載淳親政。

盛宣懷任輪船招商局會辦。

梁啓超生。

同治十三年，甲戌（一八七四）　二十一歲

十二月，載淳死。

慈安、慈禧再度垂簾聽政。

英商怡和洋行擅建淞滬鐵路。

清德宗（載湉）光緒元年，乙亥（一八七五）　二十二歲

光緒二年，丙子（一八七六）　二十三歲

先祖伯程文尉卒，隨父回潁州吊祭。

閏五月至十月間，淞滬鐵路建成又拆毁。

與劉鶚結伴，赴揚州謁見太谷學派李光炘。

光緒三年，丁丑（一八七七）　二十四歲

李鴻章開辦開平礦務局。

盛宣懷以輪船招商局名義，購買旗昌洋行輪船。

光緒四年，戊寅（一八七八）　二十五歲

河南大災，流民涌入安徽境内。

七月，程文炳在潁州、太和、界首、亳州、渦陽、蒙城、懷遠等七處設立支遣局，將收養災民陸續資送回籍。

年底，程文炳因賑災有功，被朝廷賞賜正一品封典。

據日本田原天南編著《清末民初中國官紳人名録·程恩培傳》，此年婚配，娶妻羅氏（羅振玉之女）。對此，馬幼恒在《中國小説史集編·序二》中認爲：劉鶚、羅振玉、程恩培三人是同輩，程爲羅婿的可能性不高。按羅福頤《先府君行述》所記，羅振玉有三女，長女適丹徒劉太紳，次女適阜陽程傳鑣，三女適海寧王潛明（即王國維長子），程傳鑣即程恩培（次）子。

光緒五年，己卯（一八七九）　二十六歲

我國自建的唐山、胥各莊運煤鐵路動工。

光緒六年，庚辰（一八八〇）　二十七歲

赴揚州與劉鶚、毛慶蕃一起，拜從太谷學派李光欣爲師。

李鴻章在天津設立電報局，盛宣懷任總辦。

三弟程堯章生。

光緒七年，辛巳（一八八一）　二十八歲

二月，慈安死。

程文炳奉命署壽春鎮總兵，尋授江西南贛鎮總兵。未之任，經左宗棠奏請留辦江防。

十月，英商創辦上海自來水公司。

唐山、胥各莊鐵路完工。

光緒八年，壬午（一八八二）　二十九歲

與太谷學派掌門人黄葆年、蔣文田訂交。

四弟程恩普生。

光緒九年，癸未（一八八三）　三十歲

程文炳擢湖北提督。

光緒十年，甲申（一八八四）　三十一歲

中法戰爭爆發，程文炳奉命率軍開往福建厦門。

光緒十一年，乙酉（一八八五）　三十二歲

李光欣卒。

光緒十二年，丙戌（一八八六）　三十三歲

清政府設總理海軍事務衙門，由奕譞、李鴻章主持。

入海軍衙門辦電燈處差。

光緒十三年，丁亥（一八八七）　三十四歲

光緒十四年，戊子（一八八八）　三十五歲

康有爲上萬言書。

清政府組建北洋艦隊。

光緒十五年，己丑（一八八九）　三十六歲

轉入户部當差。

載湉親政。

三月，張之洞奏請筑蘆漢鐵路。

同年，與清末武舉、界首人郭其昌，豫人武舉馬鐵通在北京有接觸，郭其昌爲皖北『哥老會』主要首領。

（《界首縣志·人物·郭其昌》）

光緒十六年，庚寅（一八九〇）　三十七歲

户部當差。

長子程傳鑣（字百年）生。

光緒十七年，辛卯（一八九一）　三十八歲

任户部主事。

八月，康有爲在廣州設萬木草堂學舘。

光緒十八年，壬辰（一八九二）　三十九歲

户部主事任上。

同年，劉鶚被保薦赴北京總理衙門考試，不合例，未試而歸。

光緒十九年，癸巳（一八九三）　四十歲

户部主事任上。

光緒廿年，甲午（一八九四）　四十一歲

七月，中日甲午戰爭爆發。

十一月，程文炳改授福建陸路提督。

聖旨：准水操學堂委員、户部主事程恩培，投效福建陸路提督程文炳軍營，差遣委用。（《清實録》卷三百五十四光緒二十年十一月）

復以恭承庭誥，尤究心泰西海陸軍戰術。（孫詒讓《送程筱周觀察序》，見瑞安市文史資料第一九輯《孫詒讓學記（選）·交游考·程恩培》）

同年，受父命赴日考察，偵探日本國情。據《程文炳事略》載：冬，旅順失守，日兵漸逼，京師震動。公（程文炳）於廷對時，請赴前敵。孝欽顯皇後以根本重地，不任公遠出。時天津、滄州一帶，屢獲日人偵探，公聞而心動，曰：『軍事偵探，彼粗材，烏足任之？且偵不得實，貽誤滋大。』乃密遣子恩培往，命之曰：『不得確耗，勿遽歸。』

年底，孫中山於檀香山成立興中會。

光緒廿一年，乙未（一八九五）　四十二歲

轉輾於日本東京、神户、大阪各地考察。

三月，清政府與日本簽訂《馬關條約》。

馬關議約將成，日索款巨。公（程文炳）密疏請勿允。留此款以爲軍需，曠日持久，即不勝，亦足敝敵。疏中詳陳日本國内財政困敝情形，萬難久支。大致謂：戰爭苟能接續，敵人雖不敗於疆場，必敗於市場矣！其國内有變，餉缺兵饑。我悉全力起而乘之，可轉敗爲勝。蓋是時，恩培適自東歸，所偵皆實情也。（《程文炳事略》）

四月，康有爲公車上書。

七月，康有爲於北京創辦《中外新聞》（初名《萬國公報》）。

八月，帝黨文廷式出面組織强學會。

九月，孫中山廣州起義失敗。

十一月，康有爲在滬辦强學報。

十二月，清政府封禁北京强學會。

劉鶚因福潤再次保薦，冬赴北京總理衙門考試，得以知府任用。

光緒廿二年，丙申（一八九六）　四十三歲

張之洞繼劉鶚自請承辦蘆漢鐵路後，再次奏請建造蘆漢鐵路。

關注中國的民族工業如繅絲、煤礦、發電等。

三月，李鴻章出使歐洲，與沙俄訂《中俄密約》，與比利時國王談借款筑蘆漢鐵路。

八月，美中合辦門頭溝煤礦，此爲外資投入中國礦業之始。

倫敦福公司在北京設辦事處。

同年，清政府開始向日本派遣留學生。

光緒廿三年，丁酉（一八九七）　四十四歲

四月，中比簽訂《蘆漢鐵路借款合同》。

九月，長沙成立時務學堂，梁啓超受聘爲講席。

年底，與劉鶚、滇人翰林院檢討吴式釗在河南開辦豫豐公司，向英國福公司借銀一千萬兩，承請河南巡撫衙門承辦焦作礦務。

光緒廿四年，戊戌（一八九八）　四十五歲

三月，清政府與華美合衆公司簽訂《粵漢鐵路借款合同》。

閏三月，嚴復所譯《天演論》出版。

四月廿三日，百日維新拉開序幕。

四月廿七日，翁同龢開缺回籍，逐出京城。

五月初三，北京總理衙門簽訂了《豫豐公司與福公司議定河南開礦出鐵以及轉運各色礦産章程》。在此之前，光緒皇帝已批准了總理衙門關於河南礦務的奏折。

八月十三日，百日維新失敗，譚嗣同等六君子遇難。

光緒廿五年，己亥（一八九九）　四十六歲

以道員分發浙江，先辦浙東督銷。（《翁同龢日記》光緒二十五年）

十一月，袁世凱署理山東巡撫，殺義和團領袖朱紅燈、本明和尚。

殷墟龜板甲骨出土。

清與英、德簽訂《津鎮鐵路借款合同》。

光緒廿六年，庚子（一九〇〇）　四十七歲

清政府剛毅因福公司事參奏通洋，請誅劉鶚，鶚因居滬，得免於難。

五月，義和團起義於山東。

七月，八國聯軍侵占北京，慈禧、光緒西逃，命李鴻章任全權大使議和。

八月，唐常才在湖南組織自力軍起義，失敗被殺。

光緒廿七年，辛丑（一九〇一）　四十八歲

爲浙江候補道員，駐蘇州，辦理江蘇五屬掣銷總局。（《翁同龢日記》光緒二十七年）

四月，八國聯軍撤離北京，清政府與十一國公使簽定《辛丑條約》。

李鴻章去世，袁世凱繼任直隸總督兼賞太子少保銜。

總理各國事務衙門改名外務部。

程文炳授長江水師提督。

九月初一至十月二十五日，以浙江觀兵官全省營務處候補道身份，率團赴日考察軍事並參觀學校和工廠。回國著《東瀛觀兵紀事》公諸於世。

從本年度開始，晚清政府以兩江總督劉坤一、湖廣總督張之洞聯銜發出的《江楚會奏三疏》爲要旨，推行最後十年（一九〇一—一九一一）的所謂『新政』。主要内容包括軍制改革、政治體制改革、法制改革、獎勵實業和教育改革等五個方面。

程堯章隨清政府派遣的第三批公費生赴日本陸軍士官學校留學。

光緒廿八年，壬寅（一九〇二）　四十九歲

駐蘇州，寓葑門内嚴衙前督銷總局。

正月初六日，致函劉鶚，談及股票交易之事。劉鶚在當日的日記中寫道：『本日接程少周信，知股票已簽字。』（劉鶚《抱殘守缺齋・壬寅日記》）

同月，梁啓超在日本創《新民叢報》。

三月，同劉鶚、毛慶蕃、楊士晟等人會議在蘇州葑門内十全街建一學舍，請原在山東作縣官的黄葆年和在江北小規模講學的蔣文田作爲學舍的主講，黄正蔣副，又因爲蔣在江北講學是爲了繼承黄崖張石琴的道統，故稱之爲北宗；黄葆年則爲南宗。由於此時星散在四面八方的弟子又漸漸回到蘇州，太谷學派漸顯中興之勢。

四月與劉鶚等太谷學派門弟共十九人在上海愚園集會，這是一次希冀太谷學派中興的集會，決定『南北合並，牧馬歸群』，在蘇州學舍的基礎上設立『歸群草堂』，共推黄葆年和蔣文田爲會長，由程恩培、劉鶚、毛實君承擔經費，『共襄教養』。當年開課。諸四薌（字乃方）當場爲十九人作畫，取名《愚園雅集圖》，圖後各人作序、跋共十一段。此圖今藏南京博物院。

程文炳與劉鶚合購上海浦口九濮洲地。

仲夏，由程恩培集案、程堯章譯述的《日本變法次第類考》由政學譯社出版發行。

十一月，京師大學堂開學。

次子生。

光緒廿九年，癸卯（一九〇三）　五十歲

駐蘇州，辦理浙西五屬督銷事。

元月初九日，由蘇州赴常熟，拜訪翁同龢，並談至薄暮而去。次日，翁同龢便宴招飲，返蘇州。翁同龢在當日日記中有詳細記載。

四月十八日，致函翁同龢，翁即復之。

四月三十日，再致函翁同龢。

五月十九日，翁同龢爲程恩培集《張遷》碑銘文兩聯：『克纘家聲，決勝千里；廣籌民利，不閉四門。』

上切乃翁程從周，下切現督銷浙鹽。

五月二十八日，赴常熟探視翁同龢，『以嵌竹隸條四扇，日本白米四筒爲饋，談至酉初乃去』。翁同龢當日記載並評論曰：『住葑門嚴街前，意欲辦浙東鹽出洋，於課税無虧，而私鹽究可少數十百引。此人於各國情形皆熟，曾偵探日本，並嫻工藝』。

六月十五日，致函翁同龢，云調武備學堂提調。（以上均見《翁同龢日記》光緒廿九年）

既游學東瀛回國，復選充宿衛，又以監司需次浙中，時方議開武備學堂，大吏即以屬公（程恩培）。（見《孫衣言孫詒讓父子年譜》第三二八頁）

光緒卅年，甲辰（一九〇四）　五十歲

駐蘇州。　督銷鹽務甚忙，常往返於浙東、浙西。

正月，黄興在長沙成立華興會。十月，蔡元培在上海成立光復會。

端方任江蘇巡撫。周馥任兩江總督。

光緒卅一年，乙巳（一九〇五）　五十一歲

二月十六日，接劉鶚致函一通。

三月初七日薄暮，赴上海拜訪劉鶚。鶚晚間宴於王巧鳳家。

三月初九日，劉鶚家，『午後客來如麻，最少周後去，相約會於金隆』。

三月十一日午刻，再訪劉鶚。

四月初六日晚，劉鶚寫信寄程恩培。

五月二十四日，再赴上海拜訪劉鶚。『下午至海天村，請少周不至』。

五月二十六日，送元、享二字地圖給劉鶚。（以上見《劉鶚抱殘守缺齋・乙巳日記》）

八月，孫中山在日本東京成立同盟會。

九月，劉鶚開始撰《老殘游記》前十一回、十五至二十回。

同月，署理温（州）處（州）道道臺。

九月七日，以二品頂戴銜署理浙江温處海防兵備道監督甌海關（温州道）。任職期間的税務司爲穆厚達。

九月廿二日，程道憲（恩培）親往温州學務處察看辦學情况。温州太守錫綸、楊總辦、永嘉沈太令德寬、府學朱學師、壽保均隨同前往。

九月廿八日午後一時，程紹周觀察恩培，開議學務演説，錫眷臣太守綸提議師範學堂，劉紹寬爲推演數語，項渭臣亦演説。大旨謂學務處總理公議孫仲容先生，其餘事情由先生自擇，其經費視考試經費厘金辦捐下支撥。

十月初三日，程觀察（恩培）收取各屬説帖，節取評完，自加條議。上午十一時劉紹寬等人謁見，面諭學務處當籌款至萬金，開辦費歲約二千金，其餘作師範補助金。午後與諸位繕定學務處章程，全取孫仲容先生提出的十二條内容，分爲總綱、辦法、規則三個方面。

十月初四日，署温處道道臺程恩培「開商務會議，全郡總理舉瑞安王小牧先生」。次年正月廿二日，清農工商部准奏，成立了温州歷史上第一個商會。（以上均見劉次饒（紹寬）《厚莊日記匯抄》，温州圖書館藏）

同年，在温州太守錫綸，著名教育家、温州府中學堂監督、校長劉紹寬協助下，積極籌辦温處學務分處，在縣學堂開設音樂課，在各地開設女學，發展温州教育事業。

積極支持温處「新政」，如重議興復温處學務分處，曾撥温屬各縣參贊金七百元作爲學務處的開辦費；重開温州府商會；親立警察程法，認爲「非舉警察不足稽盜詰奸」，便「親立程法督課之」，籌資興辦，「浹旬而事舉」，成立了温州近代史上第一個警察局。（《温州近代史》第七章《新政時期的温州》）

十一月初五，程觀察致電孫仲容先生，催周仲祥到皖省潁州其鄉教飼蠶，以期開創風氣。（劉次饒（紹寬）《厚莊日記匯抄》）

因故鄉「鄉土曠衍，民鮮知蠶利」，聘請周仲祥到潁州辦蠶校。「成效卓著，皖中知有蠶事，自仲祥始」。

治理温州，頗有政聲。孫仲容《送程筱周觀察叙》云：「浙東諸郡，負山面海，址接閩嶠，温處最爲偏遠。吾甌開埠通商逾廿年，財利外溢，積成貧窘。士浮而民窳，岌岌乎若不可終日。……自前觀察長沙童公邵甫履任，頗獎勵小學，廣興蠶桑，以植富本之教。然亦未遑大有所發撝，而童公遽謝賓客。今觀察阜陽程公筱周，來攝道篆。……童公嘗檄開温處學務分處，以費絀中止。公重議興復，俾兩郡教育，斠若劃一。故事，監司履任，各屬咸有參贊，公悉以移充學務經費。昔者，先君子承宣江左，與提督公有同官之正，兩世舊交，欽遲卅載。不意垂老得以部民，敬承嘉誨，猥荷不棄，以兩郡學務相屬。顧維衰朽，無能爲役。幸公之左右而扶振之，或得藉手以觀教育之成。而不意公行之速也。復輒舉公之惠我温處者，揚榷陳之。』（瑞安市文史資料第一九輯《孫詒讓學記（選）·交游考·程恩培》）

『（程）觀察生於名門，壯游海外，英年從政，果敢邁勇之氣，冠絶群倫。莅甌僅九十余日，倡充學務處，重整商務局，創辦警察，大開議會，爲吾甌數千年之絶舉。風聲所播，聾發聵振。厘定章程，綱舉目張。而學務尤以師範爲急，教務尤以倫理爲先。以視浮慕歐風，舍本逐末者，相去奚啻天壤？』（樂清劉之屏《盜天廬集》卷三《送温處道觀察程恩培序》）

程筱周去後，詒讓嘗數致黄仲弢於京師，略云：『此間自程筱周受代後，繼任者但坐嘯而已。温守則極厭新喜故，某承乏分處，無能爲役，此情内外所同，想兄聞之，亦爲發深喟也。程筱周攝道篆數月，鼓舞振興，不遺餘力，此公一去，學界便黯然無色。』（温州文獻叢書《孫衣言孫詒讓父子年譜》第三三〇頁）

光緒卅二年，丙午（一九〇六）　五十二歲

三月，蘆漢鐵路全綫通車，命名爲京漢鐵路。

秋，劉鶚撰《老殘游記·自序》。

周馥調閩浙總督，旋調兩廣總督。

清政府設學部，羅振玉任二等咨議官。

與張性存發起首期集股漕平銀十二萬兩（每股十兩）創辦蕪湖明遠電燈股份有限公司。首任總理（董事長）程寶珍，首任經理吴興。（《安徽近代史辭典》）成爲安徽近代電力工業主要創始人。

光緒卅三年，丁未（一九〇七） 五十三歲

長子百年婚配，妻劉氏（劉鶚之女）。

六月二十四日，慈禧太后命鼓勵實業。懿旨謂：『著各省將軍督撫，迅飭所屬，於應興各業，極力振興。凡有能辦農工商礦，或獨立經營，或集合公司，其確有成效者，即各從優奬勵。果有一廠一局，所用貲本數逾千萬，所用人工至數千名者，尤當破格優奬，即爵賞亦所不惜。應如何分別等差，該部（農工商部）即妥議具奏。並逐年如何增進，列表以聞。朝廷於大小官吏，亦以此課爲殿最，予以勸懲。』（《清史編年》第十二卷《光緒朝下・宣統朝》）

劉鶚撰《老殘游記・二集》，七月開始在《天津日日新聞》連載。

十一月，出資興建阜陽裕興榨油公司，日産豆油一萬公斤左右。（《皖政輯要・農工商科》卷八十九《工藝》）

十二月二十三日，以創辦公司暨興辦實業，予程恩培、劉世珩、許鼎霖正二品封典。（《清史編年》卷十二光緒朝下）

是年，安徽阜陽裕興榨油廠名列當年國人所設廠礦五十八家之第十七位。（同上）

清政府與英、德銀行正式簽訂《天津浦口鐵路借款合同》。

袁世凱入軍機處。

光緒卅四年，戊申（一九〇八）　五十四歲

正月，回潁州。

清廷上諭將劉鶚革職，永不叙用。

二月初三日，至南京，見劉鶚。『談至三鐘寢。』（劉鶚《抱殘守缺齋・戊申日記》）

二月初四日，在去上海之船上，繼續會晤劉鶚，至蘇州下船。劉鶚記：『少周下船，予乃得寢。』

二月十一日，劉鶚『持（程）軍門來電，命少周約予速來滬見午帥。』午帥，即兩江總督端方也。

二月十二日，由蘇州赴寧。

二月二十二日，往下關接程軍門（文炳）來寧。

二月二十三日，與程軍門、劉鶚、姜軍營務處馬曉儕君等宴於金陵春酒店。

二月二十六日，與劉鶚隨侍程軍門，午後游半山寺，蓋金陵之東北城根也，草草數間，頗饒雅趣。有泉自閘中來，汩汩有聲，飲酒甚樂。

二月二十七日，爲三洲地事與劉鶚意見不合，反復辯論。午刻軍門來喚，問前事意見若何？劉鶚力陳其不可，軍門甚以爲然，嚴責少周之非。

二月二十九日，與劉鶚送程軍門至下關上船返太平（今安徽省當塗縣）。

三月初一日，與劉鶚、王翰甫、馬貢三等痛飲於蔡和甫花園。劉鶚在日記中記曰：『至十鐘始入座。

少周見予醉，曰：「敢再飲否？」予曰：「何懼？」又飲白蘭地兩碗，沉醉。歸寓已不知人。書銘座右曰：「不當縱而縱，當止而不止。吁嗟乎！鐵雲將以醉死。」」

三月初五日，因太平來電，（少周）動身回太平。（以上均見劉鶚《戊申日記》）

六月二十日，劉鶚在南京被捕，旋流放新疆。

十月，載湉、慈禧相繼去世。

同月，蕪湖明遠電燈股份有限公司正式投産發電，清廷農工商部註册立案，以『黑白月亮』爲商標。

同年，因較爲閑暇，又與劉鶚接觸頻繁，疑作《老殘游記外編》。馬幼恒在《中國小説史集稿》中説：日本學者樽本照雄以爲《老殘游記外編》爲劉鶚僞作，『程恩培也是太谷學派中人，和劉鶚亦爲姻親，鶚以女妻程子百年』（見蔣逸雲《劉鐵雲年譜》）。有此種種關繫，程或因一時興至，撰《老殘游記外編》不是没有可能。

清溥儀宣統元年，己酉（一九〇九）　五十五歲

六月十三日，清廷下旨交由督辦大臣徐世昌會同吕海寰、孫寶琦、羅瑞國並總工程師等人籌劃修建安徽蚌埠淮河鐵路大橋，以便據情復奏，請旨辦理。

七月初八日，劉鶚因患中風卒於新疆迪化（今烏魯木齊），終年五十三歲。

九月，安徽當局就修建蚌埠淮河大橋一事，征求皖紳程恩培、周學銘意見，向他們詳細説明建固定橋之利，建活動橋之弊。終使程、周等人心悦誠服，贊成建橋方案。

同年，阜陽商會成立，程恩普任會長。

宣統二年，庚戌（一九一〇）　五十六歲

一月京張鐵路通車。這是第一條由中國工程師詹天佑設計的鐵路。

阜陽裕興榨油公司因經營不善和資金短缺而於當年倒閉。

五月，程文炳感疾送南京金陵醫院，前往探視。

九月，程公疾頓增，牽發舊傷，親往侍奉。

十月初六日己亥時分，程文炳病逝於安徽太平府（今當塗縣）長江水師提督府。

率兄弟五人及子孫親眷近百人奔喪，哀痛備至。

冬月初二日，親自護送乃父靈柩乘南琛兵艦，由太平下河，取道清江浦，進淮河，運回阜陽原籍。安葬於壽州白鶴山，即今安徽省淮南市八公山區妙凹林場。

宣統三年，辛亥（一九一一）　五十七歲

住上海。

辭官守孝。

四月二十七日，孫中山、黃興領導的廣州起義爆發。

五月，清政府成立責任内閣，由慶親王奕劻爲總理，閣員絶大多數爲滿清貴族。

六月，四川成立保路同志會。

十月十日，武昌起義，次日成立軍政府，推舉清軍協統（旅長）黎元洪爲都督。到十一月下旬，全國二十四個省，地方已有十七個省宣告獨立。

十一月，袁世凱任内閣總理大臣。

中華民國元年，壬子（一九一二）　五十八歲

住上海。辭官守孝。

一月，孫中山在南京就任臨時大總統，正式宣告中華民國臨時政府成立，並決定一九一二年爲中華民國元年，改用陽曆。

二月，南京臨時政府改大清銀行爲中國銀行。清廷接受中華民國對皇室的優待條件，宣布清帝溥儀退位。

三月，袁世凱在北京就任臨時大總統。

六月，沙俄出兵新疆，侵占伊犁。

十一月，沙俄與外蒙簽訂《俄蒙條約》，規定俄國「幫助」外蒙「自治」。

中華民國二年，癸丑（一九一三）　五十九歲

住上海。

春，毛澤東在湖南長沙第一師範學習。

六月至九月，孫中山在南方發動「二次革命」，舉兵討袁，失敗後流亡日本。

十月，袁世凱以軍警包圍國會，迫使國會選他爲正式大總統。

十一月，袁世凱下令解散國民黨。

袁世凱政府與沙俄妥協，簽訂《中俄聲明》，承認外蒙古自治。

是年中國工人階級發展到六十五萬人左右。

中華民國三年，甲寅（一九一四） 六十歲

住上海。

一月，袁世凱宣布正式解散國會。

五月，袁世凱廢除《臨時約法》。

七月，孫中山在東京召集一部分國民黨激進派，另組中華革命黨。

八月，第一次世界大戰爆發，日本對德宣戰。

九月，日本侵占山東半島，代替了德國在山東的侵略地位。

中華民國四年，乙卯（一九一五） 六十一歲

住杭州。

五月，袁世凱政府與日本簽訂了『二十一條』，激起全國人民反對。

五月，紹杭鐵路勘定里程。

九月，浙江追隨上海中國銀行、交通銀行、銀業公會，開始以新幣（鑄有袁世凱頭像之銀元）兑換清王朝所鑄的舊幣『龍洋』。

九月，浙江體育專門學校首設童子軍。

十月，有消息稱程恩培將接任杭州海關監督（關長）之職。

十月二十二日上海《申報》消息：杭關監督之交替。杭關監督張允言君奉調山海關監督，所遺一缺，由部派員代理等情已誌報端。兹悉財政部已派浙江財政廳長吴鈁暫行兼代，候新任程恩培公竣到差後再行交卸。（《民國杭州舊聞・一九一五年一〇月》）

十一月十五日《申報》消息：杭關監督行將履新。新簡杭關監督程恩培自奉命任命後，因有特別要事，商准財政廳長將税關事務暫由財政廳長吴鈁君兼代。兹據政界消息，程監督因修改税關則例，在京協議，現定本月二十五日由京起程來杭，具接印之期須在下月一日。（《民國杭州舊聞・一九一五年十一月》）

十二月，袁世凱公然宣布恢復帝制，自稱『中華帝國皇帝』，改民國五年（一九一六）爲洪憲元年。

年底，攜眷回潁州小住，並前往壽州白鶴山祭墳。

中華民國五年，丙辰（一九一六）　六十二歲

一月十二日，《申報》消息：新簡任杭關監督程恩培，安徽人，字紹周，前清以道員分發江蘇，曾任兩淮（應爲『兩浙』）督銷總辦，此次由京至申迎接眷屬，並祭掃墳塋，於十二日由申莅浙，財政廳吴廳長並監督公署科長、科員全體至城站歡迎。現寓居東太平巷公署内，約二十（日）左右，方可接印視事。

（《民國杭州舊聞·一九一六年一月》）

二月六日，《申報》消息：新簡杭關監督程恩培日前來浙就任，並赴拱宸橋及嘉興分關接受税務情形，曾誌報端。兹悉程監督自到差後，當將本署職員更委就緒，並分詣屈巡按使暨財政部税務處，察核備案。現因有特别要公，須赴京都一行，因於昨日（二十八日）下午，乘特别快車起程，先赴蘇州勾留二日，再搭滬寧津浦火車北上，聞須陰曆歲首返杭。（《民國杭州舊聞·一九一六年二月》）

三月，袁世凱在全國聲討下，被迫取消帝制。

四月，各省紛紛宣布獨立。

六月八日，袁世凱在全國人民唾駡聲中死去，黎元洪繼任大總統。

八月十六日至十七日，孫中山偕胡漢民由上海抵杭州，出席浙江都督署舉行的歡迎會，即席發表演説。

九月十二日，《申報》消息：杭關監督程恩培電陳財政部，稱杭嘉兩關八月份實收較之七月份增多三千餘元。（《民國杭州舊聞·一九一六年九月》）

中華民國六年，丁巳（一九一七）　六十三歲

三月，杭地苦寒，官立桃園栽樹凍死過半（約四百餘株），財政廳派員查勘。（《民國杭州舊聞·一九一七年三月》）

疏浚西湖工程開工，由省會工程局負責，所需經費八萬元，由省撥四萬元，其餘由地方分攤。

五月二十九日，根據教育部命令，各縣於本年内一律開設勸學所。

七月一日，張勳等擁清帝在北京宣布復辟。宣統發布上諭，楊善德爲浙江巡撫。

八月二十九日，《東方雜誌》消息：杭州關監督程恩培免職，由沈爾昌接任。（《民國杭州舊聞·一九一七年八月》）

中華民國七年，戊午（一九一八）　六十四歲

住杭州。

程恩培晚年行蹤及卒年待考。